本当の声を求めて

野蛮な常識を疑え

前田なお

シバブックス
SIBAA BOOKS

本書の読み方

本書の「自分の本当の声に耳を澄ませよう」というメッセージは1章、2章、3章、10章、11章、そして12章にまとめられている。まずはそれらの章を読めば本書のメッセージが掴める。11章は結論というか将来への展望、試論である。11章はそれまでの章の知識を前提としているが、11章の「モデルとしての権利」以降はそれまでの章を飛ばして読んでもおおよその理解はできると思う。まずは1章、2章、3章、10章、11章の「モデルとしての権利」以降、そして12章を読んでほしい。

メッセージの理論的背景は3章、4章、5章、8章、9章にまとめられている。特に3章、4章が本書のメッセージの理論的基盤を構成しており、9章は3章、4章で論じた理論的基盤の論証とその帰結を論じている。

PartⅡはメッセージの対立概念である「常識」を論じており、5章でどのようにして私たちが持つ常識が生じたのかを論じ、8章では様々な社会問題という常識の帰結を論じる。6章、7章はPartⅡの各論であり、それぞれ客観的科学、基本的人権という常識とその問題を論じている。

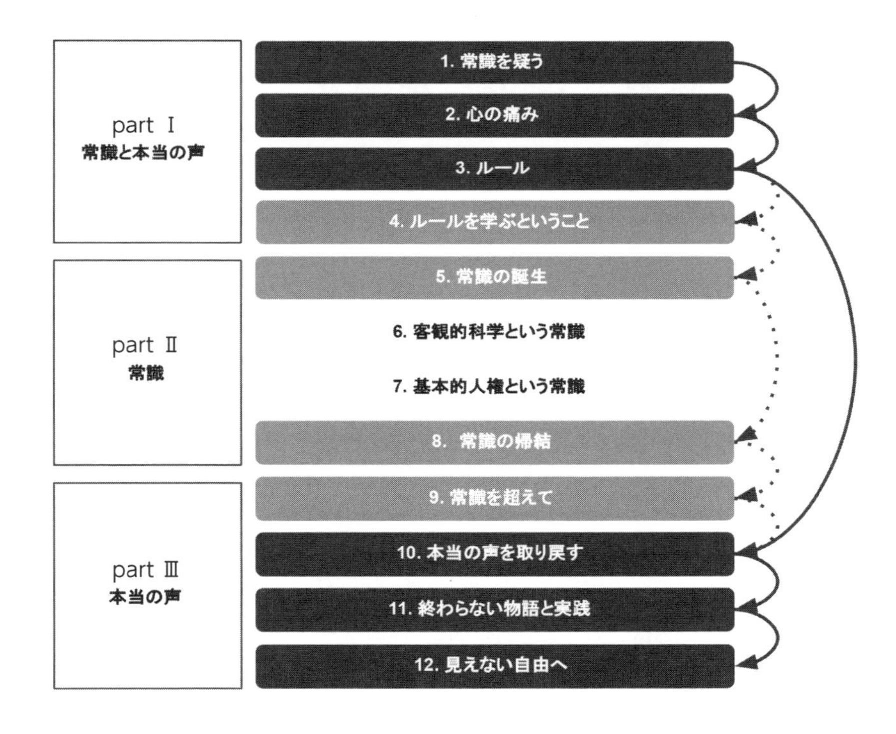
part Ⅰ
常識と本当の声
part Ⅱ
常識
part Ⅲ
本当の声
1. 常識を疑う
2. 心の痛み
3. ルール
4. ルールを学ぶということ
5. 常識の誕生
6. 客観的科学という常識
7. 基本的人権という常識
8. 常識の帰結
9. 常識を超えて
10. 本当の声を取り戻す
11. 終わらない物語と実践
12. 見えない自由へ

— CONTENTS —

※太字はブルーハーツの歌詞の引用である。
曲名は略記号として明記する。
引用した歌詞は巻末に収録。
略記号は以下である。

1000	1000のバイオリン
A	青空
CG	チェインギャング
JB	情熱の薔薇
LL	リンダリンダ
MBT	未来は僕らの手の中
OU	終わらない歌
R	ロクデナシ
SM	世界の真ん中
SU	少年の詩
TMP	TOO MUCH PAIN
TT	TRAIN TRAIN
Y	夕暮れ

Part Ⅰ.

常識と本当の声

Common Sense and True Voice

1章．常識を疑う

世界中に定められたどんな記念日なんかより
あなたが生きている今日はどんなに素晴らしいだろう

TRAIN TRAIN

常識を疑おう。常識とは社会の中で一般に正しいとされている知識やルールである。常識が常識だというだけで、必ずしも常識が正しいわけではない。むしろ逆に社会の中で正しいとされている常識のせいで私たちが苦しまなければならないこともある。例えば、ナチスドイツ政権下のユダヤ人をガス室に送るという常識のせいで多くのユダヤ人が苦しまなければならなかった。同様に、かつてのアメリカでは黒人は奴隷であるという常識のせいで多くの黒人が苦しんだ。常識が常識であるというだけで、大多数がそれを正しいというだけで、常識を疑いもしないのは愚かだ。所詮、常識は時とともに変化するものなのだ。

これは法律という常識にも当てはまる。社会の中で往々にして「違法である」ということは「正しくない」ということと同義で用いられる。しかし法律という制度と私たちが正しいと感じる感覚は必ずしも一致しない。違法であっても正しいことはあるし、合法であっても正しくないことだってある。そもそもナチスドイツ政権下ではユダヤ人をガス室に送ることは合法だったのだろうし、かつてのアメリカでは黒人は奴隷であるというのは合法だったのだ。常識が常識というだけで、ルールがルールであるというだけで、なんの疑いもなく常識やルールを受け入れてはいけない。

もちろん社会の中で生きるために私たちは常識というルールを知らなければならない。例えば、人はナイフで刺されれば傷つくというのは常識だし、理由もなく人を殺してはいけないというのも（法律とは別にしても）常識だ。こういった常識を知らないと私たち生きていけない。社会の中で生きるためには常識というルールは必要不可欠なのだ。子どもは常識を持たない無知な存在であるがゆえに、時として野蛮で危険なことを平気でしてしまう。例えば、アメリカでは三歳くらいの子どもがそれと知らずに銃を撃ってしまい人が死んだなどというニュースがある。共に暮らすためには私たちはルールを知らない無知で野蛮な子どもではいられない。だから子どもには教育が必要なのだ（私たちはルールを破ることの帰結がどのようなものなのかを知らなければならない。それを知った上でルールを破るならば、それはそれで意味のある行為である）。野蛮な人間と暮らすというのは野生のクマと暮らすようなものだ。野生生物は私たち人間の持つ常識を持たない。だからいつなんどき理由もなく襲われるかもしれないし、とても話し合うことなどできはしない。私たちは常識というルールを持って、話し合うことができる大人にならなければならない。

しかし教育を受けて常識というルールを習得したはずの大人たちも野蛮になりうる。野蛮さとは無知ゆえに生じる暴力である。では大人が野蛮になる時、大人は何に対して無知なのだろう。野蛮な大人たちは自分や他者の本当の声に対して無知なのだ。本当の声とは常識がどうであれ、自分自身が心の底から本当に正しいと感じる気持ちのことだ。野蛮な大人は法律などいった社会の中で正しいとされているルール、つまり常識を前にして、自分たちの本当の声が常識は正しくないと叫んでいるのに、そしてその正しくないルールのために自分や他者の心が痛みで悲鳴を上げているのに、単にそれが常識だというただそれだけの理由で、自分の本当の声を聞かないふりをしている。野蛮な大人は常識というルールに自分の本当の声を絡め取られてしまっている大人なのだ。彼らは言う。犯罪によって殺された被害者の家族が犯人に復讐することはルール違反、非常識だ。基本的人権という社会制度（法律）が存在するから復讐は禁じられるべきだ、と。また、そういった大人は、世界人口の１%が全世界の富の半分を所有している一方で、飢え、飢餓に苦しむ人たちがいる現実を目の前にして、それが経済原理ということなのだ、別に違法に稼いだ金ではない、と言う。それが資本主義という常識なのだ、と。

でも自分の本当の声に耳を澄ませてほしい。もし自分が被害者の立場だったら、もし自分や家族が飢餓に苦しむ立場だったら、自分の本当の声はなんと言うだろう。法律という常識など無視して復讐をしたいのではないか。自分の子どもが飢えている時には、犯罪を犯してでも食料を奪い取りたいのではないか。自分や他の誰かの心が痛みのために叫び声を上げているのに、自分達の本当の声に気づかないのは野蛮だ。それは一つの暴力なのだ。そして自分たちの本当の声に気づいているのにも関わらず、それ気づかないふりをするのは残酷な行為だ。復讐をしたいと考えるのが野蛮で残酷なのではないし、飢えている人間が犯罪を犯してまで食料を奪い取りたいと考えるのが野蛮で残酷なのではない。復讐をしたいと思うほど苦しんでいる人を、飢餓や貧困の連鎖にあえぐ人を、救えない社会制度という常識が野蛮で残酷なのだ。

事実、私たちが常識であると考えていることにも間違いは存在する。しかし大人である私たちは薄々それに気づきながらも、巨大な常識を前にして自分たちの本当の声に耳を澄ませることに躊躇してしまう。近代以前の常識では「重たいものは軽いものよりも速く落下する」と信じられていた。この近代以前の常識はガリレオの実験によって間違いであることが示されたのだが、これは背理法という論理を使っても間違いであるということを示すことができる。背理法とはある前提を置き、その前提から論理的帰結を導き、その論理的帰結が間違っていると示すことで前提が間違ったものであると示す論理のことである。

「重いものの方が軽いものよりも早く落下する」と前提する。もし二つのものがあり、一つが重く（10kg）、もう一つがそれよりも軽い（5kg）とすると、二つを紐などで一つにまとめて落とすと、二つの重さが足し合わされて一つ一つ個別に落下するよりも速く落下することになるが、それと同時に、軽いものと重いものの落下速度の平均速度でも落下するということにもなる。つまり二つのものをまとめたものの落下速度は二つの重さの合計（15kg）の速度と同時に一つ一つ個別に落とした時（7.5kg）の平均落下速度でもあるということになってしまう。これは完全に矛盾である。故に、この前提、つまり、「重いものの方が軽いものよりも早く落下する」ということは間違いである、ということになる。近代を生きる私たちにとっては「重たいものは軽いものよりも速く落下する」ということが間違いであることは常識であるから、この証明の結論を受け入れることは難しいことではない。しかし「重いものの方が軽いものよりも早く落下する」というのは近代以前は常識だったのだ。

では今度は同じ論理を近代を生きる私たちの常識に当てはめてみよう。私たちは「私たちは皆基本的人権を持ち、平等である」と考えている。それは近代を生きる私たちにとっては常識である。しかし上記の背理法を使えば、この常識が間違いであるということも簡単に証明できる。まず、私たちは全て等しい権利を持つと前提する。その論理的帰結の一つは男性も女湯に入る権利を持つということになる(その逆もまた然りである)。そして逆に性別という属性によって本来等しいはずである権利が剥奪されるということは性別という属性に基づいた差別ということになる。しかし私たちは男性は女湯に入るべきではないと感じる（その逆もまた然りである)。それが私たちの本当の声なのだ。

とすると、背理法により私たちは等しい権利を持っていないということになる。女性と男性は同じ権利を持っていないという結論に至ってしまうのだ。全く同様の論理で黒人と白人も同じ権利を持っていないということが言える。そしてそれらは、女性は男性と同じ権利を持つべきではない、黒人は白人と同じ権利を持つべきではない、などと言い換えることができる。しかしそのように言い換えると、近代の常識を身につけた私たちはショックを受けることになる。まるで性別や人種などの属性による差別のように感じてしまう。これはどういうことなのだろう。これは $F = ma$（ニュートン力学の第二法則。力は質量と加速度を掛け合わせたもの）と $m = \frac{F}{a}$ は代数的に変換されただけで論理的に等値であるのに、$F = ma$ を受け入れておいて、$m = \frac{F}{a}$ の方は受け入れられないというような矛盾した話なのだ。

もう一つ例を挙げよう。実証主義（ポジティビズム）と呼ばれる立場が存在する。実証主義とは端的に言って「科学は客観的（な法則）である」と考える立場である。物理学は $F = ma$ という客観的な物理法則（ニュートン力学の法則）によって説明され、物理学以外も同じようになんらかの客観的な法則によって説明されなければならない、というような立場である（もちろん正確に言うと、現在では正しい物理法則はニュートン力学でなく量子力学であると考えられている)。物理学はさておき、政治学、社会学、経済学、教育学などといった社会科学などの分野ではそのような考え方を信じている科学者もいるし、信じていない科学者もいる。では仮に実証主義を信じていない社会科学者に対して「あなたの研究は客観的ではない」と言ったらどうなるだろう。おそらくその科学者はそれを侮辱と受け取るだろう。科学者でない人は「研究」ということを学校や会社における報告と考えたら良い。教師や上司から自分の報告は客観的でないと言われるのだ。当然これは侮辱である。

全ての人間は死ぬ
ソクラテスは人間である

ゆえにソクラテスは死ぬ

は三段論法といわれる論理であるが、これと全く同じ三段論法が上記の例にも当てはまり、もしある科学者が実証主義を信じていないのならば、その人の研究は当然ながら客観的なものでないに違いないのだ。そして報告などにしても私たちは神ではないのだから、当然客観的な報告など存在しない。にもかかわらず、科学者や私たちはそれを侮辱と受け取ってしまう。これはなぜなのだろう。

私たちは身につけてしまった常識と自分たちの本当の声の間でさまよっているのだ。近代の常識を身につけてしまった私たちは、私たち「人間は全て等しい権利を持っている」と考えているし、「科学は客観的なものである」と考えている。そして近代社会(制度)はこういった常識に基づいて作られている。しかし実際には私たちの本当の声は、私たちは等しくあるべきでない、科学は客観的ではないというものなのだ。にも関わらず、それと同時に近代の常識を身につけた私たちは、常識から外れた自分たちの本当の声に戸惑ってしまう。女性は男性と同じ権利を持つべきではない、黒人は白人と同じ権利を持つべきではないなどということは非常識である、と感じてしまう。それは属性による差別で、政治的に正しくないのだ(ポリティカル・コレクトネスが存在しないのだ)、と。こうして私たちは自分や他者が感じている本当の声に耳を閉ざす。その結果、自分や他者が常識とされる社会制度の中で心の痛みで悲鳴をあげているのに、それが私たちの本当の声なのに、私たちはその声を聞かないふりをすることになる。しかしやはり自分たちの本当の声はかき消すことができない。だから私たちは自分たちが感じる不条理、怒り、悲しみから自由になりたいと望み、そのいまだ**見えない自由を探し求めて、見えない銃を撃ちまくる**(TT)。映画などで法律では禁じられている復讐劇を見て、復讐者に共感しカタルシスを感じるのだ。**見えない銃を撃ちまくる**(TT)というのは身につけた常識の中で心の痛みを感じ、自らの本当の声を常識から解放しようとしてもがく私たちの姿なのだ。

私たちは常識とされている社会制度を疑わなければならない。単に常識が正しいとされているというだけで、自分の本当の声に耳を閉ざし、常識に沿って生きるだけの野蛮で残酷な大人に成り下がってはいけない。常識のために苦しむ人たちを前にして**痛みは初めのうちだけ、慣れてしまえば大丈夫**(R)などと言えるような**誠実さのかけらもなく笑っているやつ**(A)になってはいけない。常識が常識だというだけで、制度が制度だというだけで、制度という常識に機械的に従っていたら、制度は単なる空虚な儀式に成り下がってしまう。本来、制度は私たちの本当の声を反映したものであるべきなのだ。そうであって初めて、私たちは社会の中で苦しまずに生きることができる。私たちが自分達の本当の声を曲げてまで、制度に従わなければならないのではない。本来は制度の方が私たちの本当の声を反映しなければならないのだ。それが本当に正しい生きた制度であり、そのような制度が実現したときに、私たちの本当の声と常識は一つになる。制度を形骸化した儀式にしてしまわないためにも、私たちは自分たちの本当の声に耳を澄ませ、社会の中で正しいとされているルール、常識を疑わなければならない。

もちろん常識を疑うというのは単に常識に反抗することではない。反抗のためだけの反抗など単なる子どもの蛮行だ。伝統、法律、道徳、科学など、いわゆる社会制度と呼ばれる常識は先人が長い時間をかけて作り上げてきた叡智の結晶であり、往往にして素晴らしいものである。そういった様々な常識のおかげで私たちは日々安全で快適な暮らしを送ることができる。だから私たちは常識に敬意を払わなければならない。何かに敬意を払うということはそれを理解すること、少なくとも理解しようと努めることだ。異なる文化を持つ多様な人種、民族を擁する広大なローマ帝国を統治した皇帝マルクス・アウレリウスは自分が相手に敬意を持って相手を理解するまで相手を批判することを拒んだと言われる[1]。無知ゆえに常識を理解もせずに批判したり反抗することは簡単だ。しかしそのような反抗のためだけの反抗は常識への敬意を失した無知で対話のできない子どもの野蛮な行為なのだ。

かつての学生運動がそうであったように、常識というルールを理解もせずに反抗のためだけに反抗するなど後に無駄な混乱しか残さない[2]。私たちは常識を理解し、他者と対話のできる大人にならなければならない。常識に敬意を払うのが大人なのだ。しかし大人になることと、一般的に正しいとされる常識の中で自分や他者の心が痛みで悲鳴を上げているのにも関わらずその自分たちの本当の声を聞

1 Marcus Aurelius (2013); Nussbaum (1998), pp. 63-65.
2 c.f. 村上 (1987).

かないふりをすることは全く違う。常識とされているルールを理解しようと努め、熟慮の結果、自分が本当に納得できるのであれば常識に従えば良い。しかし自分が熟慮に熟慮を重ねた上で、どうしても納得ができないのなら、自分の本当の声に耳を閉ざして常識に従うような**大人たちに褒められるようなバカ**（SU）に成り下がってはいけない。常識が常識であるというだけで常識に従う者は自分や他者の本当の声に耳を閉ざした野蛮な大人か**誠実さのかけらもなく笑っているやつ**（A）、つまり薄っぺらで残酷な大人なのだ。そしてそのような大人が少数者の声に耳を傾けない時に、少数者の声をなんとか届けようと破壊型の抗議運動などといったものが展開されることになる。本当に大切なのはお互いに敬意を持ち、お互いを理解しようとし対話を試みることなのだ。

反抗のためだけの反抗という子どもじみた行為も愚かであるし、常識が常識であるというだけで、ルールがルールであるというだけで、それに従う大人も愚かだ。ルールがルールであるというだけでルールに従うのであれば、そのようなルールは生きたルールではない。そんなものは何も考えずに、ただ機械的に従うだけの単なる形骸化した空虚な儀式だ。「なぜ」そうなのかを理解して実践してこそルールは生きたものになる。定められたルールが正しいのではない。理解して熟慮した結果、自分が本当に良いと思えるルールが正しいルールなのだ。それが生きたルールなのだ。定められたルールがそうだからというだけで自分の本当の声を聞こうともせずに、ルールに従うものが、ナチス政権下の常識の下で何も疑うことなくユダヤ人をガス室に送り込んでしまったような自分の声を失ってしまった野蛮な大人であり、戦時中は「お国のために死ね」と教え、戦後は「これからは一億総ザンケだ。今や我々の父はマッカーサー大元帥だ」と教えるような大人なのだ[3]。ルールを疑いもせずに、ルー

3 山下「振り袖の反逆児」.

ルが何を意味するのかも深く考えずに、ルールに従っているから自分は正しいのだ、などと思っているとしたら、こんなに野蛮で愚かしいことはない。それならば、親鸞の悪人正機ではないが、少なくとも自分が自分の本当の声である良心にもとることをしている、残酷なことをしている、と自覚している者の方がまだ救いようがある。少なくともそのような人は自分の声を持ち、その声は自分に届いている。

常識というルールに自分たちの本当の声を絡め取られてしまい、自分の言葉をなくした大人は対話すらできない野蛮な大人なのだ。それが正しいことだ、という常識の中で、常識と異なる意見に耳を傾けること、対話することですらできなくなってしまっている。それは自分の持つ常識と異なる意見を持つ者に敬意を持てなくなってしまった人間なのだ。そんな大人になってはいけない。正しいとされているルール、常識がどうであろうと自分の良心である本当の声を裏切ってはいけない。自分の本当の声を裏切って常識とされるルールに従ったところで、最終的には自分が苦しむ事になるだけだ。もし仮に自分の良心を裏切っても苦しむことのないようであれば、そんなものは本当に**誠実さのかけらもなく笑っているやつ** (A)、薄っぺらで残酷な大人でしかない。

常識に対して敬意を払いつつも、私たちは自分の本当の声に耳を澄まさなければならない。そうすることで初めて、一般的に正しいとされている常識の中でも、自分や他者が感じる心の痛みに気づくことができ、古くなって儀式と化してしまったルールを変更してさらに良いルールを作ることができる。それは先人という巨人の肩の上に立って、さらに良い社会を作ろうとする努力なのだ。大多数が正しいと信じている常識やルールに異論を唱えることは苦しい。でもそうしてガリレオもリンカーンもマーティン・ルーサー・キング・ジュニアも当時存在しなかった新しい常識を作ってきた。それまで存在しなかった見えない自由を作ってきたのだ。見えない自由を獲得することは常識によってかき消されてしまっている私たちの本当の声の本当の意味での解放なのだ。常識という**金網をくぐり抜け**（1000）、自分の本当の声に耳を澄ませよう。常識を盲目的に信じて**台無しにした昨日は帳消しだ**（1000）。

2章. 心の痛み

痛みは初めのうちだけ、慣れてしまえば大丈夫
そんなこと言えるあなたはヒットラーにもなれるだろう
ロクデナシ

決して癒えることのない心の痛み

私はアメリカを信じています。アメリカのおかげで私は財産を作ることができましたし、自分の娘はアメリカ流に育てました。娘は自由に育てました。決して家族の誇りを傷つけるようなことはしないようにと教えましたが。娘は男友達を見つけました。イタリア人ではありません。彼女は彼と一緒に映画を見に行ったり、夜遅くまで出歩いていました。私は文句を言いませんでした。2ヶ月前、その男は別の男友達と一緒に娘をドライブに連れて行きました。奴らは彼女にウイスキーを飲ませ、娘につけこもうとしたのです。娘は抵抗しました。娘は自らの名誉を守ったのです。それで奴ら娘をはまるで動物のように殴りました。私が病院に行ったとき、娘の鼻は折れ、あごは粉々に砕かれ、ワイヤーでつなぎ合わされていました。彼女は痛みのために泣くことさえできなかったのです。でも私は泣きました。なぜ泣いたか？美しい娘。娘は私の人生の光でした。娘はもう二度と美しくなることはできません…私は善良なアメリカ人らしく警察に行きました。2人の少年は裁判にかけられました。裁判官は彼らに懲役3年の刑を言い渡し、執行猶予をつけたのです。執行猶予！奴らはまさにその日に自由になったのです！私が

バカみたいに法廷に立ちつくしていたら、その２人の奴ら、奴らは私に微笑みかけました。それで私は妻に「正義のために私たちはドン・コルレオーネのもとに行かなければならない」と言ったのです[4]*。*

映画『ゴッドファーザー』は葬儀屋ボナセラの独白で始まる。ボナセラは裁判で自分の娘を傷つけた男たちが執行猶予処分になったことにどうしても納得できず、マフィアのボスであるヴィト・コルリオーネの元に復讐の依頼に来たのだ。ボナセラの感覚からすれば自分の娘を傷つけた男たちにはそれ相応の処分が下されなければならないはずなのだ。彼らは当然罰せられるべきであるはずなのに、裁判という社会制度が出した答えはその男たちに執行猶予を与えるというものだった。彼らは裁判が終了したその日から大手を振って街を歩けるのだ。さらにその男たちは呆然と立ち尽くすボナセラをバカにしたように微笑みかけた。ボナセラはこの判決およびその男たちの態度にどうしても納得できず、ヴィト・コルリオーネに復讐の依頼を行う。

もし自分がボナセラの立場に置かれたら、彼同様、判決に納得できずに、判決を不条理だと感じるだろう。判決は正しく無いと感じるだろう。ボナセラの感じる不条理、怒り、悲しみは私たちが感じる不条理、怒り、悲しみなのだ。私たちは**聖者ではない** (TT)。不条理は不条理として、怒りは怒りとして、悲しみは悲しみとして感じる。それが私たちの本当の声なのだ。それゆえに私たちの目にはその声を代弁するゴッドファーザーは極悪非道で不条理な犯罪者ではなく侠客として映る。社会制度である法律という常識的観点から見れば確かにゴッドファーザーは犯罪者ではある。しかし彼は通り魔や性犯罪者といったような自己の欲望を満たすだけの不条理な犯罪者ではない。

4 Godfather (1972). 以降翻訳は全て私訳。

私たちが感じる不条理という感覚は私たちが正しくないと感じる感覚である。そしてこの正しくないという感覚は、私たちが当然こう「であるべき」と思っている世界観､価値観から､実際にそう「である」現実世界が乖離してしまった時に感じられる感覚である。ボナセラの感覚からすれば自分の娘を傷つけた少年たちは当然罰される「べきである」のだ（「べきである」は「値する」とも言い換えられる)。この私たちがこうある「べきである」と感じる感覚が私たちの持つ「良さ」の感覚、本当の声である。そしてこう「であるべき」と私たちが感じる良さの感覚が実際に世界の中で実現している時、つまり実際にそう「である」時に、私たちは世界に対して心の底から納得し、世界は「正しい」と感じ、何の疑問も抱くことなく生きることができる。つまり私たちの感じる良さの実現が正しさの感覚なのだ。逆に、私たちが当然こう「であるべき」と感じていることが実際にそうでない時に、私たちは世界に対して納得ができず、不安感、違和感、不条理、怒り、悲しみなどを感じる。そのような時には私たちは世界が正しくないと感じ､「なぜ」なのだろうと思う。

私たちが当然こう「であるべき」と感じていることが実際にそう「である」ことが私たちの感じる正しさの感覚であるということは、法律などの社会制度は本来私たちがこう「であるべき」と感じることを実現する（「である」にする）ものでなければならない。それが私たちの本当の声を反映した正しい社会制度であり正しいルールなのだ。そのようなルールの中では私たちは心の痛みを感じることはない。「なぜ」なのだろう、などと違和感を感じることすらない。逆に社会制度というルールが私たちの本当の声を反映していなければ、私たちはそのようなルールに苦しめられることになる。違和感や不条理を感じ「なぜ」ルールはそのようなのだろうと考えずにはいられない。ボナセラは野蛮な少年たちによって苦しめられ、さらに裁判という社会制度によってもう一度苦しめられた。もしも裁判がボナセラの本当の声を反映していたならば、ボナセラは少なくとも裁判結果には納得していただろう。

私たちが心の底から良いと思えるルールが本来正しいルールなのだ。それが私たちの本当の声と常識、「であるべき」と「である」が一致した状態である。にも関わらず、私たちは大人たちによって教え込まれた常識を身につけてしまった結果、自分や誰かが社会制度に対して納得できず不条理を感じていても、社会制度という常識がそうであるからという理由だけでそれが正しいはずだと考えるようになってしまった。社会制度である法律が正しいのであり、ゴッドファーザーのように法律に違反することは正しくないことだ、と考えるようになってしまったのだ。

しかし所詮常識や法律などは時代とともに変わるものである。黒人は奴隷であることがルールであり、常識だった時代と場所があるのだし、ユダヤ人であればガス室に送り込むことがルールであり、常識だった時代と場所があるのだ。そして違法でなくても正しくないことは正しくない。その逆もまた然りである。にも関わらず、常識を身につけてしまった私たちはこう考える。「法律は社会制度であり正しいはずだ。逆にマフィアなどというものは違法であり、正しくない存在なのだ。ルール違反なのだ。そのようなものに復讐を頼むなど正しくないはずなのだ。そんなことは映画の中だけの話だ。それが常識なのだ」、と。ボナセラの感じる不条理は私たちの感じる不条理であるのに、彼の感じる心の痛みは私たち自身が感じる心の痛みであるのに、私たちは自分たちの本当の声に耳を閉ざしてしまっているのだ。常識を身にまとった私たちはいつの間にか自分たちの感じる心の痛みから目を背ける野蛮な大人になってしまっているのだ。

ギリシア神話に「プロクルステスのベッド」という話がある。プロクルステスという人が通りがかりの人間に「休ませてやろう」と言って、自分のベッドに連れて行き、身長がベッドより大きければ足を切り、身長がベッドに足りなければ身体を引き延ばす拷問を加える話である。この話は何かを恣意的な基準に無理矢理に合わせるという意味合いで用いられるが、まさにこれが私たちの状況なのだ。私たちは社会の常識を前にし、自分の本当の声に耳を閉ざし、なんとか自分の方を社会の常識に合わせようとしている。あたかもそれが良いことのように。だからそのような際に、私たちは社会に対して違和感、不条理、心の痛みを感じる。しかし本来は社会制度というルールの方が私たちの本当の声を反映しなければならない。本来は社会の中で正しいと考えられている常識に合わせて自分を変えなくても良いはずなのだ。**自分を殺すことはない。ありのままでいいはずなのだ**(R)。私たちが社会に対して不条理を感じるということは、私たちが正しいと思い込んでいる社会制度という常識の方が正しくないということなのだ。

私たちがこう「であるべき」と感じる感覚と実世界はこう「である」という事実の間に乖離が生じた場合、つまり私たちの本当の声と現実の間に乖離が生じた場合、それがそれほど強くないものの場合、それはまず些細な不安感や違和感として立ち現れてくる。例えば、初めて見る風景なのだから当然見たことがないはずなのに、見たことがあると感じる時に、私たちはデジャヴ(既視感)という違和感を感じる。そして違和感は私たちに「なぜ」という疑問を抱かせる。また例えば、当然バスに乗れるべきはずなのに、バスから出て行ってくれと言われたような場合、私たちは違和感を感じ、「なぜ」なのだろうと思う。そして違和感が強いものになった時にそれは不条理、怒り、悲しみ、つまり心の痛みとして立ち現れてくる。自分の出身地、民族、人種ゆえに当然乗れるべきはずであるバスから乗車拒否をされた時に私たちは不条理、怒り、悲しみを感じる。これは痒みという違和感が痛覚によって感じられる弱い痛みであることに似ている。強くなった痒みが痛みとして立ち現れてくるように、強い違和感、不安感は心の痛みとして立ち現れてくる。

そして私たちは決して違和感に慣れることはない。違和感に慣れるなどということは、古いニュース、オリジナル・コピー、ワンマン・バンド、本当のフィクション、ワーキング・ホリデー、公然の秘密、たった一つの選択肢などと同様、その表現自体がほとんど矛盾（撞着語法、オクシモロン）なのだ。違和感は慣れることがないからこそ違和感なのである。だから私たちは心の痛みにも慣れることはない。時は心の痛みを癒さない。時はただ心の痛みが沸き起こる頻度を減らしてくれるだけなのだ[5]。だから常識がどうであろうと、その常識とされていることをどんなに高等な論理、理論を駆使して説明されようとも、ボナセラが判決に納得できなかったように、私たちは納得ができないことには納得ができない。それが社会の中でどんなに正しいとされていても心の底から正しいと思うことなどできるはずもない。論理のない感情は子どもじみたわがままでしかないが、感情のない論理は空っぽで浅薄な大人の戯言なのだ。

常識に潜む野蛮さと残酷さ

法律などといった社会制度は社会から野蛮さと残酷さを無くそうとして作られた常識だが、実はそのような常識の中にも野蛮さと残酷さが潜んでいる。野蛮さと残酷さは異なる概念である。野蛮な暴

5 Kauffman in Waldrop (1992), p. 117.

力は相手の痛みをわからない無知ゆえの暴力だが、残酷な暴力は相手が感じる痛みを理解した上での暴力である[6]。自分や他者が決して慣れることがない、時が癒すことのない心の痛みを抱えているのに、その痛みを理解できないことは野蛮なことであり、自分や他者の心の痛みを理解しているにも関わらず、その声に対して耳を閉ざすことは残酷なことだ。基本的人権というルールが存在するということになっているから、少年法という法律が存在するから、裁判所という社会制度が執行猶予を言い渡したから、そしてそういった社会制度が正しいとされる常識だから、私たちはそれに納得しなければいけないのだろうか。納得したふりはできても到底心の底から納得などできるはずもない。自分の本当の声は決してかき消すことができないものなのだ。

もちろん基本的人権や法律、裁判所などそのほか諸々の社会制度は野蛮さや残酷さを社会からなくすために長い年月をかけて作られてきた社会科学の叡智の結晶であり、現代を生きる私たちは日々そういったルールの恩恵を受けている。私たちは常識とされるルールには敬意を払わなければならない。私たちはそれらを理解しようと努めなければならない。しかし社会制度というルールが社会の中で正しいとされている常識であるからといって、社会制度の中で不条理を感じた際に、自分が感じる心の痛みから目を背け、自分たちの本当の声を聞かないふりをすることは決して正しいことではない。もしも社会制度という常識を完全に信じ込み、自分や他者の心の痛みに気がつかないなら、それはとても野蛮なことなのだ。そしてもしも自分や他者が感じている心の痛みをわかっていながらも、常識を前にしてその本当の声に気づかないふりをするのなら、それはとても残酷なことなのだ。ボナセラのどうしても許せない、納得できないという気持ちを理解できない者は野蛮なのであり、ボナセラの

6 Williams (1985).

気持ちをわかった上で「二人の若者を許してやれ」などと言うことはこの上なく残酷な行為なのだ。逆にゴッドファーザーは正しい。だから私たちはゴッドファーザーに、自分の本当の声を聞き届けてくれ、心の痛みをわかってくれる父親像を見る(だからゴッドファーザーは侠客であり親分であり映画の主人公なのだ)。

常識をまとってしまった大人たちは復讐をすることの方が野蛮だとか残酷だと考えている。そして時として納得できないという気持ちをわかっていてもなお許すことが美徳であると考えている者すらいる。だいたいそういう時に使われるセリフは（被害者が亡くなった場合）「復讐をしても被害者は返ってこない」というものだ。しかし復讐は被害者が返って来ないからこそ復讐なのだ。本当は復讐をしたいと思う気持ちを野蛮だとか残酷だという常識を持った者こそが野蛮で残酷な人間なのだ。特に、野蛮な人間は自分が野蛮だと気が付いていない。無知で無邪気なのだ。常識を疑いもせず、他人が抱える心の痛みをわかろうとすらしない。むしろ自分は良いことをしているとすら考えている。それならば少なくとも自分が正しくないことをしている、残酷なことをしていると自覚している者の方がまだ救いようがある。ボナセラの気持ちをわかった上で「二人の若者を許してやれ」などと言う方がまだ自分は残酷なことをしているという意識が生まれる。野蛮な者は自分が野蛮であるということに気が付いていないだけに救いようもない。

こう「であるべき」と感じる自分の本当の声を押し殺すことは正しくない。自分の本当の声が正しくないと思っていることを、それが常識であるというだけで正しいことなのだと自分で自分に言い聞かせることは必要ではないし、結局そのようなことなどできはしない。逆にそれは自分の本当の声を騙し続ける野蛮で残酷な行為なのだ。

カタルシス：本当の声の解放

社会科学と文学

常識とされている社会制度が正しくない限り、そのような社会制度の中で生きる私たちは不条理を感じ、苦しみ続けなければならない。そして実際に私たちには社会制度の中で不条理を感じることがある。例えば、私たちは政治が正しくないと思ったり、経済原理による貧富の差が激しいと思ったり、現在の社会制度ではどんなに働いても全く報われないと感じたり、ボナセラのように法律、裁判が正しくないと感じたりする。ではなぜ社会制度の中に私たちが正しくないと感じられるものが入り込んでくるのだろう。

当然ながら裁判、教育、法律などといった社会制度はただランダムに作られ、運用されているわけではない。裁判官は自分の好き嫌いで判決を下すわけではないし、教師は自分が教えたいことを教えるわけではない。また政治家は好き勝手に政治を行っているわけではない。裁判官は法律理論に則って判決を下すし、教師は教育理論に則って教育を行う。政治家は政治原理に従って政治を行う（もちろんこれは裁判、教育、政治など実際の社会制度の運用において個人の裁量がないということではない）。つまり社会制度は社会科学理論に基づいて作られているのだ。この意味で法学、教育学、社会学、経済学、政治学などといった社会科学は社会制度という社会のルールの基礎を形成している。つまり社会制度という社会のルールに対して私たちが違和感、不条理、心の苦しみを感じるということは、それを下支えする社会科学が正しくないということを意味する。現存する社会科学が私たちの本当の声を描き出せていないから、私たちが社会制度の中で不条理を感じることになるのだ。

本来社会科学は私たち人間とはどのようなものであるのかということ、つまり私たちの本当の声を描き出す人間の学問である。にもかかわらず現状の社会科学は私たちの本当の声を、正しい人間像を描き出せていない。ボナセラのように自分の人生の光である娘を傷つけられたら許せないと思うのが人間なのだ。それが私たち人間の本当の声であり、人間本来の姿なのだ。本来、社会科学はその声を反映しなければならない。そのような社会科学理論に基づいた社会制度こそが私たちが心の底から正しいと感じることのできる社会制度になる。私たちの本当の声を描き出すことが正しい社会科学を作り、ひいては正しい社会制度を作るのだ。しかし実際には社会科学は正しい人間観を描き出せていない。ゆえにそのような社会科学理論（法律理論）に基づいた裁判は私たちの本当の声を反映できておらず、それゆえにボナセラは苦しまなければならなかった。

ボナセラだけでなく私たちもそのような事態に違和感を感じ、正しくないと感じる。自分がボナセラの立場に立って許せない、正しくないと思うのであれば、それは私たちが間違っているのではなく、社会制度というルールおよびその基礎をなす社会科学という常識が間違っているのだ。プロクルステスのベッドを超えるためには、社会制度という常識に絡め取られてしまっている自分たちの本当の声に耳を澄まさなければならない。高名な学者がそう言っているから、国の法律がそうなっているから、社会制度がそうだから、それが常識だからといって、私たちの感覚の方が一方的に間違っているわけではない。事実、私たちはゴッドファーザーを介したボナセラの復讐には違和感や不条理を感じない。むしろこのような復讐劇にカタルシスを感じる。カタルシスは常識からの本当の声の解放なのだ。

『ゴッドファーザー』は社会制度に反する違法な存在であるマフィ

アを題材にした映画である。にも関わらず私たちはボナセラとゴッドファーザーに感情移入（共感）し、ゴッドファーザーがボナセラのために行う復讐にカタルシスを感じる。常識から私たちの本当の声が解放されるのだ。常識を持った大人である私たちの中の本当の声が叫んでいるのだ。法律というルールが間違っており、私たちの本当の声が正しいのだ、と。だから文学は復讐劇であふれている。イギリスの小説家、哲学者であるアイリス・マードックは私たちがまず学ぶべきは科学ではなく文学（シェークスピア）であると言ったが、それは文学が私たちの本当の声を描き出しているからなのだ[7]。『ゴッドファーザー』やシェークスピアが不朽の名作であるのは、それらが人間の本当の姿を描いたからである。偉大な文学作品が私たちの心に触れるのは、それらが社会科学が描き出せなかった私たちの本当の声を、私たち人間の本当の姿を描くからなのだ。

経済学者、哲学者であるアマルティア・センの言うように、私たちの生きる世界はハムレット、マクベス、リア王、オテロの世界なのだ（日本の例で言うならば赤穂浪士の世界だろうし、フランスであれば『モンテ・クリスト伯』の世界だろう）[8]。ボナセラのような状況では許せないと感じ、復讐をしたいと感じる。それが私たちの本当の声なのだ。だからゴッドファーザーやシェークスピアは私たちの心を揺さぶる。一方、現状の小難しい社会科学は私たちの感情を揺さぶるものではない。私たちは経済学、政治哲学、法学、社会政策論の世界を生きているのではない。私たちはボナセラ、ハムレットの世界を生きているのだ。だから私たちは文学には共感しても社会科学にはそれほど共感しない（もしも私たちが文学に共感するように法律、経済学、教育理論などといった社会科学に共感するならば、社会科学を小難しいものだと考えずに、まるで小説を読んだり、

7 Murdoch (1970), p. 33.
8 Sen (1987), p. 11.

映画を見るように社会科学の教科書を読んでいるはずである)。正しい社会を取り戻すために、人間の科学であるはずの社会科学は文学が描き出す私たちの本当の声を取り戻さなければならない。文学は社会科学が習うべき模範なのだ。

本当の声そのものへ

現状の社会科学は私たちの本当の気持ち、本当の声、本当の人間像を描き出せていない。だから現在実践されている社会科学とその上部構造である社会制度は正しくない。もちろん社会科学および社会制度は長い年月をかけて、先人たちの手によって構築されてきたルールであり常識である。近代科学のヒーローであるアイザック・ニュートンが言った通り、私たちは「巨人の肩の上に立っている」。先人たちの叡智の結晶である社会科学およびそれに基づいた社会制度というルールは確かに偉大だ。私たちは日々その恩恵を受けている。それに楯突こうとすることは実力の面でもアリがライオンに向かっていくようなものだ。しかし私たちは既存の思想、制度に敬意を払いつつも、自分の本当の声を、自分の思考を放棄してはいけない。「なぜ」なのだろう、納得できないという自分たちの本当の声を押し殺してはいけない。社会のルールに対して私たち自身が感じる違和感や不条理を見て見ぬ振りをしてはいけないのだ。それは自分の本当の声に耳を澄ませるということでもあるし、常識とされているルール、正しいとされているルールを疑うということでもある。

全ての人が基本的人権を持っているということになっているから、それが常識だから、それがルールだから復讐はいけないなどということは簡単だ。もしくは経済格差は資本主義の結果であり、違法に稼いだ金ではない、などということも簡単だ。しかしポリティカル・コレクトネスなどと言って、その時代の常識と呼ばれるものを微塵も疑わないものが、ナチス政権下の常識の中で何ら疑うことなくユダヤ人をガス室に送るような人間なのだ。それが常識に潜む野蛮さと残酷さなのだ。常識など時代と共に変わる。野蛮であり残酷なのは復讐をしたいと思うボナセラや復讐を肩代わりするゴッドファーザーではない。野蛮であり残酷なのはボナセラの許せないという気持ちに気づけない者、気づいたにも関わらず見て見ぬ振りをする者なのだ。そのような者たちが心の痛みを抱くものに対して**痛みは初めのうちだけ、慣れてしまえば大丈夫**(R) などと言えるような、教え込まれた常識を疑いもしない大人たちに褒められるようなバカ(いわゆる良い子ちゃん) なのだ[9]。

逆にその時代の常識と呼ばれるものを疑った人間がそれまで常識と考えられてきた奴隷制度などを排斥していった人達だ。常識がどうであれ、自分たちの本当の声に耳を澄ませ、本当の声を発しようとする者たちが、それまで存在しなかった見えない自由を作ることができるのだ。**弱いものたちが夕暮れさらに弱いものを叩く** (TT) とき、私たちは不条理を感じそれを何とかしたいと思う。私たちは未だ存在しない見えない自由を求めているのだ。その見えない自由を掴み取るために、私たちは常識を疑い、自分たちの本当の声に耳を澄ませなければならない。何も考えずに常識を鵜呑みにし、「基本的人権があるから」などと言うことは、自分たちの本当の声に耳を閉ざした野蛮で残酷な行為なのだ。

常識とされるルールによって押し殺してきた自分の本当の声に気が付いた時に、私たちは常識というプロクルステスのベッドを超えて新しい地平に立つことができる。だから常識というルールに敬意を払いつつも自分の心の声に耳を澄ませるのだ。もちろん本当の声を発することは大変な勇気を要する。大多数が信じる常識を疑いそれに抗うことは軋轢を生み苦しい。奴隷制度などを排斥していった

9 英語で言う goody-goody に相当する。

人達の努力は命懸けの努力だった。しかし私たちは常識が常識だというだけで常識を疑いもしない**大人たちに褒められるようなバカ(SU)**に成り下がってはいけない。常識が常識だというだけで、ルールがルールだというだけで、ただそれだけの理由で自分の本当の声に心を閉ざしていてはだめなのだ。近代社会の常識を疑い自分の本当の声に耳を澄ませよう。社会科学および社会制度に内在する様々な問題が是正された時にこの世界はさらに良くなる。常識を疑い、心の声に耳をすますことで、社会の中で心の痛みを感じる私たちが探し求める見えない自由を手に入れるのだ。

3章.ルール

ドブネズミみたいに美しくなりたい
写真には写らない美しさがあるから

リンダ　リンダ

ルールとは

ではそもそも社会の中で正しいとされている常識と自分自身の本当の声というのはなんなのだろう。実は常識も本当の声もルールである。常識は社会のルールであり、自分の本当の声は自分が生きる上でのルールなのだ。私たちは生きる上で必ずなんらかのルールを必要とする。社会の中で生きるためには常識という社会のルールが必要であるし、自分が尊厳のある人生を生きようとすれば自分は自分自身のルールを持たなければならない。社会からルールがなくなれば社会はカオスに陥り崩壊してしまうし、自分が自分自身が生きる上でのルールを失ってしまえば自分は単に軽薄で薄っぺらで尊厳のない人間となってしまう。自分自身の生きる上でのルールである本当の声は自分自身の生き様、もしくは死に様といっても良い。生き様を持たない人間や自分自身の生き様に真摯に生きられない人間など単に軽薄で薄っぺらな人間でしかない。そのような人は確かに生きてはいるが、尊厳のある人生を生きているとは言えないだろう。

社会のルールである常識を疑い、自分自身のルールである本当の声に耳を傾ける前に、私たちはまずそもそもルールとはなんなのかということを理解しなければならない。それを理解して初めて私たちは常識というルールを批判する場所に立ち、本当の声に耳をすますことができる。相手を理解もせずに批判したり反抗したりするような批判のための批判、反抗のための反抗などのちに無駄な混乱しか残さない。ルールや常識を批判するためには、私たちはルールや常識に対して敬意を持たなければならない。それはルールや常識を理解する、少なくとも理解しようと努めるということだ。ルールの持つ意味を理解もせずに自分の感情に任せてルールを破ったり、ルールに対して反抗のための反抗をすることなど何の意味もなさない子どもの野蛮な愚行なのだ。ルールを疑うためにはルールを理解しなければならない。

ではルールとはなんなのか。ルールとは正しいとされる知識、考え方のことであり、そのような一般的な知識、考え方が常識と呼ばれるものである。例えば、1+1は2であるとか、ものを空中で離せば落ちるとか、赤信号では停車しなければならないなどは全て正しいとされる一般的な知識である。一方で、1888年3月20日にシャーロック・ホームズのアパートを訪ねたワトソンの靴に傷がついていたとか、今私の机の上にマグカップが置いてあるとか、私の隣の家は工事をしている、といったようなものは正しいかもしれないが、一般性のない個別の知識である。一般的な知識はルールや常識となるが、個別の知識はルールや常識とはならない。

もちろん何が一般的な知識で何が個別の知識なのか、何がルールで何がルールでないのかは程度問題であり、そこに厳密な区別があるわけではない。これは何が常識で何が常識でないのかは時代、場所、状況によって異なるということに対応する。例えば、日本の首都は東京であるとか、コンゴの首都はキンシャサであるとか、1888年3月20日にシャーロック・ホームズのアパートを訪ねたワトソンの靴に傷がついていた、とかいうことを一般的な知識と考えるのか個別の知識と考えるのか、常識と考えるのか常識でないと考えるのかは時代、場所、状況によって異なる。日本の首都は東京であるというのは日本人にとっては一般的な知識、一般常識だろうが、コンゴの首都がキンシャサであるというのは多くの日本人にとっては一般常識というより個別の知識だろう。1888年3月20日にシャーロック・ホームズを訪れたワトソンの靴に傷がついていたというのは多くの人にとっては個別の知識だろうが、シャーロック・ホームズのファンであるシャーロキアンにとっては常識、ローカル・ルールなのかもしれない。

これはつまり知識の一般性（ルール性）には強さの程度が存在するということである。1+1が2であるというのは論理的なルール、つまり決して破ることのできない普遍的なルールであるが、赤信号では停車しなければならないというのは普遍的なルールでもなんでもない。だから赤信号では停車しなければならないとか、赤信号では横断歩道を渡ってはいけないとかいうルール、常識が通用しない社会もあるし、実際、そのようなルールは簡単に破ることができる。一般的に言って、ルールがどれだけ強いのかというのは、どれだけ簡単にそのルールを破ることを想像できるかに等しい[10]。1+1が2でないことを想像するのは不可能である。つまり1+1は2であるというルールは破ることのできない普遍的なルールである。一方で、ものを空中で離しても落ちない世界を想像することは可能である。サイエンス・フィクション（SF）の世界とかいったようなものが

10　四次元以上のベクトルなど存在はするが具体的に想像することができないものがあるために、より一般的には「考えられる（conceivable）」という言葉が使われる。c.f. Wittgenstein (2009; Original in 1953), 517.

それに当たる。赤信号で停車しない車がいるというのはさらに容易に想像することができる。このように知識の一般性（ルール性）には強さの程度が存在する。

二つのルール：世界観と価値観

私たちが持つ一般的な知識、ルールには大きく分けて二種類のものが存在する。一つは世界に関するルールである。これは世界はどのよう「である」かという事実に関する一般的な知識である。例えば、ものを空中で離せば落ちるとか、ものを投げれば（正確に力がかかる限り）意図したところに行くというのは一般的な知識、ルールである。同様に人間は空気がないと生きていけないというのも世界に関する一般的な知識であるし、食事をしないと生きられないというのも世界に関する一般的な知識である。こういった一般的な知識は（自然）世界に関する知識なので、専門的には物理学とか生物学などといった自然科学が研究するものである。

しかし私たちは自然科学の専門家でなくても、この世界はどのようなもの「である」かという一般的な知識を常識として身につけている。量子力学や相対性理論などについては詳しく知らないかもしれないが、力が正確にかかればものは意図したところに動くということは常識として知っているし、遺伝子やDNAの仕組みについては詳しく知らないかもしれないが、男女がいれば子どもができるということは常識として知っている。そしてこういった世界に関する基本的なルール、つまり常識を知らなければ私たちは生きていけない。例えば、重力という常識を知らなければ、空を飛べると信じて崖から飛び降りて死んでしまうようなことになる（実際、赤ちゃんが高層階から誤って転落するという事故が存在する）。こういった世界とはどのようなもの「である」かというルール、一般知識が積み重なったものが私たちの持つ世界観を形成する。

もう一つの一般的な知識は私たちはどのよう「であるべき」なのかという価値、良さに関するものである。例えば、ものを盗んではいけないというのは一般的な知識だし、理由なく人を殺してはいけないというのも一般的な知識である。また、赤信号では停車しなければならないというのも一般的な知識である。このような私たちはどのよう「であるべき」なのかという人として生きるための一般的な知識は、世界はどのようなもの「である」のかというような事実に関する知識ではないが、私たちが社会の中で共に生きていくためには必要な知識である。こういった価値、良さに関する知識がないと、赤信号を無視して車を発車して事故を起こしてしまうといったように、些細なことで人が傷ついたり、死んだりしまうことになる。社会とは人が共に生きる世界のことであるが、社会の中で他の人たちと共に生きるためには、私たちはどのよう「であるべき」なのかという価値、良さに関する一般的な知識が必要なのだ（これは約束事と言っても良い)。

このような価値、良さに関する一般的な知識は人間固有のルールであるがゆえに人間以外の動物はこういったルールは持ち合わせていない。だから私たちは野生生物と共に暮らすことはできない（野生生物は人としてのルールに対して無知であるから私たちの目には野蛮に映るのだ)。こういった人としてのルールは法律とか道徳とか伝統とかいった社会制度として社会の中で共有され、私たちはそのようなルールを常識として身につけている。私たちは民法や刑法の細かい部分までは知らないかもしれないが、理由もなく人を殺してはいけないということを常識として知っているし、ものを盗んではいけないということも常識として身につけている。また赤信号では停車しなければならないということも常識として身につけている。そしてこういった私たちは人としてのどのよう「であるべき」なのかというルール、一般知識が積み重なったものが私たちの持つ価値観を形成する。

そして世界観と価値観という二つのルール（常識）は独立して存在するものではなく、相互依存の関係にある。私たちはかくある「べきである」という価値観は世界はこのようなもの「である」という世界観に依存し、世界はこのようなもの「である」という世界観は私たちはかくある「べきである」という価値観に依存している。世界観がなければ価値観も存在し得ず、価値観がなければ世界観も存在し得ないのだ。例えば、人間は簡単に死ぬもの「である」という世界観（事実）があるからこそ、他者の生命を尊重する「べきである」という価値観が生まれてくる。人間が死ぬことがないのであれば、他者の生命を尊重する「べきである」などというルールは必要ではない。だから100メートルを3秒で走るべきではない、などというルールを作ることは全くもって無意味である。世界観を無視した価値観など意味をなさないのだ。また逆に、赤信号では停車する「べきである」というような価値観が社会の中で共有され、実践されているからこそ、赤信号では停車するもの「である」とか車を運転しても安全「である」という世界観（事実）が存在することになる。つまりそのような価値観が社会の中で常識、ルールとして共有され、実践されているからこそ、横断歩道を渡っていて突然車が追突してくるようなことはない、という世界観が常識として成立する。このように世界観（事実）と価値観は相互依存の関係にある。

そして世界観および価値観は共に、世界はこのようなもの「であるべき」という感覚を私たちにもたらす。赤信号では車は停車する「べきである」という価値観が赤信号では車は停車する「べきである」

という感覚を私たちにもたらすのは当然だが、「である」という世界観も世界はかくある「べきである」という感覚をもたらす。例えば、空中でものを離せば落ちるもの「である」から、今後も（他に力がかからない限り）空中で離されたものは落ちる「べきである」という感覚が生まれてくるのだし、ものは正確に力がかかれば意図したところに動くの「である」から、ものを投げた時に、正確に力がかかれば、それは意図したところに移動する「べきである」と私たちは考える。事実、そう思えなければ、ボールを投げたらどこに行くかわからないことになってしまい、怖くてボールを投げることなどできはしない。

世界観（事実）と価値観というルールが切り離し得ない相互に依存した一つのルールである証拠に、私たちは世界も価値も空間として認識する[11]。私たちはまず世界（空間）の中で自分がどこに立っているのかを確認したのちに、自分から見て上なのか、下なのか、近いのか遠いのか、浅いのか、深いのかなどを見極める。同様に、価値に関してもまず価値空間の中で、自分の立ち位置を確認したのちに、自分から見て上なのか下なのか、近いのか遠いのか、浅いのか深いのかなどを見極める。だからある人がその人の持つ価値観、生き様に対して誠実に生きていないと思った時に、私たちはその人を軽薄で浅はかな人間だと感じるし、自分が感銘を受けるような価値観を持つ人を見た時に、私たちはその人の価値観を深いものだと感じ、敬意をもって見上げるように見る。また私たちは自分と同じような価値観を持つ人を私たちは近しい人だと感じ、そうでない人を遠い人だと感じる。ゆえに日常言語の中でも、私たちは目上の人、目下の人、近しい人、遠い人、浅い話、深い話などの表現を用いる。

11 c.f. Merleau-Ponty (2012), pp. 296-298.

ファジーなシンメトリー

世界観、価値観と実際の世界および私たちの行為の間には一貫性が存在しなければならない。当然ながら、私たちの持つ世界観、価値観は実際の世界に対応していなければならないし、私たちの行う行為も自分の持つ世界観、価値観に対応していなければならない。例えば、実際に重力のある世界に生きているのであれば、空中で物を離すと落下するという世界観を持つことになる。重力がある世界で生きているのに、物は空中に浮かぶとか空中浮遊できるなどという世界観を持つなどは一貫性を欠いた非合理なことなのである。同様に、もし神を信じていないのならば、神に祈るということは一貫性を欠いた非合理な行為である。神が存在するという世界観を持っているからこそ、神に祈るという行為は合理性を持つ。このように世界観、価値観というルールと世界および私たちの行為の間には一貫性が存在しなければならない。

基本的に合理性の必要条件は論理的一貫性である。論理的一貫性とはある前提条件を受け入れたならば、その前提条件から導かれる帰結が前提条件を逸脱しないことを意味する。だから、例えば、私がある人を目上だと思っていて（前提）、目上の人には丁寧に接しなければならないと思っているとしたら（前提）、私はその人に丁寧に接しなければならない(帰結)。逆に、私がある人を目上だと思っていて、目上の人には丁寧に接しなければならないと思っているにも関わらず、その人に丁寧に接しないというのは論理的一貫性を欠く非合理な行動である。同様に、私がある人を男だと思っていて(前提)、同時にその人を男でないと思う（帰結）ならば、そこに論理的一貫性はなく、それは非合理な思考ということになる。

つまり合理性（論理的一貫性）の観点からは、自分がある世界観および価値観を信じているのならば、実際の世界および自らの行為はその世界観および価値観に対応したものでなければならないということになる。この論理的一貫性つまり前提と帰結の対称性（シンメトリー）を砂時計のような形で表すことにしよう（図1、左）。砂時計の砂が砂時計の外に落ちることはないように、前提を受け入れたなら、その帰結は前提条件を超えることはない（この砂時計は物理学における光円錐のようなものであると考えても良い。光円錐は3次元（空間）＋1次元（時間）＝4次元であるが、視覚化の際には2次元（空間）＋1次元（時間）＝3次元時空が用いられる。因果律はこの光円錐を逸脱することはない）。

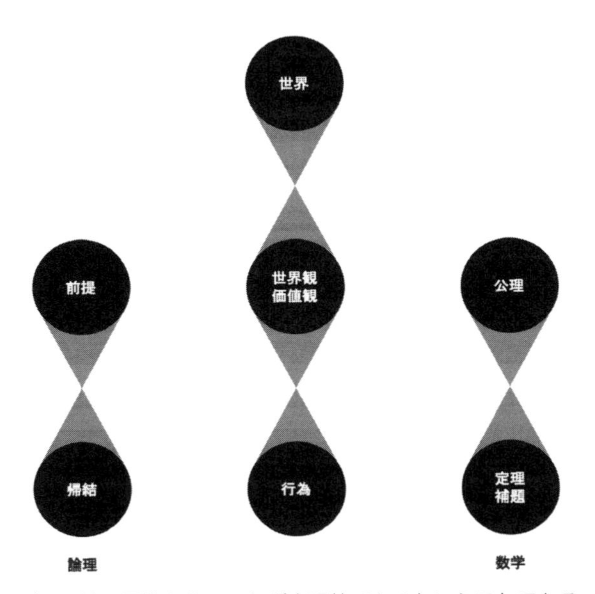

図1. 前提と帰結が論理的一貫性を持つことが合理的であるということである。この論理一貫性、つまり合理性を砂時計のシンメトリーで表す。例えば、数学では限られた公理からたくさんの定理、補題を導き出す。

この論理的一貫性を最も厳密に体現したのが数学である（図1、右）。数学は公理系という世界観（前提）に基づいて、定理や補題と呼ばれる論理的帰結を導くものである。公理を逸脱して導かれた定理や補題はただの論理破綻（ルール違反）である（もちろん、そのようなものはそもそも定理や補題ですらないし、その過程ももはや証明ではない）。定理や補題が正しいのは、それが公理を逸脱しないものであるからなのだ。数学の論理的一貫性（前提と帰結のシンメトリー）は証明という形をとる厳密なものである。

一方、私たちが持つ世界観、価値観と実際の世界および私たちの行為の間のシンメトリー（図1、中央）は数学のように厳密なものではなくファジー（曖昧）さを含んだシンメトリーである。シンメトリーがファジーな理由の一つとしては世界観および価値観は数学の公理のように厳密に定義できないことが挙げられる。例えば、神という概念を厳密に定義することは難しい。神学者らによって長い間議論されてきてはいるが、未だ神の概念に合意は存在しない（ゆえに異なる宗教、宗派が存在する）。だから神が存在するという世界観および価値観が具体的にどのような世界をもたらすのかはっきりとわからないし、仮に神を信じているとしても、私たちはどのような行為を取れば良いのかも厳密にはわからない。例えば、神が聖書に出てくるようなアブラハムの神であれば、私たちが悪いことを行えば罰せられるだろうが、もしも神が理神論が定義するように世界に介入しない神であれば、私たちが悪いことをしても罰するようなことはないだろう。

私たちが持つ世界観および価値観と実際の世界および私たちの行為の間のシンメトリーがファジーであるもう一つの理由としては、空中でものを離せば（他に力がかからない限り）そのものは落下する、という世界観を受け入れていたとしても、もしかしたらそのような世界観が破綻する状況があるのかもしれない、という疑念を排除しきれないというものがある。そのような状況が未だ科学によって発見されていないだけなのかもしれないのだ。もしかしたらこの地球上のどこかにまだ誰も発見していない重力が存在しない場所や状況が存在するのかもしれない。このような可能性が否定しきれないために、時折空中浮遊などの超能力（という世界観）を信じるものたちが現れることになる。

このような疑念を排除しきれないのは、数学は演繹法を用いるが、私たちの世界観、価値観は帰納法を用いて作られるものであるからだ。演繹法はあらかじめ決められた前提（ルール）を置き、その前提から帰結を論理的に導くもの（証明）だが、帰納法は個別の事象から一般的なルールを導こうとするものである(図2)。例えば、演繹法ではあらかじめ「全てのカラスは黒い」という一般的な前提（ルール）を置き、その前提を受け入れた上で、ゆえにある個別のカラスは黒い、という帰結を導く。一方、帰納法では「今まで見たカラスは全て黒い」という事実から「全てのカラスは黒い」という一般的なルールを導く。帰納法は「今まで見たカラス」というサンプルに基づいて「全てのカラス」という母集団全体のルールを推論するので、帰納法によって導かれたルールには絶対の保証というものは存在しない。料理の一部を味見をして美味しかったとしても、料理全体の中にはもしかしたら美味しくない部分があるかもしれないということが否定しきれないのと同じ論理で、もしかしたら明日見るカラスは黒くないかもしれないし、世界のどこかに黒くないカラスがいるのかもしれないという可能性は（少ないかもしれないが論理的には）否定しきれないということになる。当然、これと同じ論理が重力などといった帰納法によって作られたルールにも当てはまることになる。

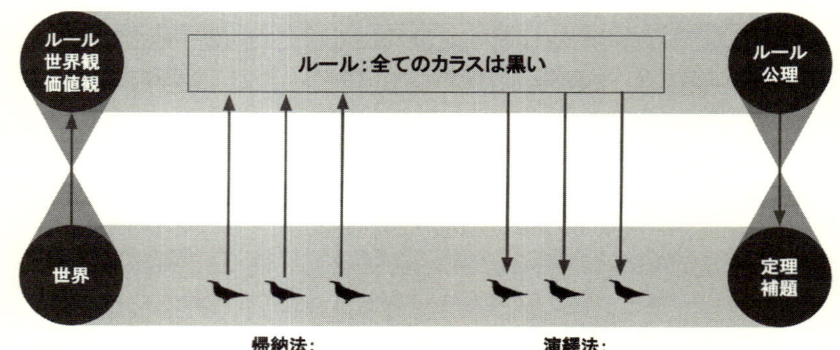

図2. 演繹法はルールを前提として受け入れた上で、そこから個別の事象を導く（右）。例えば、演繹法では「全てのカラスは黒い」と前提した上で、それゆえに次に見るカラスも黒いという結論を導く。数学は公理という前提から定理、補題という帰結を導く演繹である。一方、帰納法は個別の事象を観察してルールを導く（左）。たくさんの黒いカラスを観察した上で、「全てのカラスは黒い」という結論を導くのだ。私たちの持つ世界観、価値観は私たちが世界の中に存在する様々な個別の事象を観察して帰納的に導くものである。ゆえに例外が存在するかもしれないことは否定しきれない。

そして実際に、私たちの信じる世界観、価値観は時として変化、破綻することがある。私たちが信じているルール、常識が変化したり、破られたりする状況が存在するのだ。私たちは基本的に周りの人たちは突然理由もなく自分のことを襲ってこないと信じているが、時として無差別殺人や通り魔、車が信号を無視して突っ込んだ、などというニュースが世間を騒がせる。さらに歴史的に見ると科学史家トーマス・クーンがパラダイム・シフトと呼んだような大きな科学の変革もいくつも存在する[12]。それまで信じられていた天動説という世界観が地動説という世界観に置き換わったり、それまで人間は神によって作られたという世界観が人間は猿から進化してきたのだという世界観に取って代わられたり、ニュートン力学が相対性理論に取って代わられたり、古典力学（ニュートン力学および相対

12 Kuhn (2012; Original in 1962).

性理論のこと）が量子力学に取って代わられたり、大きなルールの変革（パラダイム・シフト）がいくつも存在する。今私たちが常識であると信じているルールが変化したり、破られることは十分にありうる話なのだ。一応、現在は量子力学が正しい物理学理論で、進化の総合説が正しい進化理論ということになっているが、将来においてそういった理論が新しい理論に取って代わられないという保証などどこにもない。私たちの常識は「誤る可能性がある（fallible）」のだ。

さらにはシンメトリーのファジーさには私たちの意思の問題も関わってくる。バンジージャンプは理論上安全であると考えていたとしても、怖いから飛びたくないと考えることもあるだろうし、神を信じていなくても、どうしようもない場面で神頼みをする人もいるかもしれない。私たちの持つ世界観、価値観と世界、私たちの行為の間のシンメトリーは数学のような厳密なものではなくファジーなものなのだ。

ルールにコミットするということ

私たちはなんらかの世界観及び価値観というルール、常識を持たずには生きられない。ルール、常識は私たちが生きる上で必要不可欠である。野球やサッカーなどでもそうだが、ゲームが成立するためにまず第一に必要なのはルールを知ることである。ゲームのルールを知らなければ、ゲームなど成立しないし、ましてや勝つことなどできはしない。ルールを知らずに、関係ないときに関係ないところでボールを打ったり、蹴ったりしてもまるで意味がない。それと同様に、私たちが生きる上では世界のルールおよび人として生きるためのルールを知ることは必要不可欠なのだ。仮に私たちが世界観や価値観を全く持たないとしたら、この世界はルールのない完全なる無秩序でランダムな世界となり、私たちは世界がどのようなもの「である」のか、私たちはその世界の中でどう「であるべき」なのか全くわからなくなってしまう。つまり完全なるカオスの状態になってしまう。それは世界観と価値観の両方に関して、空間内での自分の立ち位置がわからなくなってしまった状態なのだ。

これに近い状態が地理も習慣も全くわからない外国に突然一人放り出されたような状態である。自分がどこに立っているのかもわからず、何がその社会の中で正しい習慣（常識）なのかもわからない。どのような行為が適切で、どのような行為が適切でないのかもわからない。意図せずその社会のルール違反をしてしまうかもしれない。もしくは更に思考実験的に自分が別の宇宙に一人放り出されたような状態を想像しても良い。そこでは私たちの生きる宇宙の物理法則とは全く異なる物理法則が存在し、宇宙人たちは人間とは全く異なる習慣を持っている。つまり私たちはその世界のルールを全く知らないのだ。そのような状態ではとてもではないが生きていくことはできない。社会の中で他者と共に生きる以上、私たちは必ず世界はどのよう「である」のか、そして人としてどう「であるべき」なのかという世界観および価値観を身につける必要がある。自分が世界の中で今どこに立っており、右に行けば何があり、左に行けば何があるのかという世界観、そしてその社会の中で何をして良く、何をしては良くないのか、つまり価値空間の中で、自分がどこに立っており、何が見上げられるような行為で、何が見下されるような行為なのか、何が意味深い行為で、何が浅はかな行為なのか、ということを知らなければ私たちは生きていくことはできない。

私たちが世界観および価値観なしでは生きていけないということは、裏を返すと私たちは必ず何らかの世界観および価値観を受け入れて生きているということである。世界観および価値観を受け入れるということは、ただそれを理解するだけでなく、それを信じ、そしてそのルールに身を捧げて（コミットして）生きるということである。私たちは自分が信じていない世界観や価値観でも理解することはできる。例えば、たとえ神を信じていなくても、聖書の世界観、価値観を理解することはできるし、天動説を信じていなくても天動説が何を言っているのかは理解できる。同様に、タイムマシンやスーパーヒーローが存在しないことがわかっていても、私たちは想像力によってSFの世界観や価値観を理解することができるし、楽しむことができる。しかし世界観、価値観を受け入れるということはそれを理解し、信じ、そしてその世界観、価値観に身を捧げて生きるということである。

身を捧げるということはその世界観、価値観に心の底から納得し、その世界観、価値観を自らの人生のルール、生き様として生きるということである。例えば、聖書に出てくるような神を信じ、その世界観、価値観にコミットするということは神に祈るということである。聖書に出てくるような神が存在するというのが自分の持つ世界観であれば、天国とか地獄とか神からの罰といったものも存在すると信じることになる。ゆえに神に祈ることや神が定めた十戒などのルールを守ることは当然意味や価値のある良いことになる。神が存在するの「である」ならば、当然神に祈る「べきである」のだ。逆に聖書に出てくるような神は存在しないというのが自分の持つ世界観であれば、天国とか地獄とか神からの罰といったものは存在しないということになる。そしてそのような世界観に従えば、神に祈るといったようなことは全く意味のない行為であるという価値観が出てくる。神が存在しないと考えているのならば、当然神に祈るべきではない、ということになる。神は存在しないと信じているのに神に祈ることなど、非合理であり、全く価値も意味もない時間の無駄でしかない。

同様に、空中でものを離せば（他に力がかからない限り）ものは落ちるということを信じているならば、そして死にたくないならば、当然ビルの屋上から飛ぶというようなことはすべきではないということになる。そしてそのような世界観を信じる人たちにとっては、空中浮遊をするために修行をするというようなことはまるで無意味であり無価値なこととなる。そのような世界観からは、いかに修行したところで重力というルールを無視して空中を浮遊できるなどといったことはありえない。重力の存在を信じている限り空中浮遊はルール違反なのだ。

私たちは自分が心の底から納得した世界観、価値観には身を捧げることができる。言い換えるならば、命（人生）をかけることができる。自分が心の底から納得したルールは私たちの本当の声、つまり自らの生き様、死に様になるのだ。飛行機は墜落しないと信じているからこそ飛行機に乗ることができるのだし、ジェットコースターは安全だと信じているからこそジェットコースターに乗ることができるように、もし仮に私たちが国のために命をかけることが本当に大切で価値のあることだと思っていたとしたら、私たちは国のために命を捧げることができる。何故ならばそのような世界観、価値観を信じる者にとっては、国にために命を投げ出すことは意味があり、価値のある良いことだからだ。

例えば、特攻を考え出したと言われる海軍中将大西瀧治郎は、最后の勝利を信じていたからこそ、そしてそれが国のためであると心の底から信じていたからこそ、それがいかに非道であるかということを理解しつつも、若き英霊たちを特攻させることができた[13]。そ

13 英霊の言乃葉 (2), pp. 111-112.

して自らは部下の英霊と其の遺族に謝するために介錯なしの切腹をすることができた[14]。それは海軍中将大西瀧治郎の本当の声だったのだ。逆に世界観、価値観を理解していても、それに本当に納得できないのならば、そのようなことに身を捧げることなどできはしない。特攻という概念、行為が何を意味するのかを頭では理解できたとしても、それに納得できなければ、特攻などという行為は無意味で、不条理な行為でしかない。ただそれが命令だというだけで、もしくは当時の日本軍の常識だというだけで、行きたくもないのに片道の燃料だけで飛ばされたものにとっては特攻は不条理、理不尽以外の何物でもない。自らが信じていない世界観、価値観に沿って生きること、死ぬことはただただ苦しみでしかない。自分が本当に心の底から納得した世界観および価値観こそが自分が身を捧げて生きることのできるルールなのだ。

決して色褪せることのない感動

ボナセラがそうだったように、自分が信じ、コミットしてきたルール、常識が破られた時、つまり自分が信じて生きてきた世界観、価値観と現実世界のシンメトリーが崩れた時に私たちは違和感、不安感を感じる。「なぜ」なのだろうと思う。その違和感が強くなり、どうしても納得ができない時、私たちは不条理や心の痛みを感じる。世界が正しくないと感じる。これが心の痛みの正体だ。しかし逆にそれまで自分がそう「であるべき」と考えていた世界観、価値観とは別の世界観、価値観を知り、それに心の底から納得した時、つまり私たちがそれまでこう「であるべき」と感じていた世界観、価値観が実際ではそうでなかったのだと心の底から納得した時、私たちの世界観、価値観は広がる。自分が身を捧げて生きるルールが広が

14 英霊の言乃葉 (2), pp. 111-112.

り、自分の生きる世界が広がるのだ。自分の世界が広がる時に私たちの心は踊る。これが感動の正体だ。

例えば、それまで大人にダメなことだと教え込まれていたことが許される世界があると知った時に、また、例えば、パンクロックというかっこよさがあると知った時に、そしてそれに心の底から納得した時に私たちは感動する。また自分が今まで生きてきた従来の世界観、価値観に疑問を抱き、新しい仮説を立てて、それを確かめようとする時に、不安と期待が入り混じって私たちの胸は高鳴る。そして自分が立てた仮説が正しいと納得した時に私たちは新しいルールを手に入れ、感動を覚える。私たちはその時そこに今まで見たことのない新しい世界を見る[15]。子どもはある時期「なぜ」を繰り返すが、子どもは自分の世界を広げようとしているのだ。

未だ見たことのない新しい景色を見たときに自分の世界の広がりを感じ、感動を覚えるように、文学や音楽や絵画といった芸術もまた私たちに感動を与えてくれる。芸術は私たちに新しい世界を見るための視点を与えてくれ、私たちの世界（ルール）を広げてくれる存在なのだ。芸術は一粒の砂の中に世界を、野生の花の中に天国を[16]、**ドブネズミに美しさを見せてくれる**（LL）。そして今まで見たことがない景色を見た時に、自分の生きる世界、自分の生きる価値観は広がる。感動も心の痛みも「である」と「であるべき」の乖離により生じるという同じ構造を持っていることから、心の痛みが癒えないように、感動も鮮烈な**真実（ほんとう）の瞬間**（OU）として永遠のものとなる。本当に心の底から感じた感動は消えることはない。時が心の痛みを癒さないように、時は感動を色褪せさせることはない。その輝きは永遠なのだ。ただ、時とともに沸き起こる頻度が減

15 山下「こんにちはヨシオ君」「北極星をさがして」「夜と朝の間で」.

16 Auguries of Innocence. Blake (2002), p. 88.

るだけなのだ（図3）。

常識というルールに寄りかかったまま**誠実さのかけらもなく笑っているやつ**（A）にはこの感動、つまり心の底からの喜びは存在しない。そのような大人は何も考えずただ盲目的、機械的、儀式的に常識と呼ばれる既存のルール（世界観、価値観）に従っているだけだから、彼らの世界は広がりようもない。世界とはこのようなもの「である」、という既成概念と常識に縛られたままでルーティン・ワークを繰り返すだけなのだ。そしてそんなことを繰り返しているうちにいつの間にか自分や他者の本当の声に耳を閉ざしてしまい、異なる意見に敬意を持てない大人になってしまう。自分や常識と異なる意見に対して耳を閉ざしてしまい、対話すらできなくなってしまうのだ。野蛮になってしまうのだ。

しかし人生の本当のモチベーションは胸の高鳴りだ。原点は全て好奇心と感動なのだ。その輝きを忘れてしまった人間がおじさんやおばさんになってしまう。おじさんやおばさんは年齢によって規定されるのではない。おじさんやおばさんは人生の感動を忘れた輝きのない人たちなのだ。それでも少しでも感動したいと思うから、他人のゴシップに興味を示す。他人の胸の高鳴りを分けてもらおうとする。自分が本当に輝きのある人生を生きていれば、そこに感動があるから、他人のゴシップなどどうでもいいはずなのだ。

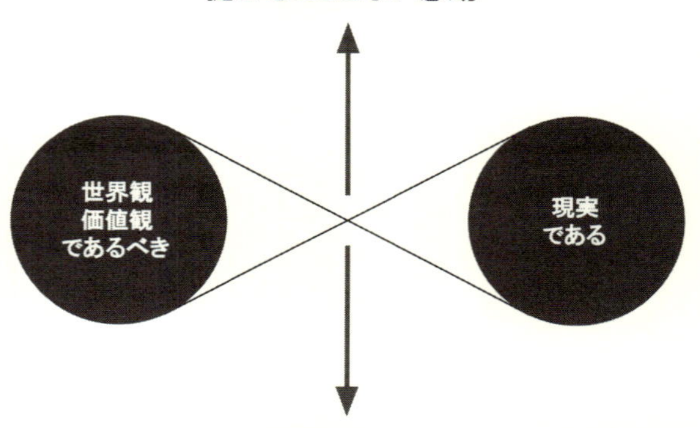

図 3. 無色でシンメトリーの崩壊、アシンメトリーを表す。世界観、価値観と現実世界のシンメトリーが崩壊した時、つまり私たちの信じる「であるべき」が実際の「である」と乖離した時に、どうしても納得できなければ、私たちは自分たちの世界観、価値観が侵食されたと感じ、決して癒えることのない心の痛みとして立ち現れてくる。しかしもし世界観、価値観と現実世界のシンメトリーが崩壊した時に新しい世界観、価値観に納得すれば、私たちの世界観、価値観は広がり、私たちは決して色褪せることのない感動を得ることができる。

4章．ルールを学ぶということ

リンダ リンダ リンダ リンダ リンダ
リンダ　リンダ

知識と記憶の構造

ルールとは何かを理解した上で、今度はルールを学ぶということはどのようなことなのかを考えてみよう。ルールは一般的な知識であり、一般的な知識はパターンである。つまりルールを学ぶということはパターン学習に等しい。例えば、赤信号では止まらなければならないというルール（知識）を学ぶというのは、赤信号で止まるというパターンを学習することである。この世界は無限とも言って良いほど膨大である一方、私たちの情報処理能力（認知能力）は有限である。当然ながら、有限なものが無限の情報を処理することはできない。私たちは詳細に至るまでこの世界のすべてを理解することなどできはしない。とすると私たちはこの世界に関する情報を効率よく処理しなければならない。言い換えるならば、私たちはこの世界に関する情報を「効率的に破棄」しなければならないということになる。そしてこの情報を「効率的に破棄」するということがパターン学習、つまり一般的知識（ルール）の習得なのである。統計学者ロナルド・フィッシャーは「統計学はデータを減らす方法の研究である」と述べたが、もしも私たちの情報処理能力が無限であったならば平均などといったような抽象化したパターンは必要なく母集団（世界）をあるがまま認識すれば良い[17]。しかし私たちには全ての日本人の身長を認識するなどといったように世界をあるがまま認識するようなことはできないので、効率的に情報を捨てて日本人の平均身長とかいったパターンを抽出することが必要になってくる[18]。つまりルール（知識、パターン）を学ぶということは抽象化（一般化）であり、抽象化とは情報の「効率的な破棄」なのだ。

世界に関するパターン（ルール）を学習するということは、裏返せば世界に関してある程度の予測ができ、予測に基づいてある程度システマティックに行動ができるということを意味する。逆にパターン学習ができないということは世界に関してなんの予測もできず、ランダムにしか行動できないということである。そして進化の過程を経た私たち生物はパターンを学習し、ランダムではなくシステマティックに行動することができる。ランダムというのは全ての事象の確率が同じということである。例えば、ランダムなコインというのは表と裏の出る確率が同じ（それぞれ二分の一）コインである。一方、システマティックというのは確率の偏り、つまり何らかの傾向性が存在するということである。進化は適者生存と言われるが、適者生存、つまり環境に適した者の方が生き残り子孫を残す可能性が高いということは、そこには確率の偏りが存在するということであり、自然選択はランダムではなくシステマティックなプロセスであるということである。だからランダムにしか行動できない生物は当然自然選択によって淘汰される。

逆に言えば、進化の過程を経た生物にとって、パターン（ルー

---

17 Fisher (1922). p. 311.

18 （算術）平均などはいわゆる代表値である。私たちは母集団、つまり現実をそのまま理解することができないゆえに、その母集団のパターンを代表する値を通して母集団を理解するしかない。

ル）を学習し世界に関する予測を行いシステマティックに行動することは始原的な経験なのだ。事実、大腸菌のような単純な生物ですらパターン認識を行いシステマティックに行動する。大腸菌は感覚器によって自分にとって良い物質とそうでない物質を区別し良い物質の濃度の高い方へ移動し、良くない物質の濃度の低い方へ移動する[19]。私たちが生存するためにはルールを学習し世界に関する予測を行い、ある程度システマティックに行動することが必要不可欠なのだ。当然ながら、パターン認識をすることは世界に関する予測を行い、システマティックに行動することにつながる。

異なる生物は異なる手法でパターン認識、ルールの学習を行う[20]。つまり異なる生物には特有の情報処理方法が存在する。では私たち人間はどのようにしてパターン（ルール）、つまり一般的な知識（世界観、価値観）を習得するのだろう。知識は記憶である。知識を記憶から切り離すことはできない。もし仮に知識を記憶から切り離すことができるとしたら、図書館やインターネット上にある知識は全て私たちの知識ということになってしまう。そうであれば私たちは皆、相対性理論も量子力学も生物学も化学も哲学も全てを知っていることになる。しかしそのようなことはあり得ない[21]。ということは私たちがどのように知識（ルール）を習得するのかを知るためには私たち人間の記憶の構造を知らなければならないということになる(学習およびここでいう記憶と暗記は異なる。学習およびここでいう記憶は一般化（パターン認識）であり、暗記は一般化ではない)。

私たち人間の記憶は大別して短期記憶と長期記憶に分けられる。短期記憶は情報を短期的に記憶する能力で、ワーキングメモリと呼

19 Godfrey-Smith (2016).
20 c.f. Nagel (1974).
21 c.f. Clark and Chalmers (1998).

ばれるものがその代表的なものである。例えば、私たちは初めて聞く電話番号を少しの間であれば覚えていることができる。しかし通常よく使う電話番号などでない限り、すぐに忘れてしまう。このような短期で物事を記憶する機能を短期記憶と呼ぶ。一方で、長期記憶は長い間保持される記憶のことである。日常生活でいう記憶は通常長期記憶のことを指す。認知科学では伝統的に記憶を含めて人間の認知構造はノイマン型と呼ばれるデジタル・コンピュータのアナロジーで語られてきた（図 4）[22]。のちに説明するように、このアナロジーは適切ではないのだが、とりあえずはこのアナロジーから始めよう。

ノイマン型のデジタル・コンピュータはキーボード、トラックパッド、マウスなどの入力装置、ストレージ・ユニットと呼ばれる記憶装置、セントラル・プロセッシング・ユニット（CPU）と呼ばれる計算装置、そしてスクリーンなどの出力装置で構成されている。入力装置により情報が入力されると、入力された情報と記憶装置の中の情報が CPU で計算され、計算結果が出力されることになる。認知科学では人間の認知もこれと同様に知覚により入力された情報を長期記憶に保管されている情報と組み合わせてワーキングメモリ（短期記憶）で計算処理し行動を出力するものであると考えられてきた。つまり CPU に相当するものがワーキングメモリ（短期記憶）であり、ストレージ・ユニット（記憶装置）に相当するものが長期記憶であり、キーボードなど入力装置に相当するものが知覚、スクリーンなど出力装置に相当するものが行動ということになる。とりあえずこれを元に話を進めよう。

22 因みに、コンピュータ出現以前には人間の認知構造は電話交換機のアナロジーでも語られていた。 Pearson (1911), pp. 44-46.

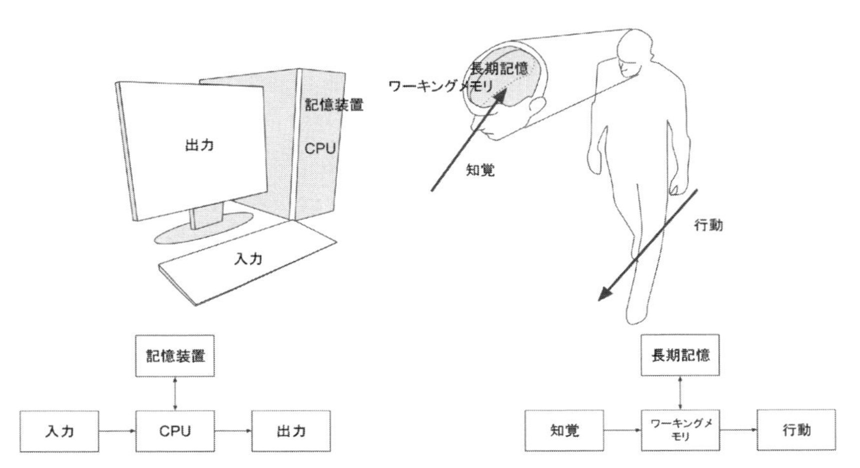

図 4. 従来の認知科学では人間認知は（ノイマン型と呼ばれる）コンピュータのアナロジーで語られてきた。ノイマン型コンピュータはキーボードなどの入力、記憶装置と CPU、そしてスクリーンなどの出力からなる。人間認知をコンピュータのアナロジーで語る場合、入力は知覚に、記憶装置の CPU は長期記憶とワーキングメモリに、そして出力は行動に対応する。

まず短期記憶であるが、短期記憶の代表格であるワーキングメモリの研究は 1956 年に心理学者ジョージ・ミラーの『魔法の数字 7 ± 2』という論文で本格的に始まった[23]。その論文の中でミラーは人間のワーキングメモリは 7 つ前後（7 ± 2）の情報を処理することができるとの主張を行った。ランダムなアルファベットや数字をほんの短い間だけ見せられたとき、私たちは 7 つ前後のアルファベットを短期的に記憶することができる。それが私たちが短期的に保持し処理できる情報量、つまりワーキングメモリの容量なのだ、というのがミラーの主張だった。

しかしその後 1960 年に心理学者ジョージ・スパーリングの発表した論文によって、ミラーの方法論はチャンキングと呼ばれる効

23 Miller (1956).

果を排除していないということが示された[24]。例えば、CIAというのはミラーの定義によれば三つの情報だが、実際にはアメリカの中央情報局（Chief Intelligence Agency, CIA）ということで一つの情報として認知される。このように複数の情報を一つにまとめることをチャンキングという。他の例であればUCLAとかKGBとかNYなどが挙げられる。つまりミラーが考えた7 ± 2という数字はチャンキング効果によって誇張されたものだったのだ。スパーリングがチャンキング効果を排除した上で、被験者に3 × 3や4 × 4などのアルファベットや数字をほんの短い間（50msほど）見せ、被験者がいくつのアルファベットや数字を報告できるかを検証した結果、実際にワーキングメモリが処理できる情報数、つまりミラーの言う魔法の数字はおおよそ3～4であるということがわかった（図5）。現在ではこの3～4がワーキングメモリの容量であると考えられている[25]。

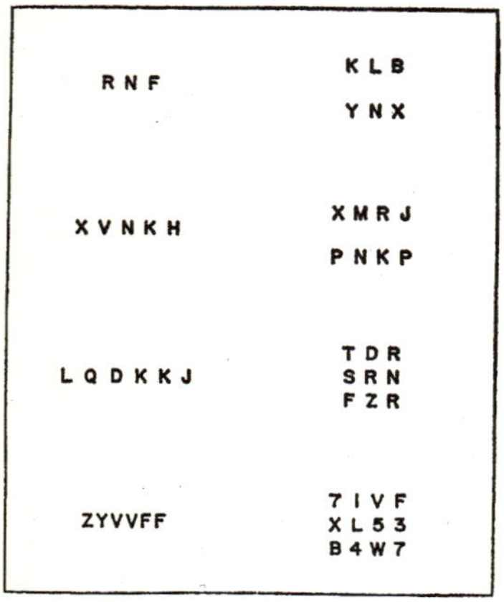

RNF　KLB / YNX

XVNKH　XMRJ / PNKP

LQDKKJ　TDR / SRN / FZR

ZYVVFF　7IVF / XL53 / B4W7

図5. 上記のような最大3 × 3、3 × 4のランダムなアルファベットを50msほど見せられ、その後隠されると、私たちはおおよそ3～4のアルファベットしか報告できない。つまりそれが私たちのワーキングメモリの容量ということになる。Sperling (1960).

24 Sperling (1960).

25 c.f. Block (2023).

短期記憶であるワーキングメモリはコンピュータにおけるCPUに相当し、人間の認知活動の中心を担う。認知することは端的にいうと、概念化（言語化）すること、つまり意味を付与することである。裏を返せば、概念化されない情報は認知されることはない。つまり概念化されない情報は「認知的に無意味」なのである。コンピュータで情報が入力されてもCPUでその情報に計算処理がなされなければ計算上無意味であるのと同じように、知覚された情報でもワーキングメモリで処理されない情報は認知されない。例えば、私たちは普段、いつも通る道でさまざまなものを見るが、ではそこに何があるのかを細かく覚えているかといえば覚えていない。私たちはそれらを見てはいるが、いちいち認知していないので、思い出せないのだ。これが情報は知覚されているが「認知的に無意味」、哲学者マルティン・ハイデガーの言葉を借りるならば「認知的に透明」ということである。

この「認知的に無意味」ということに関してチェンジ・ブラインドネスという有名な心理学の実験（現象）が存在する（図6）。チェンジ・ブラインドネスでは異なる二つのイメージが交互に映されるのだが、その差異はとても大きいにも関わらず、私たちは往往にしてその差異に気がつかない（チャンジ・ブラインドネスの実験は間違い探しを映像化したものであると考えれば良い）。チェンジ・ブラインドネスで私たちが変化に気がつかないのは、私たちは変化を知覚しているにも関わらず、その情報はワーキングメモリへ到達しておらず、概念化できていないためなのだ。これが「認知的に無意味」であるということである。

図6. 典型的なチェンジブラインドネスでは一箇所だけ異なる二つのほぼ同じ画像が繰り返される。一箇所だけ異なるものについて私たちは往往にして気がつかない。
Change Blindness on Wikipedia.

次に長期記憶であるが、長期記憶は通常、陳述記憶と非陳述記憶の二種類に大別される（図7)。陳述記憶は概念化（言語化）された記憶で非陳述記憶は概念化（言語化）されない記憶である。陳述記憶はさらにエピソード記憶と意味記憶の二種類に分類される。エピソード記憶は「昨日私はワインを飲んだと知っている（I know that I had wine yesterday)」のように自身が経験した記憶であり、意味記憶は「フランス革命は1789年に起こったと知っている（I know that the French Revolution happened in 1789)」のように自身が経験していない事実についての記憶である。大まかに言えば、エピソード記憶は自分だけの記憶であり、意味記憶は歴史など他者と共有している記憶であるということができる。そして私たちはエピソード記憶と意味記憶を交えて自伝的記憶という自分の物語を物語る。例えば、私は自分が生まれた日の話をエピソード記憶としては記憶していないが、両親から意味記憶として自分が生まれた日の話を聞き、それに自身のエピソード記憶を交えて、自分とはどのような存在なのかを物語る、というようなことである。

非陳述記憶は「私はどのように自転車に乗るのか知っている（I know how to ride a bike)」のように実践を通して身体で覚える身

体的、習慣的な記憶であり、概念化（言語化）できない記憶である。私たちはどのように自転車に乗るのか、どのように歩くのかを知っている（記憶している）が、ではどのように自転車に乗るのか、どのように歩くのかと聞かれると、確かに具体的に言語で説明することはできない。それはただ単に身体が覚えている記憶なのだ。非陳述記憶はその英語の構造からノウハウ（know-how）とか習慣（ハビット）の記憶とか暗黙知とか実践知などとも呼ばれる（非陳述記憶をノウハウと表現したのはイギリスの哲学者ギルバート・ライルである）。そして陳述記憶に自分だけの記憶と他者と共有している記憶とが存在するように、非陳述記憶にも自分だけの記憶と他者と共有されている記憶とが存在する。この二つを厳密に線引きすることは難しいが、大まかに言えば、ピアニストがピアノを弾くことなどは本人だけの非陳述記憶であり、社会的に適切な振る舞い方とか社会的な嗜好などは社会の中で共有されている非陳述記憶である。このように社会的に共有されている非陳述記憶を社会学者ピエール・ブルデューらの用語を使い「ハビタス（habitus）」と呼ぼう[26]。例えば、西洋ではスパゲッティ及び麺類を啜らないように食べる。これは西洋の人たちが共有している実践知（暗黙の了解）なのだ[27]。だから西洋人はスパゲッティを啜る音を不快に感じる。このような社会的に共有された実践（実践知）がハビタスということになる。

陳述記憶と非陳述記憶の違いは前者は概念化（言語化）されているのに対して、後者は概念化（言語化）されていないという点にある。知覚された情報はワーキングメモリで処理された時に概念化、つまり意味を付与され認知される。知覚されてもワーキングメモリで処理されない（概念化されない）情報は認知の俎上に登らず、認知的

26 Bourdieu (1977). 従来の認知科学にはハビタスの考え方はない。c.f. Anderson (2005).
27 正確に言うと、これはすでに言語化されてしまっている。実践の知識、暗黙知は言語化することが難しい。

には透明、つまり「認知的に無意味」なのである。つまり陳述記憶はワーキングメモリで処理された情報、非陳述記憶はワーキングメモリで処理されていない情報ということになる。

	個人の記憶	集団の記憶	
陳述記憶 know that	エピソード記憶 例) I know that I had wine yesterday. 昨夜ワインを飲んだことを知っている。	意味記憶 例) I know that the French Revolution happened in 1789. フランス革命は1789年に起こったと知っている。	自伝的記憶 = エピソード記憶 + 意味記憶
非陳述記憶 know how	習慣（ハビット） 例) I know how to ride a bike. どのように自転車に乗るか知っている。	ハビタス 例) I know how to to behave socially. 社会的にどう振る舞えば良いか知っている。	

図 7. 長期記憶の分類。長期記憶は大きく分けて陳述記憶と非陳述記憶に分けられる。陳述記憶はエピソード記憶と意味記憶に分けられ、非陳述記憶はハビットとハビタスに分けられる。エピソード記憶およびハビットは一人称の記憶であり、意味記憶およびハビタスは三人称（集団）の記憶である。陳述記憶は言語化できる記憶であり、それを用いて私たちは自伝的記憶と呼ばれる自分の物語を物語る。非陳述記憶は言語化されない記憶でノウハウ、習慣の記憶、身体の記憶、実践知、暗黙知などとも呼ばれる。

並走する二つのOS

実はワーキングメモリの容量が3～4であると突き止めたスパーリングの実験には続きがある。被験者たちは、アルファベットや数字を3～4つしか報告できなかったにも関わらず、3×3や3×4のアルファベットや数字を全てを見たと報告した。これが何を意味するのかを確かめるためにスパーリングは3×3や3×4のアルファベットや数字を50msほど見せた後に、音を流すという追加実験を行なった。そしてもしも高いトーンの音が聞こえれば、一行目のアルファベットや数字を、低いトーンの音が聞こえれば三行目のアルファベットや数字を、その中間のトーンであれば真ん中の行のアルファベットや数字を報告するように被験者に求めた（図5）。

その結果、被験者たちは自分たちの見たアルファベットや数字をほぼ正確に報告することができた[28]。スパーリングの実験を素直にそのまま解釈するならば、被験者たちは3 × 3 = 9や3 × 4 = 12の情報を知覚して短期的に記憶していたということになる。つまり短期記憶はワーキングメモリだけではない。視覚により知覚された情報はまず後頭部にある視覚野という脳の部位に入力された後に、前頭葉にあるワーキングメモリに入力される（図8）。スパーリングの実験が示したのは、視覚野では3 × 3 = 9や3 × 4 = 12の情報を短期的に処理、記憶することができるが、ワーキングメモリでは3 ～ 4の情報しか処理、記憶できないということなのだ。つまりこれは9 ～ 12リットル入る容器から3 ～ 4リットルしか入らない容器に水を移し換えると差分の水が溢れ出てしまうように、知覚を司る視覚野の短期記憶と認知を司る短期記憶であるワーキングメモリの間には情報のオーバーフロー（溢れ出ること）が起こっており、知覚されても認知されない[(9 ～ 12) − (3 ～ 4)]の短期記憶（知識）が存在するということを意味する[29]。事実、容量の少ないワーキングメモリに入力（選択）されるように視覚野内の情報は互いに競い合っているということがわかっている[30]。

---

28 c.f. Landman et al. (2003); Freeman and Pelli (2007); Block (2007a); Block (2023).
29 Block (2007a).
30 私たちの視覚情報は異なるタイプのアテンションで構成されており、それらがワーキングメモリに選択されるように互いに競い合っている。Behrmann and Tipper (1999).

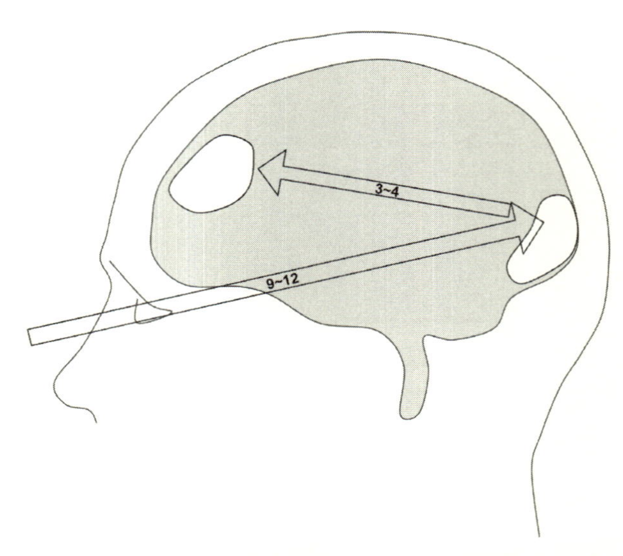

図 8. オーバーフローの概念図。視覚情報はまず後頭部の視覚野に入力され、その後前頭葉にあるワーキングメモリに入力される。この際、視覚野では 9 ～ 12 の情報が処理されるのに対して、ワーキングメモリでは 3 ～ 4 の情報しか処理することができない。この結果、視覚野とワーキングメモリの間に情報のオーバーフローが起こる。

そして [(9 ～ 12) － (3 ～ 4)] のオーバーフローは知覚情報全てに関するオーバーフローではなく、視覚情報のみに関するオーバーフローである。スパーリングの実験はワーキングメモリの容量を検証するための実験であり、知覚の容量に関する実験ではない。スパーリングはワーキングメモリの容量を検証するために視覚情報を使っただけなのだ。私たちの知覚は俗に五感と言われるように、視覚以外にも触覚、聴覚、嗅覚、味覚などが存在する（バランス感覚、時間の感覚、温度の感覚などといったように、専門的には知覚の分類はさらに多い）[31]。ということはこの知覚とワーキングメモリの間のオーバーフローはさらに大きなオーバーフローということになる。つまり私たちは膨大な情報を知覚し、記憶しているが、ワーキングメモリで処理されている情報は 3 ～ 4 のみであり、私たちが知覚し

31 Block (2023).

た情報のほとんどはワーキングメモリにたどり着いていない「認知的に無意味」な記憶ということになる。しかしそれらもまた記憶である。私たちは通常、知覚しているのにも関わらず自分たち自身が気づかない膨大な非陳述記憶を持っているのだ。

このように考えると、私たちの心身の中には二つのオペレーティング・システム（OS）が並列して動いていると考えることができる[32]。そして人間認知をノイマン型のデジタル・コンピュータのようなものと考える従来の認知科学のアナロジーはそのうちの一つのオペレーティング・システム、つまり認知（ワーキングメモリ）および陳述記憶のみを理論化してきたということができる。しかし実際には人間の心身の中では認知（ワーキングメモリ）ではないもう一つのオペレーティング・システムが認知と並列して作動している。認知心理学者ダニエル・カーネマンはワーキングメモリによる認知的オペレーティング・システムを「システム２」、認知的でないオペレーティング・システムを「システム１」と呼び、行動経済学者であるリチャード・セイラー、キャス・サンスティーンはそれらを「熟慮システム」、「自動システム」と呼んだ（図 9）[33]。

システム１（自動システム）は基本的に知覚が入力されれば、ワーキングメモリを介さず、つまり認知的な努力なく（考えることなく）流れるように自然に行動を出力する。一方で、システム２（熟慮システム）はワーキングメモリを介して、認知的、論理的に行為を出力する。そしてシステム１が作る記憶が非陳述（短期、長期）記憶であり、システム２が作る記憶が陳述（短期、長期）記憶である（陳述短期記憶がワーキングメモリである）。そして私たちの行動の大

32 Wittgenstein (2009; Original in 1953), 156; Kahneman (2011); Thaler and Sunstein (2022).
33 Kahneman (2011); Thaler and Sunstein (2022).

部分を出力するのはシステム１である。つまりシステム１が私たちの第一義的な在り方（オペレーティング・システム、OS）なのだ。歩くとか話すといったように、システム１は通常、流れるように、認知することなく（思考することなく）自然かつ自動的に行動を出力する（例えば、文法というルールを明文的に知らなくても私たちは母語を離すことができるし、大人になってから文法を学び習得した言語であっても流暢になるに従って文法を意識しなくなる）。しかしうまく歩けない、うまく話せないなど、システム１に何らかの問題が発生した時に、システム２であるワーキングメモリがシステム１に認知的にアクセスを行い、「なぜ」問題が発生したのかを認知的、論理的に考えることになる。

アナロジーでいうのならば、私たちの心身は大企業のようなものであるということができる。日常のオペレーションは数多くの社員が行う。社員は役員会に様々な報告を上げようとするが、当然全てを報告することはできない。そのようなことをしていたら役員会は情報過多でフリーズしてしまう。日常のオペレーションは膨大で、役員会（のキャパシティ）はそれに比してとても小さいのだ。しかし通常日常業務には問題がないので、日々のオペレーションは役員会とは関係ないところで粛々と実践され、そのうちの重要なことだけが役員会に報告される。社員は自分の役割をある種ルーティンワークとして繰り返す。例えば、郵便局員であれば、指定された住所に手紙を配達するという作業を繰り返す。通常、それで郵便局の日常業務は問題なく回る。それが郵便局の一義的な在り方なのだ。しかし手紙が配達されないなど、社内に何か問題が発生し、それが役員会に報告された時には役員会はそれに対する解決策を考え実行することになる。数多くいる社員がシステム１であり、役員会がシステム２、つまりワーキングメモリということになる。

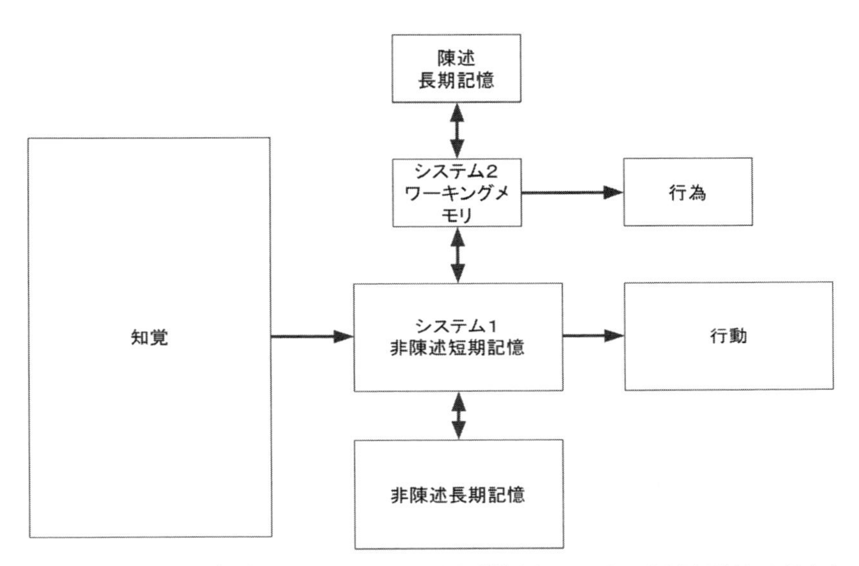

図 9. 人間の脳および身体の中ではふたつの OS が並走している。この図ではシステム 1 とシステム 2 の大きさにそれほど差はないが、実際にはシステム 1 の方がシステム 2 よりもずっと大きい。非陳述記憶も陳述記憶よりもずっと大きい。

通常、私たちは認知と意識を互換性のある概念であると考えている。直感的に考えて、何かを認知するということはそれを意識するということであるし、何かを意識するということはそれを認知することである。「盲視（blindsight）」などと呼ばれるような例外と考えられるような事象も存在するが[34]、基本的には何かを認知しているのに、それを意識していないというようなことはない。このように考えると意識の神経的基礎（神経と意識の相関関係、Neuro Conscious Correlate, NCC）は認知を司るワーキングメモリ、つまりシステム２（との関係性の中）にあると考えるのが自然なように思える。これは「グローバル・ワークスペース」と呼ばれる意識の神経的基礎に関する仮説である[35]。この考え方によると意識は基本的にワーキングメモリに付随しているということになる。

34 c.f. Weiskrantz et al. (1974).

35 Dehaene (2014).

しかしスパーリングの実験の被験者たちが3 × 3 = 9や3 × 4 = 12の情報を知覚（経験）していたということを考え合わせると、実際には意識はシステム1に存在し、ワーキングメモリはそこに認知的なアクセスを与えているだけに過ぎないという仮説も成立する。つまり認知と意識は脳内で別々の神経的基礎を持っているかもしれないということになる。そしてこの仮説の方がスパーリングの実験とより高い整合性を持つように思われる[36]。哲学者ネド・ブロックは意識は視覚野などに存在し、ワーキングメモリはその意識に認知的にアクセスするのだと考え、視覚野などに存在する意識を現象的意識と呼んだ[37]。同様に、哲学者デイヴィッド・チャーマーズはネド・ブロックの言う認知的アクセスのことを「気づき」と呼んだ[38]。私たちは日常生活において、エアコンが突然止まった時などに、それまで知覚、経験していたエアコンの音に「気づく」ことがある。つまり私たちはシステム1とシステム2の間の情報のオーバーフローのために普段自分（システム2）が気づかない意識、経験、記憶を持っているということになる。認知的なアクセス（気づき）のないことには当然ながら気づき得ない。それゆえに認知科学ではノイマン型のコンピュータ（システム2）が私たちの心のアナロジーと考えられてきたのだし、私たちはノウハウなどの語り得ないものに関しては沈黙しなければならないと考えてきた[39]。しかし本来的には語り得ない知識、つまりシステム1が私たちの一義的なあり方

36 これは知覚の哲学で問題にされる、私たちの知覚は豊か（rich）か希薄（sparse）かという問題系、意識の研究で問題にされる意識の神経的基礎はワーキングメモリに存在する（グローバル・ワークスペース）のか視覚野などに存在する（現象的意識）のかという問題系に密接に関わってくる。ここでは豊かな知覚と現象的意識にコミットして議論を進める（上記のチェンジ・ブラインドネスの解釈もそれに基づいている）が、仮にそうでなくても以下の議論には大きな影響はない。

37 Block (2007a; 2007b).

38 Chalmers (1996).

39 c.f. Wittegenstein (1961; Original in 1921).

（オペレーティング・システム、OS）なのだ。この観点から考えるならば、俳人松尾芭蕉はカエルが古池に飛び込んだときにそれまで経験、意識していた静けさに気づいた、つまり認知的にアクセスしたということになる。

システム１からシステム２へ

システム１が私たちの一義的なあり方（オペレーティング・システム、OS）であるということは、システム１の記憶である非陳述記憶が私たちが日々生きる上での世界観、価値観を作る一義的で、中核的な記憶ということになる。これは私たちは様々なルールを理論、概念（陳述記憶）としてではなく、実践（非陳述記憶）として身体で知っているということを意味する。例えば、私たちは物は空中で離せば落ちるもの「である」とか、物を投げれば（力が正確にかかる限り）意図したところに行くもの「である」ということをニュートン力学のような理論としてではなく実践として知っている。実際に、子どもは重力という概念を知る前から、空中で物を離せば落ちるということを実践として知っている。言い換えるならば、私たちは物は空中で離せば当然落ちる「べきである」とか、物を投げれば（力が正確にかかる限り）意図したところに行く「べきである」というルールを実践として知っている。そしてそれが実際にそう「である」ときに、私たちはそれを正しい世界だと感じる。

もし仮に私たちがものを投げれば（力が正確にかかる限り）意図したところに行くもの「である」というルールを理論的に知っており、それに基づいて行動しているのならば、私たちはワーキングメモリを使って知覚した情報（初期条件）をニュートン力学の運動法則に近似されるような何らかの理論に入力し、計算して、行動を出力しているということになる（このような理論は民間物理学などと呼ばれる）。しかしそのような計算は膨大で、とてもではないが容量が３〜４のワーキングメモリで行えるようなものではないし、情報がワーキングメモリで処理されるということは、そこには認知的なアクセス（気づき）が存在するということになる。つまりもし仮に私たちが歩いたり、自転車に乗ったり、野球をしたり、サッカーをしたりする時に、ワーキングメモリで計算をしているのなら、私たちには自分が知覚した情報（初期条件）をニュートン力学の運動法則のような理論に入力、計算をし、行動を出力しているという「気づき」がなければならないということになる。

しかし歩いたり、自転車に乗ったり、野球をしたり、サッカーをしたりしているときに計算をしているという「気づき」のある人などいない。さらにいうなら、猫や豹などの動物は人間より俊敏に動けるが、そんなに俊敏に動けるということは、猫や豹は人間よりワーキングメモリの計算能力が高い、つまり頭が良いのだろうか。また鳥や魚の群れはお互いにぶつかることなく急に方向を変えることができる[40]。鳥や魚もまたワーキングメモリに初期条件を入力して認知的に計算した上で行動を出力しているのだろうか。もちろんそんなことはない。人間も含め動物が日々生きる上で用いているオペレーティング・システムはシステム１なのだ。

そして他者の心の理解、つまり人がどのように感じるのかというルールの習得も通常はシステム１によって実践的に行われる。私たちは怪我をしている人を見たら、その人が痛みを感じているということがわかるし、プレゼントなどをもらった人が喜んでいるということもわかる。これは私たちが自分たちの経験から、怪我をしている人は痛みを感じているはずである（「べきである」）と感じ、プレ

40 c.f. Ballerin et al. (2007); Bialek et al. (2012).

ゼントなどをもらった人は喜んでいるはずである（「べきである」）と感じるということである。ミラーニューロンで象徴的に言われるように、基本的に私たちはシミュレーション（共感、エンパシー）という形で実践的に他者の心を理解する[41]。自分だったら、そう感じるはずである（「べきである」）と考えるのだ。言い換えるならば、物を投げると（力が自分の意図するようにかかる限り）、その物は意図したところにたどり着くということを理論としてではなく実践として知っているように、私たちは他者の心も他者の立場に立って、もし自分がその立場だったらどう感じる「べきである」かという形で実践的に理解しているということである[42]。つまり私たちは他者が何を考えているか（think-what）を理論的に考えるのではなく、自分たちの経験から他者が何を感じているか（feel-how）を感じることができる。

そしてまさにこの私たちの共感力（共感覚、間主観性）に訴えてくるからこそ、文学は私たちを感動させることができる。苦しむボナセラを見て、私たちも彼の苦しみを感じることができるし、復讐にカタルシスを感じる。もちろん私たちは自分たちの持つ知識、感覚の違いなど様々な理由により他者の心を読み「誤る可能性がある」[43]。自分の持つ知識、感覚、価値観などの主観（自分自身の感じるこう「であるべき」という感覚）を過剰に「投影」してしまうのだ。

41 ミラーニューロンがシミュレーション理論の全てではない（Goldman, 2006）。実際、ミラーニューロンの発見は1996年でありシミュレーション理論はそれ以前から提唱、研究されていた。シミュレーション理論は1980年代にゴードン（Gordon, 1986）、ヒール（Heal, 1986）およびゴールドマン（Goldman, 1989）らによって提唱され、1998年にイタリア、トスカーナの学会で神経科学者ヴィットーリオ・ギャレスがミラーニューロンを発表した際にはギャレースを含めミラーニューロンの発見者たちもシミュレーション理論のことを知らなかった。この学会発表を聞いたゴールドマンがギャレスを誘い共著論文（Gallese and Goldman, 1998）を書いたことによってミラーニューロンとシミュレーション理論が繋がることとなった。Goldman(2006), preface.

42 Goldman (2006); Shanton and Goldman (2010).

43 Goldman (2006); Birch and Bloom (2003); Camerer et al. (1989); Van Boven et al. (2000).

これはクアランティン・エラー（検閲のエラー）と呼ばれる[44]。確かに私たちは完全に分かり合えることはない（完全にわかりあうということは自他の別がなくなってしまうということを意味する）。しかし私たちは部分的にでも分かりあえる間主観的な（感情を共有できる）存在なのだ。

しかし相手の立場に立っても、相手の行為をどうしても理解できないときや、どうしても物事が理解できないと感じるときに、私たちはシステム２（ワーキングメモリ）を使い理論的に他者の心や物事を理解しようとする。こういった理論（物語）は民間心理学などと呼ばれる。民間心理学の一つの典型が経済学のように人間行動を合理性に基づいて説明しようとするものである。例えば、二つの全く同じリンゴがあり一つがもう一つよりも安いとすると、合理的に考えて安いリンゴの方を買うという行動をとる、というような話である（BOXＩ参照）[45]。つまり通常私たちはシステム１を用いて他者の心を理解しているが、システム１による他者の心の理解に異常が起きた時に、私たちは違和感、不安感、不条理などを感じ、「なぜ」という疑問に導かれてシステム２が介入を試みるのだ。言い換えるならば、本来こう「であるべき」はずのことがそう「でない」ときに私たちは何かが正しくないと感じ、それをなんとか理論的、合理的に説明しようとする。理論を使って「であるべき」と「である」をなんとか一致させようとするのだ。ゴシップとかある種の歴史書などはこの類である。例えば、心の痛みと身体の痛みを知っている私たちの目にはヒトラーの行為は残酷に映る。自分が彼の立場だったらユダヤ人を一掃しよう、などとは感じない。つまり通常そう「であるべき」でないことをヒトラーはしてしまったのだ。ヒトラーの行為は私たちの多くにとっては「であるべき」と「である」の乖離

44 正確には quarantine failure である。
45 Goldman (2006).

であり、不条理に映る。ヒトラーの気持ちがわからない私たちは「なぜ」ヒトラーはあのようなことをしたのだろう、と資料をあたり物語を物語ろうとする。

ヒトラーがどのように感じた（feel-how）のか私たちにはわからないから、私たちはヒトラーが何を考えていた（know-what）のかを物語ることによりヒトラーの行為を合理的、理論的に理解しようとするのだ。ユダヤ人との間に悪い思い出があったのではないだろうか、ユダヤ人に悪い印象を持っていたのではないか、それゆえにあのような残酷な行為に至ったのではないだろうか、もしかしたらただ単に他者の痛みを感じることのできない野蛮な人間だったのではないか、などと理論（民間心理学、物語）を物語ることでなんとかヒトラーの行動を合理的に理解しようとする。なんとかして「であるべき」と「である」を一致させようとするのだ。このように私たちは通常システム１を用いて世界や人を理解し、システム１で世界や人を理解できないときにシステム２を用いて理論（物語）を作る。

BOX I：経済学

（伝統的な）経済学は人間を合理的選択を行う動物（経済人）である、と考える。合理選択は利益（欲求）を最大化させる選択とも言える。これに加えて、市場の情報は皆に共有されているという完全情報、私たちの利益（欲求）は一義的に計測できるという効用仮説、およびほかの条件は一定である（セテリス・パリブスと呼ばれる）という前提（補助仮説）を置き、様々な説明、予測を行おうとするのが経済学である（完全情報という前提は経済学の中でも情報の非対称性などといったように往々にして弱められることがある。また通常効用は金で近似されるが、神経経済学など効用を脳内の状態で説明しようとする学問分野も現れてきている）[46]。上記のような前提の上で、需要と供給という入力があった場合、均衡と呼ばれる出力を計算することができる。最も単純場合、1個100円のりんごと1個200円のりんごがあるとして（供給）、私がりんごを一つ食べたいとしたら（需要）、上記の条件のもとでは私は1個100円のりんごを選ぶ（均衡）ということが予測される。もちろん市場にはたくさんの人がいる。つまりりんごを供給する人もりんごを欲する人もたくさんいる。りんごを供給する人はできる限り高い値段で

46 c.f. Montague and Berns (2002); Padoa-Schioppa (2011).

売りたいと思うし、りんごを欲する人はできる限り安い値段で買いたいと思う。言い換えるならば、高い値段で売れるのならば供給は増えるし、安い値段で買えるのならば需要は増える。この需要と供給が釣り合う地点が均衡点である。通常の経済取引であれば、この均衡点が皆が納得する（せざるを得ない）価格、つまり合理的な価格ということになる。経済学は人間は合理的選択を行う動物（経済人）であるという前提に則って他者（人間）の行動原理を予測、説明しようとする民間心理学（システム2）を精緻化した学問であるということができる。

アフォーダンスと概念

システム１もシステム２も私たちがこう「であるべき」と感じる良さをに導かれてこう「である」という正しいパターン（ルール）を形成する。私たち人間は世界との相互依存関係の中でまず世界に良さ、意味、目的、価値、言い換えるならば、世界とはそう「であるべき」というパターン（ルール）を見出す。例えば、「カップは液体を入れるために存在する」などがこれに当たる。カップの存在意味、存在目的、存在価値は液体を入れることであり、液体を入れることのできるカップが良いカップということになる。カップ「である」ならば液体を入れることができるもの「であるべき」なのだ。このような存在意味、存在目的、存在価値を内包したパターンを「目的論的パターン」と呼ぼう。目的論的パターンとは「XはYの（目的の）ために存在する」という形式を取るパターンであり、そのようなパターンは良さ、意味、目的、価値を前提として存在するパターンである。そしてこのパターンの場合、XとYの関係性をひっくり返すことはできない。例えば、「液体を入れるものであればカップである」とは言うことは出来ない。別に手に液体をすくって入れても良いのだ。

アフォーダンス

システム１とシステム２も目的論的パターンを形成する。システム１による目的論的パターン認識は「アフォーダンス（affordance）」と呼ばれるものである[47]。アフォーダンスとは非陳述記憶により形成される実践知である。例えば、私たちは階段は当然上り下りできる「べきである」ということを実践として知っている。当然、上り下りできる階段が良い階段なのだ。階段「である」なら上り下りができる「べきである」。それが階段の意味であり、価値であり、目的である。逆に上り下りのできない階段など「意味がわからない」し、そんなものには階段としての価値はないし、階段としての目的を果たさない。階段は私たちに上り下りという意味の発見を促して（アフォードして）くれ、上り下りをするという行動を促して（アフォードして）くれる物であるのだ（図10）。だからアフォーダンスによる行動は世界の中で認知的努力なく流れるように行うことができる。言い換えるならば、アフォーダンスは「であるべき」と「である」が自然に一致している状態と言うことができる。私たちはどのように階段を上り下りするのかということを世界（階段）との関係性の中でただ単に実践として発見し、実践として知っている。

47　アフォーダンスという言葉はアメリカの心理学者ジェームズ・J・ギブソンによる造語である。c.f. Kauffman and Roli (2021); Kelly (2000).

図 10. アフォーダンスも概念も良さを前提とした目的論的不変パターンである。階段は（ある範囲の中で）私たちに上り下りをすることを促して（アフォードして）くれ、階段という概念は（ある範囲の中で）上り下りをするためのものであるということになる。私たちは階段に上り下りをするという意味を見つけ、またそれが階段という概念の意味である。同様にカップも（ある範囲の中で）液体を入れることを（アフォードして）くれる。そしてそれがカップの意味である。

アフォーダンスはワーキングメモリを介さないので、「認知的に無意味」、透明である。通常そこに気づきは存在しない。『ボヘミアの醜聞』の中で、シャーロック・ホームズの推理に驚くワトソンは次のように言う。

「君の推理を聞くと物事はいつも馬鹿らしいほど簡単なので、私にもできるかと思ってしまうが、説明を受けるまでひとつひとつの推理に当惑してしまう。しかし私の目も君の目と同じくらい良いはずなのだが」

それに対してホームズは

「全くその通りだ」

と答え、次のように会話は続く。

「君はこの部屋までの階段を頻繁に見ているだろう」
「頻繁にね」
「どのくらいの頻度だい」
「おそらく数百回だろうね」
「では階段は何段あるかね」
「何段！わからないよ」
「そうだろう！君は観察していないんだ。しかし君は見ている ...」

ワトソンは自分が住んでいた部屋へと続く階段を当然ながら何度も見ていたが、何段あるか認知していなかった。つまり知覚しており、なんどもその階段を上っているが、それはワーキングメモリでは処理されていない「認知的に無意味」な記憶（アフォーダンス）だったのだ。階段は知覚され記憶されているが、概念化、つまり明示的な意味の付与をされていなかったということになる。

アフォーダンスは「認知的に無意味」ではあるが、私たちの世界観、価値観の基礎を形成する。アフォーダンスは世界はそのようなもの「である」という世界観（ルール）を私たちに与えてくれるし、世界は当然そのようなもの「であるべき」という価値観、良さも与えてくれる。そして私たちがそう「であるべき」と感じること、つまり良さが実際にそう「である」時に、つまり私たちの想定する良さ（ルール）が事実として実現しているときに、それは正しい世界であり、私たちはそれを特段認知することはない（ルールが守られているというのは正しい状態なのだ）。階段がしっかりと上り下りをアフォードしてくれるとき、もしくはカップが液体を入れることをアフォードしてくれるとき、それは正しい世界であり、私たちは特段それを認知することはない。「なぜ」などと考えることはない。世界は私たちの認知にとって透明なのだ。だからワトソンは階段を特段認知することはなかった。

逆に、この「であるべき」世界観、価値観が事実として実現していないとき（「である」でない時）に、つまり世界観、価値観というルールが破られた時に私たちは違和感、不安感、心の痛みを感じ「なぜ」なのだろうと思う（ルールが破られることは正しくないことである）。それまで透明だった世界観、価値観が認知の俎上に上る。例えば、上り下りのできない階段があったとき、液体を入れられないカップがあったときに、私たちは違和感を感じ、「意味がわからない」、「なぜ」なのだろうと思う（岡本太郎の『坐ることを拒否する椅子』などはこれを題材にした芸術作品である）。同様に、ものを正確に投げているはずなのに、どうしてもそれが意図したところに行かない時に「なぜ」なのだろうという違和感、不安感、不条理を感じる。そのような際には、シミュレーション（共感、エンパシー）で相手の心を理解できないときに民間心理学と呼ばれる理論を作って相手を理解しようとするように、民間物理学などの理論を用いて世界を認知しようとする。この理論が「概念」である。

概念

アフォーダンスがシステム１により形成される目的論的パターンであるならば、概念はシステム２により形成される目的論的パターンである。アフォーダンスは「認知的に無意味」な目的論的パターンであるが、概念は認知的に意味のある目的論的パターンである。例えば、階段とかカップという概念は「なぜ」階段は存在するのか、

「なぜ」カップは存在するのか、という疑問（目的、良さ）に答えるものであり、「階段は上り下りをするためのものである」、「カップは液体を入れるためのものである」などが階段とかカップという概念を定義づける。アフォーダンス同様、概念もまた「なぜ」そのよう「であるべき」なのかという疑問に導かれて世界の中から意味のある良さのパターン（ルール）を削り出すものなのだ。そしてまさにこの概念化、言語化を行うのがワーキングメモリである。

私たちが概念を用いて世界を認知するということは、裏返せば、私たちは概念なしには物事を認知することができないということである。概念（解釈、意味）がなければ、世界はアフォーダンスであり、私たちの認知にとって透明、「認知的に無意味」なままである。私たちは概念化されない純粋な事実は知覚し、実践として記憶出来ても、認知、言語化することはできない。「今私の目の前にカップがある」というのは私がそれをカップという液体を入れる目的のもの「として」概念（属性）化するから認識できるのである[48]。概念化されるということは、そこにはすでにカップは液体を入れることができる「べきである」、「カップは液体を入れるためのものである」、「良いカップとは液体を入れることができるものである」という、目的、良さ、価値判断が入っている。つまり「今私の目の前にカップがある」という情報はすでに意味、価値、目的を付与された情報であり、客観的で純粋な情報ではないのだ。

私たちが概念化（意味の付与）なしに物事を認知できないということは様々な実験で示されている。すでに見たように、この典型例がチェンジ・ブラインドネスであるし、心理学者フリッツ・ハイダーとマリアンヌ・ジンメルによる実験も私たちは概念なしには物事を

48 c.f. van Fraassen (1980), p. 15.

認識できないということを示している[49]。この実験で被験者たちは四角とか三角といった形が動き回るサイレントフィルムを鑑賞し、鑑賞後にそのサイレントフィルムがどのようなものであったかを説明することを求められた（図11）。この実験の被験者たちは「三角が四角を追いかける」といったように、それらの四角とか三角をまるで意思（意味、目的）を持って動き回るかのように説明した[50]。いわゆる擬人化である。擬人化は概念化の一つである。この実験が意味することは私たちは「追いかける」などといった意味、目的、つまり概念なしに私たちは世界から認知的にパターンを削り出すことができない、つまり認知できないということである。私たちは世界をあるがまま客観的に認知するなどということはできないのだ。

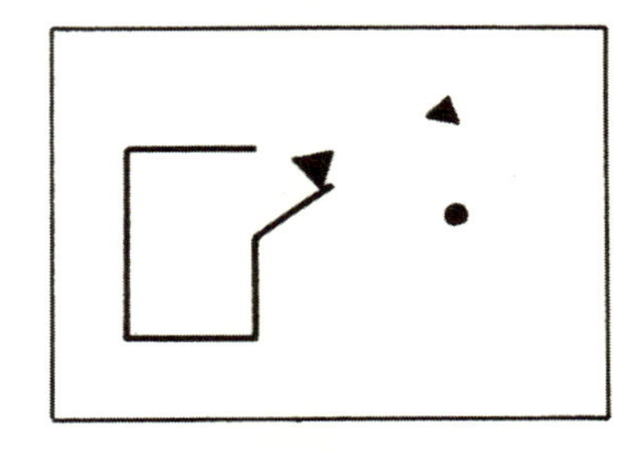

図11. ハイダーとジンメルの実験。Heider & Simmel (1944).

そしてこれは私たちの直感とも合致する。私たちはうるさい場所で話をしていても雑音（ノイズ）から言語を切り離して認知できる。つまり雑音の中でも会話ができる。なぜなら私たちは言語という意味のあるパターンを知っておりそれを世界の中から削り出せるからだ。もしも全ての情報が意味や価値、目的を持たない純粋で客観的なものであれば、雑音（ノイズ）と言語という音は知覚の上では等値であり（時としてはノイズの方が大きな音ということも十分にありうる）、私たちは全ての音の中から言語というパターンを削り出

49 Heider & Simmel (1944).
50 Goldman (2006).

すことはできない。しかしそこに言語という意味のあるパターンが存在するがゆえに、私たちは意味のない雑音（ノイズ）の中から意味のある言語を削り出すことができる。

逆に、私たちが自分が知らない外国語を聞いたときにそれは私たちにとって「認知的に無意味」である。それは単なる音であり、意味のあるパターンではない。ゆえに音としては知覚できるが、それは私たちにとって何の意味もなさない。同様に私たちは「アリストテレスは哲学者である」という文章は認知できるが、「a2sd&-%$” w_354ejga;;s」は認知できない。これは知覚の問題ではなく認知の問題である。私たちは「アリストテレスは哲学者である」も「a2sd&-%$” w_354ejga;;s」も問題なく知覚している。しかし知覚はしていても意味、概念が伴わなければそれは、チェンジ・ブラインドネス同様、「認知的に無意味」な情報なのである。だからチェンジ・ブランドネス同様、「a2sd&-%$” w_354ejga;;s」の一文字が変わっても、なかなか気がつかないだろう。

そして概念（解釈）なしに物事を認知できないということは、逆を返せば概念さえ習得すればそれまで認知できなかったものも認知できるようになるということでもある。例えば、ストレスという概念が 1930 年代に提唱され、それ以降私たちはストレスというパターンを認知できるようになったし、同様にうつ病、ADHD、ハラスメントなどはそれらの概念が存在するようになって認知されるようになった。これはストレス、うつ病、ADHD、ハラスメントなどという概念が作られた（発見された）ことによって、それまで世界の中から削り出すことのできなかったパターンを私たちが削り出せるようになったということなのだ。

ちなみに目的論的パターンは不変（invariant）なパターンである。

不変とは「ある指定された環境および範囲の中で変化しない」という意味である。例えば、私たちは息をすることができるが海の中では息はできないし、ものを見ることができるが、暗闇ではものを見ることができない。アフォーダンスはある指定された環境および範囲でのみ成立する。同様に、階段とかカップなどの概念も不変である。「階段は上り下りをするためのものである」とか「カップは液体を入れるものである」というのはある程度の範囲の中で成立する。通常の階段は何百メートルも上り下りすることはできないし、通常のコーヒーカップは30リットルの液体を入れることはできない。ある程度の範囲でのみ「階段は上り下りをするためにのものである」とか「カップは液体を入れるものである」という目的論的パターンは成立する。これがパターンが不変であるという意味である。つまりアフォーダンスおよび概念は「目的論的不変パターン」なのだ。

物語

概念同士がさらに「なぜ」という疑問によって繋がっていったときにそれは「物語」となる（物語が概念を作るという方が正確かもしれない。いずれにしろ物語と概念は相互依存関係にある）。物語というのはただ単に出来事を羅列することではないし、ただ単に「どのよう」「である」かという相関関係を記述するものでもない。物語は私たちが当然そう「であるべき」と思っている世界観、価値観が崩された時に、「なぜ」そのようなことが起こったのかを意味をなす形でまとめることなのだ（この意味で民間心理学や民間物理学も物語である）。「である」と「であるべき」が乖離したときに、それまで透明だった世界が認知の俎上にあがり、私たちは違和感や不条理を感じる。その際、私たちは「なぜ」そのようなことが起こる「べきである」のかという目的論的な因果関係を自分たちにとって納得できる形でまとめることにより、再び正常な世界観、価値観を取り戻そうとする。それが物語である。そして物語により「なぜ」そのようなことが起こる「べきである」のかに納得した時に、その物語は新しい世界観、価値観となり世界は再び正常に戻る。

例えば、娘を傷つけられたボナセラの感覚からすれば、自分の娘を傷つけた少年たちにはそれ相応の処分が下される「べきである」のにもかかわらず、裁判という社会制度が出した答えはその男たちに執行猶予を与えるというものだった。凶悪犯罪であるにもかかわらずそのような結果になったことに対して、私たちも当然「なぜ」なのだろうと思う。原作では一人の少年の父親は有力な政治家であるという設定になっている[51]。それを聞いて私たちはなるほど、そういう理由があったのかと納得することができる。執行猶予という結果自体に納得できるかどうか別として、「なぜ」そのような結果になったのかは理解することができる。これが物語の果たす役割なのだ。ここでいう物語というのは小説とかいった文学のジャンルということではなく、「である」事実と「であるべき」規範（価値）が乖離したときに、心理的、感情的なストレス、違和感、不条理を感じる私たちが「なぜ」そのようなことが起こったのかを理解しようとする活動のことである[52]。そして物語は概念の延長であるので（もしくはその逆であるので）、物語もまた「XはYのために存在する」という目的論的不変パターンである。つまり物語は中核的には「どのよう」「である」という相関関係の記述ではなく、「なぜ」そのよう「であるべき」かという目的論的因果関係の説明なのだ。

51 Puzo (2005; Original in 1969).

52 Velleman (2005) ; Bruner (1990). 哲学者ジョン・デューイの言葉で言うなら「探求」ということになる。Dewey (2018; Original in 1938).

しかし物語は違和感、不安感、不条理、胸の高鳴りといった感情的問題への解決（resolution）を与えてはくれるが、物語的な解決は必ずしも真実であるとは限らないし、現実的で実際的な解決策（solution）を与えてくれるとも限らない[53]。何かに納得することとそれが真実であることは必ずしも同じではない。そもそも物語の典型の一つであるゴシップにどのくらいの真実があるだろう。「なぜ」有名人が離婚したのか、と当事者でないもの同士が話し合い、なんらかの結論に達したとしても、そこに噂と憶測以上に何があるだろう。いくらゴシップを話してみたところで、ゴシップからはなんら現実的な解決策は得られない。またどんなに私たちがヒトラーの心情を慮ったところで、それが彼の本当の心情だと言える確証などどこにもない（もちろんこれは歴史家の活動が無駄であるということではない）[54]。

しかし現実的な解決策を与えてくれなくても、物語は心理的な問題を解決することはできる。心理的な問題の解決ということで言えば、もっとも典型的に慰めとか言い訳とか呪いとか罵りなどがあげられる。これらは現実的解決策は与えてくれないが、感情問題にある程度の解決を与える物語の形態である。慰め、言い訳、呪い、罵りなどはなんとかして心理的な問題を解決しようとする、つまり自分の信じる正しい世界を取り戻そうとする努力なのだ（天罰、因果応報などという考え方も同様である）。全てが終わってしまった後で、誰かのことを罵っても何も変わらない。これは復讐を行なっても、死んでしまった人間は返ってこないことと対応する。しかし慰

53　解決策（solution）と解決（resolution）は異なる概念である。数式を解くことは solution であり、resolution ではない。例えば、数学のヒルベルトの 23 の問題の最初の問題である連続体仮説の問題は証明も反証もできないということ、いわば解決策（solution）がないことが証明されたことで解決（resolution）されている。

54　統計学者ジョージ・ボックスが象徴的に言ったように「全てのモデルは間違っている」がいくつかは有用なのだ（Box, 1976）。

め、言い訳、呪い、罵りなどによって私たちは心理的な落ち着きを少しは取り戻せるのだ（当然、同じ構造が復讐にも当てはまる）。そしてこういった物語的解決が上手く行ったときに私たちはカタルシスを感じる。だから文学は復讐劇で溢れ、インターネット上では天罰や因果応報などの状況をうつした動画がバイラルとなる（例えば、有名な映画『タイタニック』でも敵役はブラックマンデーで自殺したことが添えられる）[55]。

物語の構造

物語は、典型的には、始まり、中間、終わりという構造を持つ[56]。物語の始まりは自分の感じるこう「であるべき」世界と実際にそう「である」世界が乖離することによる違和感、不安感、不条理、胸の高鳴りといった感情的問題の起こりであり、中間はそれが複雑化する過程であり、物語の終わりは「であるべき」と「である」を再び一致させることにより、それらの心理的、感情的問題に終止符が打たれる段階である。ジョークも物語の類型の一つで、ジョークはオチ（笑い）という形で心理的な問題に解決を与える（そうでなければ、「すべる」という心理的な問題に解決が与えられない気持ち悪い状態に陥ってしまう）。ただ、ジョークも心理的な解決は与えるが、実際の問題への解決策になるとは言い切れない。ジョークを例に物語の構造と心理的問題への物語的解決を見ていこう。

1984年、当時のロナルド・レーガン・アメリカ大統領は二期目の大統領選挙に際して一つの大きな問題を抱えていた。大衆の人気は高かったのだが、彼は73歳と当時としては最高齢の大統領（候補）だった。対する民主党の候補者ウォルター・モンデールは56歳という比較的若い候補者だった。そしてこの年齢が大統領再選を目指

55 Titanic (1997).
56 Aristotle. Poetics, 1450b.

す当時のレーガン陣営にとって唯一にして最大の問題だった。それは73歳という（当時としては）高齢の人間がアメリカ大統領という職を全うできるのかという、アメリカ人の多数が持つ違和感、不安感であり、納得できない点だった。本来大統領はどんな時でも職を全うできる「べきである」のに、レーガンはそうではないのかもしれないという不安感がアメリカ国民の心の中にあったのだ。

大統領選挙前のモンデール候補とレーガン大統領のテレビ討論会で、ジャーナリストのヘンリー・トレウィットがレーガンの年齢の問題に切り込んだ。

「大統領、この二、三週間、特に国家安全保障の面で議題となっている問題についてお尋ねしたいのですが。あなたはすでに歴代大統領の中でもっとも高齢です。あなたのキャンペーンのスタッフの中には前回のモンデール候補との討論の後あなたが疲れていたという人もいます。しかしケネディー大統領はキューバミサイル危機の時に何日もほとんど寝ずにいました。そういった状況でちゃんと働けないのではという疑問はご自分の中に全くないのですか」

苦虫をかみつぶしたような顔でこの話を聞いていたレーガンはこう切り出した。

「全くないです。トレウィットさん」

そして険しい顔でさらにこう続けた。

「それに私は年齢をこの選挙の争点にするつもりはありません。私は政治目的のために相手を利用するつもりはありません。相手の若さと経験のなさを。」

レーガンの年齢が高齢すぎることが問題なのではなくて、相手の年齢が若すぎることが問題だというジョークにトレウィット、モンデールを含め会場は笑いに包まれた（モンデールの56歳というのは（当時としては）それほど若くはないのがこのジョークのポイントである。ケネディーは43歳で大統領に就任した）。そしてこの瞬間にレーガンの年齢という問題はこの大統領選挙の争点から消えて無くなり、アメリカ51州のうち、モンデールの地元であるミネソタ州と首都のワシントンDC以外ではレーガンが圧勝するという結果で大統領選挙は終了した。

もし仮に「私は政治目的のために相手の若さと経験のなさを利用するつもりはありません」というオチがなく、険しい顔でただ「それに私は年齢をこの選挙の争点にするつもりはありません」と言っただけなら、年齢という問題は大統領選挙の争点であり続けただろう。ジョークの中間でわざと険しい表情を作り、視聴者にもしかしたらレーガンは怒るなど下手な対応をするのではないかと思わせておいて、つまり不安感を増大させておいて、その後でオチによって笑いを取ることで、レーガンはアメリカ国民の不安感を払拭したのだ。不安で始まった物語に終止符を打ったのだ。しかし当然ながらこのジョークの成功によって年齢の問題に本質的な解決策が与えられたわけではない。彼が（当時としては）最高齢の大統領であるという事実はなんら変わらず、国家的危機の時に寝ずに対応するようなことが本当に可能かどうかという質問は完全にかわされてしまった[57]。

レーガンはジョークが好きなことで知られていた。そして様々な

57　政治家のジョークには気をつけなければならない。"Narrative Explanation" in Velleman (2005).

場面でジョークを披露していた。その中の一つに当時アメリカと覇権争いをしていた、ソビエト連邦に関するジョークがある。

ソビエトでは7軒に1軒しか車を持っている家庭がないし、車を買うのにお金を全て支払ってから10年間も待たなければいけない。車を買う手続きもとてもめんどくさい。ある男がようやく全ての手続きと支払いを終えてたところ、カウンターの後ろから次のように言われた。「では10年後に戻ってきてください」

男性は「午前中ですか。それとも午後ですか」と聞いた。そう言われて車販売のカウンターの後ろにいる男性は「10年後ですよ。そのぐらいどう違うんですか」と言った。

すると男は言った。「水道工事が午前中にくるんです」

当時ソビエト連邦とアメリカの間には核戦争の脅威が存在し、多くのアメリカ人に不安感を与えていたので、レーガンのソビエトに関するジョークは、ソビエトを馬鹿にすることでアメリカ国民に対してカタルシス（心理的解決）を与えたのだ。しかしこのジョークも慰め、言い訳、呪い、罵りなどと同様、問題になんら実際の解決策を与えることはない。

様々な物語

もちろん物語はゴシップやジョークだけではない。神話も科学も究極的には物語である。例えば、創造神話などは物語の典型である。ウィリアム・ペイリーというイギリスの神学者はチャールズ・ダーウィンが進化論という概念を発表した『種の起源』（1859）に先立つことおよそ50年、『自然神学』（1802）という本を書いて、神の存在を科学的に論証しようとした。ペイリーの議論は次のようなものであった。

あなたが草むらを歩いていて、その草むらの中に時計を発見したとしよう。時計は何百もの部品が精緻に組み合わされて、初めて時を刻むという時計の目的を発揮することができる。ではそんな精緻な部品が精緻に組み合わさっている時計が自然の中から突然現れるだろうか。もちろんそんなことはなく、時計にはそれをデザインしたデザイナーがいると考えることが自然である。同様のことが人間にも言える、とペイリーは論じた。例えば、目は緻密に作られたいくつものパーツが精緻に組み合わさって初めて見るという目的を果たすことができる。一つでも部品が足りなかったりすると、時計が時を刻めなくなるように、目は見るという目的を果たすことはできなくなってしまう。同様のことは身体の他の部分にも当てはまる。人間の身体はとても精緻に作られ、とても精緻にチューニング（調整）されたものなのだ。そのようなものが自然の中から突然現れるだろうか。当然そんなことはない。とすると人間にも時計と同様にデザイナーがいるのだ。そして人間をデザインしたデザイナーというのは当然神である。時計という人工物が時を刻むという目的のためにデザイナーによっていくつもの部品を精緻に組み合わせて作られたように、人間も神というデザイナーによって作られたのだ。そうでなければ、これほどまでに精緻に作られている人間は存在し得ない。進化理論という概念、物語が存在しなかった当時、これは「なぜ」人間は存在するのかを私たちに納得させてくれる物語だったのだ（もちろん正確には自然神学自身の関心事は人間存在の説明ではなく、神の存在証明にある）[58]。

またバンパイアも一つの物語である。19世紀のアメリカのニューイングランド地方ではバンパイア（吸血鬼）がいると多くの人に信じられていた（現在でも世界の中にはバンパイアの存在が信じられている地域が存在する）。当時のニューイングランドやヨーロッパでは原因不明の理由で一人、また一人と次々に家族や近くに住む人間が死んでいく現象が散見された。この原因不明の死は、体重がどんどん減って死に至ることから、「消費」と呼ばれた[59]。当時の人たちは、死んだ人間がバンパイアになってまだ生きている身近な人間たちの命を消費しているのだと信じ恐れた。当然生きている「べきである」人たちが次々に死ぬことによって、不安感や恐怖感を感じたのだ。そして「なぜ」そのようなことが起こるのかに対する答えがバンパイアという物語だったのだ。ニューイングランド地方ではなんとかバンパイアを退治しようと、亡くなった人間の墓を暴いて、バンパイアを突き止めようとするという事例がなんども起こった。これは「ニューイングランドのバンパイア・パニック」と呼ばれる。

伝統的にアメリカの埋葬方法は土葬なので、墓を暴くと、当然ながら実際に死体を見ることができる。それらの中には髪や爪が生前よりも伸び、うめき声をあげるものもあった。そういったものはバンパイアであるとされ、場合によっては斬首されたりした[60]。現在

---

58 神というデザイナーが存在するという神の存在証明は目的論的な議論と呼ばれる。ちなみにロナルド・レーガンは無神論者に関するジョークを言ったことがあるが、彼のジョークもまさに目的論的な議論だった。「この素晴らしい世界の中に無神論者がいることを長い間信じられなかったのだが、私は無神論者をディナーに招待するという悪い欲求に駆られてしまった。かつてないほどの素晴らしいグルメを出した後で私は聞いた。これを料理したコックはいると思うかい、と」。

59 アレクサンドル・デュマ・フィスの小説『椿姫』などにも「消費」による死はでてくる。

60 有名なものにマーシー・ブラウンのケースがある。アメリカのロードアイランドでブラウン家の人たちが消費で死に始めた。最初に母親のメアリー・エリザが死に、次に

では死後人間の髪や爪は伸びるということもわかっているし、死体が縮んだりしてかなり動くこともわかっている。うめき声に関しても内臓が腐って、ガスが唯一の導線である口から出る際に音がするということがわかっている。しかし当時はバンパイアという概念、物語が本当であれば、次々と周りの人間が死んでいく、ということは上手に説明できたのだ。

バンパイアという物語は当時の人たちにとってバンパイアを退治することによって元の安全な世界を取り戻すという行動指針を与えてくれる世界観であり価値観だったということができる。物語が心理的な問題に解決を与えてくれるというのは、物語は私たちに世界をコントロールできるという感覚を与えてくれるということである。世界をコントロールできないというのは世界の荒波の中で翻弄されて生きなければならないということである。私たちが世界をコントロールできるという感覚を欲するということは、裏返せば私たちは世界に関するルール（知識）を欲するということである。そしてそのために私たちは物語を物語る。社会で流行する陰謀論なども、バンパイアと同じで、私たちが世界をコントロールするという感覚を欲するからこそ生じてくる物語である。陰謀論が流行する理由はバンパイアの場合と同じく、それを信じることによって問題を解決するために自分たちが主体的になにがしかの行動を起こすことがで

一番上の娘のメアリー・オリーブが死んだ。そして下の娘であるマーシーも消耗で死に、弟のエドウィンにも消費の兆候が始まっていた。ブラウン家の友人や近所の人たちは、バンパイアという言葉自体は使わなかったものの、ブラウン家の誰かがバンパイアだろうと考え、ブラウン家の家長であるジョージに墓を暴き死体を確認するように迫った。仕方なくジョージが近所の住民や街の医者の立会いのもと墓を暴いたところ、母メアリー・エリザと上の娘のメアリー・オリーブの死体は腐敗が始まっていたが、マーシーの死体は腐敗しておらず、埋葬時の姿勢とは異なる姿勢で横たわっていた。そしてマーシーの心臓には新鮮な血が入っていた。村人たちはマーシーがバンパイアなのだと考え、エドウィンの病状を抑えるために、その心臓と肝臓を焼きエドウィンに飲ませた。しかしその甲斐なくエドウィンは二ヶ月後に亡くなった。
“New England vampire panic” on Wikipedia.

きるという点にある。つまり世界は自分たちのコントロール下にあると感じられるのだ。

人々の死の原因がバンパイアということであれば、墓を暴いて斬首するなどなにがしかの解決策的な行動を取ることができる。自ら「である」と「であるべき」の間の乖離を埋めることができる可能性が出てくるのだ。これと同様に、陰謀論で語られる政治問題、経済問題、パンデミックなどは通常高度に専門的な知識を必要とする問題であり、それらの問題は通常専門家でない一般人の知識、能力の範疇を超えた問題である。一般人はよくわからない専門家の小難しい話を聞くだけになってしまう。たとえ政治状況、経済状況やパンデミックの状況に違和感、不安感、心の痛みを感じたとしても、それに対して私たち一般人は何もできないのである。ここに自分は目前の問題に対して手も足も出ないといったようなある種の無力感、コントロール感の欠如が生じることになるのだが、陰謀論を信じることによって自分たちをその問題の真実を知っている権威の立場に置くことができ、問題に対してなにがしかの行動を主体的に起こすことができるように感じる。世界をコントロールできるという感覚が生じるのである。

良い物語

人生に単なる人生と良い人生があるように、酒にも単なる酒と良い酒があるように、物語にも単なる物語と良い物語がある。どんな悲惨な状況でも食事をするなど「生物としての必要性」を満たし生きていれば人生ではあるが、私たちは満ち足りた良い人生を生きたいと願うし、不味くてただ酔うためのだけの酒よりも、楽しい酒や美味しい酒を飲みたいと思う。同様に私たちは単なる物語ではなく良い物語を求める。物語は現実世界と（ファジーさはあるものの）シンメトリーに対応するときに良い物語となる。慰め、言い訳、呪い、罵り、ゴシップ、ジョーク、神話、バンパイア、陰謀論などの物語は私たちに心理的な解決は与えてくれるが、映画の復讐劇を見てカタルシスを感じても現実世界は何も変わらないように、それらは現実的な解決策を与えてくれない。

一方、良い物語は心理的な解決だけでなく、現実的な解決策も与えてくれる。物語が心理的な解決を与えてくれるものなのに対して、良い物語は心理的な解決を与えてくれるだけでなく、現実世界に（ファジーさはあるものの）シンメトリーに対応するために実際の解決策も与えてくれる（図 12)。例えば、「消費」と呼ばれた現象は現在では結核であったということがわかっている。そして結核という概念、物語が発見されることでワクチンなどの実際的な解決策がもたらされることになった。良い物語は世界を一貫性を持ってよく説明できる物語なのだ。そして私たちの良い物語への探求が神話や宗教を超えて科学を発展させることになった。

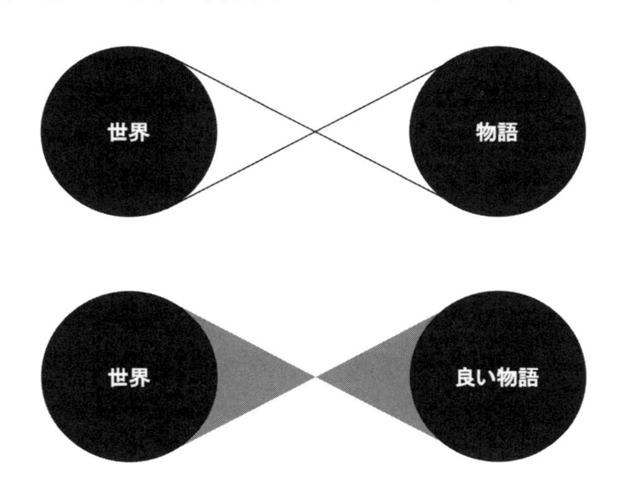

図 12. 無色はアシンメトリー、つまりシンメトリーの破綻を表す。慰め、言い訳、呪い、ゴシップ、ジョークなど物語は必ずしも世界や行為と必ずしも対応するとは限らない。一方、良い物語は世界と（ファジーさはあるものの）シンメトリーに対応する。

例えば、キリスト教国であるアメリカでは今日でも大多数の人が進化を信じておらず、聖書が教えるように神がおよそ5000年前に地球や人間を作ったと信じられており、創造論とか創造科学とかインテリジェント・デザインなど呼ばれている。1970年代、1980年代を通して学校の科学の授業で進化論の代わりに創造論を教えるべきであるという運動が盛んになったが、最終的には裁判や学者からの反論によって創造論を進化理論の代わりに教えるという運動は失敗に終わり、創造論はインテリジェント・デザインと名前を変えた。基本的に両者は聖書の記述とウィリアム・ペイリーの自然神学を現代風にアレンジしたものである。現在の総合説（ネオ・ダーウィニズム）と呼ばれる進化理論が生命現象を完全に説明できるかどうかに関しては疑問があるが[61]、創造論やインテリジェント・デザインには大きな問題が存在する。

進化を否定して創造論を支持するのであれば、例えば、恐竜などの化石の存在をも否定しなければならなくなるし、生物学理論内における整合性にも問題が出てくる[62]。また化石の年代測定には放射年代測定を用いているので、化石の存在を否定することは放射年代測定を否定することにも繋がる。しかし放射年代測定を否定してしまうと、それは放射年代測定の理論的背景である化学や物理学をも否定しなければならないことになる。また同時に放射年代測定および炭素年代測定などを使っている他の学問、例えば考古学、人類学なども否定することになり、ひいては考古学、人類学などの研究結果に則った歴史学、社会科学なども否定することになってしまう。つまり進化理論を否定することは進化理論だけでなく、科学全体を否定することになってしまう。物理学や化学、生物学の一部、歴史学、考古学、歴史学、社会科学などは受け入れ、進化理論を否定するこ

61 Kauffman (1993;1995); Nagel (2012).
62 c.f. Dobzhansky (2013; Original in 1973).

とは一貫性を欠く非合理なことである。このように考えた時に、創造論や自然神学よりも進化理論の方が物語としては優れているということができる。つまり進化論の方が現実世界とよりシンメトリーに対応し、一貫性のある良い物語であり、良い世界観、価値観を与えてくれる。このように私たちはより現実世界とシンメトリーに対応する物語を求めて、神話からより良い物語である科学を発展させてきた。

そして現実世界にシンメトリーに対応する良い物語は私たちのコントロールの感覚だけでなく、実際に世界をコントロールする力を与えてくれる。物語が世界にシンメトリーに対応している限り、私たちはその物語（世界観、価値観）に沿った行為を行うことで世界をコントロールすることができるのだ。それは世界と物語の間にシンメトリーの関係があり、物語と行為の間にシンメトリーの関係があるならば、もちろんファジーさはあるものの、A = B、B = C、ゆえに A = C といったような推移関係のようなものが存在することになるからなのだ（図 13）。例えば、現実世界に結核が存在した時に、結核という概念、物語を持つことによって、その概念、物語に基づいてワクチンを開発することで結核による死を防ぐことができる（死体の首を斬首することでは解決は得られない）。物語は私たちにコントロールの感覚を与えてくれるが、良い物語は私たちにコントロールの感覚と実際に世界をコントロールする力を与えてくれるのだ。

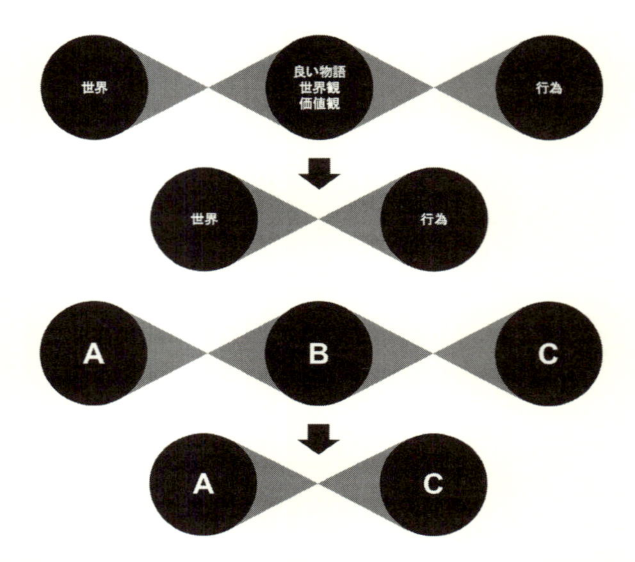

図 13. 世界と世界観、価値観、そして行為の間にシンメトリーが存在するということは世界と行為の間にもシンメトリーが存在するということである。そこにはファジーさはあるものの推移関係のようなものが存在する。つまり自らの行為により世界をコントロールすることができる。

良さの正しさに対する先行

私たちは「認知的に無意味」な知識である非陳述記憶（システム1による記憶）と認知的に意味のある知識である陳述記憶（システム2による記憶）を持っている。そしてそれらが私たちのルールを形作る。非陳述記憶は世界は当然そう「であるべき」という世界観と価値観（ルール）を与えてくれ、陳述記憶である概念および物語は世界は「なぜ」世界はこのよう「であるべき」なのかという疑問に対する因果的な説明を与えることで世界観と価値観（ルール）を与えてくれる。つまりルールは「目的論的（不変）パターン」であり「XはYのために存在する」という形式をとる。このような因果関係の存在によって、目的論的パターンは必然的に規範性を伴う。

つまり「XはYのために存在する」というパターンからは「XであればYであるべきである」もしくは「良いXはYである」という規範性が発生してくる。私たちは「カップであれば液体を入れられるべきである」と考え、しっかりと液体を入れることができるカップを良いカップだと考える。反対に液体を入れられないカップなどは私たちには「意味がわからない」。そのようなものはカップとしての目的を果たさない、存在意義のないものなのだ。

アフォーダンスにしろ概念にしろ、私たちが世界の中から目的論的パターンしか削り出せないということは、私たちが知識（ルール）を習得する際には良さ、目的、意味、価値が常にパターンが正しいかどうかという事実に先行するということを意味する。「であるべき」が「である」に先行し、価値が事実に先行する。これが私たちの思考方法（知識、記憶）の本質である。論理的に言って、「であるべき」が「である」に先行しない限り、「である」と「であるべき」は乖離することはない。空中浮遊できる人間がいるという話を聞いても、「である」という相関関係（事実の記述）だけでは重力は存在するが、破綻する場所もあるということ「である」ということで片付けることになる。しかし「であるべき」が先行しているからこそ、そのような場合に、私たちは違和感、不安感などを感じることができる。だから空中浮遊はルール違反だと感じることができる。そして当然そう「であるべき」状態が実際にそうでないと感じるときに私たちはそれを認知し、「なぜ」そうでないのかを考えることができる。

もちろん私たちが良さに導かれて正しいパターンを形成するために、私たちは「誤る可能性がある」。行動経済学に「リンダ問題」という問題（実験）が存在する[63]。この実験では「リンダは31才、

63 Tversky and Kahneman (1983); Kahneman (2011).

独身、率直な性格であり、とても聡明である。大学で哲学を専攻した。学生の時には差別や社会正義といった問題に深く関心を持ち反核デモにも参加した」という記述を読んだ後に「彼女は現在何をしているだろうか」という質問を被験者に与えた[64]。その上で、被験者は

・リンダは小学校教師である
・リンダは書店で働き、ヨガのレッスンを受けている
・リンダはフェミニスト運動に熱心である
・リンダは臨床心理のソーシャル・ワーカーである
・リンダは女性投票リーグのメンバーである
・リンダは銀行窓口係である
・リンダは保険外交員である
・リンダは銀行窓口係で、フェミニスト運動に参加している

といった選択肢を与えられ、回答を選ぶことになった。結果として、大多数がリンダは銀行窓口係で、フェミニスト運動に参加しているという回答を選んだ。

しかし論理的（集合論的）には「男」の数と「男であり会社員である人」の数では前者の方が多いように、通常、属性の数が少ない方が確率は高いことになる。フェミニスト運動に参加している銀行窓口係は銀行窓口係の下部集合なのだ。にも関わらず、大多数は論理的に確率の低い方を選んだ。これは端的に私たちは良い説明を元に思考しており、人間の思考の中心には論理や相関関係よりもまず意味が先に来るということを示している。

つまりこの場合、「リンダは31才、独身、率直な性格であり、とても聡明である。大学で哲学を専攻した。学生の時には差別や社会

64 この記述には状況、時代に応じて様々なバージョンが存在する。

正義といった問題に深く関心を持ち反核デモにも参加した」という記述を読んだ後、私たちはそれに即した物語を物語るのだ。その結果私たちの主観、価値観が過度に「投影」されて間違い（クアランティン・エラー）が起こったのだ。そのような人間ならば、フェミニスト運動に参加している「べきである」などと考えてしまったのだ。リンダ問題は私たちの知識が良さに導かれて形成されるということに対する一つの証拠ということができる。

このように「誤る可能性がある」目的論的（不変）パターンである知識が私たちの世界観、価値観、つまりルール（常識、本当の声）を形作る。専門用語では世界観、価値観というルールはメタフィジックスと呼ばれ、知識の構造、習得に関する研究領域はエピステモロジーと呼ばれる[65]。世界観、価値観というルールも知識である以上、メタフィジックスとエピステモロジーはシンメトリーの関係になければならない。メタフィジックスはエピステオロジーを逸脱することはないのだ。良さは正しさに先行し、実践は物語に先行するというのがエピステモロジー（知識）の構造である以上、世界観、価値観というルール（知識）においても良さは正しさに先行する（図14)。まず当然こう「であるべき」という良い実践が存在し、それが破られた時に私たちはワーキングメモリで問題を認知し問題を概念化し、それを解決するために良さに基づき正しい物語を物語るのだ。

65 c.f. Block (2007b), p. 9.

図 14. 世界観、価値観というルールはメタフィジックスと呼ばれる。知識の構造はエピステモロジーと呼ばれる。世界観、価値観というルールも知識である以上、それらはシンメトリーの関係にあり、ゆえにメタフィジックスとエピステモロジーもシンメトリーの関係になければならない。エピステモロジーを逸脱したメタフィジックスは単なる論理破綻なのだ。そして私たちの知識（実践、物語）の習得において良さが正しさに先行する（>の記号で表す）ということは、そのシンメトリーにあるルール（世界観、価値観）においても良さが正しさに先行しなければならない。

Part Ⅱ.

常識

Common Sense

5章．常識の誕生

見てきたものや聞いたこと
今まで覚えた全部
デタラメだったら面白い
そんな気持ちわかるでしょ

情熱の薔薇

近代という革命

主観と客観の乖離

私たちはルールとは何か、そして私たちがどのようにルールを学習するのかを理解した。次に私たちはなぜ今日私たちが持つルール、つまり常識を持つに至ったのかを理解しなければならない。そうすることで常識と呼ばれるルールに敬意を持ちつつも、それを批判する場所に立つことができる。私たちが今日持つ常識を持つのは、私たちが今から500年ほど前に始まった近代（モダニティ）という時代を生きているからなのだ（日本の場合、近代は明治以降の話である)。多くの大人たちがその正当性を疑いもしない常識の数々は実は比較的新しいものだったのだ。すでに見たように近代に生きる私たちにとって私たちは全て平等な権利を持つ存在であるというのは常識であるし、科学が客観的なものであるというのも常識である。しかしこういった考え方はそれ以前の時代には存在せず、近代になってから成立した考え方なのだ。

革命（revolution）という言葉は読んで字のごとく回転する（revolve）という意味である（拳銃のリボルバー（revolver）は回転するためにそう呼ばれる）。例えば、フランス革命ではある日を境にそれまで王だったものが罪人となったのだし、コペルニクス革命でも天動説から地動説へと天地がひっくり返った。革命はそれまでの世界観と価値観（ルール）つまりそれまでの常識を180度ひっくり返すために、その渦中にいる者にとっては大きな衝撃と共に訪れるが、一度革命が成立すると、革命によってもたらされた新しい世界観と価値観（ルール）は再び常識として定着する。例えば、地動説は近代を生きる私たちの常識である。私たちは近代という革命が成立した後の世界を生きているので、近代の世界観および価値観（ルール）をなんら疑うことなく常識として受け入れて生きているが、ヨーロッパ世界でおよそ500年前に始まった近代という時代はそれ以前の世界観と価値観（ルール）を180度ひっくり返す大きな革命だった。

近代以前の世界では世界観と価値観は切り離されることなく存在しており、「であるべき」という良さは「である」という事実と切り離すことができないと考えられていた。そしてこの考え方からは自分の考える良さが世界の中で実現することこそが正しさということになる。つまり近代以前の考え方は、私たちの知識（ルール）形成の本来のあり方である「XはYのために存在する」という目的論的不変パターンに沿った考え方だったのだ。再びカップの例で言うならば、カップは液体を入れるために存在するということになる。つまりカップ「である」ならば、液体を入れることができる「べきである」のだ。それが良いカップであり、正しいカップということになる。逆に、液体を入れることのできないカップなどカップとしての目的を果たさず、「意味がわからない」存在ということになる。このように事実と価値（良さ）が同居していたのが近代以前の考え方である。

しかし近代は本来切り離し得ないはずの世界観と価値観、つまりこう「である」という事実とこう「であるべき」という価値を切り離した。これが近代という革命の本質である。近代は「である」という事実と「であるべき」という価値観を切り離すことにより、私たちがこう「であるべき」と感じる価値観、良さは主観的で個別的な感情であり、こう「である」という世界観は客観的で普遍的な事実（知識）であるというように、それらを主観と客観という二つの異なる領域と考えるに至った。近代の考え方によると、科学に代表される事実（知識）は私たちが主観的にこう「であるべき」だとか、こうであれば良い、と思う類のものではなく、私たちの主観的、個別的感情とは独立して存在する客観的、普遍的なものなのだ。そして これが近代を生きる私たちの常識を形作っている。

確かに私たちは客観的な科学と主観的な価値は交わるものでないゆえに、客観的な知識（事実）である物理法則になんの意味があるのか、物理法則は良いことなのか、「なぜ」物理法則は存在するのか、などと問うことに意味はないと思っている。物理法則はなんの意味を持つのか、物理法則は良いことなのかなどと問うても、なんの意味もない。物理法則はただ単に世界に関する客観的な事実を正しく記述したものであり、ただ単に事実としてそういうものなのだ。ただ単にそういうものだから、それに対して「なぜ」そう「であるべき」なのかなどという疑問をさし挟むことには意味がないし、それが良いことなのかと問うても意味はない。重力が存在するのは良いことなのか、ニュートン力学では力は質量と加速度を掛け合わせたものということになっているが、「なぜ」そうなのか、力が質量と加速度を掛け合わせたものであるというのは良いことなのか、などは正当な問いではないのだ。

確かに私たちはそのように考えている。同様に、世界観と価値観は交わるものでないゆえに、世界とはこのようなもの「である」という物理法則をいくら研究したところで、物理法則は私たちにどのように生きる「べきである」のかということを教えてはくれることはない、とも考えている。ニュートン力学の自然法則である力は質量と加速度を掛け合わせたもの「である」ということを知ったところで、それは私たちはどのように生きる「べきである」のか、という人生の指針を与えてはくれない。これも私たちの常識だろう。このように近代において世界観と価値観は交わることのない二つの独立したルールと考えられるようになった。

さらには世界観を構成する知識（事実）が客観的なものである以上、価値観である良さは単なる主観的な感情として知識（事実）の中から排除されなければならないと考えられるようになった。私たちがこう「であるべき」と感じる価値観は客観的で普遍的な事実ではなく、単なる主観的で個別的な感情に過ぎない以上、知識と呼べるようなものではない。例えば、「このワインは美味しい」、「私はコーヒーが好きだ」など良さは主観的な価値観、好き嫌いであり、価値観、好き嫌いは客観的に真偽を問うことができるものではない。そのような主観的で個別的な感情が事実に紛れ込んでしまうと客観的知識は汚染されてしまい、もはや真偽を問うことのできる客観的知識ではなくなってしまう。事実が事実たるために、知識が知識たるためには、そこに私たちの主観（感情）が混入してはいけないのだ。つまり近代の観点からは、科学などといった客観的な知識は客観的に真偽を問うことができ、かつ客観的に正しいと示されたものということになった。やはりこれも近代を生きる私たちの常識である。だからこそ科学者に対して「あなたの研究は客観的でない」ということは侮辱なのだ。

近代以前：古代と中世

ヨーロッパ世界はおおよそ古代、中世、近代の三つの時代区分に分けられる（歴史家はこれらに加え、近代と中世の間に近世という時代区分を作る）。簡単にヨーロッパの歴史を要約すると以下のようになるだろう。古代ギリシア世界から西ローマの終焉前後までが一般的に古代と呼ばれる時代にあたる。古代ローマ帝国は395年に西ローマと東ローマに分裂し、476年に西ローマ帝国が崩壊すると、西ヨーロッパ世界には侵入してくる外敵から自分たちを守ってくれる中央集権が不在になった。そのため西ヨーロッパ各地の領主たちは外敵から自らを守らなければならず、領主が騎士に封土を与える代わりに有事の際には騎士は領主と共に戦うという契約を結ぶ封建制度が成立した（封建制度は契約でありフランク王国のカール大帝などは騎士が契約破棄できる条件を明記していた）。この封建制度に特徴付けられる時代が中世と呼ばれる時代である。そして14世紀頃から16世紀頃にかけて封建制度が徐々に崩壊し、古代文化の再誕であるルネサンスが起こった時代以降がおおよそ近代と呼ばれる時代に当たる。

古代および中世を生きた人たちは「である」と「であるべき」、事実と価値は切り離されることなく存在していると考えていた。つまり古代および中世を生きた人たちは世界は目的を持った形相（パターン）であるという目的論的世界観を持っていたと言うことができる。古代ギリシアの哲学者アリストテレスは世界を知ることは「なぜ」なのだろうと疑問に思うことから始まるのだと考えた[66]。そしてアリストテレスは「なぜ」という疑問に対する答えには質料、形相、作用、目的という四つが存在すると考えた[67]。つまり「なぜ」

66 Aristotle. Metaphysics, 982b12.
67 Aristotle. Physics, 194b23–35.

に対する説明には四つの類型が存在すると考えたのだ。これはアリストテレスの四原因説などと呼ばれる。質料因はものが何の物質でできているか、形相因はものの持つパターン（デザイン、形)、作用因はものの運動変化の原因、目的因はものが何のために存在するかという目的、理由である。

例えば、「なぜ」ダンベルは重いのかという疑問に対しては、それが金属だからだ（質料）とか、筋肉を鍛える目的のためである（目的）などと答えることができる。「なぜ」カップは液体を入れることができるのかという疑問にに対しては、そのような形をしているとか、そのようにデザインされているからだと答えることができる(形相)。「なぜ」ビリヤードの球は動いたのかに対してはキューで突いたからだと答えることができる（作用)。そしてアリストテレスは世界の全ては目的を持った形相（パターン）として存在しているのだと考えた。この考え方は中世に入りキリスト教と結びつき、全知全能の神が世界（宇宙）を作ったのだから当然この世界の中には意味のない、つまり目的のないものなど存在しないという考え方となり引き続きヨーロッパの思想を支配した（神が全知全能であれば、意味のないものなど作ることはない)。

「なぜ」という疑問に導かれて、世界の中から意味のあるパターン(目的論的不変パターン）を削り出すという私たち人間の知識の形成に照らして考えてみると、私たちが様々なことに対して「なぜ」という疑問を持つのは当然である。そしてカップなどといったものに目的、意味、良さを見るのも当然である。むしろそのように意味や目的を問わないと私たちは世界の中からパターンを削り出すことはできない。世界は全て目的を持った形相であるというアリストテレスの目的論的世界観が古代、中世を通して力を持ち続けたのは単にアリストテレスという偉大な哲学者がそう言ったからというだけではなく、また神という思想のためだけでもなく、実際の私たちの世界観、価値観、つまり知識の形成が本質的に目的論的なものであるからなのだ。それが私たちの本来の経験に沿っているからなのだ。私たちの知識はアフォーダンスにしても概念、物語にしても「X は Y のために存在する」という目的論的パターンであり、そのようにして作られた目的論的な知識の集積が世界はこのようなもの「である」そして「なぜ」世界はこのよう「であるべき」なのか、という私たちの世界観、価値観（ルール）を形成している。

だから、例えば、日本人という概念にしても日本人の様々な文化的実践（非陳述記憶、ハビタス、アフォーダンス）と日本がどのように成立してきたのかという物語（陳述記憶、意味記憶、歴史）の産物である。ゆえに日本の実践と物語に照らして日本人「である」ならばどのよう「であるべき」なのかということが自然に決まってくる。例えば、日本人「である」ならば、通常目上の人には敬語を使う「べきである」し、日本存亡の危機に際し日本のために、つまり今を生きる私たちのために尊い命を投げ出していった英霊がいるという物語（歴史）があるからこそ、自分を日本人「である」と考える以上、英霊に敬意を払う「べきである」のだ。そういったことが日本人として正しい行為ということになる。だから日本語がネイティブでない外国人や子どもが目上の人間に敬語を使えなくても大目に見てもらえるが、日本人の大人が目上の人間に敬語を使えないと私たちは違和感を感じるし、（戦争賛美とは別にして）日本のために尊い命を投げ出していった英霊に後ろ足で砂をかけるような行為には違和感を感じる。

これはつまり人間、日本人、男など「である」という事実（概念、属性）から「私たちはどのように生きる「べきである」のか」という価値観が導くことができるということを意味する。目的論的世界観の中では「である」という世界観は「であるべき」という価値観を内包しており、それらを切り離すことはできない。例えば、目的論的世界観の中では医者「である」という事実はすでに「良い」医者とはどのようなもの「であるべき」なのかということを前提している。医者の目的は医学の知識、技術を持って人命を救うことなので、良い医者とは医学の知識、技術をたくさん持っている医者であり、人命を救う医者であるということになる。また戦士であるならば、強く勇ましく戦い、その卓越さを永遠に語り継がれるような生き様が良い人生ということになる。つまり生きること（人生）自体が良く生きること（良い人生）を前提しているのだ。ただ生きることは、食べる、子孫を残すなど「生物としての必要性」を満たすだけのことだが、良く生きることは自分が満ち足りたと思える人生を生きることなのだ。このように「であるべき」と「である」が一致した時に、つまり目的（良さ）と事実が一致した時に、私たちはそれを正しい、価値がある、と感じる。医学の知識、技術をたくさん持ち、人命を救うのが正しく価値がある医者の在り方なのだ。逆に医学の知識や技術を持たない医者や人命を救わない医者などは「意味がわからない」。そんなものには存在価値はないのだ。

そしてこのような古代、中世の目的論的世界観の中では倫理、教育は非常に簡単に定義できる。商人であれば、商売をして金を儲けるのが良い商人であり、商人としての正しいあり方なのだ。当然それが商人の（職業）倫理、つまり商人として生きるためのルールであるし、当然、商人の子どもはそのような（職業）教育を受ける事になる。だから『殿、利息でござる！』という映画の中で商人の遠藤寿内が利益を目論んで、仙台藩に金を貸して利息を取るという計画に乗ったにも関わらず、仲間たちはその利息を自分たちの利益にせずに、町の繁栄のために使おうとしていると知ったときに、彼は「どうも分からん」「私ら一介の商売人の頭ではとても解せぬ話のようですな」と言うのである[68]。商売人「である」のに商売をしないことは、医学の知識や技術を全く持たない医者、法律を全く知らない弁護士、戦うことのできない戦士などと同様、「意味がわからない」無用の価値のない存在なのである。商人「である」限り商売をする「べきである」のだ。目的論的世界観の中では何が正しい生き方なのか（倫理）、何が正しい教育なのかは簡単に決まってくる。

このように世界の中にまず人間、日本人、男、医者、商人などといった役割（事実、属性）が存在し、そのような役割は目的、意味、良さを前提としているという考え方が古代、中世の世界観、倫理観、教育観の基礎を形作っていた。そしてこのような目的論的世界観の中では、義務や権利なども属性に基づいて決まる。当然戦士の義務は勇ましく戦うことである。そして戦士が勇ましく戦うことが戦士の権利を保証してくれる。逆にもしも戦士がその役割に「値する」（ふさわしい）行い、つまり勇ましく戦うことができない時には戦士の存在価値、権利は失われるのである。弱い戦士など存在する意味がないし、戦えない戦士など「意味がわからない」。近代以前の社会では役割（属性）から切り離して自己など存在し得なかったといっても良い。そして近代以前の目的論的世界観では、戦士という形相（属性）が目的を持っているように、樹も土も山も動物も人間も、世界に存する全てのものはなんらかの目的を持つ形相、つまり「（指定された範囲の中で）XはYのために存在する」という目的論的不変パターンであると考えられた。世界観と価値観は一つであり、世界に存在するものは全て意味、価値、目的を持っていたのだ。だから私たち人間という存在にも、その他のものと同様、意味つまり存在意義があったのだ。

68『殿、利息でござる！』(2016).

近代の成立背景

近代はこのような目的論的世界観を180度覆した。近代がどこから始まるのかという線引きの一つの目安として歴史学者ハーバート・バターフィールドはニュートン力学が成立した17世紀を「科学革命の世紀」と呼んだ。確かに近代成立においてアイザック・ニュートン（1642年～1727年）はエポック・メイキングな存在である。しかしニュートン自身が言ったように彼もまた「（先人という）巨人の肩の上に立って」いた。近代の本質は古代、中世を通して影響力を持ち続けた（アリストテレスの）目的論的世界観を排斥し、その結果として主観と客観を切り離したことにある。目的論的世界観の排斥を貫徹したのがニュートンおよびニュートンの同時代人であったジョン・ロック（1632年～1704年）らであるのは確かだが、近代という革命はそれ以前にすでに始まっていた。

本当の意味での近代という革命の主導者は目的論的世界観の排斥を主導したルネ・デカルト（1596年～1650年）、ガリレオ・ガリレイ（1564年～1642年）、トマス・ホッブズ（1588年～1679年）らだった。デカルト、ガリレオ、ホッブズらこそが最初に世界の中から目的を持った形相という考え方を排斥しようとしたのだ。そして彼らの思想を引き継いだニュートン、ロックらによって近代はおおよその完成を見せた。その結果、主観と客観、価値と事実の乖離という考え方が成立し、そのような思想が徐々に一般大衆に広まることによって近代という思想は私たちの持つ常識となっていった（図15）。

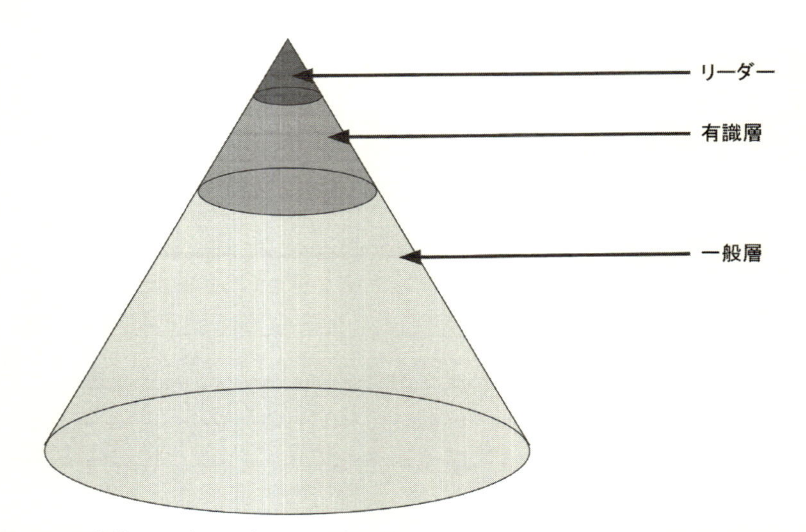

図 15. 思想的リーダー達が新しい思想を生み出し、有識層に広まり、さらに一般層にその思想が広まることで思想は常識となる。

デカルト、ガリレオ、ホッブズらが生きた時代というのはそれまで古代、中世を通して常識として受け入れられてきたアリストテレス的目的論的世界観に徐々に疑念が生じ始めた時代だった。その背景の一つとしてはヨーロッパにおける社会構造の変化が挙げられる。1453 年のコンスタンティノープル陥落により東ローマ（ビザンティン）帝国が滅び、オスマン・トルコが東方貿易の主導権を握ると、西ヨーロッパ世界にとって地中海を経由しない貿易航路の必要性が生じ、この必要性がいわゆる大航海時代（15 世紀～ 17 世紀）を引き起こした。大航海時代を通してヨーロッパ世界は様々な異文化と接触することになった。そしてこのことがヨーロッパ世界の地平を広げることとなった。

異文化に触れることで、ヨーロッパ人は自分たちとは異なる価値観（良さや目的）を持つ世界の存在を知ることになった。従来のアリストテレス的な考え方およびキリスト教的な考え方では世界の全ては目的、意味、価値を持って存在しているということだったのだが、その目的、意味、価値とは何かという考え方がヨーロッパ人が考えていたものと異なる社会が存在することを発見したのだ。つまり、例えば、男「である」ならばかくある「べきである」という考え方がヨーロッパと異なる社会が存在するということを発見したのだ。もちろん異文化及びそれに伴う異なる価値観の存在は古代ギリシア時代から知られていた。古代ギリシアの歴史家ヘロドトスは文化によって死者の埋葬の仕方が異なることを指摘し、このことは価値観は世界の中に存在するものなのか、もしくは単なる伝統なのかという議論につながった。ゆえに古代ギリシア世界および中世ヨーロッパ社会において価値観の多様性が存在しなかったなどということはない。ただ大航海時代を通してヨーロッパ社会がそれまで以上の文化の多様性を見たのは事実だった。ヨーロッパ世界は目的、意味、価値は一義的なものではないということを再発見したのだ（図 16）。

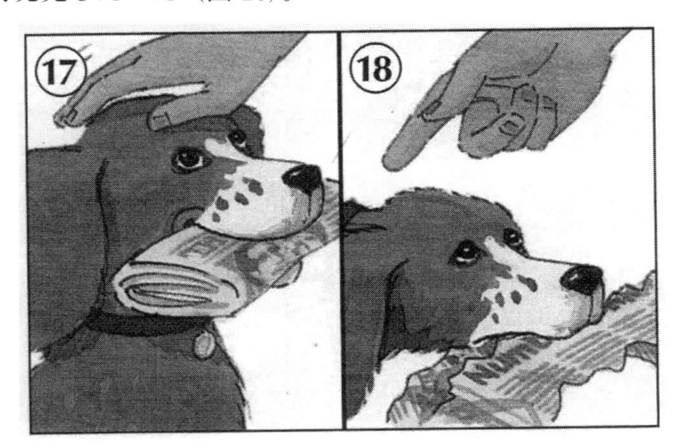

図 16. オックスフォード・ピクチャー・ディクショナリーによる良い犬と悪い犬（Shapiro and Adelson-Goldstein,1998, p.11.)。現代ヨーロッパの良い犬、悪い犬という概念が必ずしも他の文化において受け入れられるわけではないだろうし、現代ヨーロッパ内ですら疑わしい。Reproduced by permission of Oxford University Press from Oxford Picture Dictionary Monolingual (American English) dictionary for teenage and adult students by Norma Shapiro and Jayme Adelson-Goldstein © Oxford University Press 1998.

そして大航海時代はヨーロッパ社会に商業革命（15世紀～16世紀）をもたらした。これにより貨幣経済が拡大し、資本主義への足がかりが作られた。そしてこの貨幣経済の発展の中で、ものの持つ意味、目的、価値、良さといったものは貨幣、数字で測ることのできるものと考えられるようになり「これはどういう意味を持つのか」、「この目的はなんなのか」、「これは良いことなのか」、「私たちはどのように生きるべきなのか」などと問うよりも「これはうまくいくか」と問うこと、いわゆる目的合理性が重要な問いとなっていった[69]。この考え方は16世紀にカトリック教会によって売り出された贖宥状（いわゆる免罪符）によって決定的になった。

中世を通してヨーロッパ社会の意味、目的、良さの最終的な根拠であった神による救済までもが貨幣に取って代わられることになったのだ。**神様に賄賂を贈り天国へのパスポートをねだる**（A）ことができるようになったのだ。ドイツの社会学者ゲオルグ・ジンメルによると貨幣経済が数を正確に計算するという理想を作り出し、ひいては世界（宇宙）全体を数学的にそして機械的に記述することが近代ヨーロッパの理想となったのである（ちなみにゲオルグ・ジンメルはハイダーとジンメルの実験を行ったマリアンヌ・ジンメルの祖父にあたる）[70]。「時は金なり」という表現が使われ始めた16世紀頃に懐中時計が発明され、時間は自らの手の中に収まるものとなった[71]。時間を支配することは世界を支配することであり、17世紀以降時計という機械が宇宙のメタファーとなったのだ[72]。

科学においても、実験という手法がアリストテレスの思弁的で目的論的な科学に取って代わった。中世の学者（スコラ学者）達はア

69 Berman (1981).
70 Berman (1981).
71 Berman (1981).
72 Berman (1981).

リストテレスの目的論的な科学理論を踏襲した象牙の塔の中の理論家で、彼らの講じる科学はアリストテレスの方法論『オルガノン』(思考の道具という意味)に基づいたものだった。そこでは科学は基本的に三段論法などに基づいて思弁的に行われるものだった。現代的な観点から見ると中世の科学は机上の空論だったと言える。しかし15世紀以降、学者(科学者)と技術者(職人)の境目が薄まり、技術者が科学に実験、観察という手法を持ち込み、徐々にアリストテレス的な世界観を侵食していった。

例えば、アリストテレスの世界観によると大砲の弾のような投射物の軌道は物体を空中に投げる強制運動と物体が落下する自然運動という二つの運動からなっており不連続であると考えられており、打ち上げられた投射物は最高点まで到達すると、その後は垂直に落下すると考えられていた。しかし1537年にイタリア人の数学者、工学者であるニコロ・フォンタナ・タルタリ(1500年〜1557年)が大砲の弾といったような投射物は曲線を描いて連続的に落下することを示した[73]。この時代、哲学者フランシス・ベーコン(1561年〜1626年)は『新しいオルガノン』という科学の方法論を出版し、ベーコンはこの中で実験の重要さと科学の実用性を強調した(もちろん『新しいオルガノン』というタイトルはアリストテレスの『オルガノン』との対比の中で名付けられた)。

このような中でガリレオも実験を用いてアリストテレスの世界観を排斥しようとした。中世で広く受け入れられていたアリストテレスの世界観では重たい物体の方が軽い物体よりも早く落下すると信じられていたが、ガリレオは実験によって物体の落下速度は重量にかかわらず同じであるということを示した。そしてガリレオはアリ

73 Berman (1981).

ストテレス的目的論排斥のためのプログラムを開始した[74]。具体的にはガリレオは自身が1638年に出版した『新科学対話』の中で科学が寄って立つべき二つの原理を提唱した[75]。一つ目の原理は記述が説明に先行しなければならないというものであった。つまり「どのよう」「である」かという事実の正しい記述が「なぜ」そのよう「であるべき」なのかという良い説明に先行しなければならないということである。これは近代以前の考え方と真逆の考え方である。

ガリレオが提唱したもう一つの原理は、記述は数学の言語つまり数式によってなされなければならないというものであった。つまりガリレオは「なぜ」ものは落ちるのかを問うのではなく、物体がある距離を落下するのに「どのように」時間がかかるのかを数式を用いて正しく記述することが重要なのだと考えたのだ。物体が「なぜ」落ちるのか、つまり「なぜ」重力が存在するのかと問うことは、重力は良いことなのかと問うのと同じくらい意味をなさいないことのだ（ちなみにアリストテレスの目的論的世界観による説明では、「なぜ」ものが落ちるのかという問いに対する答えは地球が全てのものの目的地であるから、というようなことになる）。重力が存在するのはただ単に事実としてそうなのだ。そうであれば「なぜ」そう「であるべき」なのかという目的、理由を説明するのではなく「どのように」物体が落ちるのかということを正しく記述することの方が重要なのだ。

ガリレオと同時代に生きたデカルトもアリストテレス的目的論を排斥した自身の物理学理論を構築しようとしていた。のちにニュートンが大成するニュートン力学の第一法則である慣性の法則はガリレオとデカルトが同時期に提唱したものである。そして近代政治哲

74 Pearl (2009), p. 404.
75 Pearl (2009), p. 404.

学の祖と言われるホッブズも自身の著作『リヴァイアサン』で目的論を排した機械論的な世界観を立ち上げようとした[76]。その後もアリストテレス的世界観の排斥は続き、例えば、イタリアの医師であったフランチェスコ・レディ（1626年～1697年）はアリストテレス以来広く信じられていた生物が無生物から自然発生するという自然発生説を実験によって反駁することに成功した。アリストテレスの科学によると蛆は腐った肉から自然発生すると考えられていた。レディは肉や魚の死骸を入れた二種類の瓶を用意し、一方の瓶には口の部分に目の細かいガーゼをつけ、もう一方には何もつけないでそのままにしておいた。ガーゼをつけなかった瓶にはハエが出入りできたため、ハエが卵を産み、蛆がわき、ガーゼで覆った方には蛆はわかなかった。レディはこれによって、ハエのたからない肉や魚には蛆が発生しないことを示した。このようにデカルト、ガリレオ、ホッブズらの生きた時代に前後して、アリストテレス的目的論的世界観を排斥しようとする近代という時代が産声をあげた。

目的論から機械論へ

世界のアルゴリズム化

近代の本質はそれ以前の常識であったアリストテレス的目的論的世界観の排斥、つまり目的を持った形相という考え方の排斥にある。それが主観と客観の区別をもたらし、ひいては良さと正しさの関係性を覆すこととなった。その結果、近代以降は正しさが良さに先行すると考えられるようになった。近代が目的を持った形相に感じた根源的な違和感は、目的論的な原因は出来事よりも未来にあり、な

76　ホッブズの弟子であり、デカルトとも交流があったのが『政治算術』を著したウィリアム・ペティであり、彼は人間社会を数学的に説明しようとした。そしてペティの友人であった、ジョン・グラントが人口統計を作り出した。竹内 (2018); Ball (2002).

にがしかの運命とか大きな宇宙の意思のようなものを想定せざるを得ないという点にある。近代に生きる（近代の常識を身につけた）私たちにとっては原因は時系列的に過去にないと気持ち悪いのだ。「格闘技をやるために生まれてきたような人間だ」というような表現を使うことがあるが、決して格闘技をやるという運命や目的のために生まれた人間はいない。遺伝子や栄養などの理由で体格や運動神経が良くから格闘技に適しているのだ、というような説明が近代的な説明である。また、クイーンの歌に『I was born to love you (私はあなたを愛するために生まれた)』というものがある。これはその愛の運命のようなものを強調するための表現であるが、それは運命のようなものであって運命ではない、というのが近代を生きる私たちの理解だろう。実際には何か特定の運命（目的）を持って生まれてくる人などいない。未来に存在する目的、運命、宇宙の意思のようなものが原因として私たちの行動や人生をもしくは出来事を引っ張っていくというのは正しい因果論ではなく、出来事は全て過去に存在する原因から説明されなければならない、というのが近代を生きる私たちが持つ常識である。つまり目的論的世界観はあまりにも運命論的なのだ。

では目的を持った形相の存在しない世界観、つまり目的論的でない世界観はどのようなものなのか。それは機械論的世界観である。機械は入力があればなんらかのルールにしたがって出力を生成する。このような入力があれば出力が機械的に生成されるという考え方が世界全体に当てはまると考えるのが機械論的世界観である。目的を持った形相という考え方、つまり「X は Y のために存在する」という考え方を持ったアリストテレス的物理学の観点からは、「なぜ」ものは落ちるのかという疑問に対しては、地球がものの目的地だからであり、ものはそこに戻る「べきである」から落ちるの「である」というような説明になるが、機械論的世界観の観点からはある地点でものを離すという初期条件が入力されると「引力は物体の質量に比例し、物体間の距離の2乗に反比例する」というルール（万有引力の法則）に従って、何分後にそれが地面に着地するという結果が機械的に出力されることになる。

このような入力から出力を生成するルールのことをアルゴリズムと呼ぶ。アルゴリズムとは「XであればYである」というような形で表される明確に定義された（通常それ以上圧縮できないところまで短くした）有限回の手順である。そのようなアルゴリズムに情報を入力すると出力が機械的に生成される。例えば、小学校の時に習う分数の割り算のやり方である「分数の割り算であれば割る数をひっくり返してかける」などは典型的なアルゴリズムである。だから$\frac{1}{4} \div \frac{2}{3}$という入力があれば、$\frac{2}{3}$をひっくり返して$\frac{1}{4}$に掛ける（$\frac{1}{4} \times \frac{2}{3}$）というアルゴリズムに機械的に従っていけば答えが出力される[77]。

ここで圧縮するというのは（理想的には）情報を「効率的に破棄」（抽象化）するという意味である。例えば、

010101010101010101010101010101010101010101010101010101010101
010101010101010101010101010101010101010101010101010101010101
010101010101010101010101010101010101010101010101010101010101
0101010101010101010101010101010101010101010101…

という無限に続くシークエンス（列、流れ、連なり）があったとしよう。私たちの認知は有限であるので当然無限を扱うことはできないが、このシークエンスをアルゴリズム化、つまり「効率的に破棄」することで扱いやすく、かつ実際のシークエンスとの対応を失わな

77『おもひでぽろぽろ』(1991).

いルールを作ることができる。この場合「0と1が交互に無限に続く」というようなアルゴリズムを作ると、実際のシークエンスの詳細を失わずに扱いやすい圧縮されたルールになる。詳細を失わないということはシークエンスの振る舞いを完全に記述、予測できることを意味する。分数の割り算にしても、数は無限にあるので、無限個の分数の割り算が存在するが、「分数の割り算であれば割る数をひっくり返してかける」という短いアルゴリズムで原理上どのような分数の割り算にも対応することができる。ゆえに自然世界に関するアルゴリズム（いわゆる自然法則）を発見することができれば、無限とも言えるほど広大な世界を有限のアルゴリズムで記述、予測することができることになる。端的に言って、機械論的世界観は世界をアルゴリズム（法則）で記述しようとする企てなのである。

自然世界のシークエンスの中に完全なパターン（ルール）が存在した場合、そのようなシークエンスはアルゴリズムによって余すことなく記述、予測することができることになる。そのようなアルゴリズムは「XであればYである（全てのXはYである）」という形で表され、例外がないという意味で決定論的であると言われる。有名な例ではニュートン力学がこれに当たる。ニュートン力学は「力であれば質量と加速度を掛け合わせたものである（F であれば ma である、$F = ma$）」というアルゴリズムで世界を完全に記述、予測できるという世界観である。逆にシークエンスの中にパターンが全く存在しない場合、つまりシークエンスが完全にランダムな場合はアルゴリズム化できない。例えば、円周率のシークエンス3.14...はランダムに数字が出てくるのでアルゴリズム化できない。アルゴリズム化は結局のところパターン化であるので完全にランダムな、つまり全くパターンのないシークエンスだとそのシークエンスを完全に記述できるアルゴリズムはそのシークエンスそのものになってしまう。つまり完全にランダムなシークエンスはそれ以上圧縮できないことになる。

決定論的なシークエンスと完全にランダムなシークエンスの中間の場合、つまりシークエンスのなかに見出されるパターンが確率的なものである場合、シークエンスの詳細を失うことにはなるが、一般的な傾向性をアルゴリズム化することはできる。つまりシークエンスは一部情報を「効率的に破棄」する形で圧縮可能になる。一般的な傾向性というパターンは「X であれば往往にして Y である（多くの X は Y である）」というパターンであり、X が Y でない場合、つまり例外も存在するということである。例えば、進化理論の自然選択はこのようなアルゴリズムである。自然選択は「環境に適応したものは往往にして生存して子孫を残す（適者生存）」ということであるので、確率が存在し、そこには不確実性が存在することになる。このような場合に詳細まで含めて完全なアルゴリズムを作ろうとすると、そのアルゴリズムは確率の存在ゆえにシークエンスそのものになってしまう。この場合シークエンスとは生命の歴史そのものである。これでは有限な認知を持つ人間には扱えないので、このような場合実際のシークエンスから一般的な傾向性を抽出してそれをアルゴリズム化する。つまり詳細を「効率的に破棄」して、詳細よりも一般的な傾向性を重視するのだ。だから例外もあるし、個別具体的な事象についてはわからないが、適者生存が進化の一般的なルールであるということになる。このような例外のあるアルゴリズムを例外のない決定論的なアルゴリズムに対して、確率論的なアルゴリズムと呼ぼう。

一般的な傾向性（プロセス）を抽出した確率論的なアルゴリズムはシークエンスの詳細を失うために、シークエンスの詳細は歴史性を介して説明されなければならない。例えば、進化理論の場合、適者生存（自然選択）というアルゴリズムで生命の進化の一般的傾向性を記述、予測する一方で、白亜紀の北アメリカにはティラノサウルスが存在したなどという歴史的な（個別的な）説明も必要となってくる。自然選択という確率論的アルゴリズムでは「環境に適応したものは往往にして生存して子孫を残す（適者生存）」という一般的傾向性は記述、予測できても、ティラノサウルスの出現と絶滅という個別の事象を記述、予測することはできない[78]。同様に経済学理論も合理選択（および効用仮説、完全情報）というアルゴリズムに需要と供給という初期条件を入力することで均衡を出力することはできるが、経済学も自然選択と同様に確率的なアルゴリズムであるため、「需要と供給があれば往往にして均衡に落ち着く」とは言えても、具体的にどの企業が10年後に成功しているのかというようなことを正確に予測することはできない。やはりそれは歴史的な説明となる。

決定論的であれ、確率論的であれ、シークエンスの中になんらかのパターンが存在する場合にはシークエンスはアルゴリズム化することができる。パターンが決定論的な場合、アルゴリズムは「XであればYである（全てのXはYである）」という論理構造で規定され、パターンが確率論的な場合、アルゴリズムは「Xであれば往往にしてYである（多くのXはYである）」という確率構造で規定される。ここで重要な点はアルゴリズムは相関関係の記述であり因果関係の説明ではないということである。「XはYのために存在する」という目的論的不変パターンは「なぜ」そのよう「であるべき」なのかという因果関係的説明を行うものであるが、「XであればYである」というアルゴリズムは基本的に「どのよう」「である」

78　進化にはランダムである（突然）変異および確率的アルゴリズムである自然選択、そして（生物の集団サイズは有限であるので）遺伝子浮動というように様々な場面で確率が関わってくることになる。また生物学的時系列の問題には系が決定論的でも、初期条件の微細な差によって結果が予測できなくなる決定論的カオスの問題も存在する。c.f. Nowak (2006).

かという相関関係だけを記述する。つまり「XであればYである」というアルゴリズムの場合、XがYの原因なのか、YがXの原因なのか、もしくはまた別の要素ZがXとYの両方を引き起こしているのかという因果関係は特定されない。アルゴリズムによって特定されるのは単にXとYの間に相関関係があるということだけである。事実、$F = ma$は$m = \frac{F}{a}$など代数的に変形することができる。これは$F = ma$が相関関係の記述であり、因果関係ではないことの裏返しである。

ガリレオが考えたように（そして$F = ma$のように）、アルゴリズムは原理上なんらかの関数（数式）によって記述することができる。関数は二つ以上の変数を一意に対応させる（マッピングする）装置のようなものである[79]。例えば、$y = 2x + 3$といったような関数はxをyに一意に対応させるための装置である。関数（マッピング）を視覚的に説明するならば、直交座標系でX軸に垂直に任意な縦線を引いてみると、その線はXの値が何であれ関数のグラ

79　変数とは様々な値を当てはめることができる器のようなものである。通常変数はx、yなどと表され、様々な数値をとる。例えば、$y = ax+b$を考えた場合、aとbは定数（変数の逆で定まった値）であり、$a = 2$、$b = 3$とすると、$y = 2x+3$、xが0の時にyと交わり、xが1増えるとyは2増える直線が描ける（図17、左）。そしてx、yは$y = 2x+3$上の様々な数値を取る（ゆえに変数）。例えば、xが1の時にはyは5となるし、xが2の時にはyは7となる。

統計学や機械学習ではこれに統計的な意味が付与される。yはxによって説明される変数であり統計学では従属変数、機械学習ではターゲットと呼ばれ、xはyを説明する変数であり統計学では独立変数、機械学習では特徴量と呼ばれる。aやbはパラメータと呼ばれ、xおよびyに関するデータが観察や実験などで得られた後、xとyの関係を最も正確に記述できるa（xが1増えればyも1上がるのか、xが1増えればyは2上がるのかなど）などを推定することが統計学や機械学習の目的である。例えば、xが喫煙で、yが肺がんだとすると、一本の喫煙で肺がんの確率がどれほど上がるのか、ということを記述する最適なaとbをデータ（変数）に基づいて推定するということになる。もちろんyを説明するのにどのようなxが必要なのかを考えることなども大切であり、それは機械学習では特徴量エンジニアリングと呼ばれる。

フと一度しか交わらない、ということになる（図17、右二つ）[80]。つまりXが決まればYも決まるということである。もちろん入力(X)と出力（Y）の関係性は（例えば、$y = 2x^2 + 3x + 1$などというように）複雑になりうる。つまり入力と出力の相関関係は様々な関係性を持つ。XとYが実際に「どのよう」に対応するのか、つまりXとYは「どのよう」に相関するのかを具体的に記述してくれるのが具体的な関数である。

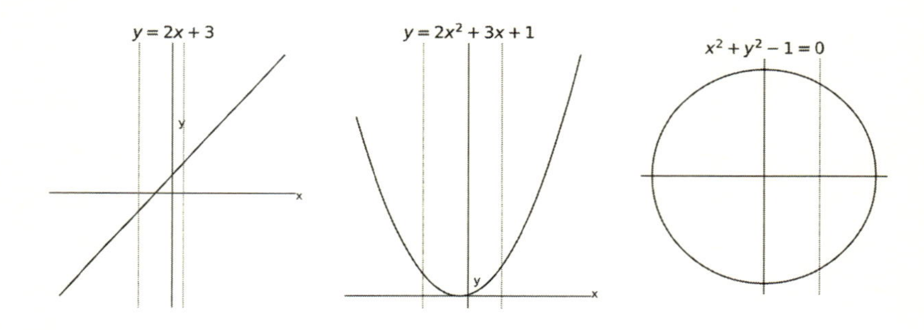

図17. $y = 2x + 3$（左）、$y = 2x^2 + 3x + 1$（中央）のグラフ。関数は任意に引いた縦線と1箇所以上では交わらない（左二つ）。ちなみに単位円（$x^2 + y^2 - 1 = 0$）など縦線を引くと二カ所以上で交わるものは陰関数と呼ばれる（右）。

関数で表すことのできるアルゴリズムによって世界を正しく記述しようとしたのが機械論的世界観の本質であり、このアルゴリズムによる機械論的世界観という近代科学の理想を体現したのがニュートン力学だった。ニュートンはこの世界が「どのよう」「である」のかということを

・第一法則：慣性の法則
・第二法則：運動法則（力は質量と加速度を掛け合わせたものである、$F = ma$）
・第三法則：作用反作用の法則

80 直交座標系（デカルト座標系）は代数と幾何学をつなぐ装置である。

という三つの法則（アルゴリズム）で完全に記述することに成功した（と考えられた）。ニュートン力学の世界観では全てのものは $F = ma$ という法則に従って動き、そこには不確実性といったものは存在しない。つまりニュートン力学は「 F であるならば ma である(全ての F は ma である)」という決定論的なアルゴリズムなのだ。そしてニュートン力学は世界が「どのよう」「である」のかを記述するアルゴリズムであるが、「なぜ」それは $F = ma$「であるべき」なのかを説明することはない。$F = ma$ が $F = ma$ であるのはただ単に事実としてそうなのだ。「なぜ」この世界の法則が $F = ma$ なのかを問うことは意味をなさないのだ。

ニュートン力学の世界観はビリヤードテーブルを思い浮かべると理解しやすい。ビリヤードの球は原子のアナロジーであり、ビリヤードテーブルは宇宙のアナロジーである。ある時点におけるビリヤードの球の位置、速度などといった初期条件（入力）がわかれば、原理上は $F = ma$ という関数（数式）によって未来の球の位置などを完全に計算（出力）できることになる（物理学における速度の概念は速さと方向性を持つ）。そしてニュートン力学の世界観では全ての物質は原子の組み合わせによってできている（原子論）。故に原子および原子が組み合わされたものは全て $F = ma$ という法則に従って機械的に動くということになる。原子など直接目に見えない小さなものから、山肌を転がり落ちる石といった日常生活の中で私たちが目にするもの、さらに惑星といった巨大なものまで物質（質料因）に関わらず全て $F = ma$ というアルゴリズムで記述できるというのがニュートン力学の世界観なのである。この意味で、ニュートン力学は宇宙（universe）という客観世界の全てを記述する客観的で普遍的な（universal）法則なのだ。

このような機械論的世界観の中で必要なのはアルゴリズムと入力（初期条件、境界条件）そして計算だけである（運動法則に初期条件を入力したものを積分し、系を時間発展させることにより出力（予測）を生成する。BOXⅡ参照）。つまり近代の機械論的世界観においてはアリストテレスが必要だと考えた質料因、形相因、作用因、目的因はなど全て不要であり、世界の全てはアルゴリズムと入力（ある時点での初期条件、境界条件）のみで記述、予測できることになる（質料因、形相因、目的因を排除し、作用因を関数化したといっても良い）。そしてニュートン力学の成功により、デカルト、ガリレオ、ホッブズらによって始まったアリストテレス的目的論的世界観の排斥は貫徹され、機械論的世界観が確立することとなった。目的論的世界観の排斥がニュートンの生きた17世紀頃に定着した証拠に、つまり機械論的世界観が近代の常識となった証拠に、同時代を生きたフランスの劇作家モリエールは「アヘンが眠気を誘うのはアヘンには眠りを誘う力があるからなのだ（アヘンは眠気を誘うためのものである）と目的論的な説明の空虚さを嘲笑した（1673年）[81]。知的エリートだけでなく、もはや大衆の間でも目的論的な説明が嘲笑の対象となったというのは新しい常識が成立したということである（図15）。もちろんニュートンの思想的後継者である、つまり思想的エリートであるピエール・シモン・ラプラスも当然その著書『確率の哲学的試論』（1814）のなかで目的論を想像上の原因だと切って捨てた[82]。

ニュートン力学が機械論的世界観を打ち立てたことにより、17世紀の哲学者ジョン・ロックら近代を生きる有識者層キリスト教徒は、聖書に出てくるアブラハムの神でなく、理神論と呼ばれる神学理論を信じざるを得なくなった。理神論では神は世界を創造したが、

81 Robertson (2020), p. 42.
82 Laplace (1902; Original in 1814).

それ以降この世界には介入しない存在であると定義される。聖書に出てくるようなアブラハムの神は堕落したという理由でソドムとゴモラの街を滅ぼしたり、洪水を起こしてノアの箱舟以外のすべてを滅ぼしたりする世界に介入する存在であるが、もしも世界がアルゴリズムによって機械論的に動くのであれば、世界はニュートン力学というアルゴリズムで完全に記述できることになり、神が世界に介入することは原理上あり得ない（神が世界に介入するというのはアルゴリズムの破綻を意味する）。そしてニュートン力学が相対性理論に、ニュートン力学および相対性理論（古典力学）が量子力学に取って代わられてもこの機械論的世界観自体は変わらず私たちの常識であり続けている。

BOXⅡ: 系の時間発展と科学の構造

例えば、もし仮にある車が時速 50km で走るとすれば、1 時間後にどれだけの距離を走ったかは時速かける時間（50km/ 時× 1 時間 = 50km）で予測することができる。これは以下の図の長方形の面積を求めることに等しい。これが系（状況）を時間発展させる、つまり状況の未来を予測するということである。もちろん時速がばらつく場合は、時速を表す線は曲線になってしまい、長方形の面積を求めるほど単純に面積を求めることはできない。この場合、面積を求めるためには（曲線下の）全体の面積を多数の小さな長方形で近似してやり、それらを足し合わせる作業を行う。もしもこの長方形の面積を極限まで小さくすることができれば、それらを足し合わせることで曲線の下の面積を正確に求めることができ、時速を変えつつ走る車が 1 時間後にどこにいるのか、何キロ走ったのかなどといったことを計算（予測）することができる。つまり系を時間発展させることができる。これが積分の基本的な概念である（微分はこの逆操作である）。

もちろん往往にして積分を解析的に解くことは難しく、積分に近似するような計算手法を用いることがある。例えば、モンテカルロ法は乱数（ランダムに発生させる数）を用いることで、解析的な解決に近似した回答をシミュレーションで生成してくれる。（時間発展の例ではないが）モンテカルロ法で円の面積をシミュレーションすることができる。円の面積（A）は半径（r）かける半径かける 3.14（π）である（$A = \pi r^2$）。今、単位円と呼ばれる半径の長さが 1 の円を考えてみると、この円は $A = \pi$ となる。つまり $A = 3.14$ となる。そしてこの円は 2 かける 2 の正方形に内接する。ここで砂（乱数のアナロジー）を正方形の中にランダムに落とす。砂が円の中に落ちる確率は $\pi /4$ であるので

$\pi /4$ = 円の中に落ちた砂の数 / 砂の総数

をπに関して解けばおおよそ3.14という数字が出てくる。このように通常の解析的計算が難しい場合、モンテカルロ法などが用いられることがある。

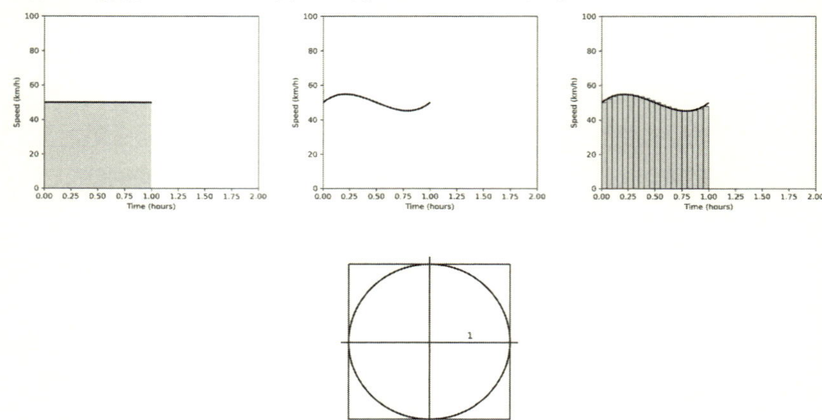

この考え方を科学に応用すると、ビリヤードボールの位置や需要と供給などといった系の初期条件および境界条件（ビリヤードテーブル）を$F = ma$や合理選択などのアルゴリズム（法則、仮説）に入力し、積分により系を時間発展させることができる。つまりt時間後（ニュートン力学の場合、時間の方向性が存在しないのでt時間前も可能）のビリヤードボールの位置、均衡などを出力（予測）することができるということになる。

ニュートン力学の成功により、アルゴリズム（法則）という機械論的な考え方は近代世界観（科学）の理想となり、物理学だけでなく生物学や社会科学など全ての科学はその考え方を模倣しようとした。科学は客観的なアルゴリズムであり、世界の中には神（デザイナー）の意思が介入するようなことや目的を持った形相などといったものは存在しないと考えられるようになったのだ。この目的論（デザイナー）の不在を象徴して生物学者リチャード・ドーキンスは自然選択というアルゴリズムを（ウィリアム・ペイリーの目的論的自然神学と比較して）「盲目の時計職人」と呼んだのだし、同様の理由で経済原理は「見えざる手」と呼ばれる[83]。社会学者ピエール・ブルデューのアナロジーを借りるならば、世界（宇宙）は指揮者の

83 Dawkins (1986).

いないオーケストラのようなものなのだ[84]。

例えば、アメリカは多民族、多人種で成り立つ民主主義国家であり、人種、民族に関わらずみんなで仲良くしていこうというのがアメリカ社会の持つ理念（良さ）である。しかし実際にはニューヨークのハーレムには黒人が多いというように「人種のセグリゲーション」と呼ばれる人種、民族による居住地域の分離が生じてしまっている。では人種のセグリゲーションはどのように生じるのかというと、少なくとも経済学（的ゲーム理論）の観点からは、非常に弱い仮定（入力）のもとアルゴリズミックに自動出力されるということになる[85]。ゲーム理論は複数のアクター（プレイヤー）が存在する時に、需要と供給という入力の結果として出力される均衡点を正確に見つけ出そうとする「最良戦略への選択」である。

まず居住者であるアクターはそれぞれ8人の隣人に囲まれていると仮定する。そして、この時居住者は、少なくとも周りの30%は同じ人種であって欲しいと考えており、そうでなくなった場合はアクターたちは引っ越すという選択をすると仮定する（入力)。このような前提を仮定すると、シミュレーションの結果（つまり系を時間発展をさせると)、数世代のうちに「人種のセグリゲーション」が自動出力されることになる。「人種のセグリゲーション」は誰かデザイナーによってデザインされたものでなく、アルゴリズムによって出力されたパターンなのだ。この観点からは「人種のセグリゲーション」が良いことなのかなどと問うことは意味をなさない。それはただ客観的なアルゴリズムの結果（事実）としてそのようなもの「である」だけだ。これが機械論的な考え方ということになる。

84 本来このアナロジーはこの意味で使われていない。Bourdieu (1977).
85 Schelling (2006; Original in 1978).

価値のアルゴリズム化

世界観がアルゴリズム化されたように、近代においては価値観もアルゴリズム化された。近代以前の目的論的世界観では世界は目的を内包していると信じられていた。「である」と「であるべき」は常に同居していた。そしてそれゆえに世界のすべてのものには意味、価値が存在した。当然、人間にも存在意義があるということになる(特に全知全能の神がこの世界を作ったのならば、人間を含む全てのものには存在意義があるということになる)。しかし近代は目的を持った形相、つまり目的論的世界観を排斥し、機械論的アルゴリズムのみで世界を記述しようとした。

機械論的世界観の観点からは世界の中に意味、目的、価値などは存在しない。「であるべき」という価値観は客観的に真偽を問うことのできない単なる主観的で個別的な感情であり、客観的な世界の中には存在しないのだ。その結果「なぜ」世界はこのよう「であるべき」なのかと目的、意味、価値を問うことは意味をなさず、私たちが問うことができるのは世界は「どのよう」「である」のかということだけになった。世界の中に価値や意味や目的がないということは、当然ながらこの「世界の中の存在」である人間にもなんら客観的存在意義や生きるための意味や目的はないということになる。哲学者フリードリッヒ・ニーチェが象徴的に「神は死んだ」と言ったように、近代に生きる私たち人間は自分たちの存在意義、生きる目的の根拠を失ってしまったのだ。

この目的論的大きな物語を失ってしまった近代を社会学者マックス・ウェーバーは（フリードリッヒ・シラーの言葉を借りて）「魔術の解けた時代」と呼んだ。そこでは「私たちはどのように生きるべきか」、「何が良い人生か」、「人生の目的はなんなのか」などという問いに対して客観的で普遍的な答えは存在しない。何が良い生き方なのかという疑問に対する答えは所詮主観的で個別的な感情でしかないのだ。しかし私たちは何らかの世界観、価値観、つまりメタフィジックスに身を捧げて生きなければならない。私たちは何らかの世界観、価値観なしでは生きられないのだ。目的論的世界観、価値観を排斥した近代は、世界観の側に関してはアルゴリズム（自然法則）という機械論的世界観を提示してくれた。それではメタフィジックスのもう一つの片割れである私たちはどのように生きる「べきである」のかという価値観に関して近代はどのような答えを出したのか。

古代、中世の価値観は国家、家族など世界（社会、共同体）がすでに存在していることを前提としていた。つまり私たち人間は同じ良さを共有する世界の中に生まれ出で、同じ良さを共有する世界の中で死んでゆく存在だと考えられていた。そしてそれゆえに「であるべき」という価値観と「である」という世界観は切り離せないものだった。私たち一人一人は世界の構成員「として」生まれ、世界の構成員「として」の教育を受け、世界の構成員「として」良く生きるのだ。商人の家に生まれたならば商人「として」の教育を受け、商人「として」商いをして生きることが良い生き方になる。アテナイの市民「として」生まれたのならば、アテナイの市民「として」の教育を受け、アテナイの市民「として」生きることが良い生き方となる。戦士であるならば、戦士「として」の教育を受け、戦士「として」戦うことが良い生き方となる。これが古代、中世を通して受け入れられてきた目的論的な倫理、教育の考え方だった。

一方、近代の観点からは価値観をすべからく主観的で個別的なものであると考えられる以上、この世界（社会、共同体）は同じ良さを共有するものが共に生きる場ではなく、異なる良さ、価値観、主観、感情を持つがゆえに「分かり合えない」人間同士が共に暮らす場ということになる。私たちは同じ良さを共有する世界の中に生まれ出で、同じ良さを共有する世界の中で死んでゆく存在ではない。私たちは異なる良さ(主観)を持つもの同士であり、この世界は決して「分かり合えない」もの同士が暮らす場なのだ（主観は交わることがないからこそ主観である)。

このように近代に入り、「私たち」と「世界（共同体)」の概念も革命的にひっくり返った。私たちが「分かり合えない」存在同士であるとすると、そのような私たちは皆自分の良いと思うものを手に入れようとするゆえに、お互いに争いあうことになる。結果として私たちは「万人の万人に対する闘争」、つまり恒常的戦争状態に陥ってしまう。そうならないために社会的な原子である私たちは何らかの契約により社会のルールを作らねばならない。近代の思想家たちはこのように考えた。しかし良さが所詮主観的で個別的な感情でありお互いに相容れないものである以上、個別の良さに基づいて社会のルールを作ると他の人間を苦しめることになってしまう。例えば、私が国家存亡の危機の時に国民は国家のために命をかけることが良いことであると思っていて、そのような良さに基づいて法律が作られたならば、そのような思想を共有しない人間にとってはたまったものではない。

つまり近代においては、個別の良さに先行するなんらかのルールが必要なのだ。近代の祖の一人であるトマス・ホッブズ以降、近代の哲学者たちは社会のルールとして皆が納得して契約できる契約条件を探し求めた。その契約条件は自然法と呼ばれ、のちに自然権(基本的人権、権利）と呼ばれるようになった。端的に言うと「人間であれば等しい権利を持つ（全ての人間は等しい権利を持つ)」というアルゴリズムである[86]。自然法は個別の良さに先行する普遍的で

86 現在私たちが当然のこととして用いている「権利」という考え方は近代特有の概念

客観的な法則なのである。近代において科学が自然法則という形でアルゴリズム化されたように、倫理もまた自然法という形でアルゴリズム化されたのだ。

つまり目的論的世界観、価値観を排斥し、主体と客体を切り分けた近代は、目的論的世界観、価値観という一つのメタフィジックスに代わり自然法則と自然法という二つの独立した客観的で普遍的（と思われる）メタフィジックスを作り上げた。近代以前には目的を伴う形相として一つだった世界観と価値観が近代以降、二つに分離したのだ。そして近代科学（自然法則）が近代産業の礎になり、自然法、自然権という思想が法律、教育、政治などの近代社会制度の礎になることで、自然法則（客観的科学）と自然法（基本的人権）は近代を生きる私たちの常識を形作ってきた（日本など非ヨーロッパ諸国が19世紀、20世紀にかけて行った近代化というプロセスはヨーロッパ世界のなかで長い時間をかけて醸成されたこの過程を国家主導の元、短期で行うことだった。ゆえに明治政府は産業化を推し進め、憲法、法律を作った）。

事実、近代科学と近代社会制度の中で生きる私たちは科学は普遍的で客観的な自然法則であると信じているし、私たち一人一人は基本的人権という普遍的で客観的な権利を持っている（自然法）と信じている。そして「である」という事実と「であるべき」という価値（良さ、意味）は交わることのないものだと思っている。だから女性「である」から女性らしく生きる「べきである」とか、国民「である」から国家のために命を投げ出す「べきである」といったような考え方は前近代的で封建的な考え方であり、そのような考え方は個人の権利（人権）の侵害だとか差別だとかいったように感じられ

である（MacIntyre, 2013; Original in 1981）。例えば、所有という概念は中世には基本的に存在しなかったらしい（Le Goff, 1988, p. 134）。

る。また客観的でない科学など、古いニュース、ワンマン・バンドなどと同じで、それ自体が矛盾表現であると感じ、科学者にとって自分の研究が客観的でないなどと言われることはほとんど侮辱といってもいいほどのことに感じられるのだ。

革命の余波：大いなる混乱

正しさの良さに対する先行

目的を持った形相という考え方が排斥され、主観と客観、世界観と価値観が切り離された結果、近代以前と近代以降では良さと正しさの関係が180度ひっくり返ることになった。私たちの実際の知識習得（パターン認識）および近代以前の考え方では良さは正しさに先行していた。私たち何かを知る時にはまず「なぜ」という疑問に導かれて世界はこう「であるべき」という良いパターンを世界の中から削り出す。まず意味のある良いパターン（目的論的不変パターン）を発見し、その後にそれが正しいかどうかという正当化（検証）がなされる。だからこそリンダ問題、クアランティン・エラーのように間違いも起こる。本来私たちの知識は「誤る可能性がある」ものなのだ。これが私たちの本来の知識の形成の仕方である。このようにして私たちは世界に関するルールである世界観を習得する。

価値観に関しても同様で、まず私たちがこう「であるべき」と考える良さが存在し、その良さが世界の中で実際そう「である」時に私たちはそれを正しい世界だと感じ、私たちが感じる良さが世界の中で実現していない時に私たちは違和感や不条理を感じ、「なぜ」なのだろうと疑問を持つ。実際、ボナセラにとっては、彼がこう「であるべき」と思う良さが世界（裁判）の中でそうでなかったために、彼は裁判結果は正しくないと感じ、不条理を感じた。まず私たちの感じる良さがなければ正しさという概念自体存在しないのだ。つまり世界観に関しても価値観に関しても本来は良さが正しさに先行すると言うのが本来のあり方である。

しかし主観と客観、価値と事実が切り離された結果、事実は客観的で正しいかどうかの真偽が問えるものだと考えられるようになった一方、良い悪いといった価値は主観的で個別的な感情でしかなく、客観的に正しいかどうか真偽を問うことはできないものだと考えられるようになった。つまり価値は知識ではなく単なる感情であり、客観的な事実のみが知識である、という構図が生まれることになった。この結果、知識は「なぜ」そのよう「であるべき」なのかという良い説明、つまり意味のあるパターン（目的論的不変パターン）ではなく、「どのよう」「である」かという正しい記述であると考えられるようになった。

「なぜ」そう「であるべき」なのかという良い説明は主観（価値）ゆえに正しいかどうか検証（正当化）できないが、「どのよう」「である」かという記述は客観的に正しいかどうか検証（正当化）できる、という考え方である。このようにして知識は「正当化（検証）された真なる信念（justified true belief）」として定義されることになった[87]。そして科学も知識である以上、検証可能かどうか、つまり正しいかどうかということが良い説明かどうかに先行しなければならないということになった。この観点からは、科学とは世界は「なぜ」

87　正当化された真なる信念の立場からは、知識つまり「S は p を知っている」ということは以下の条件と等値であると考えられている。

1. p は真実である
2. S は p を信じている
3. S が p を信じることは正当化されている

厳密には、知識がこの形式で定義されたのは比較的最近で、ゲティア以降であるが、この定義はそれまでの考え方をまとめたものであるということができる（Gettier, 1963）。ちなみに P は Proposition（命題）の P である。

そのよう「であるべき」なのかという説明でなく、ガリレオが考えたように、世界は「どのよう」「である」かという記述（自然法則）とその正当化（検証）なのだ。良さと正しさの関係性が180度ひっくり返ったのだ。そして実際、科学は価値ではなく、客観的な世界の記述とその正当化（検証）であるというのは私たちの常識となっている（近代常識の観点からは価値は科学に紛れ込んではいけないのだ）。

同時に、私たちの価値を構成する哲学、倫理においても良さと正しさの順序は完全にひっくり返った。近代の観点からは「であるべき」という価値は単なる感情、好き嫌いであり、そのようなものは客観的に真偽を問うこともできなければ、客観世界の中に見出すこともできないということになる。この立場を鮮明にしたのが17世紀スコットランドの哲学者デイヴィッド・ヒュームで、彼は事実に対する言明「である」からは規範、価値に関する言明「であるべき」は導き出すことはできないと断じた。これは「である・であるべきの問題」とかヒュームの法則と呼ばれる。そして主観と客観を分けた近代を生きる私たちにはこれも常識となった。確かに、私たちはある人が女性「である」ということからその人は女性らしく振舞う「べきである」ということは導くことはできないと感じるし、世の中に不平等が存在するの「である」から世の中には不平等が存在す「べきである」というのもおかしいと感じる。やはり私たちは近代の常識を身につけているのだ。

この「である・であるべきの問題」と同様の問題を20世紀初頭にイギリスの哲学者G・E・ムーアは「自然主義の誤謬」と呼んだ[88]。ムーアもヒューム同様に倫理、価値判断、規範などといった

88 Moore (1903); この呼称が妥当かどうかはウィリアムスが論じている（Williams, 1985）。

ものが客観（自然）世界の事実から導き出せると考えることは間違いであると断じた。例えば、「アリストテレスは偉大な哲学者である」という言明の中には「アリストテレスは哲学者である」という事実及び「アリストテレスは偉大である」という価値判断が含まれており、事実の部分に関しては原理上正しいか正しくないかという真偽を問うことができるが、価値判断の部分に関しては正しいか正しくないかという真偽を問うことはできない、ということになる。何故ならば「偉大であるかどうか」は単なる感情、態度、好みの問題、つまり主観でしかないからだ。ゆえに「アリストテレスは哲学者である」という事実が確かめられたとしても、アリストテレスは偉大であるかどうかに関しては客観的な判断基準は存在せず、それは個々の判断（主観）ということになる。この立場からは「アリストテレスは偉大な哲学者である」などの価値判断は中立、客観的である世界に対して我々の持つ感情、主観が「投影」されたものでしかなく、知識と呼ぶことは出来ない、ということになる[89]。

そして良さがすべからく主観的な感情であるならば、原理上真偽を問うことができず、そして主観は交わらないために、もし仮に私たちが良さを求めて生きることになれば、この世界はお互い相いれないもの同士が自らの良さを求めて対立し合う、万人の万人に対する闘争、つまり恒常的戦争状態に陥らざるをえない。そのような状態ではとても共に暮らしていくことはできない。つまり共に生きるためには私たちには個々人の持つ個別的、主観的な良さに先んじる客観的な正しさ、つまり自然法が必要となる。客観的な正しさである自然法が守られて初めて、つまり他者の権利を侵害しない範囲で、私たちは自ら考える良さを追求できることになるのだ。これが魔術

89 Mackie (1977); Moore (1903); Hare (1965); Stevenson (1944). マッキーの *Ethics: Inventing Right and Wrong* は「客観的な価値は存在しない（There are no objective values)」という象徴的な一文で始まる（Mackie, 1977）。

が解け理性の時代となった近代の考え方である。このように近代は（科学）知識だけでなく、哲学、倫理においても良さと正しさの関係性を覆してしまった。

近代における知識観と人間観の混乱

主観と客観の乖離および正しさの良さに対する先行という常識は近代の知識観および人間観を大きく歪め混乱させることとなった。そしてこのことが近代社会における様々な混乱に繋がってゆくことになる。すでに述べたように、法律、教育、経済、政治などという社会制度は法学、教育学、経済学、政治学などといった社会科学が理論的下支えをしている。いわば社会制度は社会科学の上部構造であるということができる。社会科学は人間（行動）を研究する学問であり、科学は知識であるから、社会科学は人間（行動）に関する知識であるということができる。しかし近代が知識観および人間観を大きく混乱させたことにより、知識観と人間観の交錯する場である社会科学は大きく混乱してしまった。そしてその結果としてその上部構造である社会制度も大きく混乱することとなった。この社会科学と社会制度の混乱はのちに見ることにして、まずは近代における知識観および人間観の混乱を見ていこう。

知識観の混乱：暗黙知の排除

主観と客観の乖離および正しさの良さに対する先行という考え方の結果、知識は真偽を問うことのできる客観的な事実、つまり「正当化（検証）された真なる信念」であり、価値観（良さ）は主観的で個別的な感情であり、知識ではない、という歪んだ考え方が広く受け入れられる常識になった。しかしこの「正当化（検証）された真なる信念」という近代の知識観には正当化（検証）に関する問題、真偽に関する問題、信念に関する問題が存在する。正当化（検証）の問題は基本的に何を持って客観的な知識が正当化（検証）されるのか、という問題であるが、それに関してはのちに（6章で）詳しく見るとして、ここでは信念と真偽に関する問題に焦点を当てよう。

知識が「正当化（検証）された真なる信念」と定義される以上、知識は信念でなければならない。信念（belief）とは自分が信じている（believe）ことである。とすると私が、例えば、「フランス革命は1789年に起こった」と信じており、実際にそれが真実であり、それがなんらかの方法で正当化（検証）されたとすると、それは知識（knowledge）であるということになる。つまり「フランス革命は1789年に起こった」と知っている（know）ということになる。とりあえずここまでは良い。

では、私はどのように自転車に乗るかを知っているが、これは「正当化（検証）された真なる信念」の立場からは知識と言えるのだろうか。どのように自転車に乗るかを知っている（know）というのは当然知識（knowledge）である。しかしこれは「正当化（検証）された真なる信念」という知識の定義からは知識ではないということになってしまう。なぜならば「フランス革命は1789年に起こったと知っている（I know that the French Revolution happened in 1789）」は「フランス革命は1789年に起こったと信じている（I believe that the French Revolution happened in 1789）」と言い換えることができるが、「私はどのように自転車に乗るのか知っている（I know how to ride a bike）」は「私はどのように自転車に乗るのか信じている（I believe how to ride a bike）」とは言い換えることができないからだ。

端的にいうならば、近代は知識を陳述記憶（命題知、信念）と同定して、非陳述記憶（暗黙知、実践知、ノウハウ、アフォーダンス）を知識から排除してしまった。これゆえに近代を生きる私たちは語り得ないことに関しては沈黙せねばならないと思い込んでしまった。非陳述記憶は言語化、概念化することができない「認知的に無意味」な記憶である。しかし非陳述記憶が語り得ない記憶であることと非陳述記憶が知識でないということは等値ではない。非陳述記憶も知識なのだ[90]。

さらにすでに見たように、本来は認知的に意味があるかどうかは概念化されているかどうか、つまり情報がワーキングメモリを通過したかどうかであり、知識であるかどうかということと認知的に意味があるかどうかは別次元の話である。非陳述記憶はワーキングメモリを通過しないので「認知的に無意味」（透明）ではあるが知識ではある。しかし知識を「正当化（検証）された真なる信念」と定義した結果、「正当化（検証）された真なる信念」以外は「認知的に無意味」であるという間違った考えも生まれた。6章で述べるようにこの立場を鮮明にしたのが論理実証主義である。論理実証主義者たちは「正当化（検証）された真なる信念」以外は「認知的に無意味」であると考えた。

その結果、真偽を問うことができないと考えられた価値観や偽であると示されたことは「認知的に無意味」であるとして知識から排除されることになった。故に、例えば、「アリストテレスは偉大な哲学者である」などといった価値観を含んだ言明は原理上、「認知的に無意味」であり、知識ではないということになってしまった。しかし実際には私たちの多くはこういった価値観を含んだ言明を知識であると考えているし、それらは認知的にも十分意味をなす。確かに偉大かどうかというのは価値判断ではあるが、それに賛成するかどうかは別として、「アリストテレスが偉大である」というのは理解可能である（それが「認知的に無意味」であるならば反対することすらできない）。

90 c.f. Bourdieu (1977).

人間観の混乱：二元論、一元論、自由意思

主観と客観の乖離という常識は知識だけでなく、人間観にも大きな混乱をもたらした。主観と客観が明確に分離していて重なり合わないならば（主観的な客観、客観的な主観などはそもそも矛盾表現である）、人間はどちらなのだろう。人間も主観的な存在か客観的な存在かのどちらか、つまり主体か客体のどちらかでなければならない。論理的にいってそのどちらでもあるということはあり得ない。実は近代は人間が主体か客体かという人間観に関して混乱したまま今日まで来てしまった。近代を生きる私たちは自分たち人間を自由意思を持った主体であると考えるのと同時に、自分たち人間を物理法則に従う客体であるとも考えている。私たちは自由意思をもつ主体であるからこそ、自分たちの行為に責任や義務を持つことができる。この考え方に基づいて法律、教育、政治などは形成されている（だから暴走して人を傷つけてしまった機械を裁判にかけるといったようなことはない）。しかしそれと同時に、私たちは自分たちを知覚という情報の入力があれば、ワーキングメモリなどによって行動を出力するアルゴリズムでもあるとも考えている。この考え方の延長線上に、経済学や心理学や人工知能（AI）の発想が存在する。例えば、最も典型的には経済学は私たちを需要と供給という入力があれば合理性というアルゴリズム（合理選択）に基づいて行動を出力する存在（経済人）であると考えている。

法学、教育学、政治学などと経済学や心理学や人工知能（AI）などが併存していること自体、私たちの人間観がいまだに主体と客体の間で混乱している証拠なのだ。この人間観の混乱の起源はフランスの哲学者ルネ・デカルトに遡る。近代の祖の一人であるデカルトは人間の本質は心（魂）、つまり主体だと考えた。デカルトによると主体である心はなんらかの方法で客体である身体と結びついて

はいるものの、客体の法則、つまり物理法則では説明できない存在である。つまり心、人間の本質は物理法則というアルゴリズムに他律的、機械的に従うようなものではないということになる。

オントロジー（存在論）とはこの世界の中にはどのようなカテゴリーのもの（実体と呼ばれる）が存在するのかということを研究する学問であるが、デカルトは物理法則に従う客体という（物理的）実体と物理法則には従わない主体（心、魂）という実体が存在していると考えていた、と言える。これがいわゆるデカルト的二元論である。つまりデカルトによるとこの世界には物質と心という二つのカテゴリーのものが存在し、世界の全てのものはそのどちらかに属するということになる。身体を含めた物質は物理空間の中に拡張している（スペースを占有している）が、心は物理空間の中には見つからない(スペースを占有していない)。ゆえに主体としての心(魂)は物理的な法則とは別の法則に従う何か別の実体なのだ、というのがデカルトの基本的な考え方である。

デカルトはルネサンスにより中世が終焉に向かい、まさに近代科学、つまり機械論的世界観が発展していく時代を生きた。ルネサンスは古代芸術の復興という芸術運動と捉えられがちだがそれだけではない。思想の世界ではルネサンスは懐疑主義という古代ギリシアの哲学思想をヨーロッパに文字通り再誕させた。懐疑主義によると原理上は私たちは自分の感覚（経験）をも含め全てのことを疑うことができる。私が今見ているものは、もしかしたら私の幻想なのかもしれないし、私の夢なのかもしれない。そういった可能性は低いかもしれないが、原理上はその可能性は排除しきれない。私の目の前に存在するワイングラスはもしかしたら私の幻想なのかもしれないし、私の夢なのかもしれない。もしくは自分は本当は培養槽の中に眠っており、コンピュータによって作られた仮想現実の世界を経験しているだけなのかもしれない[91]。もちろんそのような可能性は非常に低いが、そのような可能性は完全には排除しきれない。自らの知覚を含めて、全ての知識を疑うことができるという可能性は論理的には排除しきれないのだ。

一方で科学知識は観察に基づいている。デカルトが生きた時代、科学者たちは実験、観察を行うことによってアリストテレス主義に基づく前近代的な科学知識を次々と刷新していった。すでに見たように、近代科学がアリストテレス主義に基づく前近代的な科学と異なる一つの大きな点は、アリストテレスの科学が三段論法など思弁に基づくものであるのに対して、近代科学は技術者たちによって導入された実験観察を行なったことにあった。しかし懐疑主義が言うようにもし自分自身の知覚すらも疑うことができるのだとすると、私たちの科学知識の最も基礎の部分である観察自体が懐疑の対象になってしまう。だとすると厳密に考えれば、どんなに精緻な科学理論を構築しても、それが観察という疑いうるものの上に成立している以上、それは砂上の楼閣のようなものだ。科学を、そして知識を懐疑主義から救うためには何か疑いえない基礎を見つけその上に知識を作り上げねばならない（ラテン語のサイエンティアという言葉は科学という意味であると同時に知識という意味だった）。これがデカルトが試みたことだった。

では疑い得ない知識とはなんなのか。私が思考している間、私自身が存在しているということは疑いえない、つまり「我思うゆえに我あり」とデカルトは考えた。デカルトにとって、唯一の疑い得ない知識は内観によって知る自分の心の存在だったのだ。そうであるならばなんらかの方法で（科学）知識をこの疑いえないものによって基礎づけることができれば科学（知識）を懐疑主義から救うこと

91 Putnam (1981).

ができるとデカルトは考えた。デカルトが試みたのはいわば（物理的）実体と主体（心、魂）という実体を橋渡ししてやるというようなことだったのだ。しかし結局デカルトは二つのカテゴリー(実体)をつなぐことができなかった。つまりデカルトは（科学）知識を疑い得ないものによって基礎付けることによって懐疑主義から救うことはできなかったし、彼が存在すると考えた心と身体という二つの異なるカテゴリーがどのようなメカニズムでつながっているのかも説明できなかった。この問題（心身問題と呼ばれる）が現代まで持ち越されているのだ。

デカルト的二元論の考え方は私たちの常識を形成している。確かに私たちは自分たちが物理法則に従って他律的、機械的に動くだけの機械のような存在ではなく、呼び方は何であれ魂とか心とか自由意思いったようなものを持ち自律的、主体的に行為を行う存在だと考えている。しかしデカルト的二元論には心身問題が付いて回る。仮に心が物理法則に支配されないとするなら、心の本質は入力があれば出力を機械的、他律的に生成するアルゴリズムではなく、そのようなアルゴリズムに支配されない自律性を持った存在、つまり自由意思ということになる。とすると私がワインを手に取るという行為は物理的な行為であるが、私（の心）がワインを取ろうと意図してワインを取ったのだとすると、物理法則は主体の自由意思（心）という何か物理法則以外のものによって影響を受けているということになる。そうだとすると物理法則はそれ自体でこの世界を完全に記述する完結した理論ではなくなってしまう。心身を二つの異なる実体（カテゴリー）であると考えるならば、この問題は解決されなければならない。

逆に、デカルト的二元論を否定し、世界には心や魂というような実体は存在しないと考えるならば、つまりこの世界には一つのカテゴリー（物理的実体）しか存在しないという一元論の立場をとるならば、心身問題は擬似問題（私たちが存在すると考えているだけで本当は存在しない問題）ということになる。この場合、この世界は全て物理法則にしたがって動く機械論的、アルゴリズミックな世界であるということになる。しかしもしこの世界観、つまり一元論が正しいのであれば、物質で構成されている私たちの行動は入力とアルゴリズムによって出力される他律的なものであり、私たちに自由意思は存在しないということになってしまう。ニュートン力学は入力とアルゴリズムによって出力を生成する決定論的な理論である。つまり宇宙の最初から最後まで、全ては決定されていて、そこに自由（意思）などというものは存在し得ないということになる。これは私たちの直感とは食い違う。

ではデカルト以外の思想家たちはどのように考えたのだろう。ニュートン自身は心の問題に言及していないが、ニュートンの友人であった哲学者ジョン・ロックは、ニュートンに影響を受けて、人間の心および知識の形成を機械論的に説明しようとした。ロックは人間（の心）は真っ白なキャンバスのようなもの（タブラ・ラサ）であると考えた。そこに純粋な感覚が入力され、それらがロックが「組み合わせの法則」と呼んだなんらかのアルゴリズムによって組み合わされ知識や行動が出力される。これがロックによる心と知識のモデルである。

もしも脳内に視覚野などといったような生得的機能分化が存在するとすると、それはものを見る（目的の）ための部位ということになり、目的論的な説明が必要となってくる。進化理論や神経科学（ニューロサイエンス）といったものが存在せず、ニュートン力学が科学の象徴であった時代に考え出されたタブラ・ラサという思想はそういった生得的存在、つまり目的論的存在を排し、純粋な感覚という原子のようなものが組み合わせの法則というアルゴリズムによって機械論的に組み合わされて知識や行動が出力されるという原子論的、機械論的な思想だった。ここでいう純粋な感覚というのは端的に目的、良さ、価値を持たない客観的な知覚ということであり、そのような純粋な感覚が入力されアルゴリズムによって知識が機械的、客観的に出力されるということは知識もまた客観的なものであるということになる。

ニュートン力学で、ある時点における原子の状態が入力されると、別の時点における原子の状態が $F = ma$ という運動法則によって機械的に出力されるのと同様に、タブラ・ラサでは純粋な感覚が入力されると、知識や行動が組み合わせの法則（それがどのようなものであれ）によって機械的に出力される。つまりある時点のビリヤードテーブル上の状態（初期条件）が決まれば別の時点のビリヤードテーブル上の状態が機械的に決定するように、ある時点のタブラ・ラサの状態（初期条件）が決まれば別の時点のタブラ・ラサの状態は機械的に決定するということになる。原子が純粋な感覚に、ビリヤードテーブルがタブラ・ラサに、そして運動法則が組み合わせの法則に取って代わられただけで、ロックの思想は基本的に目的論を排して、機械論的世界観を体現した思想なのだ。

つまりロックの考え方によると、私たち人間は機械であり、コンピュータであり、アルゴリズムなのである。機械（コンピュータ）は入力があればあらかじめプログラミングされたアルゴリズムに基づいて他律的、機械的に出力を行う。当然機械が勝手に、つまり主体的、自律的に動くなどということはあり得ない。私たち人間は感覚刺激という入力があれば組み合わせの法則というアルゴリズムに基づいて自動的、機械的に知識や行動を出力する他律的な存在なのだ。

ロックは知識を客観的なものだと考え、目的論なしでは知識は存在しないという私たちの始原的な経験を180度覆してしまった。主観（目的論）を排した上では世界の中には相関関係以外にパターンは存在しない。つまり組み合わせの法則は基本的には相関関係による帰納的推論なのである（図2)。このタブラ・ラサの思想の延長線上にかつて一世を風靡した行動主義心理学が存在する。犬にメトロノームを聞かせて、肉を与えれば、(古典的）条件付け（メトロノームと肉の相関関係）により、メトロノームの音を聞いただけで犬は唾液を出すようになる。このように行動主義心理学は人間を複雑な機械（客体）と捉え、知覚（感覚刺激）という入力があれば、行動が機械的に出力されると考えた。事実、行動主義心理学の代表格であるバラス・スキナーは自由意思などというもの（実体）は幻想だと考えていた。

さらに行動主義心理学に並行する形で哲学内でも論理行動主義と呼ばれる考え方がイギリスの哲学者ギルバート・ライルによって提唱された。ライルもまた行動主義心理学同様、心を客観的なもの、つまり機械だと考えた。ライルは心が物理的実体とは異なる実体であるというデカルトの二元論は間違っていると考え、デカルトが考えた魂のような実体は存在しないという意味で、それを「機械の中の幽霊（ゴースト・イン・ザ・マシーン)」と呼び、デカルト的二元論をカテゴリー・ミステイクだと論じた。本来心は機械であり物質というカテゴリーだけで説明できるのに、魂のような物質とは異なるカテゴリーの存在を想定するのはカテゴリーを混同してしまった間違いなのだ。それは、例えば、オックスフォード・ユニバーシティの様々なカレッジや図書館を訪ね、「でもユニバーシティはどこ？」と尋ねるようなカテゴリーを混同した話なのだ（ユニバーシティはカレッジや図書館の集合体である）[92]。

このような一元論の立場からは実体は一つしかないということになる。つまり心(人間)は物理学(物質)に(理論)還元できるのだ。(理論）還元とは特殊な理論をより一般的でより汎用性のある理論で説明することである。例えば、水がH2Oであるとか、熱が分子の運動エネルギーである、などは日常言語をより一般化可能な理論で説明した還元の例である（元素記号や分子は水や熱だけでなく、そのほかの多くのものも説明できる日常言語よりも汎用性のある理論である)。ライルの弟子である哲学者ダニエル・デネットもライル同様、二元論的な心を「デカルトの劇場」と呼び批判した[93]。もしも私たちがタブラ・ラサのような機械で、さらに主体としての魂のようなものが存在するとすると、魂はタブラ・ラサのパイロットのようなものであることになる。その魂がタブラ・ラサの中で様々な感覚を経験しているということになるが、ではその魂の構造はどうなっているのか。結局魂自体もタブラ・ラサのようなものと言わざるを得ず、魂の中にもさらに魂が存在しなければならないことになり、議論は無限後退に陥ってゆく。このように考えると、やはり二元論には問題があるという結論に至りそうである。

このように心を客観的なものであると考える心理学の立場からは、心理学のパラダイムが行動主義から認知科学に変わってからも、心とは客観的なものであるとの考えから、最も主観的なものであると考えられる意識の研究をすることは長い間タブーとされてきた。DNAの二重螺旋モデルをジェームズ・ワトソンとともに発見し、ノーベル賞を受賞したフランシス・クリックが意識の研究を始めるまでは意識の研究はテニュア・キラー（大学の正教授になることを

---

92 Ryle (1949), p. 16.
93 Dennett (1991).

阻むもの）などと呼ばれていた。

確かに一元論の立場を取れば、主観、主体の根源である意識という最大の問題を除き、心身問題は回避できる。この場合、世界観、価値観、人間観、つまりメタフィジックスは基本的に物理学（フィジックス）と等しくなる。言い換えるならば、物理学的世界観が世界観の全てであり、それ以外には何の実体（カテゴリー）も存在しないということになる。しかしその一方で、一元論を選択するのであれば、私たち人間は入力があれば出力を機械的に生成するアルゴリズムであるので、私たちは自由意思を持たないということになってしまう。ニュートン力学およびその後継である相対性理論（まとめて古典力学と呼ばれる）は決定論的な理論であり、この観点からは確率というものは原理上存在しない。世界の中に確率が存在するように見えるのは、単に私たちが初期条件の全てを知ることができないのと私たちの計算能力が低いためなのだ。アインシュタインが象徴的に言ったようにこのような世界観の中では「神はサイコロを振らない」。つまり宇宙の始まりから全ての出来事はすでに決定しているということになる。しかしこれは私たちの直感にも反するし、私たち人間存在の尊厳にも関わる問題である。それゆえ自由意思の問題は長い間哲学者の間で大きな問題となってきた。

古典力学を覆し現在正しい物理学理論と考えられている量子力学は標準的な解釈によると非決定論的、つまり確率的な物理学理論であると考えられている。それゆえに「神はサイコロを振らない」と言ったアインシュタインに対して、量子力学の創設者の一人であるニールス・ボーアは「神にああしろこうしろと言うな」と返答したと言われる[94]。そしてこの量子力学の非決定性を幾人かの哲学者たちは私たち人間に自由意思の存在の可能性を与えてくれるものであ

94 Kaku (2004), p. 168.

ると考えた。しかし実際のところは量子力学が非決定論的であれ、もしくは決定論的であれ、どうして自由意思を保証してくれるのかよくわからない[95]。量子力学が非決定論的であるならば、ランダムさがどうして自由意思に繋がるのかわからないし（意思には一貫性が必要になる）、量子力学を決定論的に考えるならば、問題は元に戻る。

つまり人間を主体（自由意思）であると考える二元論の立場を取るのなら心と物質である身体はどのように関わっているのかという心身問題が避けられない問題として出現し、人間を客体（機械）であると考える一元論の立場を取るのであれば、物理学理論の新旧を問わず人間には自由意思があるのかという問題が避けられない問題として出現してしまうことになる。

混乱したままの常識

そしてややこしいことに、タブラ·ラサを考え出したジョン·ロック自身、最終的には二元論的立場を取った。タブラ・ラサは知覚という入力によって知識や行動を出力する機械である。しかしロックはこのように他律的に作られた知識は意思の力によって自律的に作り変えることができると考えた。ロックによると、自己および知識は他律的に状況（入力）によってのみ作られるのではなく、最終的には自己は自分や自分の持つ知識をコントロールすることができる自律的な存在であるのだ。

私たちは他の人がこうだと言ったからといって盲目的にそれに従うような他律的な存在ではない。それがロックの考え方だった。たとえ伝統的な教え（教育）や知識がドグマ的なものであったとしても、私は自ら考えることができ、ドグマ的な教え（教育）や知識か

95 c.f. Earman (1986).

ら自由になれる。私たちは常識を疑うことができるのだ。そして本質というのは時間を通して変わらないものでなければいけないはずである。作り変えることができるものは本質ではあり得ない。とすると人間の本質は作り変えられるタブラ・ラサではなく決して変わることのない魂なのである。つまり結局はロックもデカルト同様、機械ではない自由意思を持った魂のようなものが身体（心、もしくは脳）という機械の中に宿ってその機械を操縦していると考えていたのだ。

そしてこのロックの混乱した考え方は近代における人間観と知識観の混乱を象徴的に表している。近代に生きる私たちは人間を複雑な機械であると考える一方で、自分たちは知覚という入力があれば行動を機械的に出力するような他律的な存在ではなく自由意思を持った自律的な存在だと考えている。ゆえに人工知能で人間知能を再現しようとする一方で、法律などは人間を自由意思を持った存在として規定し、私たちは自らの行為に責任、義務、権利、特権などを持つ存在であると考える。つまりロックがそうだったように、近代を生きる私たちは人間観に関して一元論と二元論の間でさまよっているのだ。近代の思想によると主観と客観は交わることのない二つの領域であるということになるが、そうであれば人間もそのどちらか、つまり主体であるか客体であるかでなければならない。にも関わらず、近代の人間観はその両方が混乱した状態で並走する状態なのだ（私が私の腕を見た時にそれは主体なのだろうか。客体なのだろうか）。

もちろん私たちは（科学）知識に関しても混乱している。私たちは科学知識は客観的で普遍的なものであり、価値、良さ、目的などは主観的で個別的な感情であり、「認知的に無意味」であるという常識を内在化させている一方で、実際には「カップは液体を入れるためのもの」というように目的論的に知識を生成し、「アリストテレスは偉大である」という言明にも認知的に意味があると考えている。「アリストテレスは偉大である」という言明に賛成するかどうかは別として、明らかに私たちは「アリストテレスは偉大である」という言明を認知して理解することができるのだ。近代を生きる私たちの常識はこのように大きく混乱しているのだ。そしてこの知識観と人間観の混乱が社会科学を混乱させ、ひいては社会を混乱させることとなった。

ある時ギルバート・ライルが世界的に高名な哲学者、論理学者であるバートランド・ラッセルと列車のコンパートメント（小部屋）に乗り合わせた際に、なんとか会話をしようとしてラッセルに「ジョン・ロックはそれほどオリジナリティもないし、良い書き手とも言えないのに、なぜあれほどまでに英語哲学圏では有名なのか」と問うたことがある[96]。それに対してラッセルは「ジョン・ロックは常識を発明した。そしてそれ以降イギリス人だけが常識を持っているんだ」と冗談を交え答えたという。イギリス人だけが常識を持っているというのは（ラッセル特有の）冗談だとしても、ロックは確かに混乱した近代の常識を作った中心人物の一人なのだ[97]。

96 Dennett (1995), p. 26.
97 Dennett (1995), p. 26.

6章. 客観的科学という常識

いつまでたっても変わらない
そんなものあるだろうか

情熱の薔薇

客観的で普遍的な検証条件を求めて

実証主義

近代において目的論的不変パターンは機械論的アルゴリズムに置き換わり、主観と客観が明確に切り離され、良さと正しさの順序が覆された。その結果、知識は「XはYのために存在する」という目的論的因果関係の良い説明ではなく、「XであればYである（全てのXはYである)」という世界を正しく記述する機械的アルゴリズムだと考えられるようになった。言い換えるなら、知識は、客観的に真偽を問うことができ、正しいと検証された陳述記憶（言語化できる記憶)、つまり「正当化（検証）された真なる信念」だと考えられるようになった。この近代の考える知識の中には良さ、価値は入ってはいけない。なぜなら良さ、価値は主観的な感情であり、原理上真偽を問うことができないからだ。このようにして近代において知識は価値観を排した客観的事実であると考えられるようになった。

当然ながら科学も知識である以上、主観的な良さ、価値に汚染されておらず、客観的に真偽が問えるものでなければならない。つまり科学知識もまた「なぜ」そのよう「であるべき」なのかという因果関係に関する良い説明ではなく、世界は「どのよう」「である」のかという相関関係に関する正しい記述でなければならない。この考え方はロックが常識を発明したのだと言った哲学者バートランド・ラッセルに象徴的に現れている。ラッセルは科学の中には因果関係は必要ないと考えた[98]。科学は因果関係的な説明ではなく、相関関係を記述するアルゴリズムなのだ。近代においてこの相関関係的アルゴリズムは自然法則と呼ばれる。

そして自然法則は客観的なものであるがゆえに、客観的な視点から相関関係を観察し、それを帰納法を用いて一般化することで作られると考えられてきた。例えば、「このカラスは黒いし、あのカラスも黒い」という個別のパターンを観察し、帰納法を用いることで「カラスであれば黒い（全てのカラスは黒い）」という一般的パターン（自然法則）が生成されるということになる[99]。そしてそのようにして生成された自然法則に「カラス」という初期条件を入力すれば、「黒い」という出力が演繹的（機械的）に生成されることになる。この自然法則に初期条件を入力すれば、出力が演繹的に自動生成されるという考え方は哲学者カール・ヘンペルによって演繹法則的モデル（Deductive-Nomological Model, DN モデル）と名づけられ、近代においてはこれが科学的な説明であると考えられるようになった（これは基本的にニュートン以降の科学の考え方、つまり世界の

98 Russell (1912); Pearl (2009).

99 この様な帰納法は「枚挙的帰納法」と呼ばれるもので、20 世紀以降実証主義により帰納法の定義として定式化されたものである。しかし枚挙的帰納法が帰納法の全てではない。哲学者 J.S. ミルは一致法、差異法などという帰納法を考え出している。朝頭が痛い時には、その前夜に必ず酒を飲んでいるから、朝の頭痛の原因は酒だろう、というのが一致法で、毎夜酒を飲んでおり、毎朝頭が痛いが、昨夜酒を飲まなかったところ、今朝は頭が痛くないから、朝の頭痛の原因は酒だろう、というのが差異法である。

アルゴリズム化をまとめなおしたものであるということができる)。

まとめるならば、近代の観点からは、科学とは価値観を排した客観的な視点から相関関係を観察し、帰納法に入力することによって自然法則というアルゴリズムを出力し、今度はその自然法則に初期条件を入力することにより演繹的、機械的に予測などの出力を行うことであるということになる(図18)。このような考え方を実証主義(ポジティビズム)という。実証主義という考え方は科学は客観的に観察可能(ポジティブ)な事実のみに基づく客観的で普遍的な自然法則であるという考え方である。これは裏を返せば、価値観などの主観的で目に見えないものは科学に混入してはいけないという考え方である。確かに近代が知識の中から排除した(目的論的)因果関係は観察することができない。私たちが因果関係を「見た」と思うときに、実際に私たちが見ているのは出来事のシークエンスだけであり、因果関係といったものは私たちの解釈、つまり主観を世界へ「投影」したものでしかないのだ。

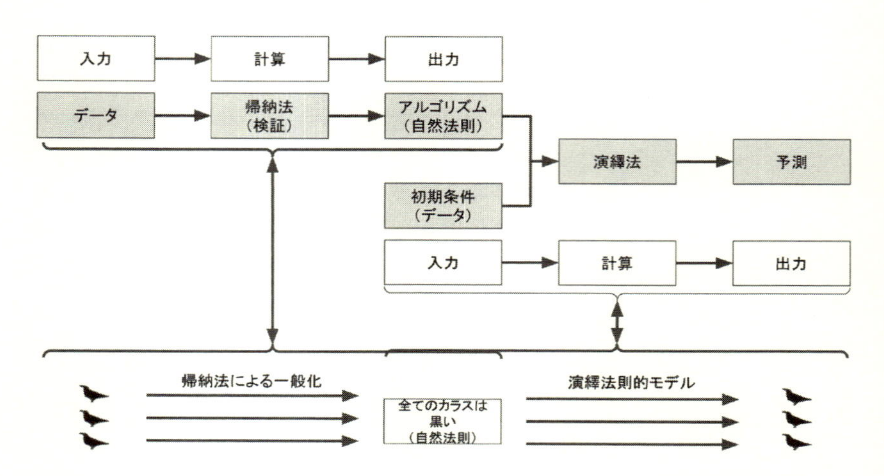

図18. 実証主義（ポジティビズム）の典型的な考え方では、科学はデータを帰納法に入力し自然法則というアルゴリズムを機械的に出力し、いったん自然法則が出力されるとそれに初期条件を入力し機械的、演繹的に予測を出力する。例えば、個別の黒いカラスを観察することで、帰納法により「全てのカラスは黒い」というアルゴリズム（自然法則）を生成し、そのアルゴリズムに「カラス」という条件が入力されると「黒い」という出力が生成される。

そして意識するしないに関わらず、この実証主義という考え方が近代を生きる私たちの常識を形作っている。確かに私たちは科学は客観的だと信じているし、ニュートン力学にしても、経済学にしても観察に基づいて作られた一般法則であり、入力があれば出力がアルゴリズミックに生成されるという形式をとる。例えば、ニュートン力学は観察により発見された $F = ma$ という自然法則に m と a の値を入力すると F の値が機械的に出力されるし、経済学では人間行動を観察して発見された「人間は合理選択をする動物（経済人）である」という一般法則に需要と供給という初期条件を入力すれば均衡が機械的に出力される、ということになる。

実証主義および客観的科学という常識においては必ず正しさが良さに先行する。科学は「どのよう」「である」かという正しい記述（自然法則）であることが重要なのであって「なぜ」そう「であるべき」なのかという良い説明は二次的なものなのだ。「なぜ」力（F）は質量（m）と加速度（a）を掛け合わせたものなのか、「なぜ」適者は生存するのか、「なぜ」人間は合理選択をする動物（経済人）であるのか、などを問うことは意味をなさない。それらはただ単に客観的な事実としてそう「である」としか言いようがないのだ。ましてや力は質量と加速度を掛け合わせたもの「である」（$F = ma$）ことは良いことなのかと問われても答えようがない。それが正しい記述である限り、私たちは「なぜ」そう「であるべき」なのかなど考えずに受け入れるしかないのだ。

マフィア映画『ゴッティ』のなかにボスであるカルロ・ガンビーノの命令を受けた帰りの車でジョン・ゴッティが父親のように慕うオニール・デラクローチに「あの（カルロの）命令はあなたの望むことなのか」と尋ねるシーンがある[100]。デラクローチは「俺が何を望むかは関係ない。ただそういうものなのだ。それ以上追求するな。ジョン。受け入れろ」と答える。マフィアの世界においてボスの命令が絶対であるように、自然法則もまたただ単に絶対的で客観的で普遍的な事実としてそういうものなのであって、自分がそれを望むか望まないかなど全く関係のない話なのだ。仮に重力というものを自分が望まないとしても、それは自分の好き嫌いでどうにかなるものではない。それが科学が客観的で普遍的な自然法則であるということの意味であり、科学が世界の正しい記述（アルゴリズム）であるということなのだ。哲学者バートランド・ラッセルは真実を追求する際には神の意思に服従するのにも似た謙虚さが必要になると説いた[101]。何故ならば、宇宙はただあるがままの存在であり、それは自分がどのようなものであるべきか選ぶことのできるようなもので

100 Gotti (1996).
101 Russell (1944).

はないからなのだ[102]。

ゆえに量子力学の現状を物理学者デイヴィッド・マーミンが「黙って計算してろ！」という言葉で象徴的に言い表したように、量子力学が「なぜ」そのよう「であるべき」なのかわからずとも、波動関数、シュレーディンガー方程式などの量子力学の自然法則が世界を正しく記述する限りそれは客観的な事実なのだ。シュレーディンガーの猫の思考実験で象徴的に語られるように、量子力学によるとミクロな世界には猫が生きている（ような）状態と死んでいる（ような）状態の「重ね合わせ（superposition）」の状態が存在することになるのだが、そのようなことは私たちには「意味がわからない」。一見すると「重ね合わせ」というのは物理学の専門用語のように聞こえるが（そして事実その通りではあるのだが）、その実それは「意味がわからない」ということを体良く別の言葉で言い変えただけの良くない説明でしかない。しかし量子力学の自然法則が世界を正確に記述する以上、「重ね合わせ」は正しいということになる。だからそれが何を意味するのか考える暇があれば、黙って計算をしておけば良いのだ。

実際に、量子力学はとても正確に世界を記述することができる。それが客観的な事実ということなのだ。それに対して「なぜ」と問うことは意味をなさない。ただそういうものなのだと受け入れるしかない。だから黙って波動関数、シュレーディンガー方程式などの自然法則に初期条件を入力して出力を機械的に計算していれば良いのだ。これは小学生が分数の割り算をなぜひっくり返して掛けるのかわからなくても機械的に、アルゴリズミックにそうしていれば問題自体は解けることと似ている。映画『おもひでぽろぽろ』のなかで語られるように、「なぜ」そうなのかわからずとも、「とにかく、… 掛

102 Russell (1944).

け算はそのまま、割り算はひっくり返すって覚えればいいの」ということなのだ[103]。

このように世界の正しい記述、つまり「正当化（検証）された真なる信念」こそが知識であるならば、科学も知識である以上、正しいということを示す検証基準こそが科学（知識）の基準ということになる。しかし「X であれば Y である（全ての X は Y である)」という自然法則はどのようにすれば検証できるのか。知識には一般的な知識、つまり規則性を持った知識と個別の知識が存在する。当然、自然法則は規則性を持った一般的な知識である。自分の知覚さえ疑えるというようなデカルト的､哲学的懐疑に入り込まない限り、個別の知識であればそれが真実であるということを検証することは簡単である。例えば、ワトソンの靴に傷がついているかどうか、という個別の事実はワトソンの靴を確認すればわかる。しかし科学のような一般的な知識、つまり帰納法によって作られる「X であれば Y である（全ての X は Y である)」という自然法則はどのようにすれば客観的に検証されたと言えるのだろう。このように考えた結果、科学知識を客観的なものであると考える近代実証主義は普遍的で客観的な科学の検証（正当化）の基準を探し求めることになった。

論理実証主義

最初に（影響力を持って）正当化（検証）の客観的基準を定義しようとしたのがカール・ヘンペル、ルドルフ・カルナップ、ハンス・ライヘンバッハら論理実証主義（ロジカル・ポジティビズム）と呼ばれた立場の哲学者たちだった。論理実証主義者たちは哲学者イマヌエル・カントに従い真理、つまり「正当（検証）された真なる信念」はすべからく分析的な真理と総合的な真理という二つに分けることができると考え、それ以外は真偽を問うことができない、もし

103『おもひでぽろぽろ』(1991).

くはあからさまに偽であるために「認知的に無意味」であると考えた（図19）[104]。

分析的な真理とは「1+1は2である」とか「三角形は同一直線上にない3点と、それらを結ぶ3つの線分からなる多角形である」とか「未婚の男性とは結婚していない男性である」とかいったように論理的な真理のことである。論理的な真理は大まかに言って定義上の真理と言い換えることができる。「X（主語）はY（述語）である」というような文章は述語（Y）が主語（X）を説明するものであるが、分析的な真理は述語で説明する内容が定義上すでに主語に含まれているような場合である。2であることはすでに1+1に含まれているし、同一直線上にない3点と、それらを結ぶ3つの線分からなる多角形ということはすでに三角形の定義に含まれているし、結婚していない男性という概念はすでに未婚の男性の定義に含まれている[105]。

当然、分析的な命題には真のものと偽のものがある。「1+1は2である」は真であるが、「1+1は3である」は偽である。「三角形は同一直線上にない3点と、それらを結ぶ3つの線分からなる多角形である」は真であるが、「三角形は同一直線上にない4点と、それらを結ぶ4つの線分からなる多角形である」は偽である。分析的な

104　分析的真理と総合的真理という分類自体がのちに哲学者クワインによって批判を受けることとなった（Quine, 1951）。実際には分析的真理と総合的真理はそれほど綺麗に分けられるものではない。そしてこのことは20世紀の思想に大きな影響を与えた。例えば、「未婚の男性とは結婚していない男性である」という言明は定義上の事実であるように思えるが、では20年籍入れていないが、事実婚の状態にあり、子どももいるというような状況はどうだろう。籍を入れていない以上、定義上結婚していない男性なのだろうか。

105　ちなみに「私は私である」とか「うちはうち、XXちゃん家（ち）はXXちゃん家（ち）でしょう」とか「犯人は男か女（男でないか）のどちらかだ」とか「不幸には金のある不幸と金のない不幸しかない」とか「知る人ぞ知る」などのように分析的な真理（定義上の真理）であまりに当然すぎるものはトートロジーと呼ばれる。

命題が真理、つまり知識であると言えるためには分析的な命題は検証、つまり証明されなければならない（近代の知識の定義が「正当化（検証）された真なる信念」である以上、偽である命題は知識ではないことになる）。例えば、ピタゴラスの定理によると直角三角形の斜辺を c、他の2辺を a、b とすると $c^2 = a^2 + b^2$ という関係性が全ての直角三角形に成立するということになっている（図20）。つまり「斜辺を c、他の2辺を a、b とする直角三角形であれば $c^2 = a^2 + b^2$ である（XであればYである）」ということになる。しかし私たちは全ての直角三角形を見たことはないし、見ることもできない（直角三角形は無限に存在する）。とすると、ピタゴラスの定理が知識であるためには、それは本当に正しいのか、本当に例外はないのかが検証つまり証明されなければならない。そして証明された命題が分析的な真理ということになる。分析的な真理の研究は基本的には論理学や数学の領域に当たる。

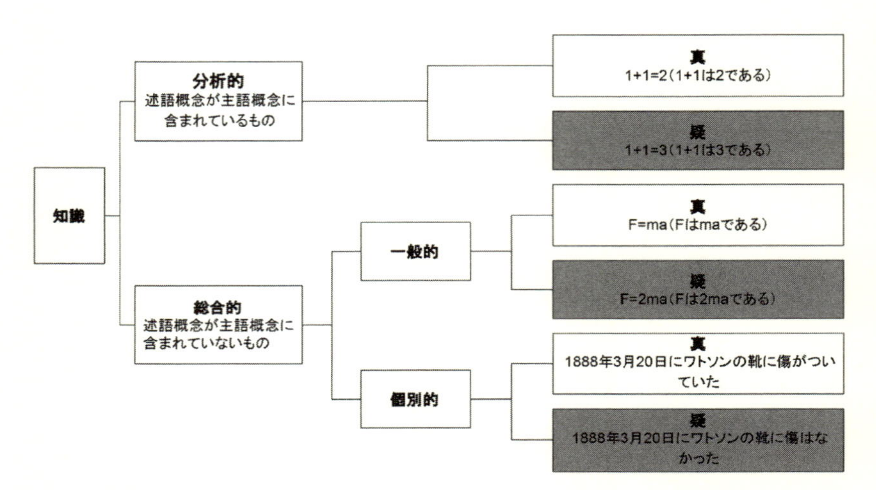

図 19. 論理実証主義の考える知識。知識は分析的なもの（述語概念が主語概念に含まれているもの）と総合的なもの（述語概念が主語概念に含まれていないもの）があり、総合的な知識には一般的な知識と個別的な知識がある。「1+1 ＝ 2（1+1 は 2 である）」は論理的な真理であるので、1+1（主語）のなかに既に 2（述語）という概念が含まれている。「*F* ＝ *ma*（*F* は *ma* である）」は観察によって示された事実であるので、*F*（主語）は概念的、論理的には *ma* である必要はない（*F* が *ma* であるのは経験論的な事実（真理）であると言われる）。同様に、「イギリスの首都はロンドンである」というのは論理的な真理でもなんでもない。イギリスの首都は概念的、論理的にはロンドンである必要はなく、イギリスの首都がロンドンであるというのは観察によって示された事実である。論理実証主義によると、分析的、総合的な命題で真であると示されたもののみが知識であり、それ以外は「認知的に無意味」なものなのである。

一方、総合的な真理は「アリストテレスは哲学者である」とか「イギリスの首都はロンドンである」といったように述語（Y）が定義上、主語（X）に含まれていない場合を指す。アリストテレスは別に論理的、定義上哲学者でなくても良いし、イギリスの首都は別にロンドンでなくても良い（実際にアリストテレスは物理学も研究していたし、生物学も研究していた）。アリストテレスが哲学者であるかどうか、イギリスの首都がロンドンであるかどうかは論理的に証明されるものではなく、実際に観察することによって（いわゆる経験的に、エンピリカルに）判断されるものなのだ。つまり総合的な真理は論理、定義のみで真偽が判断されるのではなく、それが事実かどうかを観察によって判断する必要がある。論理実証主義の思想家たちは、分析的な命題が知識であるためには論理によって証明されなければならないように、総合的な命題も知識たるためには正しいということが観察によって検証されなければならないと考えた。観察により何かを100%正しいと示すことを論理的な証明に対して実証と呼ぶ。論理実証主義者たちは科学も総合的な真理である以上実証されなければならないと考えた。この実証が論理実証主義者の考えた科学の検証基準だった。

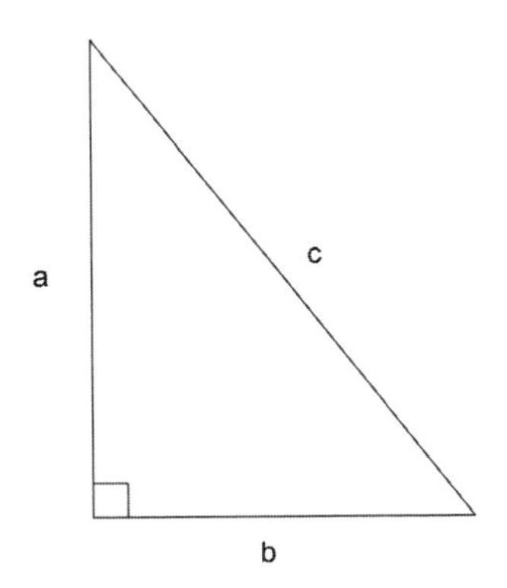

図20. ピタゴラスの定理。直角三角形の斜辺を c、他の2辺を a、b とすると $c^2 = a^2 + b^2$ という関係性が全ての直角三角形に成立する。

しかしすぐに論理実証主義の考え方は崩壊することになった。つまり実証は検証基準足り得ないということが判明したのだ。例えば「今まで見たカラスは全て黒い」という観察と帰納法によって「全てのカラスは黒い」という一般的な法則は導かれるが、この世の中にはまだ見ていないカラスもいるし、もしかしたら明日生まれるカラスは黒くないかもしれない。一部(サンプル)を観察することと「全てのXはYである」という一般法則(母集団)の間には埋められない論理的な乖離が存在する。それは料理の一部を味見したからといって、料理全体が必ずしも同じ味であるとは言い切れないのと同じ原理である。つまり帰納法で作られる一般法則を100%正しいと実証することは原理上不可能なのである。この問題は帰納法の問題と呼ばれる（そしてすでに見たように、様々なところでそれまで自分たちが正しいと信じていたことが崩壊することが実際にある）[106]。

また実証は確率的法則には当てはまらないという問題も存在する。決定論的アルゴリズムは$F = ma$のように「全てのXはYである（XであればYである）」という形をとるが、アルゴリズムが確率的であった場合は「Xは往往にしてYである」ということになる。このような場合何を持って実証となるのかよくわからない。例えば、「このコインは公正である」という仮説があったときに、コインを100回投げて、49回表が出た時には仮説は実証されたと言えるのか。わからない。もちろんこれは同時に、演繹法則的モデルの問題でもある。仮説や法則を実証するためには仮説や法則は何らかの予測を行わなければならない。演繹法則的モデルによると、仮説や法則は予測（出力）を演繹的に生成するということになるが、当然アルゴリズムが確率的であった場合、演繹法則的モデルは何を予測するのかわからない。

演繹法則的モデルはモーダス・ポネンズという論理形式に基づいており、モーダス・ポネンズは確率に対して無力なのだ。

XであればYである
Xである

ゆえにYである

106　帰納法の問題は17世紀のスコットランドの哲学者デイヴィッド・ヒュームが提起したことにより、ヒュームの帰納法の問題などと呼ばれるが、それ以前にトーマス・ホッブズも『リヴァイアサン』のなかで同様の問題を指摘している。Hobbes (1996), chapter 3.

モーダス・ポネンズは確率には当てはまらない。仮説が「X であれば往往にして Y である」という確率的アルゴリズムの場合、確率的アルゴリズムが何を演繹するのか不明である。例えば、あるコインが公正であるという仮説からどのような観察事象が演繹されるのかよくわからない。コインが公正であるとしても、そのコインを10 回投げたときに表が必ず 5 回出るとは言い切れないのだ。確率と演繹法は相入れない。ヘンペルはこのようなことを想定して帰納統計モデル（Inductive-Statistical Model, I-S モデル）というものを提案したが、当然確率的である以上、それは実証とは言えないだろう。

さらにニュートン力学のような決定論的な自然法則に関しても実際の検証の際にはサンプリングエラーや計測誤差などいわゆるノイズ（ランダムなエラー）が発生するため、厳密な意味で実証することはできない（私たちは料理の味見をする際に、当然ながら料理を全部食べない。その一部（サンプル）を食べて味見とする。この時食べた部分が料理全体（母集団）の標準の味ではない場合もある。これがサンプリングエラーである)。事実、決定論的であるアインシュタインの相対性理論が正しいと示された 1919 年のアーサー・エディントンの検証実験では相対性理論は計測誤差（ノイズ）内で(確率的に）正しいと判断された。つまり実証は検証可能性の客観的で普遍的な基準ではありえないのだ。

またすでに見たように、真偽を問えるもののみが認知的に意味があり、知識であり、真偽を問えないものは「認知的に無意味」であり、知識でないと考える近代知識観の帰結として、論理実証主義者たちは分析的な真理と総合的な真理以外は「認知的に無意味」であると考えたが、これは本来の意味での「認知的に無意味」であることとは異なる。本来の意味での「認知的に無意味」であることは知覚された情報がワーキングメモリを通過しないことである。知覚された情報がワーキングメモリで処理されない時にその情報は認知的に透明であり、私たちはその情報に気づかない。それが本来の意味での「認知的に無意味」ということである。実際に、「神は存在する」とか「このコーヒーは美味しい」などは分析的な真理でも総合的な真理でもないが、私たちにとって認知的に十分意味を持つ（それが何を言っているのか理解できる）。そして「タイムマシーンが存在する」は偽であるが、私たちはそれが何を言いたいか理解できる。この意味でも論理実証主義は間違っていた。

反証主義

実証主義の中で検証可能性の基準として（歴史的順序から見て）論理実証主義に取って代わった考え方が哲学者カール・ポパーによる反証主義という考え方である[107]。ポパーは次のように考えた。確かに帰納法の問題ゆえに一般法則が100%正しいと実証することはできない。しかし一般法則に対する反例を一つでも見つけることができればその法則が間違っていると言うことはできる。例えば、「全てのカラスは黒い」ということは帰納法の問題ゆえに実証することはできないが、一羽でも黒くないカラスが見つかれば、「全てのカラスは黒い」は間違っていると言うこと（反証）ができる。つまり科学とは実証可能な一般法則ではなく、反証可能な一般法則なのだとポパーは考えた。

ポパーによると反証可能性こそが科学検証の基準なのだ。そしてこの観点からは科学者の仕事は仮説を反証しようと試みることであ

107　ポパー自身は自分がポジティビズムを「殺した」のだと自慢げに語り、自身の立場をポスト・ポジティビズムと呼んだが、基本的に彼の立場は科学を客観的な法則と考えるポジティビズムの一派である。そして論理実証主義の「死」はどちらかというと内部崩壊という意味で「自殺」のような側面もある。c.f. Putnam (2002), p. 10; Callebaut (1993), pp. 38-41.

り、「厳しい」反証の試みを生き残った仮説こそが正しい自然法則ということになる（ポパーにとっては、良い科学者は自分の持つ仮説を反証しようと試みる科学者であるということになる）[108]。そして科学が反証可能な理論、仮説であるということは、逆に言えば、原理上反証できないような理論、仮説は科学ではないということになる。例えば「神は存在する」とかいったような場合、何が神に対する反例になるのかわからない。そのような理論は原理上反証可能でないので科学ではないことになる。ポパーは反証可能性が存在するかどうかで科学か科学でない（非科学、疑似科学）かの「線引き」をすることができると考えた。

しかし反証可能性という基準もまた大きな内部矛盾を抱えていた。反証可能性の最大の問題は反証可能性もまた確率に当てはまらないという問題である。反証可能性によると反例が一つでも存在すると「全てのXはYである（XであればYである）」という一般法則を否定することができるということになる。しかし実証がそうであったように「Xは往往にしてYである」という確率論的法則の場合、何を持って反証となるのかよくわからない。反証可能性はモーダス・トレンズという論理形式に則っており、モーダス・ポネンズと同じく、モーダス・トレンズは確率を許さない論理形式なのである。モーダス・トレンズは以下の形をとる。

108　次のような逸話がある。ポパーの講演会が終わった後、聴衆の一人が手を挙げて質問した。「私は科学者であり、あなたの理論を大変尊敬しているのですが、私のキャリアの中であなたの言う反証をするということがないのです。これは一体どういうことでしょう」。ポパーは言った。「では、あなたは悪い科学者なのです」。

X であれば Y である
Y でない

ゆえに X でない

例としては以下のようなものになる。

カラスであれば黒い
これは黒くない

ゆえにこれはカラスではない

一見してわかる通りこの論理形式が成立するのは「X であれば Y である」という関係性が決定論的つまり例外のない関係性の場合のみである。言い換えるならば、反証は「全ての X は Y である」という場合のみ成立し、「X であるならば往往にして Y である」では成立しないのだ。

簡単な例として「ここにあるコインは公正である（投げた時に裏と表の出る確率がそれぞれ 50%である）」という仮説を考えてみると、仮にそのコインを 100 回投げてみた結果、表が 49 回、裏が 51 回出たとする。さて、コインの表と裏の出る確率が 50%ずつという仮説は反証されたのだろうか。よくわからない。さらに同じコインを 100 回投げてみる。今度は表が 51 回、裏が 49 回出たとする。例外が一つでもあれば反証できると考える反証可能性の考え方を突き詰めるならば、このコインは公正ではないコインであり、さらにコインは神秘的に傾向性を変えた、ということになってしまうかもしれない。しかしこれは統計学や機械学習で過剰適合（オーバー・フィッティング）と呼ばれる仮説（シグナル）をサンプリングエラーや計測誤差などのノイズを含むデータに寄せすぎた状態である。世界の中から意味のあるパターンを削り出せていないのだ。そして実はポパーの反証可能性は「全てのＸはＹである」という決定論的法則にすら当てはまらない。たとえ仮にニュートン力学や相対性理論のような決定論的法則であっても、実際の検証の際にはサンプリング・エラーや計測誤差などのノイズが発生してしまうため、厳密な意味では反証は原理上不可能なのだ。

さらに反証可能性には「クワイン＝デュヘムのテーゼ」（もしくは「確証の全体性の問題」）と呼ばれる補助仮説の問題がついて回る。自然法則を反証するためには、当然自然法則はなにがしかの（論理的もしくは確率的）予測をせねばならない。つまり演繹法則的モデルがそうするように、自然法則に初期条件を入力し、予測を出力するのだ。この出力（予測）を実験観察と比べてみて、それらが異なっているとその仮説は反証されたということになる。しかし通常仮説は単独では予測を出力することができない。検証したい仮説は他の仮説、いわゆる補助仮説というものと共にしか予測を出力することはできないので、正確には検証はいくつかの仮説をまとめて検証することになる。

例えば、ガリレオが望遠鏡を使った観察によって月には山（起伏）が存在するということを主張した際に、当時ガリレオに批判的な人たちは、望遠鏡というものが存在しないものを見えるようにする道具かもしれないという理由でガリレオを信じなかった[109]。「月には山が存在する」という仮説を受け入れるためには、「望遠鏡は遠くのものを正確に観察することを可能にする道具である」という補助仮説も同時に受け入れなければならない。1919年のアーサー・エディントンが相対性理論を検証した実験でも相対性理論の正しさ以外に

109 Feyerabend (2020; Original in 1975).

も、計測器具もしっかりと調整されていなければならないという問題がついてまわる[110]。経済学の一般法則である「人間は合理選択をする動物(経済人)である」というものでも、市場の情報は皆に共有されているという完全情報、私たちの欲求は一義的に計測できるという効用仮説、およびほかの条件は一定であるというセテリス・パリブスという補助仮説なしには予測を出力することができない。2個で100円のりんごと1個で200円のりんごがあるとしたら当然、私たちは2個で100円のりんごを選ぶというのが合理選択理論による予測なのだが、1個で200円のりんごの方が断然美味しいとか、選択する人間が2個で100円のりんごが存在することを知らないなどということになるとそのような予測は出力されない。

つまり反証主義は主たる仮説と複数の補助仮説をまとめてしか反証できないゆえに、仮にそれらをまとめて反証した場合でも、その中のどの特定の仮説が実際に間違っているのかはピンポイントでは突き止められないことになる。つまり決して特定の仮説を反証することはできないのだ。モーダス・トレンズを用いて説明するなら以下のようになる(主たる仮説をXとしてそれ以外の補助仮説を$x_1 \& x_2 \& \ldots x_k$とする)。

[$X \& x_1 \& x_2 \& \ldots x_k$]であればYである
Yでない

ゆえに[$X \& x_1 \& x_2 \& \ldots x_k$]でない

Yでないという観察事象は確かに[$X \& x_1 \& x_2 \& \ldots x_k$]という仮説の束を反証はしているが、実際にそれらの中のどの仮説が間違っているのかということはピンポイントでは特定できない。これは端的に、

110 McCloskey and Ziliak (2008), pp. 48-49.

2個で100円のりんごと1個で200円のりんごがあり、ある人が1個で200円のりんごを選んだ時に、私たちはその人が非合理的な人なのか、もしくは何か他に事情があるのかわからないということである。

またもし仮に確率の問題やクワイン＝デュヘムのテーゼの問題を乗り越えられたとしても、反証主義の観点からは、では何度反証作業を生き残った仮説であれば正しい自然法則として受け入れるのかという別の基準が必要になってしまう。反証主義の立場からは、「厳しい」反証の試みを生き残った仮説こそが正しい自然法則ということになるが、「厳しい」ということを量的に捉えた場合何回の検証が「厳しい」のかという明確な基準は明言されていない（「厳しい」というのは質的なものかもしれない。そうならばこれもまた曖昧である）。やはり反証も検証可能性の客観的で普遍的な基準たり得ない[111]。

回帰分析

論理実証主義および反証主義は基本的に決定論的法則（アルゴリズム）、つまり「XであればYである（全てのXはYである）」という法則を前提として構築されているので、検証の過程で確率が入ってくることによって検証可能性の基準としては全く機能しなくなってしまう。論理実証主義および反証主義が決定論的法則に執着している一方で、統計学という確率論的法則を扱う学問領域が成立

111　ポパーの考え方には根本的に確率概念が欠落している。これが反証主義の最大の問題である。エディントンによる相対性理論の検証には検証器具などによる検証誤差（ノイズ）が存在した。条件付き確率の記号を考え出した地球物理学者ハロルド・ジェフリーズはエディントンの弟子であるが、ジェフリーズはエディントンが検証しようとした相対性理論を正しいものと考えていたので、クワイン＝デュヘムのテーゼに対応できないポパーの考え方を嫌っていた。それゆえにジェフリーズはポパーは確率計算ができないという理由で、彼がロイヤル・ソサイエティーのメンバーになることを阻止しようとした（McCloskey and Ziliak, 2008, p. 151）。

していた。現代的な統計学は進化生物学の祖であるチャールズ・ダーウィンの従兄弟フランシス・ゴルトンが回帰（分析）という概念を発見したことから始まる。回帰分析は確率論的アルゴリズム、つまり「Xであれば往往にしてYである」というアルゴリズムの典型である。

ゴルトンは様々な人間の特性を分析していく中で、両親と子どもの身長の関係性に気がついた。両親の身長が非常に高い場合、子どもの身長も高くなるが、通常両親の身長ほどは高くはない。逆に両親の身長が非常に低い場合、子どもの身長も低くなるが、やはり通常両親の身長ほどは低くはない。つまり子どもの身長は平均へと回帰するのである。もしもこの平均への回帰がなければ、身長の高い両親の子どもはさらに高くなり、身長の低い両親の子どもはさらに低くなり、何世代か経てば身長3メートルの人間とか30センチの人間といったようなものが出現してしまうということになるが、実際そのようなことはないので、平均への回帰というのは直感的にも理解できるものである。そしてゴルトンはこの回帰という現象を分析する回帰分析という統計手法を開発した。

回帰分析の手法は概念的には以下のようなものである。まず直交座標系のx座標を両親の身長（を平均したもの）、y座標を子どもの身長として、その上に両親と子どもの身長のペアをプロットする。例えば、両親の身長が190cmで子どもの身長が185cmだったら、xが190でyが185のところに点を打つ。これを複数の異なる親子ペアに対して繰り返す。そうするとxy座標上に多くの点が雲のように描ける。そしてそれらの黒丸を一本の直線でつなぐと回帰線が求められる。もちろんこれらの黒丸は厳密には一直線上にはないので、直線から各黒丸への垂直に引いた直線の距離（を二乗したもの）の総和がもっとも小さくなるような直線を求める（図21）。端的にいうと全ての点からの誤差（距離）が最も少ない線を描くのがゴルトンの考えた回帰分析であると言える。

回帰分析の結果得られた回帰線は「両親の身長が高ければ、子どもの身長も高い傾向にあるが、子どもの身長は一般的に両親ほど高くはないし、両親の身長が低ければ、子どもの身長も低い傾向にあるが、子どもの身長は一般的に両親ほど低くはない」という両親と子どもの身長の関係性（パターン）を記述する。ゆえに平均への回帰である。両親と子どもの身長が全く同じ場合、つまり x が 1cm 増加した時に、y も 1cm 増加する場合、その直線は $y = x$ になる。つまり x 軸と y 軸の対角線となる。回帰線は平均へ回帰するので、この対角線（45 度）より緩やかな角度（45 度以下）を持つ直線になる（これが回帰の元々の意味合い、つまり回帰分析の語源であるが、（現在私たちが使う意味での）回帰分析と平均への回帰は異なる概念である）。

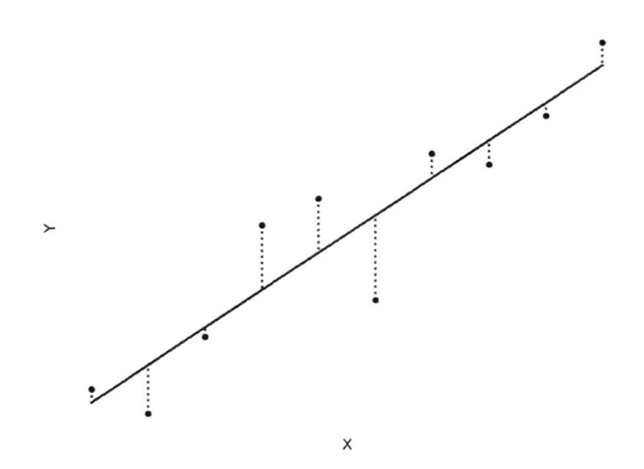

図 21. まず直交座標系にデータをプロットし、全てのデータとの距離がもっとも短くなるような直線を最小二乗法で求める。最小二乗法は回帰線から各データへ垂直に引いた線の距離を足し合わせたものを最短にする方法である。いくつかのデータは回帰線の上にあり、いくつかのデータは下にあるため、二乗しないとプラスとマイナスが相殺してしまうため、回帰線からデータへ垂直に引いた線の二乗の和を最小にする。

回帰線はxをyに対応させる、つまりマッピングする関数である（ゆえに直交座標系に任意の縦線を引いても、回帰線とは一度しか交わらない）。つまり回帰分析はxという入力があればyという出力（予測）が機械的に生成される確率論的アルゴリズムなのである。ここでゴルトンはx（入力）とy（出力）を入れ替えても同じことが起こることに気がついた。両親の身長がわかれば子どもの身長も予測できるだけでなく、子どもの身長がわかれば両親の身長も予測できるのだ。しかし両親の身長が子どもの身長の原因になることはあっても子どもの身長が両親の身長の原因になることはありえない。つまりゴルトンが発見したのは「XはYのために存在する」という因果関係でなく、「Xであれば往往にしてYである」「Yであれば往往にしてXである」という相関関係だったのだ（相関関係という言葉自体ゴルトンの作り出した言葉である）。回帰線はXとYの関係性を$y = ax + b$と表すが、ニュートン力学の第二法則同様、この式は代数的に$x = (y - b) / a$などといった形に変形することができる。つまりこの等式（関数）はXがYの原因なのかYがXの原因なのかは教えてくれない（ここでyは子どもの身長xは両親の身長で、aは回帰線の角度（傾き）、bは回帰線がどこでy軸と交わるかである）。回帰線は因果的な方向性を持たない確率的アルゴリズムなのである。

有意検定

そしてこのゴルトンの発見した「相関関係」という概念は、ゴルトンの弟子であり、実証主義の信奉者だったカール・ピアソンによって統計学の中心に据えられることとなった。実証主義者の立場からは因果関係は観察できないものである以上、科学に不必要なものである。ピアソンは統計学から「なぜ」このよう「であるべき」なのかということを良く説明する因果関係を完全に排除し、統計学を「どのよう」「である」のかということを正しく記述する相関関係を分析する分析手法として立ち上げた。ピアソンは相関関係を客観的に分析する統計学は科学の一般分析ツールたりうると考えていた[112]。実証主義によると科学は客観的な相関関係の研究であると考えられる以上、客観的な相関関係を分析する分析手法である統計学が科学の一般分析ツールとなるのは当然の帰結である。

この考え方の上に、カール・ピアソンの次の世代であるロナルド・フィッシャー、ジャジー・ネイマン、エゴン・ピアソンらは頻度主義統計学と呼ばれる統計学を作り上げた[113]。この考え方では統計学は「行動をガイドするための一般的なポリシー」と定義される[114]。つまり統計学とは、あるデータが存在した時に私たちは一般的にどのような行動をとれば良いのかを教えてくれるものであるということになる。例えば、ある病気に関して自分が陰性であるかどうかを検査するとしよう。この場合「自分が陰性である」という仮説を立て、その仮説が正しいか正しくないかで、私たちは異なる行動をとることになる。もしも検査の結果、陰性であれば通常通り行動することができるが、陰性でないならば（つまり陽性ならば）病院に行くなどの行動を取る必要が出てくる。

そして統計学は科学の基準として統計的検証という新しい手法を提案した。確率論的アルゴリズムおよびノイズの問題を考えたときに自然法則は厳密には実証も反証もできない。つまり仮説が100%正しい（$P = 1$）とも仮説が100%正しくない（$P = 0$）とも言うことができない。つまり実証も反証も検証可能性の基準としては不十分なのだ。しかし仮説が確率的に正しそうであると言うことはできる（$0 \leq P \leq 1$）。このような確率的な検証は実証、反証と区別する

112 Pearson (1911), p. 12.
113 「スチューデント」として知られるウィリアム・ゴセットの貢献はあまり語られることがないが、ゴセットも大きな貢献をした。McCloskey and Ziliak (2008).
114 特にこれはネイマンの考えである。Neyman and Pearson (1933); c.f. Fisher (1956).

ために確証と呼ばれる。しかも美しいことに確率は数学的には0と1の値も取ることができる（確率は $0 < P < 1$ ではなく $0 \leq P \leq 1$ である)。つまり原理上は確証は実証も反証もカバーする包括的な理論なのである。(図 22)。

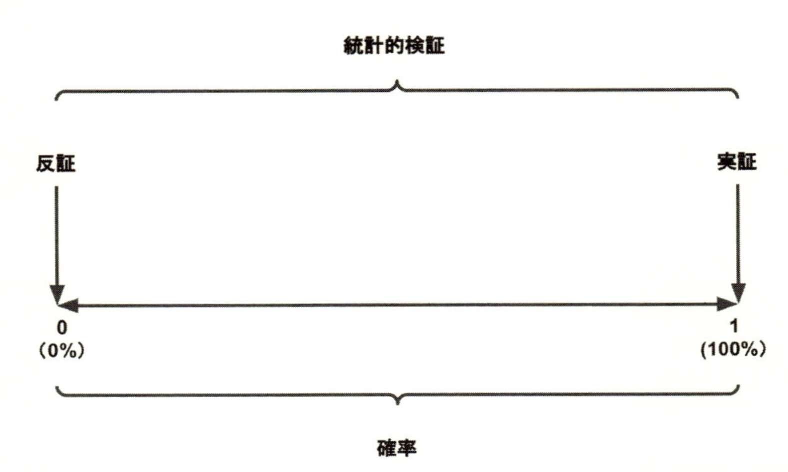

図 22: 確率は 0 から 1（$0 \leq P \leq 1$）、つまり 0%～ 100%の値をとる。実証は仮説の確率が 1（100%）と示すことであり、反証は仮説の確率が 0（0%）と示すことであるが、実際にはノイズの問題などで実証も反証も不可能である。一方、統計的検証は原理上はそれらの数字を含みつつも、その間で検証作業を行うことができる。

ここではロナルド・フィッシャーの有意検定と呼ばれる統計検証を見てみよう。もう一つ有名な手法に対立仮説という概念を持ち込んだネイマンとピアソンの仮説検証があるが、フィッシャーの有意検定を見ることで頻度主義的統計学がどのようなものであるか直感的な理解ができる[115]。フィッシャーの有意検定をまとめると以下のようになる。

115 フィッシャーの有意検定は仮説（帰無仮説と呼ばれる）をデータと比べて検証するものであるが、ネイマンとピアソンの手法は帰無仮説に加えて対立仮説という概念を持ち込むので、タイプⅠのエラー（実際には正しい帰無仮説を棄却すること）とタイプⅡのエラー（実際には正しくない帰無仮説を棄却しないこと）と呼ばれる二つの誤謬の可能性、検出力（帰無仮説が正しくないときに誤らず帰無仮説を棄却する確率）などが新しい概念として出てくる。

1.（帰無）仮説の設定
2. 棄却水準（α）の設定：0.05 もしくは 0.01
3. データの収集および処理、分析（＝データから p 値の構築）

---

4. p 値 $\leq \alpha$ →棄却
p 値 $> \alpha$ →棄却しない

まず帰無仮説と呼ばれる仮説と棄却水準（α と呼ばれ、通常 0.05 もしくは 0.01 が用いられる）を設定し、実際に観察や実験によりデータを収集し、その仮説が真実だという前提のもとでそのようなデータおよびそれよりも極端なデータが得られる確率（フィッシャーは p 値と呼んだ）を計算する。そして p 値と α を比べ、p 値が α よりも低い時（p 値 $\leq \alpha$）に仮説を棄却する。つまりもし仮に仮説が真実だとすると、実際に得られたデータの確率はあまりにも小さすぎる（0.05 もしくは 0.01 以下）と考えられる場合に仮説はおそらく間違いであると判断する、ということになる。いわば統計的な背理法（反証）である[116]。

「コインは公正である」という仮説を棄却水準は 0.05 で検証してみよう[117]。実際にコインを 20 回投げたところ表が 4 回出たとする。このデータに基づいて p 値を計算する。コインを n 回投げた時に表が k 回出る場合分けを「組合わせ」と呼ぶ。これはどの順序で表が出るかという情報（順列）を捨て、n 回のうち何回表が出るかという情報だけを取り出したものである。例えば、コインを 4 回投げて「表・裏・表・裏」「裏・表・裏・表」と出た場合、順列ではそれらを異なる場合と考えるが、組み合わせではそれらを同じ場合と考える（表、裏が 2 回づつ）。フィッシャーにとって統計学とは情

116 Sober (2008); Imai (2013); Mayo (2018).
117 以下の例は Howson and Urbach (2006) によるものである。

報を「効率的に破棄」する方法の研究であり、フィッシャーは順列ではなく、組み合わせを用いることによって表裏の出方の順序という情報を捨てたのだ。コインを 20 回投げた時に、表が 0 回出る確率から 20 回出る確率（フィッシャーは検定統計量と呼んだ）は組み合わせを使いそれぞれ以下のよう求められる（表 1）。

表の回数		表の回数	
0	0.0000009	11	0.1602
1	0.000019	12	0.1201
2	0.0002	13	0.0739
3	0.0011	14	0.037
4	0.0046	15	0.0148
5	0.0148	16	0.0046
6	0.037	17	0.0011
7	0.0739	18	0.0002
8	0.1201	19	0.000019
9	0.1602	20	0.0000009
10	0.1762		

表 1. 検定統計量。表の出る確率を p、裏の出る確率を q とするとコインを n 回投げた時に表が k 回出る組み合わせの確率は $nCkp^{k}\,q^{(n-k)}$ で求められる（$nCk = \frac{n!}{(n-k)!k!}$）。

「コインが公正である」という仮説が真実であると仮定したときに、表が 4 回と同じもしくはそれよりも可能性が低い出方は表が 0 回、1 回、2 回、3 回、4 回、16 回、17 回、18 回、19 回、20 回出る場合であるので、これらの確率を足し合わせたものが p 値である。検定統計量（表 1）に基づいて、これらの確率を足し合わせてみると p 値は 0.012 と計算できる。棄却水準 0.05 よりもこの数字は小さいので、「コインが公正である」という仮説は棄却されることになる。

1. 帰無仮説：コインが公正である
2. 棄却水準：0.05
3. コインを 20 回投げたところ表が 4 回出た（p 値 = 0.012）

4. 0.012 < 0.05 →棄却：コインは公正ではない

頻度主義統計学の立場からは、そのようなコインを使っているカジノには行かないようにするなど、私たちはコインは公正ではないものとして行動しなければならないということになる。

仮に 20 回中 6 回表が出たとすると $p = 0.115$ となり、この場合、0.115 > 0.05 なので棄却されないことになる。

1. 帰無仮説：コインが公正である
2. 棄却水準：0.05
3. コインを 20 回投げたところ表が 6 回出た（p 値 = 0.115）

---

4. 0.115 > 0.05 →棄却しない：コインは公正である

これが(フィッシャーの)統計学の検証基準である。フィッシャー自身は p 値による有意検定を科学的検証の第一歩目にすぎないと考えていたようである[118]。実際に本人がどう考えていたのかはわからないが、特に社会科学および心理学の中で長年に渡り p 値と α による有意検定があたかも「客観的な」検証可能性の基準であるように扱われてきたという事実は否めない[119]。(統計学者竹内啓の言葉を借りるなら）フィッシャーの統計学の手法が有識層や一般層に広がる間にそれが開発された領域を超えて「独り歩き」してしまった、というのが真実だろう（図 15）[120]。

118 Nuzzo (2014).

119 McCloskey and Ziliak (2008).

120 竹内 (2018), p. 266. ゆえにこれは科学（統計学）自体の問題というよりも科学史、科学社会学的な問題だろう。科学や哲学は主として思想的リーダーおよび有識者層の考え方を研究するが、科学史、科学社会学は一般層も研究する。

この背景にはソフトサイエンスと呼ばれる社会科学や心理学などが棄却水準（α）という「客観的な」基準を経由することでハードサイエンスとして認められようとしたということがあったというのも事実だろう[121]。科学がハードかソフトかというのは該当科学がどれだけ法則化、数学化されているかということと、どれだけ難しいか易しいかということのダブルミーニングであり、特に自然科学に対する（実証主義的）社会科学のコンプレックスをよく反映している。このような状況を背景としてフィッシャーの統計学は「独り歩き」してしまった。

自然法則と検証可能性にまつわる問題点

近代は科学を良さ、目的、価値などといった主観を排した客観的な自然法則（「X であれば Y である（すべての X は Y である）」）であると考えた。その結果、近代は自然法則（相関関係）の正しさを客観的に検証する基準を探し求めてきた。しかし科学も人間の形成する知識である以上、本来は良さ（目的、価値）が正しさに先行する「X は Y のために存在する」という目的論的不変パターンなのである。ゆえに科学を自然法則とその客観的な検証と考える実証主義の思考方法には様々なところで破綻が生じてくる。またそもそも自然法則が良さ、意味、価値を完全に排斥し、相関関係のみに基づいて客観的に生成されるとすると、その仮説自体はどこからくるのかという問題も生じてくる。さらに科学知識が客観的であるということはそれは客観的な視点（もしくはロックの言った純粋な感覚）が存在しなければならないということになるが、私たちは神でない以上客観的な視点など持つことはできない。以下これらの問題点を順に見ていこう。

121 McCloskey and Ziliak (2008). pp. 45-47.

因果関係の不在によるさまざまな問題

決定不全の問題

まず、正しさが良さに先行するという実証主義の観点からは、データを観察しても何が正しい自然法則なのか決定することができないという問題が生じてくる。具体的には、純粋な相関関係である自然法則には因果関係的説明が不在であり、因果関係の不在により科学は決定不全という問題に陥る。決定不全とは、多くの自然法則が確率論的法則であること、及び決定論的法則にもサンプリングエラーや計測誤差といったノイズが常について回ることを考慮に入れるならば、論理的にはどのようなデータもどのような自然法則とでも「論理的整合性」を持つことになってしまい科学理論を一義的に生成できない、という問題である。

例えば、今まで見たカラスが全て黒だったというデータから、「全てのカラスは黒い」という一般法則を導くこともできるが、論理的には「全てのカラスは黒いがある日突然白に変わる」という一般法則を導くことも可能である（「なぜ」そのような不可思議な一般法則を導くのか、と考えるかもしれない。まさにその通りなのだが、「なぜ」そう「であるべき」かという因果関係的説明を排除し、「どのよう」「である」かという相関関係のみを記述するという実証主義の観点からは原理上はそのように「なぜ」と質問することは許されない）。

もう一つ例を挙げると、今ここに

– 1, 3, 7, 11

というシークエンス（データ）があるとしよう[122]。次の二つの数

122 この例はMacKay (2003) による。

字は何になるだろうか。一つの答えは「15, 19」というものである。この場合このシークエンスの生成ルール（アルゴリズム）は「前の数に4を足す」というものである。しかし他の答えとして「－19.9, 1043.8」というものも考えられる。この場合このシークエンスの生成ルール（アルゴリズム）は「前の数をxとして$-x^3/11+9/11x^2+23/11$で次の数を求める」というものである。つまり「前の数に4を足す」というルールも「前の数をxとして$-x^3/11+9/11x^2+23/11$で次の数を求める」というルールも「－1, 3, 7, 11」というシークエンス（データ）と「論理的整合性」を持つ（そして上記のデータと「論理的整合性」を持つルールは無限に作ることができる）。つまりデータが存在した時にその生成原理（アルゴリズム）は一義的に定まらないということになる。この例は数学者マッカイによる例であるが、マッカイ自身はこの例をオッカムの剃刀と呼ばれる簡潔性の原理を説明するために用いており、簡潔なルールの方が確率が高くなるということを論じている。しかしここでのポイントは決定不全は確率の話ではなく、論理的な話である。つまりどちらの方が可能性が高いかという話ではなく、確率を考えなければ、どちらも可能性はあるという話である。「論理的整合性」は非常に広い（弱い）関係性なのだ。

だから仮に空中浮遊できると主張する人がいるとしたときに、相関関係だけに基づいて仮説を作ると、重力は存在するが、場所（もしくは人、状況）によっては重力を破ることができる場合もある、という自然法則が正しい可能性も十分に考えられる。つまり因果関係を排した相関関係だけでは自然法則を一義的に生成できないのだ。これは相関関係だけではシークエンスそのものから「意味」のあるパターンを抽出できないということを意味する。

演繹法則的モデルの問題

また実証主義の観点からは自然法則はアルゴリズムであり、そのアルゴリズムに初期条件を入力することにより、帰結（予測）が機械的に出力されると考えられている（演繹法則的モデル）。実証主義の観点からはこれが科学的に世界を記述すること、つまり科学的説明ということになる（実証主義の観点からは説明と記述は等値である）[123]。確かに、物理学にしても生物学にしても経済学にしても初期条件を自然法則に入力することによって予測を出力するという記述方法をとっている。しかしこの考え方にも大きな問題が付いて回る。この考え方、つまり演繹法則的モデルを正しいと考えるならば、例えば、「聖ニコライ教会の高さは147mである」ことの科学的な記述は、「光はまっすぐ進む」という自然法則および「太陽光が45度の角度で聖ニコライ教会を照らしている」と「聖ニコライ教会の影は147mである」という初期条件から論理的に導かれる帰結ということになる[124]。

（自然法則）光はまっすぐ進む
（入力）太陽光が45度の角度で聖ニコライ教会を照らしている
（入力）聖ニコライ教会の影は147mである

（出力）聖ニコライ教会の高さは147mである

確かに初期条件を自然法則に入力することで「聖ニコライ教会の高さは147mである」という帰結が演繹的に出力される。しかし私たちはこのような説明には納得できない。通常日常生活で私たちが求める説明は「なぜ」聖ニコライ教会の高さは147mなのかという

123　カール・ピアソンは『科学の文法』の第3版への序文で科学は説明ではなく、思考の経済性（economy of thought）としての短い記述である、と述べている (Pearson, 1911)。
124　この議論のオリジナルは van Fraassen (1980) である。

疑問に対しての答えなのだ。私たちが欲する説明は「なぜ」に答える因果的な説明なのだ。「なぜ」ドイツのハンブルクの聖ニコライ教会の高さは 147m なのか。「なぜ」フランスのルーアン大聖堂は 151m なのか。「なぜ」ドイツのケルン大聖堂は 157m なのか。これらの「なぜ」にはそれらの教会や大聖堂の影の長さがどうこうという記述では答えることはできない。

さらに言うならば本来は「聖ニコライ教会の高さは 147m である」から「聖ニコライ教会の影が 147m である」はずなのに、演繹法則的説明という因果関係を排した相関関係の記述では「聖ニコライ教会の高さは 147m である」から「聖ニコライ教会の影は 147m である」のかその逆なのかわからない。つまり演繹法則的モデルでは「雨が降っているから道が濡れている」のと「道が濡れているから雨が降っている」のは同じことになってしまう。確かに相関関係的にはどちらも同じなのだが、因果的にはそれらは「全く違う話」である。

当時の時代背景として国家の威信をかけて巨大建造物を作るという競争が行われていた、という説明が通常私たちが求める説明である。1647 年以降長きにわたってフランスのストラスブール大聖堂（高さ 142m）が世界一の高層建築であったが、1874 年に聖ニコライ教会（147m）が建てられ世界一はドイツに取って代わられることになった。それを追い越す形でフランスは 1876 年にルーアン大聖堂（151m）を建築し、さらにそれを追い越す形でドイツは 1880 年にケルン大聖堂（157m）を建てた。要は国家の威信をかけてそれ以前に建てられたものより高いものを立てるという競争が行われていたのだ（そしてこの競争は 1884 年アメリカのワシントン記念塔 169m、1889 年フランスで行われた万国博覧会のエッフェル塔 300m につながってゆく）。このような「国家の威信のためにドイツのハンブルクの聖ニコライ教会の高さは 147m である（X は

Y のために存在する）」とか「ストラスブール大聖堂（高さ 142m）を追い抜くために聖ニコライ教会の高さは 147m である（X は Y のために存在する）」という目的論的因果的な説明が私たちを納得させる説明である。つまり科学的説明は相関関係による一般法則と入力から導出できない。説明には目的論に基づく因果関係が必要なのだ。

これは当然と言えば当然で、例えば、ナイフによる通り魔殺人とかひき逃げ事故というような不条理な場合を考えてみればよくわかる。そのような場合に、私たちは「なぜ」そのようなことが起こってしまったのか、という説明を求める。裁判で解明が求められるのは一義的には「なぜ」そのようなことが起こってしまったのか、「なぜ」犯人はそのようなことをしたのか、ということに関する良い説明なのだ。良い説明とは私たちが納得できる説明であり、そのような説明は因果関係に関する説明である。「どのような」角度で「どのような」ナイフで「どのように」刺したとか、「どのような」車で「どのような」スピードで「どのような」角度で「どのように」轢いたのかなどという正しい記述も大切ではあるが、それは二の次である。「どのように」ということだけをどれだけ正確に記述されても「なぜ」そのようなことが起こってしまったのか、という説明がない限り、裁判では誰も納得しないはずである。

私たちの知識は本来目的論的不変のパターンであるので、「どのように」という相関関係の正しい記述も大切ではあるが、それよりもまず私たちは「なぜ」という因果関係的説明を求める。「なぜ」という良い説明が「どのように」という正しい記述に先行するのが私たちの知識の構造なのだ。例えば、仮に「どのような」角度で「どのような」ナイフで「どのように」刺したのかという記述は全く同じでも、「なぜ」そのような事をしたのかという説明（因果関係）

が異なれば、それに対する私たちの判断は全く異なってくる。それが自らの快楽のため（愉快犯）だったのか、それともボナセラのような状況での復讐であったのかで「全く違う話」になるのだ。前者であれば情状酌量の余地などはないだろうが、後者であれば心情的には情状酌量の余地がある可能性はある。

『殿、利息でござる！』という映画の中で、吉岡宿という街道の商人たちが仙台藩に金を貸し年に１割の利息を取ろうとして、金を貸したいということを直訴する場面がある[125]。藩の側から一度その直訴は突き返されるが、それが商人たちが自ら儲けるために金を貸そうとしているのでなく、窮状にある吉岡宿を救うという大志のために、自らの儲けを犠牲にしてまで行なっていたのだとわかった時に、仲介役だった藩の側であるはずの代官自らが、彼らのために藩の上役に直訴をするために動き出す。仙台藩は金に窮する自分たちの足元を見て、綺麗事を言いつつ彼らが儲けようとしていると考えていたが、そうではなかったのだ[126]。千両を貸して年に１割の利息を取るという状況（の記述）は同じでも、背後にある説明（物語）が異なれば、それらは「全く違う話」なのだ。

確率的因果関係とその問題

つまり実証主義の観点からは、相関関係を観察し帰納法で一般化することで自然法則というアルゴリズムを作り、今度はその自然法則に初期条件を入力することにより帰結を出力することが科学的説明であると考えられたが、その両方に破綻が生じることになる。この問題を回避するためには当然因果関係的な説明が必要になる。しかし当然ながら科学を客観的だと考える常識的な立場からは主観的であると考えられる目的論的因果関係を用いることはできない。だ

125『殿、利息でござる！』(2016).
126 磯田 (2015).

から科学を客観的であると考える実証主義者たちは因果関係を「XはYのために存在する」という目的論によって定義するのではなく、「XであればYである」という相関関係によって定義しようと試みた[127]。

この定義によると因果関係は「XがYの確率を引き上げるときにXはYの原因である」ということになる。言い換えるならば、Yが単独で起こる確率よりも、Xという条件のもとでのYが起こる確率の方が高い時にXとYの間には因果関係がある、ということになる。これは $P(Y|X) > P(Y)$ と表すことができる（$P(Y|X)$ は「Xという条件のもとでYの起こる確率」という数学表記である）[128]。もちろん厳密にはこれはまだ相関関係であり、これが単なる相関関係でなく、正式に因果関係となるためにはその他の要因がXとYの両方を引き起こしているという可能性が排除されなければならない。例えば、Yを肺がん、Xを喫煙とすると、確かに（$P(Y|X) > P(Y)$ とは言えるだろうが、第三の要因Zがあり、これが肺がんと喫煙の両方を引き起こしていると言う可能性も考えられる。例えば、肺がんと喫煙欲求の両方を引き起こすような遺伝子があるのかもしれない。もしもそのような第三の要因Zがある場合、肺がんの本当の原因は喫煙でなくその第三の要因であるということになる。このような第三の要因は交絡因子と呼ばれ、交絡因子によって引き起こされる相関関係はカール・ピアソンによって「意味」のない相関関係、「疑似相関」と名付けられた。

例えば、子どもの靴のサイズと子どもの読解能力の間には強い

127 Reichenbach (1991; Original in 1956; 2006; Original in 1938); Salmon (1980); Pearl (2018), pp. 47-51.

128 Probability of Y, given X ゆえに $P(Y|X)$。この表記（|）は地球物理学者ハロルド・ジェフリーズが使い始め、スタンダードな表記となった。Jeffreys (1931), p. 15.

相関関係が存在する[129]。子どもの靴のサイズ（X）が大きくなれば子どもの読解能力（Y）も上昇する。つまり $P(Y|X) > P(Y)$ の関係が成立する。しかしこれらは両方、年齢という第三の要因によって引き起こされていることは明白である（図23)。つまり $P(Y|X) > P(Y)$ が因果関係として成立するためには第三の要因である年齢（Z）を一定に保つ（コントロールする）必要がある。だから、例えば、年齢を7歳などに固定した上で（Z = 7)、それでも $P(Y|X) > P(Y)$ が成立するようであれば、つまり年齢は同じであるが子どもの靴のサイズが大きくなれば子どもの読解能力も上昇するようであれば、二つの関係は因果関係に一歩近づく。Zを固定した上で、単にYが起こる確率よりも、Xという条件のもとでYが起こる確率の方が大きいということは $P(Y|X, Z = 7) > P(Y|Z = 7)$ と表記しよう。

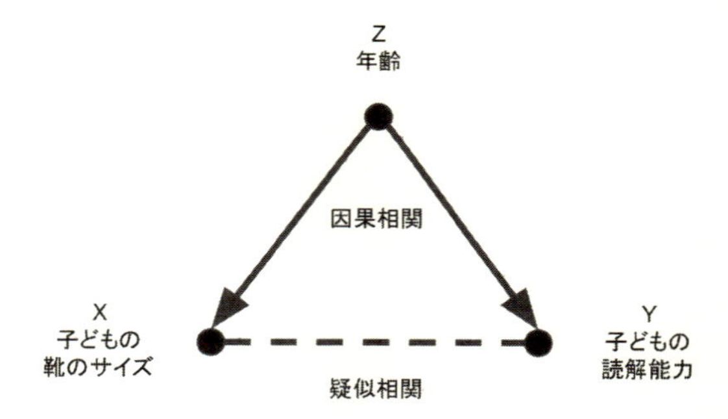

図23. この場合、確かに $P(Y|X) > P(Y)$、つまり子どもの靴のサイズが大きい時に子どもの読解能力が高いという相関関係は成立する。しかしこの場合年齢がその両方を引き起こしている第三の要因、交絡因子であり、子どもの靴のサイズと子どもの読解能力の間の相関関係は疑似相関である。この関係性が疑似相関でなく因果関係であると示されるためには交絡因子であるZをコントロールしなければならない。つまりZが一定に保たれた時に、それでも子どもの靴のサイズと子どもの読解能力の間に相関関係があれば（$P(Y|X, Z = z) > P(Y|Z = z)$）、子どもの靴のサイズと子どもの読解能力の関係性は因果関係に一歩近づく。

しかしながら、もちろん年齢以外の交絡因子の存在も十分に考えうる。考えうる全ての交絡因子（Z）をコントロールすることがで

129 Freedman, Pisani, and Purves (2014).

きたならば理論上は相関関係は完璧になる。このような場合に X と Y の関係性は決定論的であると言える。つまり考えうる全ての交絡因子（Z）をコントロール（交絡因子 Z は変数であり、交絡因子をコントロール、つまり特定の値 z に固定することを Z = z と記述しよう）した上で、$P(Y|X, Z = z) > P(Y|Z = z)$ が成立するならば相関関係は完璧になり、そこには因果関係があると言えることになる。つまり実証主義の立場からは、因果関係とは全ての考えうる交絡因子をコントロールした（つまり統計的に排除した）相関関係であると定義できる。

しかしこのような相関関係からの因果関係の導出には大きな問題が存在する。$P(Y|X) > P(Y)$ が因果関係として成立するためには全ての交絡因子を一定に保つ必要がある。しかし何を持って全ての交絡因子とするのかは相関関係だけで規定することはできず、そこには「なぜ」という説明がどうしても必要となってしまう。例えば、$P(Y|X, Z = z) > P(Y|Z = z)$ において Y を肺がん、X を喫煙としよう。喫煙によって肺がんが引き起こされるという因果関係を相関関係のみから特定するためには考えうる全ての Z を固定（コントロール）しなければならない。では Z は何なのかというと、論理的には無限の要因が考えられる。酒、アメリカの天候、カラスの色、アスベスト、ダイヤモンドの価格など論理的には無限の要因が存在する。もちろんほとんどの人がアメリカの天候、カラスの色、ダイアモンドの価格などは肺がんに関係ないと考えるだろう。しかしそれは「なぜ」なのか。Z をリストアップする際に、私たちはすでに「なぜ」という説明を想定してしまっているのである[130]。「なぜ」という説明を排して因果関係を得るためには全ての Z をリストアップしなければならないことになるが、実際にはそのようなことは不可能

130 例えば、統計学において独立変数を選ぶ際、機械学習において特徴量エンジニアリングを行う際、私たちは当然何らかの理論を想定している。

である（論理的にはZは無限に存在する）。

また、相関関係から因果関係を導出することは、操作上は相関関係から交絡因子を排除することに等しいが、これは端的にいうと疑似相関という意味のない相関関係から意味のある相関関係、つまり因果関係を区別する作業である。しかし疑似相関という概念自体が「意味」のある相関関係という良い説明を想定せずには存在し得ない概念なのである。つまり擬似相関という概念を考えだしたカール・ピアソンの思考自体に破綻が存在するのだ[131]。相関関係だけでは何が意味のある相関関係（つまり因果関係）で何が意味のない相関関係（疑似相関）なのかを区別することはできない。カール・ピアソン自身がすでに意味、因果関係、良い説明などということを無意識のうちに想定していたのだ。そうでなければ擬似相関などという概念を考えつくことはない。やはり目的論なしの相関関係だけでは決定不全に陥ってしまうのだ。

回帰分析の問題

そして回帰分析にも実は目的論的因果関係の欠如による決定不全の問題が潜んでいる。回帰分析はデータに基づいて回帰線を構築する。しかしなぜ回帰線は $y = ax + b$ の形なのだろうか。つまりなぜそれは直線なのだろうか。他にもデータにフィットする数式（他の形をした線）は無限に存在する。これは曲線あてはめ（カーブ・フィッティング）の問題と呼ばれる。そして純粋に数学的な話だけをするならば、数式を複雑にすることで（グラフを直線からカーブしたものにすることで、全てのデータを完璧に記述することのできる（すべての点を通る）回帰線を作ることができる（図24)。そして相関関係が全てなのであれば、一般的に言うと、直線よりもカーブした回帰線の方が良いはずである。ではなぜゴルトンは回帰線を

131 Pearl (2018).

直線にしたのだろう。そこには論理的な、つまり客観的な理由はない。つまりここにも決定不全が存在する。

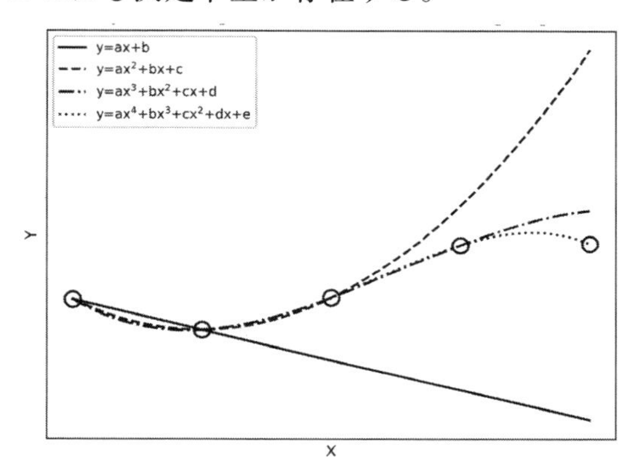

図 24. カーブフィッティングの概念図。多項式の次数（1 乗、2 乗、3 乗、4 乗 ... などで表される線の複雑さ）を増やしていけば（そして a, b, c, d など係数（パラメータ）を調整すれば）、データに完全にフィットする線を描くことができる。具体的にはデータ数を N として多項式の次数を N − 1（以上）に設定すると、必ず一つ（以上）は全ての N を通る線を描くことができる。

もちろんこれは統計学者が過剰適合（オーバー・フィッティング）と呼び、機械学習の文脈では過学習（オーバー・ラーニング）と呼ばれる状態である（図 25）。例えば、両親の身長が高ければ、子どもの身長も往往にして高い、という一般的な傾向性というパターン（一般法則）があるとしても、両親の身長が非常に高いのに、その子どもは非常に身長が低いという例外的なケースもあるだろう。これは一般的なパターンから見るとノイズである。本来、一つの例外（反例）によって確率的法則の反証ができないように、ノイズは一般的な傾向性というパターンを否定できないはずであるが、数学上は、数式を複雑にすることで、データに完璧に対応するアルゴリズムを作ることができる。しかしその場合、両親の身長が高ければ、子どもの身長も往往にして高い、という私たちにとって意味のあるパターンは生成されず、パターンは実際のシークエンスそのものになってしまい、相関関係は完璧であるがその相関関係は私たちにとって「意味」を失ってしまう（また当然ながら、そのようなパターンでは未来（未知のデータ）を予測することはできない）。

そのような意味を失ったパターンを私たちは認知することができない。「両親の身長が高ければ、子どもの身長も往往にして高い」というパターンは私たちにとって認知的に意味のあるパターンであるが、「両親の身長が175cmから176cmになった時には子どもの身長が2cm下がるが、両親の身長が176cmから177cmになると子どもの身長は3cm伸び、両親の身長が177cmから178cmになるとその際には…」などというパターンは私たちにとっては「認知的に無意味」なパターンなのだ。これは私たちにとって「アリストテレスは哲学者である」という文章は認識的に意味のあるパターンであるが、「a2sd&-%$" w_354ejga;;s」は「認知的に無意味」なパターンであるのと同じ原理である。そして「意味」をなさないパターンなどもはやパターンですらなく、それは単にシークエンスそのものなのである。

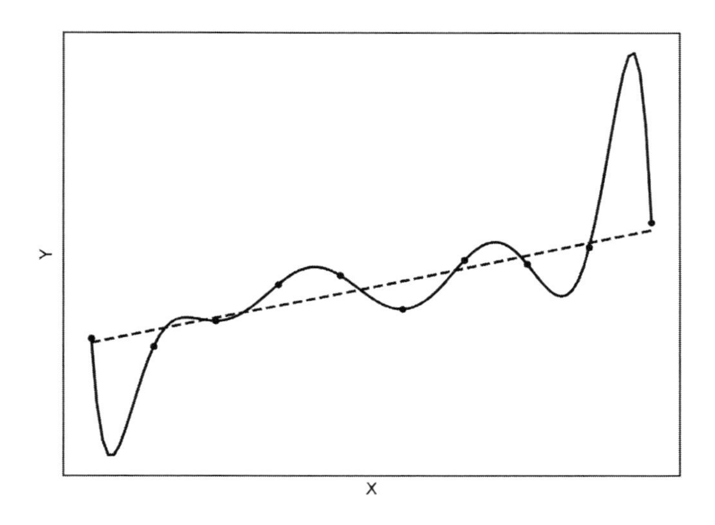

図 25. オーバーフィッティングの概念図。この場合、データ N ＝ 10 であるので、多項式の次数を N − 1 ＝ 9（以上）に設定すれば、少なくとも一つ（以上）は必ず全てのデータポイントを通過する回帰線となる。つまり回帰線を複雑にすればどのようなデータにでも合う回帰線を作ることができる。しかしそのようなデータに合わせた回帰線からは意味が出現しない。「両親の身長が高ければ、子どもの身長も往往にして高い」という規則は私たちにとって認知的に意味のあるパターンであるが、「両親の身長が 175cm から 176cm になった時には子どもの身長が 2cm 下がるが、両親の身長が 176cm から 177cm になると子どもの身長は 3cm 伸び、両親の身長が 177cm から 178cm になるとその際には ......」などというものは私たちにとって全く意味をなさない。

私たちの認知（ワーキングメモリ）は有限（3 ～ 4）であるのに比して、世界は無限ともいうほど大きい。いみじくも統計学者フィッシャーが言ったように、私たちはデータを「効率的に破棄」しないと、世界を認知できないのだ。つまりゴルトンが疑うことなく想定した $y = ax + b$ という直線の形の背後には「なぜ」という疑問によって導かれる簡潔な意味のある良いパターンという観察可能（ポジティブ）でないものが隠れていたのである。そして父親の身長が息子の身長の原因になることはあっても息子の身長が父親の身長の原因になることはありえない、というゴルトンの考え方自体も実は因果関係（意味）を想定している。つまり相関関係という概念自体、意味のある相関関係である因果関係との対比の中でしか存在しない概念なのだ。だから厳密に相関関係だけを考えるのなら、回帰分析もまた決定不全に陥ってしまうことになる。私たちは無意識のうちに因果関係や良い説明を前提しているのだ。

有意検定の問題

さらに有意検定にも決定不全の問題が存在する。有意検定にはいわゆる「ストッピング・ルールの問題」と呼ばれる問題が存在し、ここにも決定不全が生じてくる。ストッピング・ルールとは実験（観察）をいつ終えるのかを決めるルールのことである。上述した有意検定の実験では「コインを 20 回投げる」ことをストッピング・ルールとしたが、そのようなストッピング・ルールは当然ながら客観的なものではない。ゆえに別のストッピング・ルールを用いても構わないことになる。例えば、ストッピング・ルールを「表が 6 回出るまでコインを投げ続ける」とすることもできる[132]。そして

「コインを 20 回投げる」

というストッピング・ルールの場合でも

「表が 6 回出るまでコインを投げ続ける」

というストッピング・ルールの場合でも原理上、

「表が 6 回、裏が 14 回」

という結果を得ることはできる。「コインを 20 回投げる」をストッピング・ルールとした場合には、表が 6 回、裏が 14 回という結果

132 この例も Howson and Urbach (2006) による。

では「コインは公正である」という仮説は棄却されないことはすでに見た。しかし「表が 6 回出るまでコインを投げる」をストッピング・ルールにすると全く同じ結果、全く同じ棄却水準でも「コインは公正である」という仮説は棄却されることになる。

「表が 6 回出るまでコインを投げる」というストッピング・ルールを採用した場合、統計検定量は以下のようになる（表 2）。そして「コインが公正である」という帰無仮説を想定した時に実際よりも可能性が低い出方は (6,14), (6,15)... であるので、ここから p 値を計算すると 0.0319 となる。

（表，裏）		（表，裏）	
6,0	0.0156	6,11	0.333
6,1	0.0469	6,12	0.236
6,2	0.0820	6,13	0.0163
6,3	0.1094	6,14	0.0111
6,4	0.123	6,15	0.0074
6,5	0.123	6,16	0.0048
6,6	0.1128	6,17	0.0031
6,7	0.0967	6,18	0.0020
6,8	0.0786	6,19	0.0013
6,9	0.0611	6,20	0.0008
6,10	0.0458	6,21	0.0005

表 2. 統計検定量。「表が 6 回出るまでコインを投げる」というストッピング・ルールは（表，裏）=(5,i) の後に表が出るということであり、この確率は ${}_{i+5}C_{5}\left(\frac{1}{2}\right)^{6+i}$ で求められる。

そうすると、

1. 帰無仮説：コインが公正である
2. 棄却水準：0.05
3. 表が 6 回出るまでコインを投げる（p 値 = 0.0319）

---

4. 0.0319 ≤ 0.05 →棄却：コインは公正ではない

となる。つまり全く同じデータ、全く同じ棄却水準でも異なるストッピング・ルールにより棄却するかしないかの判断が真逆になってしまう。やはりここにも決定不全が存在する。ストッピング・ルールの問題は一般的に p - ハッキング（データ・ドレッジング、データ・スヌーピング、データ・フィッシング）などと呼ばれる問題に関わる可能性のある問題である。p - ハッキングとはデータの恣意的な扱いにより仮説の棄却が恣意的に行われる問題群のことを指す[133]。簡単にいうと、何か興味深いパターンが出るまでデータを探し、興味深いデータが出たところで探索をやめてしまうなどの行為や、有意さが出るまでテストを続けるといったような行為である。

133　c.f. Ioannidis (2005). またサンプルサイズを増やしていくと、わずかな差でも有意さが検出されてしまう（帰無仮説が棄却される）という問題もある（Lindley, 1957）。

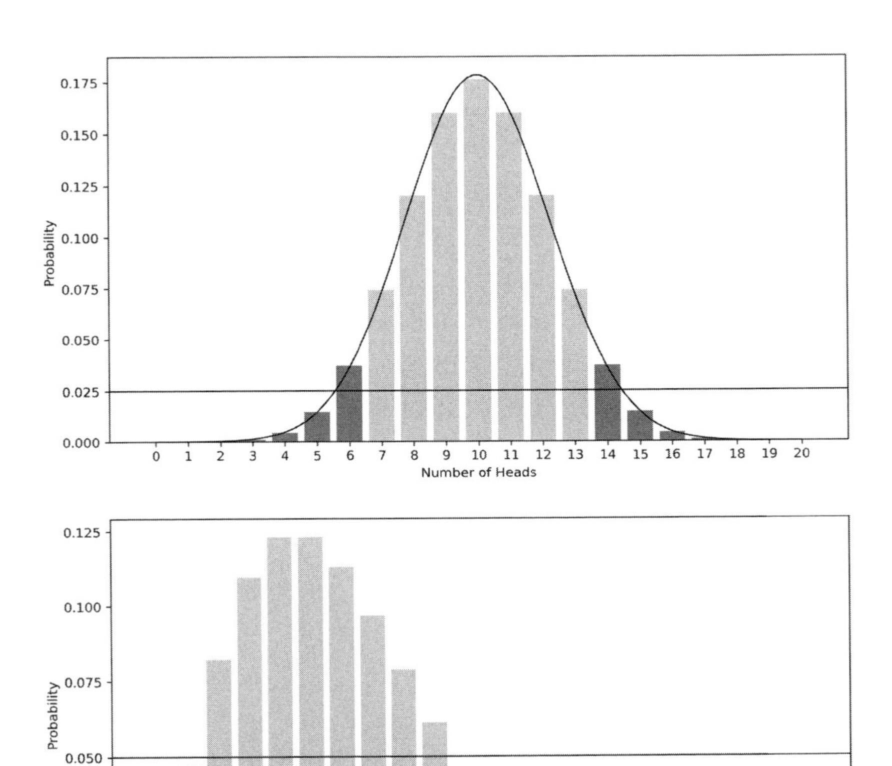

図 26. 「コインを 20 回投げる」というストッピングルールで表が 6 回出た場合の統計検定量を棒グラフの形で表すと、正規分布に近似される形のグラフが描ける（上。X は表の回数、Y は確率）。p 値は表の数が 6 回よりも極端な数が出る場合、つまり 0 ～ 6 回および 14 ～ 20 回表が出る場合の確率を足し合わせたものなので、検定は両側検定と呼ばれるものとなる。両側検定の場合、$\alpha = 0.05$ を 2 で割る（0.025）。0 ～ 6 回および 14 ～ 20 回表が出る場合の棒グラフをそれぞれ縦に足し合わせたもの（p 値）の高さと 0.025 の線と比べると p 値 $>$ α であるので、仮説は棄却されない（6 の確率単独でも 0.025 を超えているのが見て取れる）。一方、「表が 6 回出るまでコインを投げ続ける」というストッピングルールで表が 6 回出た場合の統計検定量を棒グラフの形で表すと、異なるグラフが描ける（下。この場合、X は裏の回数、Y は確率）。この場合検定は片側検定と呼ばれるものとなり、14 ～ 20 までの棒グラフを縦に足し合わせると（p 値）、それは 0.05 の線を超えないので（p 値 $\leq \alpha$）、帰無仮説は棄却されることになる。

さらに有意検定で用いられる棄却水準 α も客観的なものではない。棄却水準は通常 0.05 もしくは 0.01 に設定されることが多い。この数字は平均からの離れ具合を示す標準偏差（σ）と呼ばれる数字から導き出され、数学的に扱いやすいために用いられている数字であり、実際にはなんの客観性もない。正規分布（ガウス分布）の概念によると、平均からの離れ具合が σ 以下であるのはおよそ 0.68 で、2 σ 以下であるのはおよそ 0.95 で、3 σ 以下であるのはおよそ 0.99 である（図 27）。この 0.95 と 0.99 の反対をとったのが 0.05 もしくは 0.01 という数字である。言い換えるならば、これらの数字は客観的なものではなく、数学的に扱いやすいという理由で用いられている数字なのだ。ゆえにこれらの棄却水準で棄却されたとしても、それは客観的であるとは言えない[134]。

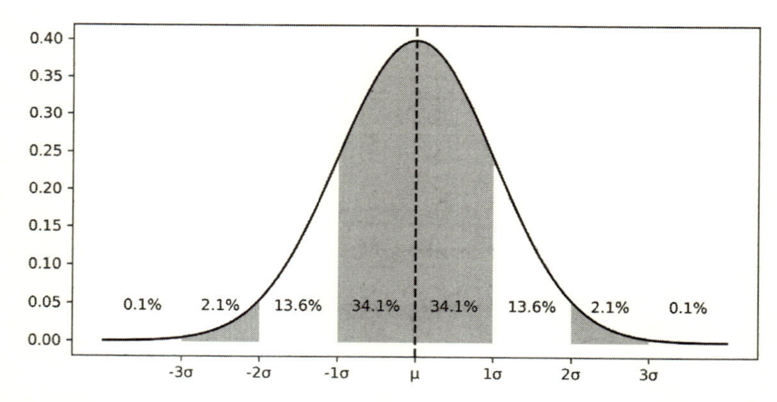

図 27. 正規分布（ガウス分布）。正規分布の概念によると、平均からの離れ具合が 1 σ（標準偏差）以下であるのはおよそ 0.68 で、2 σ（標準偏差）以下であるのはおよそ 0.95 で、3 σ（標準偏差）以下であるのはおよそ 0.99 である。

また仮に上記のような問題をクリアし、p 値に基づいて仮説が棄却されなかったところで、その仮説が本当に正しいかどうかは全く

134　のちにモデル選択という概念が出現した。モデル選択では α という恣意的な基準を設定する必要がない（Akaike, 1974）。

の別問題である[135]。フィッシャーは組み合わせという方法を用いることで、順列（順序）という情報を破棄したが（フィッシャーにとって統計学は情報を「効率的に破棄」することだった）、もしもコインを100回投げて50回表が出た場合、当然フィッシャーの検証基準ではコインは公正であるという結論に至る。しかしもしもコインの出方が「表、裏、表、裏、表、裏…」だった場合、私たちは何かがおかしいと感じる。そしてサンプルサイズが大きくなればなるほど、フィッシャーの方法論ではコインは公正であるという確度は高くなるが、私たちの疑惑は増してゆく。コイン投げの場合、通常独立同分布（independent and identically distributed; IID）と呼ばれるものが前提とされているが、これはその前提（補助仮説）が成立していないということになる。独立同分布とはコインを複数回投げた時にそれらは互いに影響を及ぼさず（例えば、一つ前のコイン投げは今のコイン投げには影響しない）、またそれぞれのコイン投げは同じ確率分布に従っている（コインは突然傾向性を変えない）という前提である。有意検定もまた帰無仮説とともに様々な前提（補助仮説）を束で検証しているのだ。これは確率的反証である有意検定におけるクワイン＝デュヘムのテーゼの問題であるということができる。つまり有意検定は仮説とデータの間に相関関係があるかどうかだけを検証する仕組みであり、それが本質的に良い説明であるかどうかについて頻度主義統計学は沈黙せざるを得ない。しかし私たちが求めるのは正しい記述ではなく良い説明なのだ。客観的で普遍的な科学知識の基準、つまり客観的な検証可能性の基準など存在しない。やはり科学にも意味、良さ、価値が必要なのだ。

ベイズ統計学

このような意味、良さ、価値を統計の中に入れようとするベイズ統計学という手法が存在する。すでに見たように、頻度主義統計学

135 McCloskey and Ziliak (2008).

は統計学を「行動をガイドするための一般的な規則（ポリシー)」と捉え、帰無仮説が真実だという前提のもとで、データが得られる確率（p 値）を計算し、棄却水準（α）に照らして棄却するかどうかを判断する統計的な背理法（反証）である。このような仮説（以下 Hypothesis の頭文字をとって H と表記）を想定した時にデータ（以下 Observation の頭文字をとって O と表記）が得られる確率（$P(O|H)$）を尤度(ゆうど)と呼ぶ。つまりフィッシャーの頻度主義統計学の中核には尤度の思想が存在する（尤度という概念自体フィッシャーが導入した概念である。つまり仮説を想定した時にデータが得られる確率を尤度と定義し、統計学に導入したのがフィッシャーである)。一方、ベイズ統計学は統計学を「私たちがある信念（belief）をどの程度信じるのか、という私たち自身の知識の確かさを表すもの（信念の度合い)」と捉え、ベイズの統計学はベイズの定理

$$P(H|O)=\frac{P(H)P(O|H)}{P(O)}$$

を用いて統計計算を行う（BOXⅢ参照)。$P(H)$ は事前確率、$P(H|O)$ は事後確率などと呼ばれ、ベイズの定理は、データが存在した時の仮説の確率である事後確率（$P(H|O)$）は、その仮説が正しいと仮定した時にデータが観察される確率、つまり尤度（$P(O|H)$）とその仮説自体の確率（信ぴょう性、$P(H)$）を掛け合わせて、データ自体の確率（$P(O)$）で割ったものであると解釈することができる。フィッシャーらの頻度主義統計学は仮説を前提したときのデータの確率、つまり尤度を求めるものであったが、ベイズ統計学の考え方では、それだけでは仮説を信じるには不十分で、仮説自体の確率、つまり仮説自体の信ぴょう性も必要なのだ、と考える。頻度主義統計学とベイズ統計学は統計手法の違いであるとともに統計自体に対する思想の違いでもある（ちなみにベイズ統計学では p 値を使用しないの

でストッピングルールの問題は出てこない）[136]。

例えば、仮に妊娠しているかどうかが棄却水準 $\alpha = 0.01$ の精度で検証できる妊娠検査キットが存在したとする。つまりこの検査キットで検証して、妊娠しているという結果が出た場合、$P(O|H) =$ 99%（$\alpha = 0.01$ の裏返し）の確率で妊娠していることになる。頻度主義統計学は統計学を「行動をガイドするための一般的なポリシー」と考えるので、そのような場合に私たちは、アルコールを控えるとかいったように、妊娠しているものとして行動しなければならないということになる。しかしもしその検査を受けた本人が男性

136　フィッシャーの有意検定は帰無仮説の尤度に基づいて構築された p 値のみを扱うが、ベイズ統計学の立場からは尤度は単独では意味を持たず、他の仮説（対立仮説）との比較の中でのみ意味を持つと考えられる。例えば、一つの仮説（H1）が「コインは公正である（$p = 0.5$）」とし、もう一つの仮説（H2）を「コインは歪んでいる（例えば、$p = 0.6$）」として 20 回コインを投げて表が 6 回出た（O）場合、それらは以下の比で比べることができる。

$$\frac{P(H1|0)}{P(H2|0)} = \frac{P(H1)P(0|H1)/P(0)}{P(H2)P(0|H2)/P(0)} = \frac{P(H1)P(0|H1)}{P(H2)P(0|H2)}$$

今、両仮説の事前確率に差がないと仮定すると、

$$\frac{P(H1)P(0|H1)}{P(H2)P(0|H2)} = \frac{P(0|H1)}{P(0|H2)}$$

となり、尤度比で仮説検証を行うこととなる（ゆえにネイマン・ピアソンの仮説検証とかなり近くなる）。すでに見たように、ストッピングルールが「コインを 20 回投げる」というものであった場合、尤度は

$$nCkp^kq^{(n-k)}$$

で与えられる。この場合、上記の尤度比は

$$\frac{P(0|H1)}{P(0|H2)} = \frac{nCkp^kq^{(n-k)}}{nCkp^kq^{(n-k)}} = \frac{20C6(0.5)^6(1-0.5)^{(20-6)}}{20C6(0.6)^6(1-0.6)^{(20-6)}} = \frac{(0.5)^6(1-0.5)^{(20-6)}}{(0.6)^6(1-0.6)^{(20-6)}}$$

となる。ここでストッピングルールは nCk に、実際のデータは $p^kq^{(n-k)}$ にそれぞれ対応し、ストッピングルールは分母と分子で打ち消しあい、データ比のみが残ることとなる。つまりベイズ統計学にはストッピングルールの問題は出てこないということになる。

だった場合、当然妊娠することなどあり得ない。つまり仮説自体に信ぴょう性がないということになる（$P(H)$ = 0%）。ゆえに当然ながら妊娠している確率は0%（$P(O|H) \times P(H) = .99 \times 0 = 0$）となる[137]。つまり検証には仮説自体の持つ意味、良さ、価値（信ぴょう性）が必要なのだ。この意味で、ベイズ統計学は頻度主義統計学よりも私たちの実際の知識の形成に近い（しかしもちろんここでも知識は陳述記憶と同定されており、非陳述記憶は考慮されていない）。しかしベイズ統計学にも疑問が残る。そもそも仮説は、そして仮説（の信ぴょう性）自体は一体どこからくるのか[138]。

BOXⅢ: ベイズの定理の導出 ―――――――――――――――――――――――――――――――――――――
ベイズ統計学の基本概念は条件付き確率である。トランプにはジョーカーを除いて、52 枚のカードがある。そのうちハートとダイヤが赤で、スペードとクローバーは黒で、それぞれ 13 枚ずつある。今 52 枚のカードの中からランダムに一枚のカードを取り出し、それをテーブルの上に伏せる。そのカードが赤の確率は 26/52 = 1/2 である。カードが黒である確率も同様に 1/2 である。そのカードがハートである確率は 13/52 = 1/4 である。そしてそのカードがダイヤである確率、スペードである確率、クローバーである確率もそれぞれ同様に 1/4 である。

今、一枚取り出したカードが赤であるということがわかっているとする。ではその時にそのカードがハートである確率（条件付き確率と呼ばれる）は何か。あるカードが赤である時にそのカードがハートである確率を P(カードがハート | カードが赤) と書こう。P(カードがハート | カードが赤) はカードがハートであり且つカードが赤である確率（1/4）をカードが赤である確率（1/2）で割ったもの（1/2）である。赤いカードにはハートかダイヤしかないので、カードが赤だった時に、そのカードがハートである確率は確かに 1/2 である。これを一般化すると次のことが言える。

1）$P(A|B) = P(A\&B)/P(B)$
である。そして A と B を入れ替えても等式自体は成り立つので、
2）$P(B|A) = P(B\&A)/P(A)$
である。これを展開すると、
3）$P(B\&A) = P(A)P(B|A) = P(A|B)P(B)$
となり、

---

137 計算などの理由から往々にして P(O) を落とした $P(H|O) \propto P(O|H) \times P(H)$ が使われる。これはカーネルと呼ばれる。ここで∝は比例するという意味である。
138 c.f. MacKay (2003), p. 346.

4）$P(A|B) = \frac{P(A)P(B|A)}{P(B)}$
が導き出せる。これがベイズの定理である。

AとBをそれぞれH（仮説）とO（観察、データ）と置き換えるとベイズの定理は
5）$P(H|O) = \frac{P(H)P(O|H)}{P(O)}$
と書き換えられる。これがベイズ統計学において使われる考え方である。

仮説はどこから来るのか

実証主義の伝統の中では科学は良さ、意味、解釈など主観から切り離して観察可能である純粋な相関関係のみに基づいて作られる自然法則だと考えられてきた。ゆえに科学は相関関係に基づいて帰納法で作られると考えられてきた。実証主義の様々な考え方をまとめると以下のようになる（図28)。論理実証主義は観察により仮説を実証することで自然法則は作られるのだと考え、反証主義は観察により仮説を反証しようと試み、それを生き残った仮説が自然法則であると考えた。回帰分析は仮説と観察データを回帰分析によって自然法則を作ろうとし、頻度主義統計学は観察と仮説に基づいて統計的検定を行うことで、行動をガイドするための一般的な規則（ポリシー)、つまり自然法則を生成しようとした。

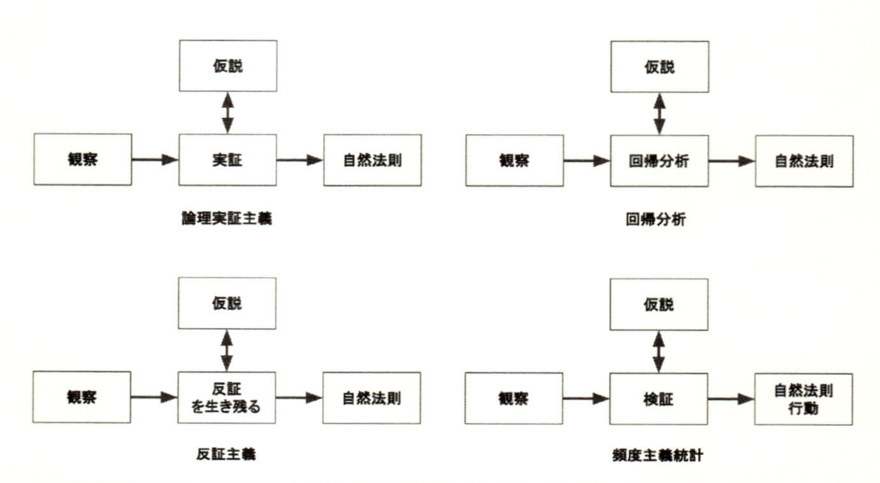

図28. 論理実証主義は観察により仮説を実証することで知識、自然法則は作られるのだと考えた。反証主義は観察により仮説を反証しようと試み、それを生き残った仮説が自然法則であると考えた。回帰分析は仮説と観察データを回帰分析によって分析し自然法則を作ろうとし、頻度主義統計学は観察と仮説により統計的検定を行うことで、行動をガイドするための一般的なポリシーを生成しようとした。

論理実証主義にしろ、反証可能性にしろ、統計学にしろ、それらは全て帰納法を用いている（これに関してはベイズ統計学も同様である）。しかし帰納法によると集めたデータから一般法則を帰納的に推論するということになっているが、実際にはそもそもまずなんらかの理論的背景、つまり仮説が存在しなければデータを集めることすらできない。仮説を持ち合わせずにデータの収集をすることは実際には不可能なのである[139]。例えば、今突然「はい、今から観察してください」と言われても「何を？」としか言いようがない。何を検証するのかという仮説がないと観察などできない。純粋な観察（視点）など存在しない。要するに純粋な帰納法だけでは科学理論は生成できないのだ。もちろんポジティビズムの思想家たちがこの

139　この問題は「観察の理論負荷性」などと呼ばれ、枚挙的帰納法の論理的帰結として生じる問題である。c.f. Lipton (2004), p. 65; p. 84.

仮説の必要性という問題に気がつかなかったわけではない[140]。この問題を解決するために論理実証主義のカール・ヘンペルや反証主義のカール・ポパーらは仮説演繹法という考え方を用いた。

ヘンペルやポパーらは科学者（もしくは私たち）が推論をする際には純粋な帰納法ではなく仮説演繹法という手法を使っているのだと考えた。仮説演繹法によると科学者（もしくは私たち）はまず最初に仮説を想定し、その仮説からどのような帰結（予測）が得られるかを演繹する。そして観察を行い、もし仮説の演繹的帰結（予測）が観察結果と一致するようであればその仮説は確証されたと考える。カラスの例で言うなら科学者はカラスを見たときに、「全てのカラスは黒い」という仮説を想定する。その仮説の演繹的な帰結（予測）は「今後（次に）見るカラスは黒い」というものである。これに基づいて観察を行い、観察と演繹的帰結（予測）が一致すると「全てのカラスは黒い」という仮説は確証されると考えるのだ。帰納法が観察により仮説を生成するという考え方なのに対して、仮説演繹法はまず仮説を想定してそれを検証するという思想であるという点で異なる。

仮説演繹法を用いることで一見仮説の必要性の問題は解決できるように思える（もちろんここでもモーダス・ポネンズの問題、つまり仮説が確率論的な場合何を演繹するのかわからないという問題は生じてくる）。しかし仮説演繹法の（少なくともこの文脈での）本当の問題は仮説演繹法は仮説自体がどこから来るのかという根本的な疑問に答えられていないことである。仮説演繹法は仮説生成をブラックボックスに押し込めてしまったのだ。カラスを見ても必ずしも「全てのカラスは黒い」という仮説を思いつくという必然性はどこにもない。「全てのカラスには羽がある」「全ての鳥には羽がある」

140 Hempel (1966).

「全てのカラスには目がある」「全ての鳥には目がある」など無限の仮説の可能性が存在する。「なぜ」「全てのカラスは黒い」という仮説なのか。またデータは無限に数多くのパターンと整合性を持つという決定不全の問題を考え合わせると、「全てのカラスは黒い」という仮説も一つの可能性ではあるが、他の可能性としては「全てのカラスは今は黒いが、未来のある時点で青色に突然変色する」という仮説も考えられる。無限にある仮説の可能性の中からどのようにして「全てのカラスは黒い」という特定の仮説が選ばれるのか。仮説演繹法ではこの問題に答えられない。

実は仮説演繹法は、そして回帰分析以外のこれまで論じてきた考え方は全て論理実証主義の哲学者ハンス・ライヘンバッハによって提唱された「仮説の発見過程」と「仮説の検証過程」は二つの異なる独立した過程であるという前提の上に成立している（図 29）[141]。ライヘンバッハは科学は「仮説の発見過程」と「仮説の検証過程」という二つの異なるフェーズで構成されるものであると考えた。この考え方によると、仮説が検証される過程は客観的なものであるが、それ以前の仮説の発見過程は客観的なものではなく、科学者個人の心理的な要素や歴史的、文化的、社会的背景が作用しており、そこに関しては客観的な科学は沈黙せざるを得ないということになる。つまり実証主義が取り扱ってきたのは仮説の検証作業のみなのであり、仮説の発見は客観的な科学の一部ではないということになる[142]。つまり科学を客観的なものであると考える実証主義はこれら二つの過程を綺麗に切り分けることによって「なぜ」という疑問、つまり良さや意味によって導かれる「仮説の発見過程」をブラックボックスに押し込めてしまったのだ。事実、カール・ヘンペルは仮説がどこから来たのかという問題に対してそれは「幸福な当てずっ

141 Reichenbach (2006; Original in 1938).
142 Reichenbach (2006; Original in 1938), pp. 6-7.

ぽう（happy guesses)」であると述べている[143]。

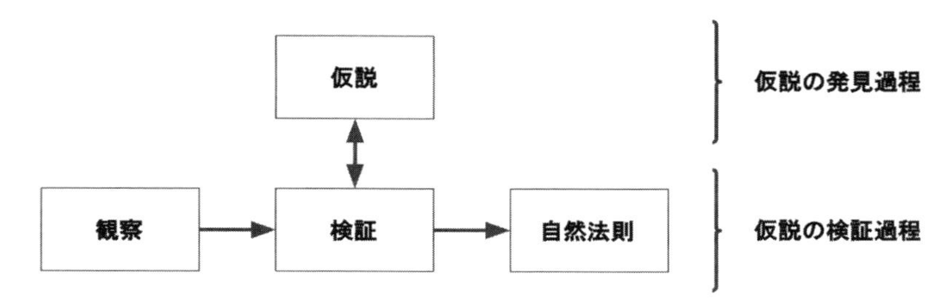

図 29. 実証主義は「仮説の発見過程」と「仮説の検証過程」を切り分けることによって、良さや意味に導かれて作られる仮説をブラックボックスの中に押し込めてしまった。

フィッシャーにしても同様で、彼もまた仮説の発見と統計的検証の過程とは切り離して考える問題だと考えていた[144]。有意検定などフィッシャーの思考の中心には尤度の考え方が存在した[145]。尤度は仮説を想定した時にデータが得られる確率のことであった（$P(O|H)$）。フィッシャーの統計学は仮説検証と推定に大別することができる。仮説検証（有意検定）は仮説をすでに想定していなければできないことはすでに見たが、フィッシャーは推定の問題も尤度の最大化と考えた（最尤推定と呼ばれる）。しかし尤度を最大化させるためには、もしくはもっと根本的に尤度自体を求めるためには、仮説はすでに想定されていなければならない[146]。何故ならば尤度は定義上、仮説を想定した時のデータの確率であるからだ。つまりフィッシャー（統計学）もまた、そのような名前で認識していたかどうかは別にして、「仮説の発見過程」と「仮説の検証過程」という二つの独立した過程を想定し、仮説の存在を前提としていた。そしてベイズ統計学も仮説自体がどこから来るのかに関しては明確な

143 Hempel (1966), p. 15; Lipton (2004), p. 83; c.f. Sober (2008), p. 185.

144 Lehmann (1990); Burnham and Anderson (2002).

145 ちなみに回帰分析は伝統的には最小二乗法を用いて行われていたが、尤度を用いることもできる。大雑把に言うと最小二乗法は尤度に変換することができる。

146 Findley and Parzen (1998).

答えを持ち合わせていない（ベイズ統計学もまた仮説はすでに存在するものとして想定している）[147]。

このように実証主義の観点からは科学は「幸福な当てずっぽう」により仮説を作り、データを集め、その仮説が正しいかどうかを検証するという線形で静的な構造を取ると考えらえてきた。しかしニュートンは当てずっぽうで$F = ma$を考えついたのだろうか。ダーウィンの進化論は当てずっぽうだったのだろうか。そうであればダーウィンがビーグル号の航海で見て、インスピレーションを受けたというフィンチ（鳥）はなんだったのだろうか。アインシュタインやエルヴィン・シュレーディンガーは相対性理論や量子力学の複雑な数式や理論を当てずっぽうで思いついたのだろうか。そうだとしたらあまりにも幸福であると言わざるを得ない。やはり実証主義の考える客観的な科学という考え方には違和感が付きまとう。実証主義は科学を客観的で普遍的なものにしようとするあまり、そのために科学に本来必要な良さや価値観などといったものをブラックボックスに押し込めてしまったのだ。

どこでもない場所からの視点

さらに客観的科学は客観的な視点という「どこでもない場所」からの視点を想定せざるを得ない。主観と客観（主体と客体）が切り離されており、科学が客観的であるということは客体世界の自然法則を観察によって発見する主体、つまり科学者（人間）は客体世界と交わってはいけないということになる。ゆえに科学者は主観を一切持たない「誰でもない人」でもある。主体が客体世界に交わるということは主観が客観に混入してしまう、ということである。つまり主観的な感情が客観的な知識に「投影」されてしまい、知識が主観に汚染されるということなのだ。この観点からは原理上科学者の

147 MacKay (2003).

視点は「ラプラスの悪魔」の視点でなければならない。

$F = ma$という厳密な自然法則に支配され、その世界観の中に不確実性（確率）が存在しないニュートン力学的世界観は一般的に決定論的な世界観と呼ばれる。フランスの数学者、物理学者であったピエール＝シモン・ラプラスは、もしもある時点での宇宙全体の状態を完全を知っていて、かつその情報（初期条件）をニュートン力学の運動法則に代入して計算できるだけの能力を持った悪魔がいたとしたら、原理上私たちは過去、未来を通してこの宇宙の全ての状態、出来事を計算することができる、つまり未来や過去を完全に予測することができると考えた[148]。これが「ラプラスの悪魔」という思考実験である。これはもっと端的に神の視点であると言っても良い（もちろんラプラスが神でなく悪魔という表現を用いたのは、宇宙の外からの「視点」ということを強調するためである。神は宇宙の創造者であるが、ここでの悪魔は単なる宇宙の観察者である）。

この悪魔や神の客観的な視点というのはちょうど私たちがビリヤードテーブルを少し離れた場所から観察するようなものである。私たちがビリヤードテーブルの中にいたならば、ビリヤードの球が私たちにぶつかってしまうこともあるから、観察者である主体が客体世界と交わってしまうが、私たち観察の主体がビリヤードテーブルの外側にいれば、ビリヤードテーブルの動きを客観的に観察することができる。このラプラスの悪魔（もしくは神）の視点が主体と客体を乖離させた近代の観察に関する典型的な考え方である（この観点からは文化人類学で用いられる概念である参与観察、つまりフィールドワークの中で自らも観察対象である人たちと触れ合いな

148 Laplace (1902; Original in 1814). 系自体は決定論的であっても初期条件の微細な差によって予測が困難になるという決定論的カオスの問題は存在する。c.f. Lorenz (2014); Nowak (2006).

がらその人たちの観察を行うなどといったことはとても弱い方法論ということになる。だからハードサイエンスである自然科学から見ると社会科学はソフトサイエンスなのだ)。

本来私たち人間はこの「世界の中の存在」であるはずなのに、近代が主体と客体は分離できると考えたことにより、私たち主体は客体世界を外側から、つまり客体から離れた場所から観察できると考えるに至った。近代は私たちの始原的経験とは180度反対の考え方を取ることになってしまったのだ（図30)。これは主体と客体が解離しているという前提を置く限り当然の論理的帰結である。しかしこれは所詮「どこでもない場所」からの視点である[149]。悪魔がこの宇宙の中にいるなら、自分の行う計算に関しても計算しなければいけないことになる。そうするとスピーカーから出力された音がマイクに再入力され出力が指数関数的に増大していくように、ポジティブ・フィードバックが発生してしまい、悪魔の計算能力がどれほど高くても全ての計算を行うことはできないし、もしも悪魔がこの宇宙の外にいるとすると、その外にも宇宙が存在することになり、議論は無限後退に陥る。

つまり当然の話なのだがラプラスの悪魔など原理上存在し得ない。ただそんな複雑なことを考えなくても、そもそも「どこでもない場所」からの視点など存在しないし（ゆえに「どこでもない場所」なのだ)、純粋な感覚など存在しない。私たちの生きる世界は**天国でもないし、かといって地獄でもない**（TT)。いうまでもなく私たちは神でも悪魔でもないのだ。私たちはこの世界の中で人間としての視点を持った「世界の中の存在」である。このような当たり前すぎることを確認しなければならないほど私たちは近代の常識を内在化させてしまっている。そしてそれが常識の恐ろしさなのだ。

149 Nagel (1986); Calhoun (1995).

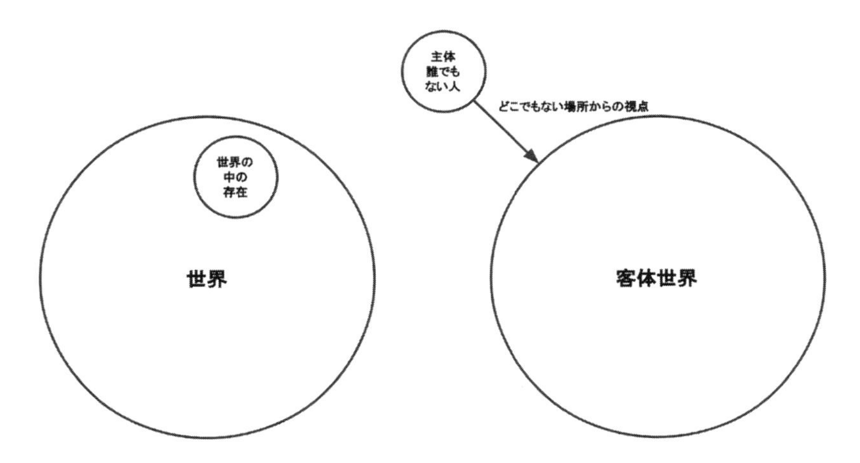

図 30. 本来私たちは「世界の中の存在」である。にも関わらず、客観性と普遍性を追求するあまり、実証主義は科学の視点を「どこでもない場所」からこの世界を眺める視点にしてしまった。しかし客体世界を外側から眺める視点など存在しない。実際には私たちは神でも悪魔でもない「世界の中の存在」である。

普遍的で客観的な検証基準の不在

近代に生きる私たちにとって科学（知識）は普遍的で客観的なものであるというのは常識である。しかしすでに見たように、目的論的因果関係を排した客観的だと考えられる相関関係と帰納法による推論だけでは決定不全に陥ってしまい、アルゴリズムが生成できないことを考えると、客観的かつ普遍的に自然法則を検証する基準は存在しないということになる。また仮説が「幸福な当てずっぽう」などではないことも私たちは（薄々）わかっている。もしそうだとすると、「仮説の発見過程」と「仮説の検証過程」という実証主義の前提自体も間違っていることになる。仮説の構築が仮説の検証から切り離せず、また客観的な視点など存在しないということは、やはり客観的で普遍的な科学（知識）の基準など存在しないのだ。

7章．基本的人権という常識

詰め込まれてきたね
意味のないガラクタだけ
情熱を感傷に置きかえ

TOO MUCH PAIN

客観的で普遍的な契約条件を求めて

平等な権利

社会の中でともに暮らす以上私たちは何らかの共通のルール（価値観）を必要とする。何がしかのルール（価値観）なしには私たちは共に生きてゆくことなどできない。人としてのルールが存在しないというのは、常に野性のクマなどと一緒にいるようなものである。いつ理由もなく襲われるかもしれない。私たちは野生のクマとは共に暮らすことなどできない。私たちが他者と共に生きるためには人としてのルールが必要なのだ。そして近代において世界（事実）に関するルールである科学は客観的で普遍的な自然法則であるということになったように、近代においては人としてのルールは客観的で普遍的な自然法であるということになった。自然法とはいわゆる基本的人権のことである。そしてこの自然法（基本的人権）が近代を生きる私たちの常識を形作っている。確かに、私たちは人種、民族、性別などに関わらず、すべからく基本的人権を持っていると考えている。法律や社会制度もそのような思想に基づいて作られている。基本的人権の存在を疑うなど近代を生きる私たちにとってはまるで常識外れの行為だろう。ではこの基本的人権、つまり自然法というルールはどのようにして成立したのだろう。

近代は主観と客観を切り離したことによって、「である」と「であるべき」つまり世界観と価値観を明確に切り離した。その結果、世界とはこのようなもの「である」という知識は客観（自然）世界に関する客観的な事実であり、真偽を問うことができる検証可能なものであると考えられるようになった。その一方で、私たちがこう「であるべき」と考える良さ、価値観は単なる主観的な感情であり、真偽を問うことができるような検証可能なものでないと考えられるようになった。価値観は私たち個々人の主観的な感情である以上、それは重力といったように自然世界の中に存在する客観的で普遍的な自然法則ではなく、単に自分たちの主観を世界へ「投影」したものでしかないということになる[150]。例えば、今、誰かがあるワインを美味しいワインで、良いワインだと言ったところでしても、そんなものは客観的事実でもなんでもなく、ただ単にその人の主観的で個人的な感情でしかない、というのが私たちの感覚、常識だろう。そして良さ、価値観というものがすべからく主観的で個人的な感情でしかない以上、社会のルールを誰かの感情、主観によって制定するわけにはいかない。そのようなことをしたらその感情を共有しない人たちが苦しむことになってしまう。主観は共有できないからこそ主観なのであり、仮に誰か一個人の考える良さ（主観的な感情）に基づいて社会のルールが制定されてしまうと、その人以外の全ての人はその人の主観的な感情を押し付けられて、苦しむことになる。

このような近代特有の思考の結果、近代政治哲学の祖であるトマ

150 Mackie (1977).

ス・ホッブズ以降、社会を作る機構である政治はどのよう「であるべき」なのかを問う政治哲学、および人はどのように生きる「べきである」のかを問う倫理学は、「お互いに理解し合えない主観(感情、良さ)を持った主体同士である私たちは共に暮らすためにはどのようなルール(価値観)であれば受け入れられるのだろうか」、ということを思考実験により追求することになった(社会は人が共に暮らす場であるので、政治哲学と倫理学は表裏一体である)。ガリレオら科学者が実験により自然法則を追求したのだとしたら、ホッブズら哲学者は思考実験により自然法を追求したのだ。この思考実験は「社会契約論」と呼ばれ、理論家により様々な差異はあるが、おおよそ以下の形をとる[151]。

お互いに理解し合えない主観(感情、良さ)を持った個人同士が出会い、共に暮らす社会を作ることになったと考えよう。共に暮らす以上、私たちはなんらかのルールに合意し、そのルールに基づいて生きなければならない。そうでなければ、私たちはお互いそれぞれが望むもの(良さ)を自分勝手に求めることになり、世界は万人の万人に対する闘争、つまり恒常的戦争状態に陥ってしまう。このようなルールのない状態は「自然状態」と呼ばれる。これはお腹の空いたクマが餌を求めて他の野生生物を襲うような状態なのだ。野生のクマには所有権だとか、生存権だとかいった人間社会のルール

151 近代政治哲学(社会契約論)の伝統にはトップダウン型の契約とすでに慣習として緩やかに存在しているものがより洗練された契約へと進化(もしくは発展)していくものと考える二つの潮流がある(Skyrms, 2014)。前者の代表格が近代政治学の祖であるトマス・ホッブズであり、現代的な視点からは新カント主義者であるジョン・ロールズである。後者を扱ったものにはデイヴィッド・ヒュームやジャン゠ジャック・ルソーなどがあり、現代的な視点からはブライアン・スカームズらがいる。大まかにいうと、前者は合理選択に基づく経済学的ゲーム理論を用い、後者は数理生物学者ジョン・メイナード・スミス(Maynard Smith, 1982)らによって開発された進化ゲーム理論を用いて議論を行う。社会契約論の議論はあくまで思考実験という考え方から、本章では合理選択による社会契約論を中心に扱う。

は通用しない[152]。当然、私たちはクマと共に暮らすことはできないし、そのようなクマが身近にいる場合には駆除するということになってしまう。このような自然状態を脱して、人が共に暮らすことのできる社会を作るためにはお互いになんらかの契約をして共に暮らすためのルール、共有できる価値観を定めなければならない。人として生きるためのルールのない自然状態を脱した人としてのルールのある世界が社会（共同体）である。そしてこの契約は自然状態を脱して社会を作るための契約であるので社会契約論と呼ばれる。

ではどのようなルールであれば私たちは合意して、共有することができるのか。つまりどのような契約であれば私たちは合意してもよいと思うのか。社会のルールは様々に考えられる。例えば、誰かが王様であとは皆その奴隷というルールもひとつのルールではある。しかしそのようなルールを受け入れられるだろうか。当然王様になるもの以外そのようなルールは受け入れられないだろう。社会学者マックス・ウェーバーが力（権力）には正当な力（権威）と不当な力（強制的力）の二種類のものが存在し、皆が納得する正当なものでない限り､力は不安定で長続きはしないと考えたように､ルールも力である以上、皆が納得するものでない限り不安定で長続きしない[153]。例えば、誰か一人が王様であとは皆その奴隷というルールではすぐに革命が起こり、社会は自然状態に戻ってしまうだろうことは想像に難くない。ではどのようなルールが私たち皆が受け入れることができるルールなのだろう。この皆が受け入れ、共有することができると考えられるルールこそが近代が探し求めた客観的で普遍的なルール、つまり近代の考える「正しさ」である。そしてこの思考実験の結果として近代が出した結論は私たちは皆平等な尊厳を

152　もちろん「自然状態」に関しては思想家により様々な考え方があり、例えば、ロックやロックに影響を受けた哲学者ロバート・ノージックは自然状態でも権利は存在すると考えていた。Nozick (2013; Original in 1974); Locke (1980; Original in 1689).
153　Weber (2013; Original in 1946).

有しているという自然法、およびその後継概念である自然権（いわゆる平等な権利、公平性）という契約条件だった（図31）。

自然法と自然権の違いは、自然法が（自然法則がそうであるように）私たちの上に存在し私たちがそれに従わねばならないものという感覚を与えるのに対して、自然権は自分の所有物のような感覚を与える。その違いは私たちの立ち位置なのだ。自然法の場合、私たちはその下にいる感じなのに対して、自然権の場合私たちがその上にいるということになる。私たちは法には従わなければならないが、所有物は自分の意思で処分することができる。ゆえに尊厳死や自殺などの際に自然法と自然権の違いが出てくる。いずれにしろ自然法、自然権の概念が近代を生きる私たちの常識を形成している。以降、基本的に自然法と自然権は互換性のある概念として扱う。

自然法則が普遍的で客観的なアルゴリズムであるように、自然法も普遍的で客観的なアルゴリズムである。自然法は「人であれば平等な権利を持つ（全ての人は平等な権利を持つ）」という形、つまり「XであればYである（すべてのXはYである）」という形を取り、「人である」という入力があれば、「平等な権利を持つ」という出力が機械的に生成される。そしてこの客観的で普遍的な正しさが主観的で個別的な感情である良さに優先するという考え方が自由主義（リベラリズム）と呼ばれる考え方である。自由主義は自然法、自然権というアルゴリズムこそが客観的で普遍的な正しさであり、その客観的で普遍的な正しさの中でのみ主観的で個別的な良さ、つまり自らの感情を追求することができると考える。つまり自由主義によると、私たちは自分が良いと思う主観的で個別的な感情を優先して生きるのではなく、客観的で普遍的な正しさを優先して生きるべきなのだ。つまり正しさが良さに先行するのだ。

事実、私たちはお互いの権利を侵害しない範囲でのみ自分が感じる良さを追求することこそが正しいことだと考えている。自分がどれだけ良いと思うことでもそれが他者の権利を侵害するのであれば、それは正しくない。自分が相手をどれだけ憎んで殺したいと思っていたとしても、それは相手の権利（基本的人権、生存権）を侵害することなので正しくない。確かに私たちはそのように考えている。この正しさの良さに対する優先という考え方が近代が考える人としてのルールなのであり、近代を生きる私たちの常識となっている。しかし近代科学の思考方法である実証主義を厳密に見てみるとそこに様々な問題が存在するように、私たちが身につけた自由主義という常識にも様々な問題が存在する。私たちの本当の声によると良さが正しさに先行するはずなのに、私たちはその逆を主張する自由主義を常識として内在化させており、私たちの本当の声と身につけてしまった常識の乖離は様々なところで私たちに違和感、不条理、心の痛みをもたらすことになるのだ。

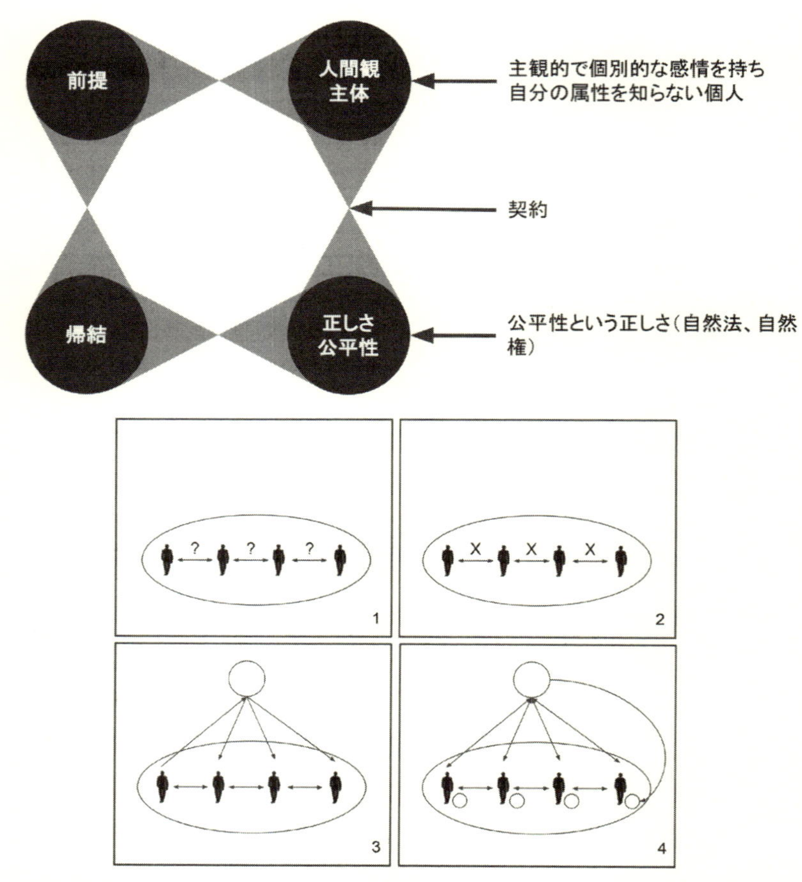

図 31. 自由主義の構造。私たちは皆主観的で個別的な感情を持った「分かり合えない」個人同士であり、自分のこれからもつ属性を知らない状況で、共に暮らさなければならないとすると、私たちは思考実験的契約により公平性という正しさを選ぶことになる（上の図）。

私たちが皆主観的で個別的な感情を持った「分かり合えない」個人同士であるとすると(下の図 1)、私たちは自分の求めるものを追求して、世界は万人の万人に対する戦争状態になってしまう（下の図 2)。そのために、なんらかの契約をする事によって私たちは社会のルールを作らなければならない。その際に誰かの主観的、個別的な良さの感覚に基づいて社会のルールを作ったとすると、その主観的で個別的な良さを共有しないものが苦しむことになる（下の図 3)。皆が納得できる契約内容は何かと考えたところ、それは公平性という正しさに落ち着く。それは自然法と呼ばれ、それがある種所有物のような形で認識されたものが自然権である（下の図 4)。

平等な権利の前提する人間観：自己の本質とは

平等な権利(自然法)という常識はデカルト的二元論の立場に則った考え方である。二元論の立場によると、この世界には物理法則に他律的に従う客体と物理法則には従わない自律的な主体（心）という二つの実体が存在する。そしてこの立場からは、私たち人間の本質は物理法則に他律的に従う身体（客体）ではなく、自律的に行為を行う自由意思（心、魂）であると考えられている。言い換えるならば、私たちは自分の意思もなく物理法則に支配されて入力があれば機械的に行動を出力するような存在（アルゴリズム）ではなく、自らの意思を持って自律的且つ自由に行為を行う存在ということになる。つまり自然法の観点からは、私たち人間は本質的には客体ではなく主体なのである。

「行動（behavior)」と「行為（action)」は往往にして互換性のある言葉として用いられるが、中核的には「行動」は他律的なニュアンスを持つ。つまり「行動」という言葉の語感の中心には何かのアルゴリズムによって機械的に動いているイメージが存在する。最も典型的に行動は、入力と法則に基づいて機械的に出力されるものというイメージである。ゆえに原子の「行動（振る舞い)」と人間の「行動（振る舞い)」は両方とも入力と自然法則に基づいて出力されるものというニュアンスを持つ。一方で「行為」は自律的なニュアンス、つまり自分の意思でコントロールできるというニュアンスを持つ。つまり「行為」という言葉の語感の中心には自らの自由意思によって主体的に動くイメージがある。ゆえに私たちは原子の「行動（振る舞い)」とは言っても、原子の「行為」とは言わない。

そして二元論の立場からは、この主体性、自律性という機械論的、決定論的物理法則からの自由（自分の意思によるコントロール）こそが私たち人間の本質なのだ。つまり私たちの本質は行為の主体（エージェント）であるという点にある。私たちの本質は身体という物理法則に従う機械（物理的実体）ではなく、身体という機械を自由に操縦する自由意思、魂なのだ。自動車を運転する運転手にとって、自動車は自分自身の本質なのではなくて、自分が運転するものであるように、私たちの本質は自由意思であり、身体は自由意思が操縦するものなのだ。

もし仮に身体（客体）の方が自己の本質だとすると、身体が自由意思を操縦するということになり、自由意思は身体という客体の法則、つまり物理法則に従うということになる。つまり私たちは客体の法則に従う存在ということになる。つまり自由意思は存在しないということになってしまう。しかし私たちは自分たちが自由意思を持って行為を行っていると考えている。目の前にあるコーヒーを取ろうと意図して取るのであって、飲みたくもないのに自分の意思とは関係なく身体が勝手にコーヒーを取ってしまった、などということは通常あり得ない[154]。そして自由意思があるからこそ私たちは自分の行った行為に対して権利、特権、義務、責任、恥などといったものを感じることができる（当然、刑法などの法律はこの自由意思という思想に基づいて作られている）。さらに本質というのは変わってはいけないもののことである。身体は年齢などにより変化するが、身体が（成長、老化などの理由で）変わっても私は私であるというように、通常私たちは考えている。この意味でも身体は私たちの本質ではありえず、私の本質は身体に先行して存在する自由意思（魂のようなもの）なのだ。

154 手が自分の意思と関係なく動いてしまうエイリアン・ハンド・シンドロームなどの例外も存在する。

私とは何なのかという自己の本質はアイデンティティ（同一性）と呼ばれる。通常、私たちがアイデンティティという言葉を使うときには、文化的アイデンティティとパーソナル・アイデンティティ（人としてのアイデンティティ）という二つの異なるアイデンティティ概念を混同して用いている。文化的アイデンティティは心理学者エリック・エリクソンが提起した概念で、日本人、ビジネスマン、男などといった属性によるアイデンティティである。文化的アイデンティティは日本人、ビジネスマン、男などといった属性の実践と物語に参加し、自己をそういった属性に同一化することである。例えば、自分が自分をアメリカ人であると思うのなら、つまりアメリカ人というのが自分のアイデンティティであるならば、それは初めて会った人とは握手をするなどというアメリカ人としての実践（ハビタス）に参加し、自分たちは独立戦争を戦った、などといったようにアメリカ人の物語（歴史）に参加することなのである。このような属性によるアイデンティティは変化しうるものである。私たちは国籍を変えたり、職業を変えたり、性転換手術によって性別すら変えることができる。自分の行う実践と自分の物語る物語は変化するものなのだ。

一方、パーソナル・アイデンティティは哲学者ジョン・ロックによって考え出された概念で、自己の時間を通しての同一性である。文化的アイデンティティが、属性（の実践と物語）への参加を通じて、自分をその属性へ同一化させるものであるのに対して、パーソナル・アイデンティティは自分自身の時間を通しての同一性の問題である。自分が行為の主体（エージェント）であり（つまり自由意思があり）、さらにその自分が時を通して同一であるからこそ、私は過去の自分の行為に対して権利、責任、義務、特権、プライド、恥などを持つことができる[155]。そして自己が時を通して同一であるということは、パーソナル・アイデンティティこそが変わることのない自己の本質ということになる（属性、つまり文化的アイデンティティは時間を通して変化する）。つまり自由主義の観点からは自己の本質とは属性ではなく、属性の変化によって変化することのない人（パーソン）なのだ。そして人（パーソン）こそが権利の主体たりうる存在なのだ。

では自己の時間を通した同一性はどのようにして可能なのか。何が自己の継時的同一性を保証するのだろう。ロックはそれは記憶（陳述長期記憶）だと考えた。一人称の陳述長期記憶があるからこそ、つまり自分自身の経験を自分自身の経験として覚えているからこそ、過去の自己と現在の自己は同一であると言うことができる。例えば、自分が何かを発明したという一人称の記憶があるからその発明品に対して権利を主張できるし、悪いことをしたという記憶があるから後悔の念や償いという義務が生じる。逆に自分の過去の行為に対して記憶がないのであれば当然ながら権利意識、義務意識などといったものは感じえない（だから裁判などで心神喪失と判断されると責任能力がないと判断されることがある）。つまり私たちの本質は人（パーソン）であり人（パーソン）とは行為の主体（エージェント）である自由意思に陳述長期記憶が組み合わさったものなのだ（ちなみにこのロックの考え方では、自由意思と記憶があればロボットでも他の動物でも人（パーソン）になれるということになる）。

つまり自由主義の観点からは、私たちの本質は権利の主体である人（パーソン）であり、人（パーソン）の存在は職業、性別、国籍などといった客体の変化によって侵されることがない。人（パーソン）である私がどのような身体的特徴や属性を所有しようとも、も

155 c.f. Nietzsche (1994; Original in 1887); Poole (1996).

しくは属性を捨てようとも、人（パーソン）という自己の本質は変化しない。自分の職業が変わろうとも、自分の持つ思想が変わろうとも、性転換手術などによって性別が変わろうとも、事故によって足を失おうと、国籍が変わろうとも、自分は自分であり人（パーソン）としての尊厳（権利）を有している、ということになる。自身の本質である人（パーソン）は身体や職業や国籍などの属性に先んじて変わらずに存在し、権利の主体としての自己は決して属性の変化によって侵食されることはない。この人（パーソン）という考え方は近代の混乱した人間観の中で最も中核的な概念の一つだろう。

実際にこの考え方が近代に生きる私たちの常識を形成している。身体的特徴や職業や国籍などの属性が変わろうとも自分は自分なのだし、10年前の自分と今の自分は同じ自分なのだ。そして私が国籍を変えようと、職業を変えようと、私には人（パーソン）としての尊厳（権利）は変わらず存在する。これが私たちの常識だろう。やはりラッセルが言った通り、ロックは常識を発明したのだ（もちろん主体の本質が時間の変化によって変わることのない存在であるならば、陳述長期記憶はどこに存在するのかという疑問はつきまとう。現代的心理学の観点からは陳述長期記憶は概念、物語、つまりそれは属性なのである。とすればそれはこの物理世界に存在しなければならない事になる。そして心理学で記憶痕跡と呼ばれるように記憶は脳内の状態が変化するからこそ存在する）。

オリジナル・ポジション：正しさとは公平性である

人間の本質は（権利の）主体であるという考え方を突き詰めると、社会契約は人間の本質である主体が共に暮らすためのルール作りということになり、全ての属性に先行して存在する主体（自由意思）が同意（契約）することのできるルール（権利）が正しいルールである、と言うことができる。これは人（パーソン）から記憶すら取り去った状態、つまり「誰でもない人」であると言える[156]。やはり記憶も属性なのだ（しかしもちろん記憶がなければ権利は意味をなさない）[157]。つまり自然法は社会の中で自分は何者であるかということを、つまり自分が持つ身体的特徴や職業などの属性を全く知らない複数の主体が同意することができるルール（権利）ということになる。この自己の持つ属性を全く知らない複数の主体がルールを選択する場所（自然状態）は哲学者ジョン・ロールズによる思考実験においてオリジナル・ポジション（最初の立ち位置）と名付けられた[158]。

契約が行われる場所であるオリジナル・ポジションをアナロジーで言うなら、私たちは自分たちの身体や職業などなんの属性も持たない魂として天国のような場所に存在しており、これから地球上に生まれ共に暮らしていくことになっているような状態である。魂は天国から地球の親の元へ全くランダムに割り振られるので、天国にいる魂は自分が地球のどの親の元に割り振られるのか全くわからない。もしかしたら自分が割り振られる親の属性はとても金持ちかもしれないし、とても貧しいかもしれない。地球上で自分はとても運動神経がよくなるかもしれないし、とても運動神経が悪くなるかもしれない。オリジナル・ポジションには二つの前提が存在する。一つの前提は今述べたような私たちは自分がどのよ

---

156 これはおおよそ哲学者マイケル・サンデルが「負荷なき自己」と呼んだものに相当する（Sandel, 1982）。

157 人（パーソン）から記憶を取り去った状態（「誰でもない人」）がここで論じるオリジナル・ポジションの住人であり、そのような思考実験からは国家による資源の再配分を奨励するロールズ型の自由主義（リベラリズム）が出現する（もちろんなぜ再配分のエージェントは国家なのかという疑問は生じてくるが）。自然状態および人間観をロックの想定したようなものにすると、つまり自然状態でも権利があり、私たちに記憶があると考えると国家による資源の再配分は権利への侵害となるので、再配分を奨励しないノージック型のリバタリアニズムが出現する。

158 Rawls (1971).

うな属性を持つことになるのかを全く知らないという前提であり、この前提は「無知のヴェール」と呼ばれる。自分が性別、身長など、どのような身体的属性を持つのか、どのような社会的属性を持つのかなど自分の持つことになる属性について全く知らないのである。つまりオリジナル・ポジションで想定されている人間は属性を全く持たない自由意思であり、純粋な魂のような「誰でもない人」であるということができる。そしてオリジナル・ポジションは「どこでもない場所」である。

オリジナル・ポジションのもう一つの前提は「薄い良さの理論」と呼ばれ、私たち(魂)は属性を欲する存在であるという前提である。この前提は私たちが特定の属性を欲するということではなく、私たちは皆社会生活を営む上で最低限必要な、つまり合理的な人間であれば必要であると考える（良いと思う）属性を欲する存在であるという前提である。ある人が弁護士として仕事をしたいと考えることと、人間は生存するために仕事をすることを必要とするという一般論が異なるレベルの話であるように、特定の主体が特定の属性（この場合弁護士）を欲することと、主体というものは最低限必要な属性（この場合職業）を欲するものである、ということは二つの異なるレベルの話なのだ（ということにこの思考実験ではなっている。もちろんこれには多くの反論が存在する）[159]。とにかく私たちは全て必要最低限の属性を必要としているのだというのがもう一つの前提である。

そして「無知のヴェール」と「薄い良さの理論」を体現したオリジナル・ポジションという状況で自由意思である私たちはどのようなルールを選択するかというと、公平性であるという結論に達しざ

159　例えば、哲学者チャールズ・テイラーは薄くても良さは良さなのではないか、という至極当然の批判を行う（Taylor, 1989）。

るを得ない、とロールズは考えた。つまり正しさは公平性なのだ。ケーキを複数名で切り分ける場面を考えてみよう。私たちはケーキが切られた後、どの順番で自分のピースを取ることができるかを知らないと仮定し（無知のヴェール）、同時に、私たちは皆ケーキ（もう少し正確には、食べること）を欲していると仮定する（薄い良さの理論）。これらの仮定のもとで、私たちがケーキの切り方を選ぶとしたらどのような切り方を選ぶかと考えたときに、当然、等分する、つまり公平な大きさに切り分けるという選択に落ち着くことになる。そうすれば自分がケーキを取る順番が最後だとしても、自分は損をすることはない。合理的に考えると、ケーキの切り方は等分しか考えられないのである[160]。

同様に、自分が天国からどの親の元に割り振られるかわからないという状況で、割り振られる世界はどのようなもの「であるべき」かと考えたときに、私たちは公平で、不平等のない社会を選ぶことになる。そのような社会であれば、自分がどの親に割り振られても困ることはない。つまりもし私たちが自分たちが持つことになる特定の属性を知らずに、つまり、社会の中で自分たちが何者になるかを知らずに、しかし同時に必要最低限の属性を欲するという前提の元では、私たちは公平性というルールを選択（契約）することになるのだ。つまり主体の法則である自然法（自然権）は公平性なのである。人としては公平であることが正しいことなのだ。このような思考実験の結果「人であれば平等な権利を持つ（全ての人は平等な権利を持つ）」というアルゴリズムが成立することとなった（もちろん時系列的にはロールズの思考実験は基本的人権という概念の後に構築されたものである。ロールズの理論は基本的人権や自由主義

160　これはミニマックス法である。ミニマックス法とは想定される最も悪い状況を最小化しようとする決定理論およびゲーム理論の概念であり、この場合、最後にケーキを取る人の取り分を最大化しようとするということである。実はここにも問題は存在する。c.f. Harsanyi (1975).

に対する理論的バックボーンを精緻化したものであると言える)。

そしてこのようにして導かれた正しさ、つまり公平性は必ず良さに先行する。「人であれば平等な権利を持つ（全ての人は平等な権利を持つ)」という正しさは客観的、普遍的な法則、つまり自然法であり、それは個々人の主観的で、個別的な良さの感覚に先行するのだ。例えば、ある人が男性至上主義をどんなに良いことだと心の中で思っていて、男性の方が優遇される「べきである」と思っていても、その人は女性も平等に扱わなければならない。自然法という正しさは客観的で普遍的なものであり、私たちが感じる良さは主観的で個別的な感情でしかない。それゆえ当然、客観的で普遍的な正しさは感情である自分の考える良さに先行しなければならない。自分がこう「であるべき」と考える主観的、個別的な良さによって客観的で普遍的な正しさを侵害することは許されないことなのだ。たとえ自分が「人であれば平等な権利を持つ（全ての人は平等な権利を持つ)」という法則に納得できなくても、それを良いと思わなくても、それが法則である以上、私たちはそれに機械的に、アルゴリズミックに従わなければならない。それが人として社会で生きるための義務なのだ。

分かり合えない私たちとその帰結

自由主義は私たちの本質は主体であると考えた。その当然の帰結として主体の持つ価値、つまり自分が何を欲するか、何を良いと思うかは主観的で個別的な感情であり、決して他者と交わることはない、ということになる。そして私たちはみな自分が欲しいと思うものを欲し、自分が良いと思うことをしたいと思う。しかしこの場合、何らかのルールなしでは世界は万人の万人に対する闘争、つまり恒常的戦争状態に陥ってしまう。故に自然法（公平性、基本的人権）という正しさに従う必要が生じることになる。自然法(契約)があって初めて、自由主義の想定する私たちは自然状態を抜け出し共に暮らす社会を作ることができる。私たちは「分かり合えない」存在同士であるがゆえに、共に生きていくためには正しさ（公平性）というルールが良さに先行しなければならないのだ。思想信条の自由、つまり自分が何を良いと思うかという自由は存在するが、共に生きていくためには、自分の考える良さを優先するのではなく、まずはお互いの権利、尊厳、自由を優先しなければならない。

社会の中で生きる私たちがお互い「分かり合えない」主観的な価値を持った存在であると定義される以上、家族、地域、国家などといった私たちが他者とともに暮らす社会（共同体）は決して「分かり合えない」もの同士が暮らす場と定義されることになる。本来他者に敬意を払うというのは他者を理解する、少なくとも理解しようと努めることである。しかし自由主義の観点からは私たちは主体同士、つまり主観的で個別的な感情を持つもの同士ということになり、原理上、決して「分かり合えない」もの同士ということになる。故に他者に敬意を払うことなどできはしない。だからこそ公平性という自然法が必要となる。自然法（公平性、基本的人権）という約束事なしでは私たちは他者を尊重できないのだ。

自由主義の視点からは「私たち」といったときにはそれは同じ価値観（良さ）を共有する一つの「私たち」ではなく、単に複数の異なる「分かり合えない」「私たち」ということになる。それゆえに同じ価値観（良さ）を共有する私たちという考え方、つまり個人を超えたある意味運命共同体といったような意味での私たちという考え方は理論上自由主義には存在しない。自由主義の立場からは、私たちはそれぞれ異なる主観、感情を持ち、お互いに「わかり合えない」存在である以上、私たちは同じ方向を見て共に歩む私たちではなく、お互いにお互いの方向を向き合った異なる複数の私たちなのである。だから自由主義は家族や友人のために自分の利益を犠牲にするとか、国家のために命を賭すなどといったことなどを想定していない。自由主義の観点からは家族、地域、国家などといった社会(共同体)は「分かり合えない」もの同士が他者の権利を侵害しない範囲で(お互いの基本的人権を守りつつ)、自己の利益(良さ)を最大化させるためのアリーナに過ぎないのだ。

当然ながら、自由主義的観点からは「最大多数の最大幸福」を実現しようとする功利主義も間違っているということになる。最大多数の人の考える幸福というのは多数とはいえ特定の人たちの良さ基づいた原理であり、少数派の人たちの権利、尊厳、自由というものを侵害する可能性があるからだ(また功利主義は幸福を一つの尺度で比べることができると考えるが、自由主義の考え方によると幸福も主観であるので、一つの尺度で比べることができない。この点でも自由主義と功利主義は相容れない)[161]。例えば、ナチス体制のドイツで大多数がユダヤ人を排斥することが良いことだと考えていたとしても、それはユダヤ人という少数派の権利、尊厳、自由を侵害するので正しくないのである。

近代以前の世界観は世界が目的、良さといったものを内包していた世界観であった。このような世界観の中では、「私たちはどのように生きるべきであるのか」という倫理を問うことは「どのように生きるのが良いのか」を問うことに等しかった。つまり良さが正しさに先行しており、こう「であるべき」という自分の考える良さが実際に世界の中でそう「である」時に正しさが立ち現れてきた。つまり正しく生きることは良く生きることの延長に存在していた。一方、近代においては「私たちはどのように生きるべきであるのか」

161 また効用仮説を用いる功利主義および経済学は結果主義であるが、自由主義はこれも否定する。

という正しさを問うことは、自分の考える良さの延長ではなく、純粋に他者との関係性（公平性）の問題となった。近代においては良さとは自分が良いと思う自己の主観的で個別的な感情であり、正しさは自己と他者の関係性、つまり主体同士の関係性の問題と定義されることとなった。

私たちは近代に生きている以上、意識するしないに関わらずこの自然法、つまり平等な権利という常識を身にまとっている。例えば、私は職業、出身地、人種、民族、性別といったような様々な属性、そしてそれに付随する価値観に関わらず、自分を権利（尊厳）を持った一人の個人であると思っている。裏を返せば、そういった属性や価値観というものを取り去ってしまったとしても自分は自分であると思っている。職業を失ったところで、もしくは性転換手術をしたところで、自分は変わらずに自分であり、個人としての尊厳、権利を持っていると考えている。つまり自分がどのような職業をしていても、出身地がどこであれ、人種、民族、性別がなんであれ、自分は平等な権利を有する一人の人間であるということを信じているのだ。だから職業、出身地、人種、民族、性別といったような属性、それ付随する価値観によって自分の権利が規定されたり、侵害されることは正しくないこと、つまり差別だと感じる。

このように属性である以前に、私たちはまず等しい権利を持った個人であるという個人主義が近代の常識である（近代自由主義の中では、私たちの本質は文化的アイデンティティではなくパーソナル・アイデンティティなのだ）。だからこそ私たちは女性「である」から女性らしく振舞う「べきである」などという考え方は前近代的で封建的なもののように感じる。そのようなことをいうことはポリティカル・コレクトネスを欠いた発言だと捉えられるだろう。近代以前の考え方では私たちは社会（共同体）の中に生まれ出でて、社会（共同体）の中で死んでゆくものであると考えられていた。社会は私たち一人一人の生を終えて悠々と続いてゆくものだったのだ。その悠々と続いてゆく社会の中で私たち一人一人が生まれる以前から存在している市民「である」とか男「である」とか女性「である」とか戦士「である」いったような社会的属性（の実践と物語）に参加することで、どのように生きる「べきである」のかという目的、良さが決まると考えられていた。女性「である」ならば女性らしく振舞う「べきである」と考えられていたのだ[162]。しかしそれは同時に家を建てることができない大工の「意味がわからない」ように、料理が全くできないシェフに存在意義がないように、戦うことができなくなった戦士に意味がないように、属性を失うと自分の存在意義（尊厳）をも失ってしまう世界でもあった。

逆に、近代においては私たちはまず権利を持った個人、つまり人（パーソン）であり、社会（共同体）はそのような権利の主体である個人が集まって契約によって作るものである、というように考えられるようになった。近代はまさに思考方法が180度変わった革命だった。このようにして私たちは社会的属性およびそれに伴う良さ（目的）によって自己が規定されていた近代以前の社会から自由になった[163]。それゆえにこの考え方は自由主義と呼ばれる。属性を失っても、自己の存在意義、尊厳（権利）は失わない。私は私として、人（パーソン）として尊厳を持つのだ。女性「である」からといって、女性らしく振る舞う必要はないし、大工の息子「である」から、大工になる「べきである」などと言われる筋合いもない。他者の権利を侵害しない限り、どのように振る舞うかは個人の自由なのだし、職業選択も個人の自由なのだ。近代自由主義の考え方によると、商

---

162 c.f. Homer (1997).

163 これを私たちが自由になったと考えるのか、大きな意味を失ったと取るのかは人によって異なる。c.f. MacIntyre (2013; Original in 1981).

売ができなくなった商人でも、家が建てられなくなった大工でも、料理ができなくなったシェフでも個人としての尊厳、人（パーソン）としての権利は変わらない。私たちはまず個人である人(パーソン)として存在し、属性にかかわらずその存在、つまり尊厳、権利を尊重されるべき存在なのである。私たちは属性にかかわらず等しく権利を持っている。これが近代の常識なのだ。

そして自由主義の観点からは正しさは常に良さに先行するのだから、教育の目的も特定の良さを教えるのではなく、客観的で普遍的な正しさを教えることとなる。教育は学習とは異なる。学習は世界観、価値観など常識を自ら習得すること（パターン認識）であるが、教育は子どもを大人にすることである。では子どもとは、大人とはなんなのだろうか。基本的に子どもとは常識（ルール）を持たない人間を指し、大人とは常識（世界のルール）を持つ人間を指す。この常識（ルール）を知ることが自律性を持つということである。自律性を持つとは自らの行為、言葉が自らのものであり、それらに対して自ら責任を持てるということである。そもそも常識（ルール）を知らないのであれば、自分の行動に対して責任を持つことなどできはしない。

子どもは世界観に関しても価値観に関してもまだ世界の中での自分の立ち位置をまだわかっていない存在である。ゆえに子どもには大人には許されない常識（ルール）違反が許される。ある程度までは無知で野蛮であることが許されるのだ。例えば、アメリカ社会を生きる大人であれば、他の大人に対して中指を立てることは許されない。そんなことをしたら当然喧嘩になる。しかし子どもであれば、「そんなことしちゃダメでしょ」と怒られるだけで済む。子どもおよび大人という概念が常識（ルール）という自律性によって定義されるということは、子どもという概念は、おじさんやおばさんが年齢による閾値で定義できないように、生物学概念では定義できないということを意味する。ゆえにこの意味での子どもと大人は「生物としての必要性」を満たすという意味での自律性、つまり一人で捕食（労働）などをして生きていくことができるようになることや生殖活動ができることではない。ここでいう自律性とは常識(ルール)を知っているということである。子ども、大人という概念は生物学的概念ではないのだ。

では自由主義の観点から自律性とはなんなのか。自由主義の観点から見ると、正しさという法則が満たされて初めて、良さを追求することができる。つまり自由主義の観点からは自律的であるとは、つまり大人であるとは正しさというルールを内在化している状態であるということになる。正しさという理性の力で本能的衝動、つまり自分が考える主観的で個別的な良さ、感情を統御することが近代の考える自律的なのだ。自分が何かに対する欲求を感じたとしても、つまりそれが自分にとって良いことだと感じたとしても、それが他者の権利を侵害する正しくないことであるならば私たちは自らの欲求を抑え込まねばならない。それが自由主義が考える大人になるということであり、自由主義的観点からの教育の目的なのだ。言い換えるならば、教育の目的は権利や義務の主体である人（パーソン）を作るということである。

つまり自由主義の観点からは教育とは特定の良さを教えることではなく、「正しく、公平に他者の権利を尊重して生きる」という常識（世界のルール）を教えるということになる。特定の良さはすべからく主観的で個別的な感情であり、教育および教育者はそのようなものを教える立場にない。教育者が教育現場で特定の良さを教えるようなことは、正しさではなく良さに基づいて社会のルール（政治哲学、倫理学）を作るようなものであり、自由主義の観点からは正しくないということになる。例えば、公教育の場で教育者が特定の宗教や政治団体を賛美するようなことを教えることは正しくないということである。公平性と他者の権利の尊重を教えることが大人を作ることであり、中核的にはそれが自由主義の考える教育である。そして確かにこれは私たちの常識となっているし、教育制度も確かにそのように作られている。やはり教育という概念も180度革命的に変わった。

自然法と契約にまつわる問題点

自由主義は私たちはお互い理解し合えない主観を持った主体であるという前提から自然法、つまり平等な権利（人権）という帰結を導き出した。そして人権という考え方は近代を生きる私たちの常識を形作っている。しかし自由主義には三つの大きな問題がある（図32)。この三つの問題ゆえに自然法、つまり人権という私たちの持つ常識は様々な場所で私たちの本当の声から乖離してくる。そのため人権という考え方は（時として）私たちに違和感や心の痛みをもたらすことになる。

一つ目の問題は前提と帰結のアシンメトリー（非対称性）である。合理性の必要条件である論理的一貫性は前提と帰結のシンメトリーにある。お互い理解し合えない主観を持った主体という前提から自然法という帰結が導かれるというのが自由主義の議論であるが、実はこの前提と帰結の間にアシンメトリー（非対称性）が隠れている。つまり論理が破綻しているのだ。二つ目の問題は、仮に前提と帰結の間のシンメトリーが保たれていたとしても、間違った前提からは間違った帰結しか導かれないという問題である。自由主義はお互い理解し合えない主観を持った主体という前提から自然法という帰結を導いたが、自由主義の想定する前提（人間観）は間違っている。（少し考えればわかりそうなものだが）私たち人間は自由主義の考えるような存在ではない。実際には私たちはお互いを相当程度理解し合える存在なのだ。三つ目は間違った前提からアシンメトリーに導かれた帰結は（よほどの偶然がない限り）当然間違ったものであるということである。これは端的に言って、公平性が正しさでないという側面が存在するということである。

もちろん自然権および自由主義は私たちの権利の感覚、つまり私たちが正しいと思う感覚に相当程度近似している。だから私たちは通常、自由主義を正しいものだと考えているし、自由主義が私たちの常識を形成している。しかし様々な場面で自然権および自由主義という常識は私たちの本当の声から乖離する。ゆえに私たちは自由主義によって作られた社会制度の中で違和感、不条理、心の痛みを感じる。これはニュートン力学は日常世界において私たちの世界を近似的に記述するが、ミクロな世界やマクロな世界においてその近似が破綻することに似ている。建物を建てるとかロケットの軌道を計算するなどの場面ではニュートン力学が十分に正しい近似を与えてくれる。しかしやはりニュートン力学は正しい物理学理論（量子力学）に対する近似でしかない。これと同様に、自然権および自由主義は私たちの本当の声に対する近似でしかなく、やはり本当に正しいのは私たちの声なのだ。

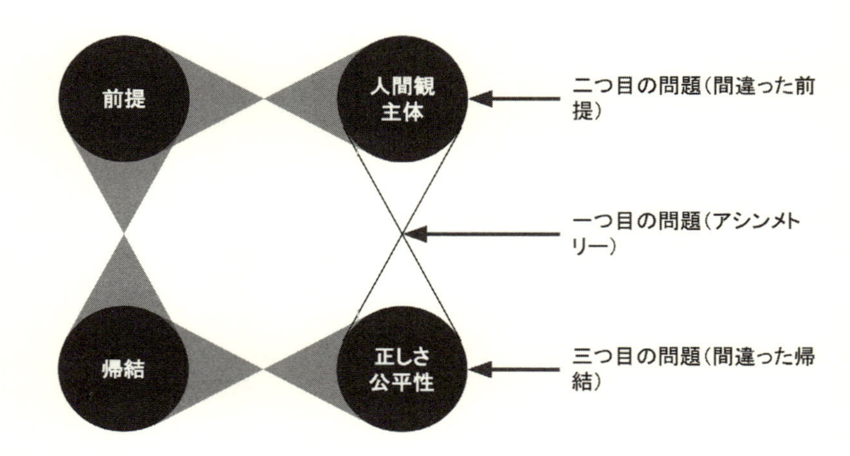

図 32. 自由主義は主体という人間観に基づき公平性を導出した。しかし前提と帰結のシンメトリーが崩壊しており、また前提も私たちの本当の声に即していない。ゆえに帰結である公平性にも問題が発生してくる。

人間観と公平性のアシンメトリー（非対称性）

無知のヴェールと薄い良さの理論を仮定すると、自由意思である私たちは公平性を選択（契約）するというのがオリジナル･ポジションの思考実験だった（図 32)。しかしこの選択という概念の中に自由主義の大きな問題（アシンメトリー、非対称性）が潜んでいる。論理的一貫性が前提と帰結の対称性にあることはすでに見た。前提と帰結の間にシンメトリーの関係が成立していないと、論理は破綻してしまう。私がある人を男であると思っていて（前提)、その人を男でないと思っているならば（帰結)、当然ながらそれは一貫性を持たず非合理である。ところが自由主義の選択概念においてこのシンメトリーが成立していない。本来、自由意思が行う選択は決断であるはずなのに、オリジナル・ポジションの思考実験は自由意思が行わないはずの合理選択を用いて公平性の原理を導出してしまっているのだ[164]。

164 c.f. Sandel (1982).

決断という選択は特定の理由無くランダムに選択するということである。そしてこれが自由意思に最もふさわしい意味での選択という概念である。例えば、ギャンブルで赤にかけるか黒にかけるかといったときには、それはただ単にランダムな決断でしかない。もしくは昼食にパンを食べるかご飯を食べるかといったときに、もしもパンとご飯の間で好みに差がなければ、それはただ単に特定の理由無くランダムに決断するしかないということになる。主体性とは物理法則などなんの影響も受けずに自発的に選択する力であった。そしてこの自律性が主体の自由の源泉であった。客体の法則である物理法則というアルゴリズムに影響を受けない自由意思というものを想定するのであれば、そういった主体が行う選択はどのような属性にも影響を受けない選択、つまり決断でしかありえない。決断という選択は何ものにも制約を受けない最も自由な選択であり、その意味で主体が行う選択として最もふさわしい選択の概念なのである。しかし自律性が何ものにも縛られない自由な決断であるとすると、自律的な選択はランダムな選択ということになる。ランダムさは起こりうる全ての事象の確率が同じであるということである。それは言い換えるならば、コインの表が出るか裏が出るかわからないように、主体が何を選択するのかは予測不可能であるということでもある。

もう一つの選択概念は合理選択である。合理性というのは基本的には一貫性を持つということである。つまり一貫性を持った選択をすることが合理選択である。ゆえに私がある人を目上の存在だと思っており、目上の存在に話すときには丁寧に話さなければいけないと思っていて、丁寧というのは日本語の場合敬語であると思っているなら、私はその人に敬語を使って話すという選択をしなければならない。ランダムな選択である決断にはこういった一貫性を持った思考は存在しない。ランダムさと一貫性は対極にある。そして公平性を導出したオリジナル・ポジションが前提としているのはこの合理選択なのだ。自分が天国からどの親の元に割り振られるかわからないという状況で、割り振られる世界はどのようなもの「であるべき」かと考えたときに、私たちは合理選択として公平で、不平等のない社会を選んだ。決断であれば、別に自分が天国からどの親の元に割り振られるかわからないという状況であっても、どのような社会原理を選ぶかなどわかりはしない。例えば、1+1の答えを、1、2、3、4という選択肢の中から選ぶ際に、決断であれば別にどれでもいいことになる。

一方、合理選択という概念は突き詰めていくと自発性を持った自由意思の自由な選択という概念からはかけ離れてしまう。チェスや将棋などのゲームで負けるのを避けるのに、この動きしかない、という動きのことを「強制された動き」というが[165]、それはそうしないと負けてしまうからその動きを取らなければいけないからで、そこに自発性とか自由といったものは存在しない。事実上選択肢はないのだ。これは銃を突きつけられて、金を出すか死ぬかを選べというようなものだ。これと同様に、例えば、1+1の答えを選ぶといったときに合理選択の場合、そこに自発性とか自由は存在しない（2を選ばざるをえない）。つまり合理選択を突き詰めていけば、私たちは合理選択というアルゴリズムにしたがって機械的に動く計算機のようなものと考えられ、自発的な選択をしているわけではないということになってしまう。

自由主義は決断と合理選択を（おそらく無意識のうちに）すり替える事によって公平性の原理を導出した。しかしそれは私たちの本質は自由意思であるという前提から公平性という帰結が論理的には導出できていないということを意味する。オリジナル・ポジション

165 Dennett (1995).

の思考実験は成立していないのだ。ちなみに通常、私たちが行う選択は決断でも合理選択でもなく判断である。判断は合理性を考慮に入れつつも、自分固有の価値判断、生き様、良さ、人生の目的といったものを考慮に入れて総合的に選ぶという行為である。例えば、それが非合理であると知りつつも、日本人として自らの命を賭して特攻してゆくといったような場合がそれである。

そして私たちが通常、自律性があると考えるのはこういった判断に基づく行為のことである。決断のような予測不可能なランダムさは私たちが通常用いる意味での自律性ではない。通常私たちが用いる意味での自律性は自らの世界観、価値観に対して一貫性（インテグリティ）を持って行為を行うということである。例えば、自分の理想のために苦しい鍛錬を行なっており、怠けてしまいたいという直近の欲求はあるが、理想のために自らを叱咤激励し苦しい鍛錬を続けるといったような場合に、私たちはその人は自律性を持っているという。また例えば、国家を守るという崇高な目的のために、恐怖とか逃げ出したいという直近の欲求を乗り越えて、命を賭していくような人たちを私たちは高い自律性を持っていると考える。本当の自律性は物理法則という他律的法則からの自由ではなく、自らの持つ良さ、世界観、価値観に対して一貫性を持つということなのだ。

さらに言うなら、実は合理選択自体にも問題が存在する[166]。公平性の原理はゲーム理論の観点からは（狭義）ナッシュ均衡と捉えることができる[167]。ナッシュ均衡とは複数のプレイヤーがいて、複数の立場（もしくは主張）があった時に、プレイヤーが立場（主張）を変えても、誰もより良くならない状態であり、狭義ナッシュ均衡

166 Skyrms (2014).
167 科学ジャーナリストのフィリップ・ボールによると、ホッブズの『リヴァイアサン』のフレームワークは個人の力を最大化することがナッシュ均衡となるモデルに変換することができる（Ball, 2002）。

とはお互いの立場（もしくは主張）があった時に、誰かが立場（主張）を変えると、全てのプレイヤーがより悪くなる状態を指す。ゲーム理論の観点からは、公平性の原理は（狭義）ナッシュ均衡であるが、厳密にはロールズの「無知のヴェール」は合理選択の観点から見たときには複数の（狭義）ナッシュ均衡と整合性を持つ。つまりロールズのオリジナル・ポジションの思考実験では決定不全に陥り、必ずしも公平性は保証されないことになる。言い換えるならば、従来の合理的ゲーム理論では不公平な（狭義）ナッシュ均衡に落ち着く可能性がある。

例えば、最後通牒ゲームと呼ばれるゲームを考えてみればよい[168]。このゲームには提案者と応答者の二人のプレイヤーが存在する。提案者は100ドルなどといった金を与えられ、それを応答者とどのように分配するかを提案する。応答者は提案を受け入れるか拒否するかの選択ができ、応答者が提案を受け入れると、金は提案通りに分配される。応答者が提案を拒否した場合は提案者、応答者ともに金を受け取ることはできない。合理選択（によるゲーム理論）の観点からは、提案者は1ドルなど、できる限り少額を提案することになる。もし応答者が合理選択をするならば、0ドルよりは1ドルは良いということになるので、提案は受け入れられることになる。これは確かに（狭義）ナッシュ均衡であるが、公平であるとは言えない。つまり合理選択（によるゲーム理論）では必ずしも最適解である公平性の原理には落ち着かないということになる。

哲学者ブライアン・スカームズは進化ゲーム理論を用い、「ダーウィン的無知のヴェール」という状況であればナッシュ均衡は高い確率で公平性にたどり着くことをシミュレーションにより示し

168 Skyrms (2014).

た[169]。ゲーム理論を合理選択の観点からとらえるのではなく、進化理論の観点からとらえることで合理選択（によるゲーム理論）では解決できない様々な問題を解決できるというのがスカームズの基本的な主張である。進化ゲーム理論の観点からは公平性への道のりは「最良戦略への選択」である。

主体という人間観に関する問題

自由主義のもう一つの大きな問題はその前提である人間観が私たちの本当の姿から大きくかけ離れたものである点にある。つまり議論の前提自体が間違っているのだ（当然間違った前提からは間違った帰結が導かれることになる）。自由主義の想定する中核的アイデンティティはパーソナル・アイデンティティ（さらに正確にはそれから記憶を取り去ったもの）だった。これは端的に言って、人の本質は自由意思であるということである。このような自由意思としての主体は主観的かつ個別的な感情でしかなく、他者と決して交わることはない、他者を決して理解できることのない自己であった（そしていかなる属性も持たない「誰でもない人」であった）。ゆえに私たちが共に暮らすこの社会（共同体）はそれぞれが異なる個人が持つ異なる価値観を最大限追求できるようにするために契約によって作られた制度（アリーナ）ということになる。

しかし私たちが「分かり合えない」もの同士という前提は当然ながら間違っている。そして家族、国家などというような社会（共同体）は「分かり合えない」もの同士が自らの利益を最大化する場所ではない。もちろんそういった側面があるということは否定はしないが、それが全てではない。例えば、結婚にしても「分かり合えない」もの同士がお互いの利益を最大化するための契約ではない（そのような結婚をする人もいるだろうが、それが本当の結婚なのだろうか）。

---

169 Skyrms (2014).

結婚する私たちはお互いを理解し合おうとする「私たち」なのであるし、家族や国家もまた同じ実践、同じ物語つまり同じ世界観、価値観を共有する「私たち」なのである。本当は完全に独立した個人など存在しない。私たちの本質は実践や物語といった属性なのだ。つまり本当のアイデンティティはパーソナル・アイデンティティではなく、文化的アイデンティティなのだ。

私たちは様々な実践、物語に参加し他者と部分的にでもわかり合うことができる。共に生きる「私たち」は「分かり合えない」ゆえにお互いを向き合い自らの権利を主張し合うような「私たち」なのではなく、同じ価値観を持ち、同じ方向を向いて共に歩む「私たち」なのだ。私たちは完全ではなくとも、お互いを分かり合える（完全に分かり合えるということは自己と他者の境界がなくなってしまうことを意味する）。それゆえに、例えば、日本人としての良さといったような共通の価値観を持つことができる。日本人「である」ならばこのよう「であるべき」という共通認識が持てるのだ。良い日本人というのは「分かり合えない」誰かの主観なのではない。私たちはともに日本人という実践（ハビタス）、物語（歴史）に参加し、良い日本人という共通の認識を共有しているのだ。だから、例えば、自らの瑣末な利益のために日本を売るような人間を売国奴だと考える。同様に、もし日本人が海外でおかしなことをしたら、同じ日本人として恥ずかしいと感じる。良い日本人というのは共有できない誰かの主観なのではない。

相手を理解しようとすることは相手に敬意を持つことである。私たちは完全に理解し合うことはできないものの、ある程度までは相手を理解することはできる。そして私たちは他者とは完全に「分かり合えない」からこそ相手に敬意を払いわかり合おうとする。しかし自由主義が前提する「私たち」は「分かり合えない」もの同士なのだ。それは言い換えるならば敬意を払えないもの同士なのだ。それゆえに共に生きるためには自然権に機械的に従うことが必要になってくる。哲学者マイケル・サンデルが指摘したように、自由主義的観点からは「愛は盲目」というのは相手を理解し得ないゆえの盲目ということになってしまう[170]。しかしそうなのではない。私たちは分かり合える。お互いを分かり合えるということは互いに重なり合うことができるということである。そしてそれは裏を返せば、自己が実践や物語という属性に侵食されてしまう可能性もあるということである。

自由主義の想定する個人主義によると自由意思は様々な属性を選択し、所持するものであるが、あくまで自己の本質は自由意思であるので、属性が自由意思を侵食することはあり得ないということになる[171]。変化しうる属性は自己の本質ではあり得ず、自己の本質は属性の変化によって変化しない自由意思（権利の主体）なのである。例えば、私が職業という属性を変えても、私は変わらず私である、ということになる。つまり自由主義の観点からは属性の喪失とともに、自己までもが喪失されるというようなことは想定されていないのだ。属性の喪失は単に属性の喪失であり、傘をどこかに忘れてなくしてしまうのも、自分の職業、性別、国籍などを変えるのも本質的には同じことということになってしまう。

しかし私たちは時に欲望に取り憑かれる、嫉妬にかられる、酒に溺れるというようなことを経験することがある。愛が盲目なのは、相手を理解できないのではなく、自分がその愛に取り憑かれてしまうということなのだ[172]。また私たちはどの世界観、価値観が正

170 Sandel (1982).
171 Sandel (1982).
172 Sandel (1982).

しいのかわからなくなってしまうことによって生じるアイデンティティ・クライシスに陥ることもあるし、自分がそれまで信じてきた世界観、価値観が大きく揺らぎ、変わってしまい、マルセル・プルーストの小説『失われた時を求めて』の意味での「失われた時」を経験することもある[173]。過去に自分が良いと思っていたことが今の自分にとっては全く価値のない無駄な時間だったと感じる時、「失われた時」は戻れない過去という意味とともに、無駄にしてしまった価値のない時間ということにもなってしまう。だからもしも仮に自分の生きがいが仕事だとして、それを失ってしまったら、私たちは自分の一部を失ったように感じるし、仕事のみに生きてきて、本当に大切なのは仕事ではなく家族だった、と気づいた時に「なぜ、あんな無駄な時間を過ごしたのだろう」と考えるのだ。同様に自分の能力という属性を失ったら、自分の一部を失ったように感じるだろう。また自分の足を失ったら、自分の一部を失ったように感じるだろう。やはり私の本質はパーソナル・アイデンティティではなく、属性による文化的アイデンティティなのだ。

同様に、自己内葛藤という概念は自由主義の想定する、属性に侵食されないという自己像には存在し得ないが、実際には自己内葛藤が存在することを私たちは知っている[174]。私たちは異なる価値観、世界観、目的、良さの間で自分が引き裂かれるような苦しみを感じることがある。太平洋戦争中に出兵していった英霊の遺書を集めた『英霊の言の葉』やナチス政権下でユダヤ人を虐殺することを良しとせず、ドイツ人であるにも関わらず自ら殉死していった人たちの遺書を読むと、日本人であること、ドイツ人であることと息子、父親、夫であること、そして自分自身の信念の間で苦しむ姿を見ざるを得ない。

173 Taylor (1989).
174 Sandel (1982).

両親へ

悪い知らせを差し上げなければなりません。僕とグスタフGは処刑されることになりました。僕たちはSS（ナチス親衛隊）に入隊しませんでした。そのために処刑されることになりました。僕はSSに入隊すべきでないと手紙をいただきましたね。僕の仲間のグスタフGも入隊しませんでした。僕たちはあのような恐ろしいことをして自らの良心を汚すくらいなら死を選びます。僕はSSが何をしなければいけないか知っています。お父さん、お母さん、僕にとってもお二人にとっても難しいでしょうが、全てを許してください。もしこれが感情を逆撫でするようなことならば、僕のことを許して、僕のために祈ってください。もし僕が良心を汚して戦争で殺されたならば、それもお二人にとっては悲しいことでしょう。もっと多くの親が子どもを失います。多くのSSの男たちも殺されます。子どもの頃からして頂いた全てに感謝します。許してください。僕のために祈ってください[175]。

私たちは異なる文化的アイデンティティ、つまり異なる属性の持つ良さの間で苦しむことがある。その苦しみは時として自分が引き裂かれるようなものなのである。このように自由主義の想定する人間観は私たちの本当の声、本当の姿を反映していない人間観なのだ。自由主義の想定する人間観は特定の属性を持たない純粋な自由意思という「誰でもない人」なのだ。しかし私たちは「誰でもない人」などではない。それゆえに私たちは常識である自由主義に基づいて作られた社会制度のなかに様々な矛盾を感じ、心の痛みを感じることになる。

例えば、特定の民族に対するヘイトスピーチは、自由主義の観点からは、民族という属性に対する発言であるので、原理上権利の侵

175 Gollwitzer et al. (2009).

害ではないということになる。逆にヘイトスピーチは思想信条の自由と言論の自由という普遍的で客観的な権利に守られているということになっている。しかし本当はある民族に対してヘイトスピーチを行うということはその民族の持つ良さの実践や物語を蹂躙することなのだ。それはその民族の祖先の顔を足で踏みにじるような行為なのだ。だから私たちはヘイトスピーチに対して大きな違和感、心の痛みを感じる。私たちは常識として受け入れてしまった自由主義的思考と自分たちの本当の声の間で引き裂かれ苦しむのだ。

正しさの良さに対する先行に関する問題

さらに間違った人間観（前提）からアシンメトリーに導かれた帰結は、前提と論理が間違っているという二重の間違いのために（よほど幸運な偶然がない限り）間違ってしまう。自由主義の考える正しさは自らの人生にとって何が良いかということではなく他者との関係性の問題である。それゆえに自由主義的な正しさは自分が感じるこう「であるべき」という自らの本当の声とは関係なく、他者に対する行為が自然法という法則に基づいているかどうかをもとに判断される事になる（義務論的自由主義と呼ばれる）。自然法はアルゴリズムであり,「人であれば人権を持つ（全ての人は人権を持つ)」という法則に「人である」という入力があれば、「人権を持つ」という出力が機械的に生成されるだけなのだ（ちなみにこのアルゴリズムゆえに、自由主義の観点からは人間以外の動物の権利に関する議論は「とってつけたような（アドホックな)」議論になってしまう)。つまり自分がどう思おうと、納得しようとしまいと、倫理は他者に対する義務によって定義されるということになる。ゆえに白人至上主義、ゲルマン至上主義、特定の宗教、皇国史観などを信じるのは自由だが（思想信条の自由)、それは他の主体を侵害しない範囲で実践されなければならない。白人至上主義を信じていても、それが他の主体を侵害しない範囲で実践されている限りそれは正しいのだ。

しかし心の中では日本人（白人）至上主義を信じつつ、他の人種を平等に扱うことは自由主義的な観点からは倫理的であるなどと言われても、私たちの本当の声はそのような心のない行為の何が倫理なのだろうかと思う。そんなものは倫理でなくただの欺瞞、偽善でしかない。これが私たちの本当の声なのだ。さらに「お前は日本人（白人）じゃないけど日本人（白人）と同じに扱ってやるよ」などと言われて「あなたは正しい人ですね。正義を持った人ですね」と言えとでもいうのだろうか。それは倫理ではなくマイクロアグレッション（欺瞞と蔑みが透けて見えること）でしかない（そしてこの延長線上にヘイトスピーチが存在する)。所詮心なく機械的にアルゴリズムに従っているような行為は薄っぺらな欺瞞なのだ。そしてこれが自由主義によって作り上げられた思想信条の自由、言論の自由の裏の意味なのだ。そんなことを言われるくらいなら最初からお前らの民族（人種）は嫌いだ、とでもいってもらった方が無用な敗北感を感じずに済む。私たちの本当の声は、このような欺瞞、偽善を倫理と同一視してしまう自由主義に違和感を感じずにはいられない。心の中では日本人（白人）至上主義を信じつつ、他の民族（人種)を平等に扱うなど誠実さのかけらもない行為ではないだろうか。そこには相手を本当に理解しようとする心からの敬意がない。所詮自由主義は他者への心からの敬意を持たない者たちが心の交流なしに共に生きてゆくための装置でしかない。

さらに自由主義が良さではなく、公平性という正しさを倫理の中核に据えた結果、近代の正しさは権利、義務といった自己と他者との関係のみについて語られることになり、他人に迷惑をかけない限り、何をしようと不道徳であるとは言えないということになった。近代倫理学は何をするのが正しいのかのみに注意を向けて、何が良いことなのか、たとえ義務がなくても何をするのが良いことなのか、ということには注意を払わなくなった。その結果、自由主義は正しくなくはないが良くないことに関して倫理的空白を生じさせてしまった。極端にいうなら、人に迷惑をかけなければ、何をしていても正しいのである。何が良い人生かは完全に主観的で個別的な感情の問題であるので、それは個々人の決めることなのである（ゆえに自由主義的教育は個別の良さを教えるのではなく、正しさを教えることになる）。

自由主義の観点からは、他人の権利を侵害しない限り、麻薬を常用していてもそれは原理上悪くはないのだ（もちろん私たち自身これが問題だということには気が付いている。ゆえに法律は麻薬を禁じる。しかし自由主義という倫理の観点からはその正当化ができないことから、パターナリズムだとか何だとか、「とってつけたような（アドホックな）」仮説を持ち出さなければならない）。自由主義は正しくなくはないが良くないことに関して沈黙せざるを得ない。しかし私たちはこれに違和感を感じる。自由主義の考える正しさ、つまり他者の権利を尊重することだけが人生の全てではない。私たちは他者の権利を侵害しないように正しく生きるだけではなく、良く生きたいと願う。私たちは満ち足りた人生を生きたいと思う。それが私たちの本当の声なのだ。

また公平性という客観的で普遍的な正しさが偶発的である個別の良さ、属性に先行すると考える結果、自由主義は社会における富などの再配分を重視することとなる（教育などの再配分はアメリカではアファーマティブ・アクションと呼ばれる）。オリジナル・ポジションの考え方だと、原理上、私たちはどの親の元に生まれるのかわからない。ゆえに自由主義の考え方では、富とか能力とか身体的特徴といった属性は自己の本質ではなく偶発的にもたらされたものであり、私たちが偶発的に持ち合わせた属性に対して、それが偶発的であるがゆえに権利を持ち合わせないのと同様に、私たちは属性の結果として得られた社会的地位や富といった属性にも同様に権利を持ち合わせないと考えられる。この意味で自由主義を突き詰めるならば能力主義は正しくないということになる。

しかしもし仮にこの考え方を正しいと考え、論理的シンメトリーを保とうとするなら、犯罪に対する罰則というものも社会的に再配分されなければならないということになる。能力とか身体的特徴といった属性同様偶発的にもたらされたものであり、能力や社会的地位などが偶発的であるので、それによってもたらされた富も偶発的産物であり、自分に「値する」ものでないため再配分されないといけない、というのと全く同じ論理で、犯罪に対する罰則も自分に「値する」ものでないため社会的に再配分されねばならないということになる(図33)。そうでないと自由主義は論理構造上のシンメトリーを失うこととなる。しかし自由主義の論理構造上のシンメトリーを守るのであれば、つまり自由主義の論理的一貫性を突き詰めるのであれば、社会は個別の犯罪者に対する罰則が成立しなくなる社会、つまり権利に対する侵害を罰することができない社会となる。これは自由主義の最も大切にする権利に対する侵害に対処できなくなってしまうことを意味する[176]。しかし権利に対する侵害である犯罪に対処できない社会は明白に権利(自由)の重要さを至上であると考える自由主義の理念に反することになる。これは完全なる内部矛盾である。

176 c.f. Sandel (1982).

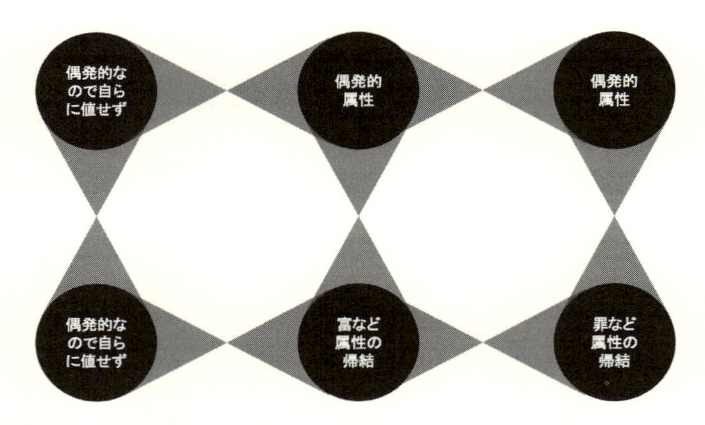

図 33. 自由主義の観点からは、遺伝子、能力など属性は全て偶発的であり、それゆえに私たちはそれに「値する」ことはないということになる。その帰結として、偶発的な属性によって得た富などの属性も等しく偶発的であり、私たちはそれに「値する」ことはないということになる。しかしこの論理を突き詰めるならば、罪、犯罪などにも同じ論理が当てはまらなければならないことになる。

普遍的で客観的な権利の不在

近代に生きる私たちは権利（基本的人権）は普遍的で客観的なものであると信じている。それが近代を生きる私たちの常識である。しかしすでに見たように、私たちが客観的で普遍的であると考えている自然権は間違った人間観（前提）から間違った論理によって導かれた間違った帰結である。私たちは「分かり合えない」もの同士ではないし､心もなく機械的に（義務として）公平性（他者の権利）を尊重することが正しいことであるとは到底思えない。やはり良さが正しさに先行するのだ。

8章．常識の帰結：社会の混乱と私たちの苦しみ

弱いものたちが夕暮れさらに弱いものを叩く
その音が響き渡ればブルースは加速していく

TRAIN TRAIN

人間と社会

近代知識観、人間観の混乱と社会科学の混乱

世界観と価値観、「である」事実と「であるべき」良さが切り離された結果、近代においては主体と客体、主観と客観、事実と価値という二項対立が生じることになった。その結果、それ以前は一つであったメタフィジックス（世界観と価値観）が「である」という世界観（自然法則）を研究する科学と「であるべき」という価値観（自然法）を研究する哲学に分離することになった（ニュートンがニュートン力学を発表した著書『自然哲学の数学的諸原理』には自然「科学」の諸原理ではなく、自然「哲学」の諸原理と書かれている。この時期まで哲学と科学の間には明確な線引きは存在しなかった。すでに述べたように、ラテン語のサイエンティアという言葉は科学という意味であると同時に知識という意味だった。科学と哲学は本来一つだったのだ）。そして科学と哲学はともに「誰でもない人」が「どこでもない場所」から自然法則、自然法を作る活動となっ

た。科学はラプラスの悪魔の視点から世界を観察し自然法則を構築し、哲学は一切の属性を持たない純粋な自由意思である私たちがオリジナル・ポジションで自然法を導出する。そして自然法則つまり客観的な科学および自然法つまり基本的人権は私たちの常識として定着した。

もちろんそれ以前のアリストテレス的世界観を脱し、哲学から独立した形で近代科学が成立したことは偉業ではあるのだが、そこには（特に社会科学に関して）負の側面もある。世界観と価値観が切り離されたことにより、近代の知識観、人間観は混乱をきたし、その結果として政治学、経済学、社会学、教育学など人間（行動）を研究する社会科学も混乱することになった。さらには社会科学の上部構造である社会制度自体も混乱することとなった。もちろんこれは近代社会がそれ以前の社会より悪くなったと言っているのではない。ただ近代には近代特有の問題が内在しているのだ。知識である科学が世界は「どのよう」なもの「である」かという客観的で普遍的な自然法則（「正当化（検証）された真なる信念」）の研究ということになった以上、そして社会科学も科学と名乗る以上、それが自然科学のようなハードサイエンスでなく、いかにソフトなものであろうとも、社会科学は客観的かつ実証主義的に行われなければならないということになる。この立場からは、人間（行動）を研究する社会科学は人間を客体と考え、人間はどのようなアルゴリズム（法則）で行動するのかという研究になる。例えば、社会科学の中でも比較的数学化されている、つまりハードサイエンスに近い経済学は基本的に需要と供給を「人間とは合理的選択を行う動物である（経済人）」というアルゴリズムに入力することにより、均衡という出力を求めようとする。

しかしそれと同時に、近代における人間観の混乱の中で社会科学者たちは人間を行為の主体であるとも考えている。この考え方によると、私たちは入力があれば行動をなんらかのアルゴリズムに基づいて機械的に出力するだけの他律的な存在ではなく、自らの自由意思を持って自律的に行為を行う存在ということになる。しかし人間を主体と考えるこの観点からは、人間の行為を研究する社会科学は哲学ということになってしまう。ゆえに社会「科学」であるはずの政治学の中では実証主義的な研究と並走し政治哲学が存在するし、教育学にしても実証主義的な研究と並走して教育哲学が存在する。社会学の中にも批評理論などと呼ばれる社会哲学的研究が実証主義的な研究と並存している。客観的知識であるはずの社会科学が哲学でもあり、社会科学の中で人間は客体でもあると同時に、主体でもあると考えられている。やはり近代の知識観と人間観は混乱したままなのだ。そしてこの社会科学の混乱がその上部構造である社会制度に混乱を引き起こした。

社会科学と社会制度の構造

社会科学と社会制度の混乱を理解するためには、社会科学と社会制度の関係性を理解しなければならない。まずは自然科学との比較のなかでこの関係性を理解しよう。自然科学には大別して基礎理論と応用理論がある。これは科学と工学（エンジニアリング）と言い換えても良い。おおまかにいって、基礎理論は世界とはどのようなものであるかということを研究するものであり、応用理論（工学、エンジニアリング）は基礎理論をどのように社会の役に立てるかということを研究する。例えば、物理学の場合、基礎理論（科学）は量子力学、相対性理論、統計力学、ニュートン力学などであり、電気工学とか航空力学などは応用理論に相当する。もちろん基礎理論と応用理論の関係性は相互依存的であり、完全な切り分けはできないものの、一般的に言って、基礎理論は自然世界自体の解明を目指すのに対して、応用理論は基礎理論を応用してより良い社会を作るためのものである。

当然ながら、基礎理論（科学）は自然世界を正確に反映し、応用理論（工学）は基礎理論を正確に反映しなければならない。そして様々な工業製品、サービス、構造物などは応用理論を正確に反映しなければならない。言い換えるならば、それらの間にはシンメトリーの関係性がなければならない（図34、左）。自然世界の現実を逸脱するような基礎理論（科学）、基礎理論を逸脱するような応用理論（工学）、応用理論を逸脱するような工業製品、サービスは一貫性を欠いた非合理なものなのだ。例えば、基礎理論（熱力学）が（閉じた系の中で）エントロピーは増大する（つまり永久機関は作れない）と言っているのに、エンジニアが永久機関を作ろうとするということは矛盾である。このようにどこかでシンメトリーの関係が崩れると、そのようにして作られた工業製品、サービスは往々にして問題のあるものとなる。例えば、列車を考えてみよう。当然基礎理論である物理学（ニュートン力学等）は自然世界を反映していなければならないし、鉄道工学はそのような基礎理論に基づかなければならない（例えば、当然ながら鉄道工学は重力を無視しては成立し得ない）。そして列車は鉄道工学に基づいて作られなければならない。このどこかでシンメトリーが崩壊した時、列車には暴走などの危険が伴う。私たちが構造物、サービスを安全に使用できるためには、自然世界、基礎理論、応用理論（工学）、そして工業製品（構造物、サービス）の間にはシンメトリーの関係がなければならないのだ。

自然科学同様に、社会科学にも基礎理論と応用理論が存在する。自然科学が自然世界を研究対象とするのに対して、社会科学は人間および人間行動を研究対象とする。つまり社会科学の基礎理論は人間とはどのようなものであるか、人間はどのように行動するのかという人間観ということになる。社会科学の基礎理論である人間観は、当然ながら私たち人間の本当の姿を正確に反映していなければならない。そして法学、教育学、政治学、経済学、社会学などは社会科学の応用理論であり、それらは基礎理論である人間観を正確に反映しなければならない[177]。そして列車という製品が鉄道力学に基づいて作られるように、政治、法律、教育などの社会制度は政治学、法学、教育学などといった社会科学の応用理論に基づいて作られる。この意味で社会制度は社会科学の上部構造ということができる。そして私たちが社会制度を正しいと感じられるためには、人間、基礎理論（人間観）、応用理論（法学、教育学など）、社会制度（法律、教育など）の間にシンメトリーの関係がなければならない（図 34、右）。

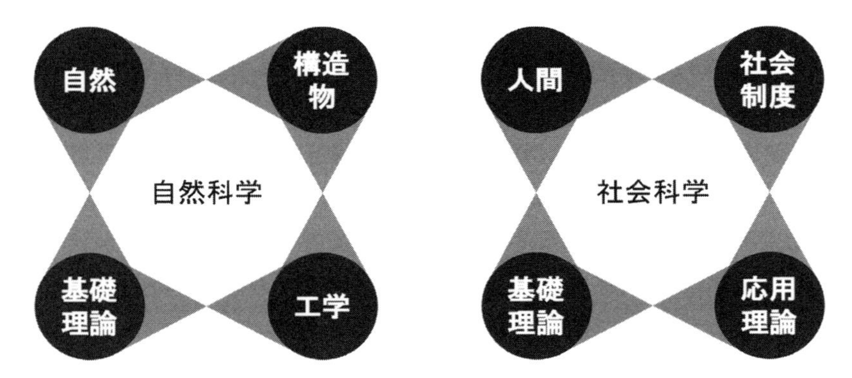

図 34. 自然科学の基礎理論は自然と、工学は基礎理論と、構造物などは工学とシンメトリーの関係になければならない。このどこかでシンメトリーが崩れてしまうと、構造物と自然の間のシンメトリーが崩れてしまう。そのような構造物は私たちの身を危険に晒すような構造物となってしまう（身体の痛み）。同様に、社会科学の基礎理論は人間と、応用理論は基礎理論と、社会制度は応用理論とシンメトリーの関係になければならない。このどこかでシンメトリーが崩れてしまうと、社会制度と人間の間のシンメトリーが崩れてしまう。そのような社会制度は私たちに心の痛みをもたらす社会制度となってしまう。私たちは身体の痛みにはすぐに気づくが、心の痛みにはなかなか気づかない。

177　例えば、マーケティングなどもクラスター分析、ペルソナ作りなどを通して商品、サービスを求める人間像（心理学用語で言うメンタルモデル）を分析するものだと考えることができる。c.f. Underhill (2009).

この人間、社会科学の基礎理論（人間観）、社会科学の応用理論、社会制度シンメトリーの関係性はロマン主義の詩人ウィリアム・ワーズワースのMy heart leaps up when I beholdという詩を見ればわかりやすいだろう。

My heart leaps up when I behold
  A rainbow in the sky:
So was it when my life began;
So is it now I am a man;
So be it when I shall grow old,
  Or let me die!
The Child is father of the Man;
And I could wish my days to be
Bound each to each by natural piety.

私の心は踊り上がる
  空に虹を見たときに
私の人生が始まったときにそうであった
大人になった今でもそうである
年老いたときにもそうであれ
  そうでなければ死なせてくれ！
子どもは人間の父である
そして私の生きる日々が
自然への敬愛で繋がるように願おう

ロマン主義は18世紀に隆盛を極めた啓蒙主義と呼ばれる理性を重要視する考え方に対する反発から生まれた運動で、理性を重要視することの裏で軽んじられていた感情の大切さ、あるがままの自然の美しさなどを蘇らせようとする運動だった。ワーズワースの詩の意味するところは、自然は素晴らしく、そこに人間が手を加えることでありのままの素晴らしいものは腐敗していく、ありのままである子どもは素晴らしく、人工の産物である社会のなかに生きる大人は社会によって汚れてしまった醜い存在である、ということである。大人になり汚れてしまい、自然を愛する心を失ってしまうくらいならば死んだ方が良い、とワーズワースは言う。もし仮にこのような人間観（社会科学の基礎理論）を受け入れたとしたら、そこから矛盾なくシンメトリーに導かれる教育理論（社会科学の応用理論）は子どもはありのままでよく、大人こそ子どもから学ばねばならない、というものになることは明確である（図35）。ゆえに「子どもは人間の父」なのだ。もし仮にこの詩のロマン主義的人間観を受け入れたとして、その上で大人が子どもを教育するというような教育観を導くのであれば、それはシンメトリーを逸脱した一貫性を欠く非合理な思考である。

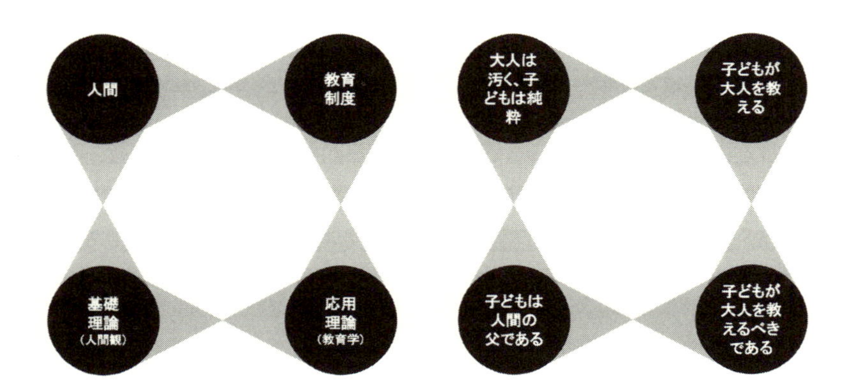

図35. ワーズワースの詩の構造。

自然と自然科学の基礎理論、基礎理論と応用理論（工学）、応用理論（工学）と構造物のどこかでシンメトリーが壊れてしまった時に、構造物が私たちの身を危険にさらすように、私たちの本当の姿（人間）と社会科学の基礎理論である人間観、人間観と応用理論、応用理論と社会制度の間のシンメトリーがどこかで壊れてしまった時に、社会制度は私たちに心の痛みをもたらす。極端な例ではあるが「人間は背中の羽で飛ばなければならない」などという法律や「100メートルを3秒で走らなければならない」という体育教育が社会制度として実践されてしまったならば、私たちは不条理を感じることになる。なぜなら私たち人間はそのような存在ではないからだ。この場合、人間と基礎理論（人間観）の間のシンメトリーが壊れている。そんなものはSFやアニメ作品によく出てくるような重力を無視した航空力学によって作られた飛行機のようなもので、現実世界と対応しない。もちろんここまであからさまな乖離ではないが、私たちが社会制度の中で心の痛みを感じる時には私たち人間、基礎理論（人間観）、応用理論、社会制度の間のシンメトリーのどれかが壊れているということができる（図36）。

ボナセラが裁判結果に憤りを感じたのは、「自分の人生の光」である娘を傷つけられれば許せないと思うのが本来の人間の姿であるのに、法律がそのような人間観を無視して構築、運用されたからなのだ。「自分の人生の光」である娘を傷つけられれば許せないと思うのが本来の人間の姿であり、それが私たちの本当の声なのだ。だからこそ私たちは復讐劇などの文学にカタルシスを感じるし、私たちの目にゴッドファーザーは極悪非道で不条理な犯罪者ではなく侠客として映る。だからこそ私たちがまず学ぶべきは（社会）科学ではなく文学（シェークスピア、ゴッドファーザー）なのだ[178]。（優れた）文学は社会科学の基礎理論が描ききれていない本当の人間像を、私たちの本当の声を描き出すことができる。

178 Murdoch (1970), p. 33.

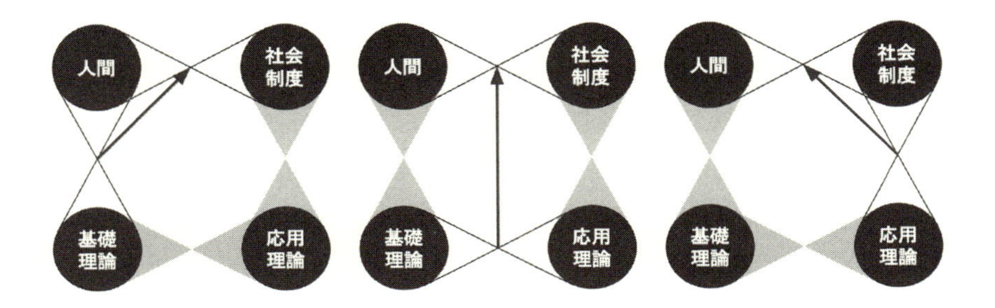

図 36. 人間（本当の声）と基礎理論（人間観）、応用理論、社会制度のシンメトリーの一つでも崩れると（色なしで表記）、そのアシンメトリーはその後引き継がれ、私たちが社会制度と対峙した時に私たちの本当の声と社会制度のシンメトリーが崩れてしまい、私たちは心の痛み、正しくないという感覚を感じることになる。

社会科学と社会制度の混乱

群盲象を評す：社会科学の混乱

私たちが心の痛みや不条理を感じない社会を作るためには、人間と社会科学の基礎理論（人間観）と応用理論、そして応用理論と社会制度の間のシンメトリー（論理的一貫性）が保証されなければならない。そのためにまず第一には、人間とはどのようなものなのかという人間観、つまり正しい社会科学の基礎理論が必要不可欠なのである。しかし残念なことに「である」と「であるべき」を切り離した近代という前提の上に成立した社会科学には実際の人間（私たちの本当の声）とシンメトリーに対応する統一的な基礎理論が存在しない。本来分けることのできない主観と客観を切り離したことにより生じた近代の人間観の混乱は社会科学の中で今もなお続いているのだ。それゆえに社会科学において、一方で人間を自由意思により行為を行う主体であると考える哲学、もう一方で人間を知覚という入力とアルゴリズムにより行動を出力する客体と考える実証主義的な社会科学が並走しており、さらには実証主義的な社会科学の中ですら統一的な基礎理論（人間観）が存在せず、現状の社会科学は経済学、社会学、政治学、教育学などの応用理論が各々勝手に人間の一面のみを法則化しているという状況にある。

インドの寓話に「群盲象を評す」というものがある。盲人たちがそれぞれ象の鼻や牙など別々の一部分だけを触り、象とはどのようなものかということを語り合う話である。尾を触ったものは「象は綱のようだ」と言い、耳を触った盲人は「象は扇のようだ」と言う。お互いに異なる部分を触っているので象とはどのようなものであるのかということに関して対立が生まれるという話である。これがまさに現代の社会科学の実情である。それぞれの応用理論は人間の異なる部分を見てそれこそが人間であると言っているような状況なのだ。例えば、自由主義は私たちを自由意思を持った主体と考える。そしてこの人間観が（全てではないものの）法学、教育学、政治哲学などの基礎、ひいては法制度、教育制度、政治制度などの基礎となっている。その一方、経済学や心理学、計量経済学の手法を使った政治学、社会学など実証主義的な社会科学は事実上人間を入力と出力を繋ぐアルゴリズムであると捉えている。この時点ですでに社会科学の中に二つの異なる人間観が並走していることは明白である。しかし人間をアルゴリズムと考える実証主義的な社会科学の中にも複数の異なる人間観が並走している。

例えば、新古典派経済学は私たち人間は合理的な動物であると考える。いわゆる経済人(ホモ・エコノミクス)という人間観である。そしてこの経済人という人間観（法則）の論理的帰結として、需要と供給という入力によって均衡が出力されることになる。しかし私たち人間は新古典派経済学が想定するような単なる合理的な動物ではない。ゆえに行動経済学が示すように合理性に基づいた従来の新古典派経済学は感情などが関係してくる状況では突然説明力を失うことになる[179]。(経済学的な)合理選択は期待効用理論と呼ばれる理論を前提としている。期待効用理論によると、期待効用は出来事の効用（利益）とその出来事の起こる確率を掛け合わせたものであると考えられている。そしてこれを最大化することが合理的な選択、合理的な行動であるということになる。例えば、1000円もらえるという出来事の可能性が20%だとすると、その期待効用は1000×20%＝200円ということになる。ということは200円もらえる事象の可能性が100%の場合、それは1000円もらえる可能性が20%の場合と同じであるということになる。つまり新古典派経済学の観点からはこれらは同じ状況ということになる。しかし、1億円が20%の確率でもらえる場合と、2000万円が100%の確率でもらえる場合だと、期待効用は等しいにも関わらず、私たちの多くは後者を選ぶ(プロスペクト理論)[180]。2000万円が100%の確率でもらえる方がリスクが少ないのだ。これ以外にも経済人という新古典派経済学の想定する人間観が実際の人間行動に対応しない場面は数多く存在する。経済人(ホモ・エコノミクス)という人間観は人間の一面を捉えてはいるが、それはやはり一面でしかないのだ。

社会学は社会学で独自の人間観を想定している。社会学における代表的な理論の一つである構造的機能主義（単に機能主義とも呼ばれる）は社会全体を人間の身体のように機能的な有機体のようなものと捉え、各人間をその有機的な全体の中で機能的な役割を果たす一部であると考える。人間が生きるためには心臓が必要であるが、心臓が機能するためには血液の流れが必要であり、血液には酸素が必要なので肺が必要であり、栄養を取るために胃も必要である。どれか一つでも失われると人間は有機体としての機能を失う。つまり

---

179 Goldman (2006); Kahneman (2011); Ariely (2008).
180 Kahneman and Tversky (1979).

有機体における各器官は相互依存関係にありそれぞれが全体にとって必要な機能を果たしている。これと同様に各々の人間も社会という機能的な全体の中でその一部として機能しており、社会の中で機能的に重要な人間はそれ相応の報酬を得るということになる。これが構造的機能主義の人間観である。ゆえに高い報酬を得ている人間は社会の中で重要な機能を果たしている人間であるということになる。当然、機能主義の観点からは報酬が低い人間は社会の中でそれほど重要でない能力の低い人間であるということになる。確かにこの考え方も私たち人間のある側面を言い表してはいるが、社会の機能的な一部であるということは私たち人間を完全に言い表したものとは言い難い。

社会学のもう一つの代表的な理論である紛争理論はこういった機能主義的な人間観はあまりにも現状追認的なものであると考える。例えば、アメリカにおいて黒人（女性）の平均所得は白人（男性）よりも低いという事実がある。機能主義の観点からはこれは社会の中で黒人の方が機能的に重要ではなく、能力的にも劣っているということになる。しかし「誰が社会の中で機能的に重要なのか」という問いに対して、機能主義的観点からは「多くの報酬を得ている人間である」という答えが返ってくる。それでは「どのような人間が多くの報酬を得るのか」と問うと、それは「社会の中で機能的に重要な人間である」という答えが返ってくる。このように考えたときに機能主義は現状追認的で空虚なトートロジー（定義上の真理による循環的議論）のように感じられる。つまり機能主義は「独身とは結婚していない人である」などと言うことと同じく、ただ単に多くの報酬を得ている人間を社会において機能的に重要な人間であると定義しているだけの話なのではないか、と思えてくるのである[181]。

181　ちなみに、興味深いことに構造的機能主義を考え出した哲学者ハーバート・スペンサーは自然選択を「適者生存」と言い表した人物でもあり、こちらにもトートロジーの

このようにもし機能主義が単に定義上の話であれば、どのようなデータが得られようとも、機能主義は定義上正しいということになってしまう。それは「未婚の男性とは結婚していない男性である」というように、ただ単に定義の話になってしまうのだ。しかしデータを観察することによって検証されるべき科学（総合的真理）が定義上の話（分析的真理）ということになってしまったら、科学は科学としての体をなさない。機能主義は科学理論としては空虚なものとなってしまうことになる。データを顧みない科学など科学ではない[182]。ゆえに紛争理論的な観点からは、現状の社会構造はただ単に機能的必然性の結果だけでなく、階級、社会階層、性別、人種、民族などの属性、つまり文化的アイデンティティの紛争の歴史の結果でもあるというように考えられる。紛争理論の観点からは、私たちはアイデンティティによる権力闘争のエージェントなのである。そうするとアメリカ合衆国において黒人の平均所得が白人よりも低いというのは黒人が白人よりも機能的、能力的に劣っているからというわけでなく、人種差別の歴史などの結果として引き起こされた事態である、というような解釈が導かれることになる。しかしこのアイデンティティによる権力闘争のエージェントという人間観もある種の真実は含んでいるものの、私たち人間が権力闘争のエージェントだけであるわけがない[183]。

間違った理想化

では社会科学の基礎理論はなぜ群盲像を表す状態になってしまっ

問題が付いて回る（「誰が生存するのか」に対しては「適者である」と答えられ、「適者とは誰か」に対しては「生存する者である」という答えが返ってくる）。

182 c.f. Quine (1951).

183 ここで述べた以外にも、かつて隆盛を極めた構造主義、解釈学などといった社会科学の動向にしてもまさにこの人間観をめぐる混乱に端を発した対立であると言える。c.f. Dreyfus and Rabinow (2014).

たのか。それは間違った「理想化」のせいである。科学が世界や人間行動をアルゴリズム化する際には様々な場面で理想化という作業が必要になってくる。理想化とは正確な記述、予測ができるように厳密にいうと正しくない想定を置くことである。そのような厳密にいうと正しくない想定が無害な場合、そのような想定の方が正確な記述、予測を行うことができる。有名な理想化の例には重い質量のものも軽い質量のものも同じ速度で落下するということを示したガリレオによる自由落下の実験がある。この実験は二つの質量の異なる球を斜めに立てかけた板の上を転がすというものだった（ピサの斜塔から二つの質量の異なる球を落とす実験であったという説もある）。しかしこの際、実験には重力以外の空気抵抗、摩擦などの要素が入ってくる。ガリレオはこういった要素は無視できるものであると考えた。これが理想化である。実際には空気抵抗や摩擦は存在するが、それらを存在しないもの、もしくは存在しても無視できるものとして実験を行うのだ。そしてガリレオはそのような理想化に基づいて基づいて自由落下の法則を構築した。

理想化は科学の中では頻繁に行われる。例えば、物理学者が天体の運行を理論化する際には天体は完全な球形であると想定するし、分子を理論化する際には分子は完全な弾性を持って衝突すると想定する。また進化生物学者が（ハーディー・ワインベルグの法則などといったように）集団遺伝学の理論化を行う際には、生物集団のサイズは無限であり、交配は完全にランダムであるなどと想定する。セグリゲーションのシミュレーションの際には、居住者であるアクターはそれぞれ８人の隣人に囲まれていると仮定した。もちろん私たちはこれらがデータに照らして、もしくは常識的に考えて、真実でないなどということは十分にわかっている。天体は完全な球形などということはありえない（例えば、地球には山も海もある）し、生物集団のサイズが無限であるなどということもありえない。居住者がいつも8人の隣人に囲まれているなどということも非現実的だ。そのような想定は厳密には正しくない想定なのだ。しかしこういった厳密には正しくない想定は無害と考えられている。ではなぜこういった想定は無害なのか。こういった想定、つまり理想化が無害なのは、これらの理想化は基本的に問題にしている物理法則や生物学の法則自体に対する操作ではなく、それらに付随する補助仮説に対する操作だからなのだ。

ガリレオが望遠鏡を使って月に山が存在するという仮説を検証した際に、望遠鏡は遠くのものを正確に見ることのできるものであるという仮説も必要になったように、補助仮説とは主たる仮説を検証する際に付随して必要になる仮説のことである。レンズの質などにより、当時の望遠鏡は遠くのものを完全に見通すことはことはできなかったかもしれないが、望遠鏡が遠くのものを正確に見通すことができると想定することは、それが補助仮説であるために、月に山が存在するという仮説を検証する際には無害である。同様に、天体の運行を理論化する際に物理法則自体を操作することは有害だが、厳密にいうと正しくない天体の形を想定することは物理法則自体の操作ではないので有害ではない。進化生物学において自然選択という法則自体を操作することは有害だが、生物集団のサイズが無限であるというあからさまに正しくない想定は補助仮説に対する操作なので有害ではないのである。つまりある自然法則を検証する際に、その補助仮説に対して行われる理想化は基本的に無害なのだ（もちろんこれは程度問題である）。

社会科学もアルゴリズム化（法則化）をする際には理想化が必要となる。しかし社会科学は補助仮説でなく基礎理論である人間観そのものを理想化してしまった[184]。そして人間観に対する異なる理想

184 初期の例としてはアドルフ・ケトレーの「平均的人間」の考え方がある。竹内 (2018);

化の仕方が、経済学、社会学、法学など異なる社会科学の応用理論を産むことになってしまった。ゆえに社会科学には統一的基礎理論が存在しない。そしてこの基礎理論不在の結果、統一感のない群盲象を評す人間観に基づく経済学、社会学、政治学、教育学など相容れない応用理論が並存することになり、人間、基礎理論である人間観、応用理論、社会制度という、本来シンメトリーの関係になければならない関係性の中にアシンメトリー（非一貫性）が入り込んでくることになった。具体的には社会科学には基礎理論である統一的人間観が不在であるために、基本的にシンメトリーが成立しているのは各応用理論と社会制度の間だけなのだ（図 37）。

確かに法律、教育、経済、政治などは法律理論、教育学理論、経済学理論、政治学理論に則って運用されている。しかし法律理論、教育学理論、経済学理論、政治学理論といった応用理論はそれぞれ異なる人間観を想定してしまっている。さらに正確にいうなら、教育学、社会学、経済学、政治学などそれぞれの学問の中でも統一的人間観は存在しない。例えば、経済学であれば、行動経済学という経済人とは異なる人間観を想定した分野が存在するし、教育学などに至っては自由主義的教育、モンテッソーリ教育、シュタイナー教育など様々な人間観に基づく教育理論が並走している（そしてそのような教育法の中では、ワーズワースの詩がまさにそうだったように「…教育法は人間（子ども）を～と考える（捉える）」など謎の前提が出現する）。そしてこの群盲象を評す状態ゆえに私たち人間とはどのようなもの「である」のか、そしてどのようなもの「であるべき」なのかという私たちの本当の声が社会制度に反映されず、ボナセラがそうだったように、私たちは時として社会の中で心の痛みを感じることになる。

Siegfried (2016).

現在のいわゆる新古典派経済学は道徳哲学者アダム・スミスの道徳哲学理論『国富論』を20世紀初頭に再理論化、定式化したものである。その際に経済学者たちは主として「比較優位」という考え方を提唱したデイヴィッド・リカルドによるスミス解釈をもとに経済学理論を再理論化、定式化した[185]。リカルド自身は哲学者ではなかったので彼は経済学理論を定式化する際にスミスの道徳関連ではない部分を元にそれを行なった。それが人間は合理的な動物であるという新古典派経済学の人間観を基礎作っている。しかし明らかにこれはスミスの持っていた人間観を誤って解釈したものである。スミスは人間を単なる合理的な生き物だけであるとは考えていなかった[186]。

経済学者であり哲学者であるアマルティア・センは現状の経済学の枠組みを「工学的アプローチ（エンジニアリング・アプローチ）」と呼んだが、センが現状の経済学の枠組みを「工学的アプローチ」と呼んだことは、社会科学が自然科学の工学に当たる応用理論のみを研究し、社会科学に本来必要であるはずの基礎理論が不在であることを象徴しているように思われる。『天才柳沢教授の生活』のなかで「経済学は人間の学問ですから」と言う柳沢良則教授に対して同僚である川端教授が「ははは、理屈はそうでしょうが（…）そりゃあ心理学の分野でしょう」と言うシーンがある[187]。これがまさに現

185 Putnam (2002).

186 Smith (2010; Original in 1776).

187 山下「君の名は」. そしてこの川端教授の発言には経済学は合理性を研究する学問であり、時として非合理な人間心理を研究する心理学より優れた学問であるという奢りが見て取れる。「仮説の発見過程」と「仮説の検証過程」という表現を考えだした哲学者ハンス・ライヘンバッハ、および仮説は「幸福な当てずっぽう」であると述べた哲学者カール・ヘンペルらも同様の思考の元に、「仮説の検証過程」は論理、数学などという合理的な手法を使って行われるものであり哲学の研究対象たりうると考えたが、「仮説の発見過程」は非合理なものであり心理学などの研究対象であると考えた。化学者アウグスト・ケクレがストーブの前でうたた寝中に蛇が自身の尻尾に噛み付きながら回っている夢を見て、ベンゼンの環状構造を思いついた、といったような閃きが「仮説の発見過程」

在の社会科学の実情なのだ。

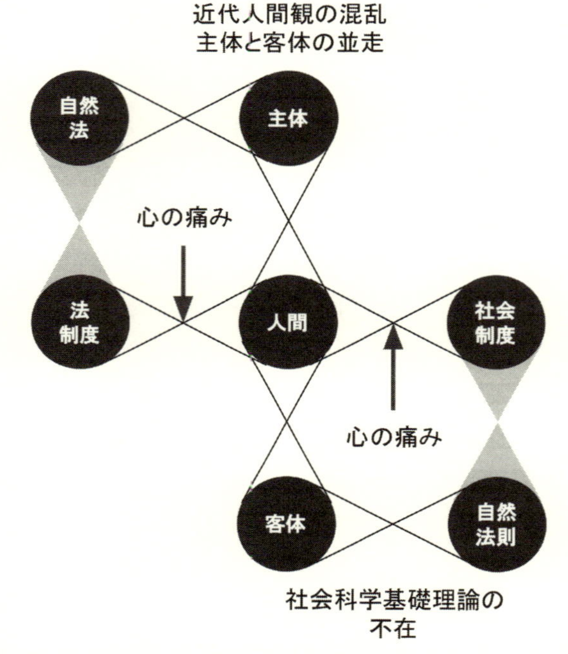

図 37. 社会科学においては人間、基礎理論である人間観、応用理論である諸社会科学、社会制度の間にシンメトリーが存在しなければならない。そうでなければ、私たち人間が社会制度が対峙した際に私たちがこう「であるべき」と考えるものがそうでないという状況が生まれてしまい、私たちは心の痛みを経験することになる。しかし残念なことに現状の社会科学には基礎理論が不在なのだ。シンメトリーが存在するのは応用理論（自然法則、自然法）と社会制度の間だけなのだ。

における「幸福な当てずっぽう」という考え方の典型例だろう。しかし経済学がその後心理学から出現した行動経済学によってその構造を大きく変えたように、哲学も心理学からの知見によって大きく変わらなければならない。すでに見たように従来型の（新古典派）経済学はシステム２による合理選択を精緻化したものであるが（BOX I 参照）、行動経済学はシステム１という概念を導入することで経済学の構造を大きく変えた。知識とは何かということを問うエピステモロジーもまた「正当化（検証）された真なる信念」というように陳述記憶、つまりシステム２による知識のみを理論化してきた。当然、この状況は修正されなければならない。またシステム１とシステム２の間に相互作用があるように「仮説の発見過程」と「仮説の検証過程」の間にも相互作用がある（閃きはこの相互作用の成果だろう）。とすると当然ながら従来型の実証主義的科学哲学も修正されなければならない。

アイデンティティ・ポリティクス：社会制度の混乱

そして科学は客観的なものであり、客観と主観は交わることがないという常識の結果、たとえ社会の中に不条理が存在しても、科学はそれをどうする「べきである」のかという価値判断を持ち合わせない状況が生まれてしまった。例えば、男性と女性、アメリカにおける白人と黒人の収入に差がある、もしくは世界の富の50%を世界人口の1%の人たちが所有している一方で、飢餓に苦しんでいる人たちがたくさんいるという事実（データ）が発見された時に、原理上科学者たちの仕事はそう「である」という事実に関する発見までなのだ。結局のところそのような「客観的な」事実を目の当たりにし、それに対してどうする「べきである」のかという判断は自分がどう思うかという主観、感情の「投影」でしかなく、そう「である」事実からどう「であるべき」なのかという価値観を導くことは「誤謬」なのである[188]。

言い換えるならば、世の中に不平等が存在した時に、経済学（資本主義）を正しいと感じるのか、構造的機能主義（能力主義）を正しいと感じるのか、それとも紛争理論を正しいと感じるのか、もしくは自由主義の考えるように収入の差は再配分により是正されなければならないと感じるか、といったことは主観的で個別的な感情の問題ということになる。これが「客観的な」科学と考えられている社会科学の応用理論が混乱しつつ並走している状況の帰結なのだ。その結果、自分の主観で自分の好みの理論を選択し、それが「客観的な」科学理論だと言い張ることになる。

そしてそういった群盲像を評す社会科学に基づいてパッチワーク的に作られた社会制度の中で不条理や心の痛みを感じる当事者は、自分は女性であるとか男性であるとか黒人であるとか白人であると

188 Mackie (1977); Moore (1903).

か、日本人であるとか韓国人であるとか、キリスト教徒であるとかムスリム教徒であるとかいった自分の主観的立場、つまり文化的アイデンティティの立場から自らを守るために声をあげるしかない。究極的、原理的には経済学理論の主張する社会制度を正しいと考えるのか、それとも構造的機能主義の主張する社会制度を正しいと考えるのか、それとも自由主義の主張する社会制度を正しいと考えるのかは主観の「投影」でしかない以上、自らの主観的な立場から声を上げるしかすべはないのだ。

自由主義の想定する人間が他者を理解できずに、対話ができないように、実証主義的な社会科学理論同士もお互いに対話することができない。「客観的」である科学は「である」という事実の発見までであり、「であるべき」という価値観については沈黙せざるを得ない。そしてお互いを理解できない以上、そこにお互いに対する敬意は存在しえない。この帰結がフェミニズム、アフロセントリズム(黒人中心主義)、白人至上主義、国家主義などの多くのイズムとそのイズムに依拠したアイデンティティ・ポリティクスである(図38)。そしてこのアイデンティティ・ポリティクスの結果として民主主義は多数主義に堕してしまった。

他者は所詮「分かり合えない」存在である以上、他者の話を聞くなど意味をなさない。そして私たちは相手の話を聞くことはなく、対話することもなく、自分の主観的立場から自分の主張をできる限り大きな声で発するのだ(これはおもちゃを買ってもらえない子どもが大声で「おもちゃを買って」と叫び続けるような話なのだ)。結果、民主主義は声の大きいもの、数の多いものが主権を握るシステムになってしまった。ボテセラにしても裁判では自分の声が聞き届けられなかったから、自分の立場からマフィアという手段を使って自分の声を届けようとしたのだ。こうして**弱いものたちが夕暮れ**

さらに弱いものを叩く（TT）社会が成立してしまった。

しかしアイデンティティ・ポリティクスは社会にさらなる心の痛みをもたらすだけだ。アイデンティティ・ポリティクスは少数派が苦しみ、お互いに理解し得ないもの同士が大声で自分の主張を繰り返すだけなのだ。そして誰もが皆なんらかのカテゴリー（属性、アイデンティティ）において少数派である。だからこそ社会の中で心の痛みを感じる私たちは、自分たちの本当の声を描き出してくれる映画や音楽などの文学、芸術でなんとかカタルシスを感じようとする。自分の本当の声を解放しようとする。**弱いものたちが夕暮れさらに弱いものを叩く、その音が響き渡れば、私たちが奏でるブルース（文学）は加速していく**（TT）。そして**見えない自由を欲する私たちは、見えない銃を撃ちまくる**（TT）ことによりカタルシスを感じる。社会科学などよりも文学の方がよほど人間とはどのようなもの「である」のか、そしてどのようなもの「であるべき」なのかを描き出している。

私たちは経済学、社会学、政治学、法学といった社会科学の応用理論など小難しいと感じるだけだが、文学は私たちの心の琴線に触れる。それは文学が社会科学が描き出せていない本当の人間を、私たちの本当の声を描き出しているということなのだ。私たちは小難しい法律理論（経済学理論、社会学理論、政治理論）がなんと言おうと、何が本当に正しいのか知っている。やはり（映画の中の）裁判ではなくボナセラやゴッドファーザーが正しい。だからその声が届く社会を作らなければならない。私たちは文学を手本として、自分の本当の心に耳をすませ正しい社会科学の基礎理論を取り戻さなければならない。そしてアイデンティティ・ポリティクスを乗り越えなければならない。

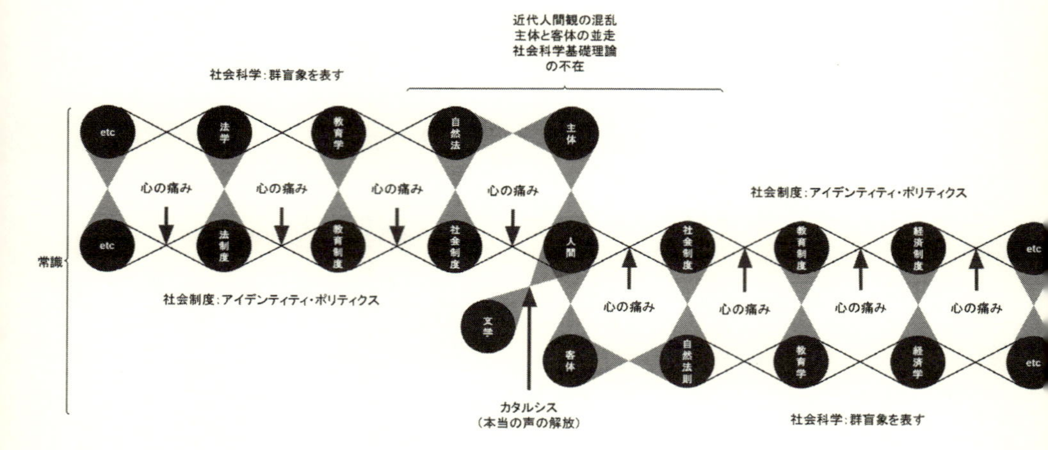

図 38. 社会科学には基礎理論が不在であり、そのことによって本来存在しなければならないはずの人間、基礎理論、応用理論の間のシンメトリー関係が存在しない。唯一存在するシンメトリー関係は応用理論と社会制度の間のみである。この結果、社会科学の応用理論は群盲象を評す相容れない状態に陥り、さらにその結果として、様々な社会制度もお互いに相容れないパッチワーク的なものになってしまった。本来存在しなければならないはずのシンメトリーが存在しないために、社会制度と人間の間のシンメトリーにもほころびが生じる。社会（制度）のなかで心の痛みを感じる私たちは、自らの主観、つまり文化的アイデンティティに基づいて社会科学理論を選択する。その帰結として、社会はアイデンティティ・ポリティクスに陥る。

喜劇の誕生

アイデンティティ・ポリティクスの行き着く先は利益団体が闊歩するだけの、お互いに対話のできないもの同士の葛藤でしかない。その結果アイデンティティ・ポリティクスは社会の中にジョーカーを生むことになる。映画『ジョーカー』はアイデンティティ・ポリティクスの行き着く一つの帰結を如実に描き出している[189]。

父のいないアーサー・フレックはピエロ（道化師）の仕事をして

189 Joker (2019).

日銭を稼ぎつつ、父のように慕うコメディアンであるマレー・フランクリンをロールモデルとしてコメディアンになろうともがいていた。ある日彼はピエロ（道化師）の仕事の帰り道にトーマス・ウェインというビジネスマンの経営する会社の人間たち三人に地下鉄で絡まれ、酷い仕打ちを受け、たまたま持っていた銃で彼らを殺してしまう。トーマス・ウェインはテレビでこの事件について尋ねられ、彼自身は死んだ三人には直接会ったことはないものの、トーマス・ウェインの会社で働く他の人たちと同様に彼らは自分にとって家族だ、と白々しい台詞を吐いた後で、なぜ犯人はピエロのマスクをかぶっていたのだと思うかと司会者から聞かれると、「手に取るようにわかるよ。マスクを被らずに臆病者にあんなひどいことができると思うか。自分より幸福なものに嫉妬しているのだが、顔を見せるのが怖いんだ」などと全くもって見当違いの意見を、さもアーサー・フレックの心のうちを見抜いているかのようにしたり顔で話した。

アーサー・フレックの心のうちはアーサー・フレックに聞くしかないのだ。にも関わらず、トーマス・ウェインはアーサー・フレックの話を聞くこともなく自分の思い込みでアーサー・フレックの動機を断定してしまった。この映画の最大の特徴は誰もアーサー・フレックの言葉に耳を傾けようともしないという点にある。アーサー・フレックは精神性の疾患を患っており、カウンセリングに通っているが、このカウンセラーも決められたルーティーンの質問を繰り返すだけで実際には彼の話などまるで聞いていない。

その後、アーサー・フレックはスタンドアップコメディーに挑戦したのだが、その場でアーサー・フレックは醜態を晒してしまう。マレー・フランクリンはその醜態のVTRを彼のトークショーで流し、嘲笑い、さらに彼をあざ笑うために彼をそのショーに呼んだ。アーサー・フレックは父のように慕っていたマレー・フランクリンにも裏切られたのだ（ちなみにアーサー・フレックはトーマス・ウェインを自分の実の父親だと思い込んでいた)。そのトークショーでアーサー・フレックは目下街中で大きなニュースとなっているトーマス・ウェインの会社の三人が殺された事件について次のように切り出す。

（アーサー・フレック）例の三人のウォール・ストリートのやつらを殺したんだ。
（マレー・フランクリン）わかったよ。オチを待っているよ。
（アーサー・フレック）オチはないよ。ジョークじゃないから。
（マレー・フランクリン）マジなのか？自分があの三人を地下鉄で殺したって言っているのか。
（アーサー・フレック）ああ。
（マレー・フランクリン）なぜ私たちはそれを信じれば良いのかね。
（アーサー・フレック）僕には失うものは何もないからさ。もはや何も僕を傷つけるものはない。

そしてジョーカーは笑いながらこう続ける。

（アーサー・フレック）僕の人生は喜劇以外の何物でもない。
（マレー・フランクリン）確認させてくれ。君はあの男たちを殺したのが面白いというのか。
（アーサー・フレック）面白いね。そしてそうじゃないふりをするのに疲れてしまったんだ。喜劇は主観的なんだ、マレー。君たち、このなんでもよく知っているシステムが、何が正しくて何が間違っているかを決める。同じように、君たちが何が面白くて、何が面白くないのかを決めるんだ。
（マレー・フランクリン）なるほど。君はシンボルになるための運動を始めるためにこれをしたということなのか。
（アーサー・フレック）何言っているんだ。僕が運動を始めるようなピエロ

に見えるかい。あいつらがひどかったから殺したんだ。最近みんなひどいよ。誰でもおかしくなってしまう。
（マレー・フランクリン）なるほど。君はおかしいのか。それが三人の若い男を殺したことに対する答弁なのか。
（アーサー・フレック）違うよ。あいつらは生かしてもらえるだけの歌を歌えなかったのさ。なぜみんなあいつらのことでそんなに怒っているんだ。歩道で死んでいるのが僕だったら、君たちは僕の上を歩いていくというのに。君たちといつもすれ違っているのに、君たちは僕を認識していない。でもあいつらには。なぜだ。トーマス・ウェインが彼らのためにテレビで涙を流したからか。
（マレー・フランクリン）トーマス・ウェインと問題でもあるのか。
（アーサー・フレック）そうだね。マレー、外の世界がどんな感じか見たことあるかい。スタジオの外に行くってことはあるのか。みんなお互いに罵り合っているんだ。誰も礼儀正しくない。誰も相手の立場はどうかって考えないんだ。トーマス・ウェインみたいな奴らが僕のようなものの立場に立って考えることがあると思うかい。自分以外の誰かの立場になって。ないんだよ。あいつら、僕たちはただそこに座って、良い子ちゃんで全て受け入れると思っているんだ。狼男になって暴れ出すなんてないと思ってね。
（マレー・フランクリン）言いたいことは言ったか。ただのかまってちゃんだな。アーサー。あの若者たちを殺した言い訳をしているようにしか聞こえない。みんなが、これだけは言っておこう、みんなひどいやつばかりじゃない。
（アーサー・フレック）お前はひどいよ。
（マレー・フランクリン）私が？私がどうひどいんだ。
（アーサー・フレック）俺のビデオを流した。俺をトークショーに呼んだ。ただ俺をコケにしたかったんだ。お前は他の奴らとおんなじだ。
（マレー・フランクリン）私にとって何が第一なのかを知らないな。君のしたことで何が起こっているか。どうなっているか。外では暴動が起きているんだ。
（マレー・フランクリン）二人の警察官が瀕死の状態なのだ。君は笑っている。

笑っている。君がしたことで誰かが殺されたんだ。
（アーサー・フレック）知っているよ。もう一つジョークをどうだい。
（マレー・フランクリン）ダメだ。君のジョークはもう十分聞いた。
（アーサー・フレック）お前が社会から捨てられゴミのように扱われている頭のおかしい一人っきりのやつに出会った時に、お前は何を受け取ると思う。教えてやるよ。お前が値するものを受け取れ！

アーサー・フレックはそう叫んで拳銃を取り出し、マレー・フランクリンの頭を撃ち抜いた。この瞬間に彼はジョーカーとなった。自分の心の痛み、自分の悲劇をどれだけ心を尽くして話しても、マレー・フランクリンのように常識というルールに寄りかかり、聞いたフリをするだけで話を聞こうともしないものには何も通じない。

すでに見たようにジョークは物語の一形態であり、ジョークには心理的な問題に解決を与え、物語を終わらせるオチ（物語の終わり）が必要である（これに失敗するといわゆる「すべる」という心理的な問題に解決が与えられない気持ち悪い状態に陥ってしまう）。マレー・フランクリンはアーサー・フレックが三人を殺したことに関して「オチを待っているよ」と言った。しかしアーサー・フレックにとっては自分が父親のように慕ったマレー・フランクリンが自分をバカにし、常識というルールに寄りかかり自分の話を聞こうともしない人間だったということに対してこそオチ（物語の終わり）が必要だった。

そしてアーサー・フレックのオチ（物語の終わり）はマレー・フランクリンをマレー・フランクリン自身のトークショーで殺すというものだった。それがアーサー・フレックにとってマレー・フランクリンが「値する」もの、つまりそう「であるべき」ものだったのだ[190]。そう「であるべき」良さが実現した時に、それは正しさとなり心理的な問題は解決される。アーサー・フレックにとってこれ以上のカタルシスがあるだろうか。カタルシスは自分の本当の声の解放なのだ。そしてこのアーサー・フレックのこの行為は社会の中で心の痛みを感じる人たちに伝播していき暴動となり、暴徒の一人によって「お前が値するものを受け取れ！」という全く同じセリフとともにトーマス・ウェインも撃ち殺されることになる。実際、『ジョーカー』が公開された際、アメリカの警察は暴力行為が起きることを危惧して厳戒態勢を敷いた。彼らもわかっているのだ。社会が**弱いものたちが夕暮れさらに弱いものを叩く**（TT）社会となってしまっており、**その音が響き渡れば、私たちが奏でるブルース（文学）は加速していく**（TT）ことを。そして**見えない自由を欲する私たちが、見えない銃を撃ちまくっている**（TT）ことを。

アーサー・フレックは**弱いものたちが夕暮れさらに弱いものを叩く**（TT）社会の中で心の痛みを感じ、**見えない自由を求めて見えない銃を撃ちまくる**（TT）私たちの象徴で、マレー・フランクリンは常識（自分が常識だと思うもの）に寄りかかり、自分や他者の本当の声に耳を閉ざした野蛮な大人、**誠実さのかけらもなく笑っているやつ**（A）の象徴なのだ。ジョーカーは自分がジョークで周りを笑わせていると思っているが、実は自分自身が周りから笑われている存在（ジョーク）でしかないのかもしれない。マレー・フランクリンはこの意味でアーサー・フレックをジョーカーだと思い自分のトークショーに呼んだのだが、マレー・フランクリン自身もまたジョーカーだったのだ。

マレー・フランクリンのような対話をすることすらできないもの

190　この「値する」の概念（「べきである」）は自由主義の観点からの「値する」という概念と鋭く対立する。

に対してできることは三つしかない。距離を置くか、相手の言う通りにするか、対峙し力でねじ伏せるかだ。ジョーカーは対峙し力でねじ伏せることを選んだ。私たちが社会の常識の中で心の痛みを感じた時にも私たちは常識の言う通りにして心の痛みを感じ続けるか、常識から距離を置くか、常識に対峙し常識を力でねじ伏せるしかない。当然、常識は強く、私たち一人一人の声は弱い。だから常識をねじ伏せることは難しい。そのような社会の中で私たちは『ジョーカー』などの映画を見てカタルシスを感じることで、常識から本当の声を解放し一時の休息を得る。つまりジョーカーのように実際の銃を撃たずとも、常識の中で苦しみ、**見えない自由が欲しくて、見えない銃を撃ちまくっている**（TT）人間はたくさんいるのだ。しかしジョーカーがそうしたように、時として見えない銃は本当の銃となる。本物のジョーカーが誕生することとなる。それがアイデンティティ・ポリティクスの行き着く一つの帰結なのだ。

Part Ⅲ.

本当の声

True Voice

９章．常識を超えて

答えはきっと奥の方
心のずっと奥の方
涙はそこからやってくる
心のずっと奥の方

情熱の薔薇

社会科学の基礎理論へ向かって

機能：目的論と機械論の融合

近代は事実と価値、主観（主体）と客観（客体）を切り離した。その結果として、知識は客観的な事実であり価値観は全く主観的な感情であるという混乱した知識観、および主観と客観は交わることはないにも関わらず人間は主体（主観）でもあり客体（客観）でもあるという混乱した人間観が近代を生きる私たちの常識となった。私たちはこの混乱した状態に対して、何かがおかしいという自分たちの本当の声に内心薄々気づきつつも、それでもなお主観と客観は重なり合うことがなく、「である」という事実（知識）から「であるべき」という価値は導き出せないという常識に支配されてしまっている。近代を生きる私たちにとって女性「である」から女性らしく振る舞う「べきである」というのはやはり前近代的、封建主義的に感じられる。そのようなことを言うことはポリティカル・コレクトネスを欠く発言なのだ。しかしこの混乱した常識が社会科学を混乱させ、ひいては社会（制度）自体を混乱させることとなった。

近代以前の常識であったアリストテレスの目的を持った形相（目的論的パターン）という考え方を排斥しようとした近代の祖の一人であるルネ・デカルトは次のように述べた。

アリストテレスを支持しない人たちも若い頃からアリストテレスの考え方にどっぷり浸かってきた。そしてその考え方があまりにも強すぎるゆえに本当の原理に関する知識にたどり着けなかったのだ[191]。

近代を生きる私たちはこの真逆の状況にいる。デカルト、ロックらが作り上げた近代の常識を支持しない私たちも若い頃から近代の常識にどっぷり浸かってきた。そしてその常識があまりにも強すぎるゆえに自分たちの本当の声にたどり着けないのだ（ゆえにポリティカル・コレクトネスなどという概念が生じてくる）。しかし近代社会の混乱を乗り越えるためには、私たちは自分たちが身につけてしまった近代常識を乗り越えなければならない。近代の混乱した常識を乗り越え自分たちの本当の声に耳をすませることは、乖離してしまった主観と客観、「である」と「であるべき」、世界観と価値観を再び一つにまとめ上げることに等しい（これは本来一つであるはずの科学と哲学を再統合することでもある）[192]。そうすることで私たちは正しい知識観および正しい人間観を取り戻し、社会科学、そして社会を混乱から救うことができる。

すでに私たちは自分たちがどっぷり浸かってきた近代という常識がどのように成立してきたのかを理解した。近代常識の背後にあったのは、世界からの目的論の排除だった。近代的な観点からは、目的を持った形相、つまり「X は Y のために存在する」とい

191 Garber (1992).
192 c.f. Putnam (2002).

う良さを前提する目的論はあまりにも運命論的であるのだ。ゆえに近代は目的論的世界観（および価値観）を機械論的世界観（および価値観)、つまりアルゴリズムに置き換えた。この近代の目的論的説明に対するアレルギー反応とでもいうべき嫌悪感は「外適応（exaptation)」という表現に典型的に現れている。進化理論ではある目的のために進化してきた特徴がその存在目的を変えることを「前適応（preadaptation)」と呼ぶ。例えば、鳥の羽はもともとは体温を保つために進化したものだが、その後、空を飛ぶためためのものとして転用されることになった。このような存在目的の変化、転用が前適応である。しかし進化生物学者スティーブン・ジェイ・グールドらは前適応という名前はあまりにも目的論的すぎる名前だとして外適応という言葉を推奨した[193]。この目的論に対するアレルギー反応とでも言うようなグールドらの反応が、近代における目的論に対する態度をよく物語っている。

未来に原因を想定するような目的論的な説明は適切な説明ではなく、原因は未来ではなく過去に存在する、というのが近代を生きる私たちの考え方である[194]。ゆえに近代的観点からは、この世界は「XであればYである」という自然法則（アルゴリズム）で機械論的に記述されなければならないということになる。もちろん私たちは日常生活、社会科学、心理学、生物学などにおいて「食事をするためにレストランに行く」とか「ペンはものを書くために存在する」とか「心臓は血を送るための器官である」とか「目はものを見るための器官である」などといったような目的論的な説明を頻繁に使用する。しかし近代の機械論的な観点からは、原因を未来に想定するような運命論的な説明は機械論的な記述（アルゴリズム）の近似に

193 Gould and Vrba (1982), esp. p. 11.
194 仮に物理学理論が時間に対して方向性を持たないとしても（例えば、ビリヤードテーブルの動画を撮り、逆再生してもやはりそれはニュートン力学に従っている)、引っ張られるような力はやはりおかしい感じがする。

過ぎず、最終的にはこれらの説明は機械論的記述に還元されるものであると考えられてきた。

具体的には、日常生活における説明や生物学、社会科学、心理学など物理学以外の科学における説明は最終的には物理学に還元されると考えられてきた。例えば、「食事をするためにレストランに行く」という日常で使われる目的論的な説明はまず「食事をしようという思考がレストランに行くという行動を引き起こした」というような心理学的な説明に還元され、さらに「脳内伝達物質が......」というような神経科学的な説明に還元され、最終的には「原子が......」というような物理的記述に還元されると考えられてきた。つまり近代の観点からは目的論的な説明は所詮近似的な説明に過ぎず、本当の説明ではないということになる。

しかし20世紀において目的論の重要さが再認識され、目的論を世界の中に取り戻そうとする運動が活発化した。例えば、数学者ノーバート・ウィーナーらは目的論をなんとか機械論的世界観のなかに取り戻そうとし、サイバネティクスという思想を提唱した[195]。これに同調する形で文化人類学者グレゴリー・ベイトソンなども事実が価値を内包する近代以前の世界観を取り戻そうとした[196]。では実際問題として、近代が忌み嫌い排除しようとしてきた目的論は正当な説明形式なのだろうか。実は目的論はチャールズ・ダーウィンの進化論の出現により機械論（アルゴリズム）と整合性を持つことが示されていた。目的論は正当な説明形式なのだ。

進化論は「適応」という歴史的概念を仲介させることで、目的を持った形相、つまり目的論的世界観、価値観が機械論的世界観と整

195 Rosenblueth et al. (1943).
196 Bateson (1972); c.f. Berman (1981).

合性を持つということを示した[197]。例えば、目とか心臓とかいうものは確かにものを見るとか血を送るとかいう目的を果たすために存在すると私たちは考えている。つまり目とか心臓といったものは「目はものを見るために存在する」とか「心臓は血を送るために存在する」といったように、目的によってしか世界の中から削り出せない属性、概念、つまり目的を持った形相である。ではなぜこのような生得的機能分化が存在するかというと、私たちの祖先にとってそのような「機能」を持つことが生存および再生産（子孫を残すこと）において有効性があったからなのだ。大雑把にいうならば以下のようになる。

（突然）変異の結果、少しでも光を感じる細胞を持った生物が現れると、そのような細胞を持った生物は他の生物よりも良く食物を見分けられるし危険を察知できる。そういった理由で少しでも光を感じる細胞を持った生物は自身の生きる環境に適応し、光を感じられない生物よりも生存、再生産（子孫を残すということ）の確率が高くなる。つまり適応度が高くなる（適応度は生存、再生産の確率によって定義される）。逆に環境に適応していないものは適応度が低く、自然選択によって淘汰されることになる。この突然変異と自然選択が気の遠くなるような長い時間繰り返され、最終的に目という機能が出現した、というのが進化論の考え方である。つまり「適応」という概念は歴史性を含んだ概念であり、進化論により目的を持った形相は歴史性を介して機械論的世界観と整合性を持つことが示されたのだ。つまり機能という概念は機械論的世界観と整合性を持つ目的を持った形相ということができる。

機能が機械論的世界観と整合性を持つということは「べきである」という価値は「である」という事実と整合性を持つということであ

197 c.f. Sober (2000); Foot (2001).

る。目「である」ならば良くものを見ることができる「べきである」のだし、心臓「である」ならば良く血を送ることができる「べきである」のだ。当然ながら、しっかりと血を送ることのできる心臓が良い心臓なのであるし、しっかりとものを見ることのできる目は良い目ということになる。逆にしっかりと血を送ることのできない心臓は悪い心臓であるし、しっかりとものを見ることのできない目は悪い目である（障害という概念は機能という概念なしには考えられない）[198]。つまり良さは単なる主観的で個別的な感情が世界へ「投影」されたものではなく、良さ、価値はその基礎を自然世界の中に持っているのだ。やはり「である」と「であるべき」、事実と価値は切り離すことができない。

アリストテレスの目的論的世界観の中では、世界の全てが何らかの目的（意味、価値）を持っていると考えられた。例えば、木の目的は天へと伸びることであるというような話である。これは近代を生きる私たちからすれば何やら不可思議な感じがするが、例えば、一説にはセコイアデンドロンという樹は山火事によって繁殖するために、落雷を誘発するために天へ高く伸びると言われている。そうであれば、セコイアデンドロンの目的は天へと伸びることということができる。それが良いセコイアデンドロンということになる（アリストテレス物理学の観点からは全ての物の目的地は地球であるから物は落ちるというような説明がなされる。これは物理学の領域（重力）であり、現代的な視点からは成立しない。物理学には機能主義的説明（目的論的説明）は存在しないのだ。しかし生物学、社会科学、心理学は機能主義的説明が存在する領域であり、このような説明が可能になる。当然ながらペンやカップなどといったデザイナーが存在する人工物を説明する際には、目的論的説明の使用には何の問題もない）。これは正しい考え方なのだ。そしてそれゆえに進化はゲー

198 c.f. World Health Organization (1980).

ム理論で説明することができる[199]。進化ゲーム理論の観点からは自然選択は「最良戦略への選択」なのだ。

機能的人間観：認知科学の成立

適応という概念を通して目的を持った形相（目的論的不変パターン）は機械論的世界観と整合性を持つことが示され、機能（的説明）として生まれ変わった。この機能（的説明）という考え方を用いることで現在の混乱した人間観を修正し、社会科学の基礎理論である正しい人間観を形成することができる。では正しい人間観とはどのようなものなのだろう。経済学、社会学、政治学、教育学、法学などの社会科学の応用理論の前提する人間観が群盲象を評す状態である一方、統一的人間観を形作ろうとする学問は存在してきた。心理学、哲学、文化人類学などがそれに当たる。特に心理学はその中心的な役割を担ってきたと言って良い。

しかし心理学もまた科学を自認する以上、人間を客体であると考えてきた（ちなみに心理学、神経科学などでは人間を客体として実験、観察を行うが、人間を客体と呼ぶのは忍びないので、実験の被験者のことは実験の主体と呼ぶ）。そしてこの科学としての心理学という思想の延長線上に行動主義心理学が生み出された（すでに述べたように行動主義の思想的前身はタブラ・ラサである）。行動主義心理学によると、私たちの行動は感覚刺激が入力されることによって機械的に出力されるものということになる。つまり人間もまた知覚という入力と行動という出力をつなぐ機械（アルゴリズム）ということである。しかし実際には（少なくとも）私たち人間は入力された刺激のみに反応して、反射的に行動を出力するような単純なものではなく、そこに意味、目的、良さを介在させなんらかの行為を行う。知覚という入力から行為が出力されるまでの過程は行動

199 Maynard Smith (1982); Nowak (2006).

主義が考えるような入力された感覚刺激に対する反射行動ではなく、意味や概念が介在した過程なのだ。例えば、全く同じ殴られるという行為（入力）でも意味により、それに対する出力（行為）は異なる。道で突然殴られたときと、空手の練習で殴られたときではそれに対する反応は全く違うものになるだろう。入力は同じでも意味が異なればそれらは「全く違う話」なのだ。

意味や概念は認知心理学の言葉で言うならば、メンタルモデルおよび認知バイアス（思考のフレームワーク、いわゆるフレーミング）などと呼んでも良いだろう。私たちが出来事のシークエンスを見た時に因果関係を見る（見ざるを得ない）のもメンタルモデルが存在するからである。どのようなフレームワークで物事を考えるかによって全く同じ入力（知覚情報）であっても異なる出力（行為、判断）を生成することになる。一例を挙げるならば、行動経済学の分野でよく知られている保有効果と呼ばれる認知バイアスが存在する。最も有名な実験にマグカップの実験がある。この実験でコーネル大学の学生はマグカップを与えられ、それを売るか、同等の価値のある別のアイテム（ペン）と交換する機会を与えられた。この時、参加者が所有しているマグカップに対して要求する金額は、マグカップを取得するために支払う意思がある金額の約２倍であった[200]。同じマグカップでも自分のものと考えるかどうかで価値が変わってくるということである。また、論理的には全く同じ内容でも「この手術を受けた100人の患者のうち90人が５年後に生存する」のと「この手術を受けた100人の患者のうち10人が５年後に死亡する」のと表現されるのではそれらは同じ内容であるが「全く違う話」となり、異なる行為（反応）を誘発するだろう[201]。これは情報をどのようなフレームワーク（フレーミング）で捉えるか（解釈するか）に

200 Kahneman et al. (1990).
201 Thaler and Sunstein (2022).

よって入力は同じでも異なる出力、「全く違う話」が生成されるということである(そして私たちは様々な認知バイアスを持っており、それゆえに従来の経済学が想定する合理選択が様々な場面で成立しなくなる）[202]。

つまり行動主義心理学による心の説明には意味、目的、良さ（さらに具体的にいうならば、メンタルモデルや認知バイアスといった概念）が欠落していたということになる。この欠陥を補い、心理学に意味を取り戻そうとした運動が1950年代にジェロム・ブルーナーらに先導された認知革命だった[203]。この運動の結果、認知心理学が行動主義心理学に取って代わった。認知心理学が行動主義心理学と決定的に異なるのは、入力（知覚）と出力（行為）の間に認知（ワーキングメモリ）という概念を挟み込んだ点にある。すでに見たように認知はワーキングメモリにより意味を付与する活動である（しかし意味を中核に置くことで認知心理学および認知科学は（そして哲学も）「認知的に無意味」であるシステム1による活動、つまり語り得ないもの（実践、非陳述記憶）を長い間日陰に置くことになった）[204]。

---

202 天才的な計算能力で知られたジョン・フォン・ノイマンに関するジョークがある（これには様々なバージョンがある）。二人の人間が自転車に乗って20マイル離れたところからお互いに向かって時速10マイルで走り始め、同時に一匹のハエがこの二人の間を時速時速15マイルで行ったり来たりするとしよう。この二人が出会う前にハエが飛ぶ距離はどれだけなのか。これを計算するには難しい無限級数の和を求めなければならない。しかしこれにはタネがあり、自転車は二人が出会うまでには1時間であるから、当然ハエが飛ぶ距離は15マイルということになる。ある人がこの質問をノイマンにしたところノイマンは1、2秒考えて「15マイルだ」と答えた。「なんだ、タネを知っていたのか」とその人が言ったところ、ノイマンは「タネって何だ」と聞いた。彼がタネ明かしをしたところ、ノイマンは「その手があったか」と言ったと言われる。フォン・ノイマンだったから計算できたものの、答えは同じでもどのように考えるかで「全く違う話」になる。

203 c.f. Bruner (1990).

204 ゆえに例えば、心理学者ブルーナーによる物語論はシミュレーション理論ではなく民間心理学を中心に構成されているし（Bruner, 1990）、哲学者マッキンタイアの自認知心理学と並行して、哲学の中でも紆余曲折を経て1960年代頃にギルバート・ライルの論理行動主義に取って代わる形で心の機能主義という考え方が台頭してきた。ギルバート・ライルの論理行動主義によると、心の状態は全て行動で表すことができるということになる。例えば、「雨が降っていると信じている」という心の状態（信念）は「傘を持って外出する」という行動に現れている、ということになる。しかし「傘を持って外出する」という行動が成立するためには「雨が降っていると信じている」という心の状態（信念）以外にも「雨に濡れたくない」という心の状態（欲求）が必要となる。つまり心理学がそうであったように、哲学内でも人間行動の説明には心という内的なものを想定しなければならない、と考えられるようになった。これは認知心理学の考え方とパラレルの関係にある。この結果、心の機能主義という考え方が哲学内における主流となった。機能主義によると心（認知）は脳というハードウェアの作り出す機能（ソフトウェア）であり、アルゴリズムということになる。

また1950年にコンピュータサイエンス（計算機科学）の祖であるアラン・チューリングがコンピュータによる人間認知のシミュレーションの可能性を提示してから、コンピュータサイエンスは人工知能（AI）による人間の知能の模倣を模索してきた[205]。当然理論上、人工知能は機能主義を前提としなければならない。機能は物質に関わらず実現することができる。石であっても、木であっても、プラスチックであっても座るという機能さえ可能に（アフォード）すれば椅子は椅子である。これと同様に、認知というアルゴリズ

己論も実践ではなく物語を中心に構成されている（MacIntyre, 2013; Original in 1981; c.f. Taylor, 1989）。社会学者ブルデューは理論の中に実践を取り戻そうとした (Bourdieu, 1977; 1993; 2000)。

205 Turing (1950).

ム（機能）を実現することさえできれば、それを下支えする物質がニューロンであろうとシリコンであろうと認知は認知、心は心ということになる。この考え方もまた認知心理学、心の機能主義とパラレルの関係にある。つまり機能主義の観点からは、原理上、生物学的人間でなくても人間の心を実現すること（人工知能）ができるということにもなるし、人間（の心）は生物学に還元されないということにもなる（これは自由意思と記憶があれば生物学的人間でなくてもロックの考える人(パーソン)が実現されることと似ている)[206]。

そして進化、適応という概念および神経科学（そしてfMRIなどの技術）の進展により、ロックの時代にはあまりにも目的論的ということで想定し得なかった脳内の生得的機能分化（モジュール）の存在を想定することが可能となった[207]。例えば、認知科学の中心人物の一人である言語学者ノーム・チョムスキーは私たちは生得的機能分化（モジュール）による生得的知識を持って生まれてくると考える（もちろんこれは脳に柔軟性、可塑性（プラスティシティ）がないということではない)。有名な考え方にチョムスキーの「刺激の貧困」という考え方がある。子どもが大人の話す言葉を聞いて言語を学ぶ際には、多くの非文法的な文章があるし（ノイズ)、子どもが聞く言葉は限られている（限られたサンプルサイズ)。そして子どもが聞いたそれらの文章（データ）は子どもが学んでいる言語の文法以外の無数の文法（ルール、仮説）とも「論理的整合性」を持つ。つまりデータ（子どもが聞く大人の言葉）と文法（子どもが

206 厳密には機能主義は強い機能主義と弱い機能主義にわかれ、強い機能主義は機能主義は意識も含めて人間の心の全てを説明できると考える考え方であり、弱い機能主義は機能主義が説明できる範囲は意識以外の部分に限られるという考え方である。認知科学は基本的に弱い機能主義に基づいており伝統的に意識の問題を扱わない。だからこそ（すでに述べたように）意識の研究は長い間テニュア・キラーだった。以下の議論は弱い機能主義を前提としている。c.f. Chalmers (2008).
207 c.f. Fodor (1983).

学ぶ言語）の間に決定不全が生じてしまうことになる。しかし子どもは正しい文法を学ぶことができる。ゆえにチョムスキーは人間の脳内には言語という目的のための生得的機能分化（モジュール）、いわゆる普遍文法（ユニバーサル・グラマー）が存在するという考え方に至った[208]。

神経科学もまた入力（知覚）と出力（行為）の間には意味が介在するということも示した。神経経済学の猿を使った実験で、猿の脳は全く同じ（光）刺激であっても報酬（フルーツジュース）が多くもらえる方と少ない方では、多くもらえる方に強く反応する、という結果が示された[209]。これは同じ刺激でも異なる意味が付与されることで出力(行為)が異なってくる、ということを意味する。刺激(入力）が全く同じでも、それらが脳内で同じものだと認識されていないということは、当然行動だけを分析するという行動主義は人間行動（行為）の分析には不十分であるということになる。

このように機能主義という考え方を中心にそれまでパラレルに発展してきた心理学、コンピュータサイエンス、哲学、文化人類学、教育学、言語学、神経科学などが統合される形で認知科学という新たな研究分野が成立した[210]。ゆえにこの観点から見ると、人間認知のアナロジーはコンピュータなのだ（図 4)。認知科学は機能主義的な人間観を構築しようとする試みであったと言っても良い。

---

208 数理生物学者マーティン・ノヴァクはユニバーサル・グラマーの存在に対する数学的論証を行っている。端的に言って、生得的機能分化であるユニバーサル・グラマーはデータ（大人の話す言葉などの入力）と文法（ルール）の間の決定不全を解決するために、データと論理的整合性を持つ文法の検索空間を制限するものである（Nowak, 2006, chapter 16)。この考え方（推論方法）はのちに述べる「最良説明への推論」である（Lipton, 2004, pp. 5-6)。「最良説明への推論」は決定不全の問題に有効である。

209 Platt and Glimsher (1999).

210 行動主義と認知科学では教育の方法論も大変に異なる。認知心理学者ジェローム・ブルーナーは教育理論家としても有名である（Bruner, 1996)。

機能的人間観：人工知能の発展

機能主義が正しいとすると、原理上人工知能は可能ということになる。初期の認知心理学は自然言語で表すことのできる概念（思考のフレームワーク）とそれらの概念に対する論理演算によって人間の認知（知性）を説明しようとした[211]。伝統的に心の研究領域では、知覚した物事を心のなかで再現することや何か頭の中で考えることは「表象」と呼ばれ、その中でも特に自然言語で表すことのできる表象はシンボリックな表象と呼ばれる。初期の認知心理学では私たちの心はシンボリックな表象によって構成されていると考えられていた。例えば、「傘を持って外出する」という行動は「雨に濡れたくない」という欲求と「雨が降っていると信じている」という知識（信念）などが心の中で表象され論理的に組み合わされ計算された結果出力されると考えられた。確かにこのようなシンボリックな表象による心の説明は私たちの直感に沿ったものである。なぜ「傘を持って外出するのか」と聞かれれば、「雨が降っていると信じていて、雨に濡れたくないから」というのが答えだろう。

そしてこの心理学の考え方を人工知能へ並行移動する形で、エキスパートシステムなどの初期の人工知能は作られた。つまり初期の人工知能はスキーマ、スクリプトなどと呼ばれる自然言語で表すことのできる概念とそれらの概念に対する論理演算のアルゴリズムによって構築された。しかしこのようなスキーマ、スクリプトなどのシンボリックな表象による人工知能は大きな問題を抱えていた。スキーマ、スクリプトに基づいて人工知能（ロボット）を作ったとする。そのロボットがレストランに行くというような行為を行う際には、科学者はレストランに行く際の典型的な行動パターンの記述（スキーマ、スクリプト）を人工知能に入力しなければならない。しか

211 Schank and Abelson (1977).

し日常生活においては様々な場所でイレギュラーな変化や出来事が起こる。例えば、レストランに行くためにいつも通る道が道路工事で通行止めかもしれない。つまり実際には様々な非典型的なパターンや変化が起こりうるのだ。そうであれば人工知能に入力しなければならない行動パターン（スキーマ、スクリプト）は無限に必要ということになってしまう。

科学者は人工知能（ロボット）に無限に多くの行動パターン（スキーマ、スクリプト）を入力してやらねばならず、人工知能（ロボット）の側も無限に多くの行動パターン（スキーマ、スクリプト）の保持および更新を行い、それに対する演算処理を行わなければならないことになる。しかし実際にはCPUおよびストレージの容量は有限であるので、無限に多くの行動パターン（スキーマ、スクリプト）を入力することはできない。この問題は「フレーム問題」と呼ばれる[212]。つまりスキーマ、スクリプトに基づいた人工知能はそのCPUやストレージの容量は有限であるにも関わらず世界に無限に存在する情報を効率的に捨てることができない。すでに見たようにパターン認識は情報を「効率的に破棄」することである。つまりシンボリックな表象に基づいた初期人工知能は効率的な情報の破棄ができないのだ。初期の人工知能研究者の考えは、それではCPUやストレージの容量を増やせば良いではないか、というものであったが、もちろんどれだけCPUやストレージの容量を増やしても無限に多くの行動パターンを処理することはできないし、人間のワーキングメモリの容量は3～4であるということを考えると、CPUの容量を増やすというのは実際の人間知能を模倣することにはならない（情報処理と人間特有の情報処理は異なる概念である）。

さらにこの間に脳の研究を行う神経科学も発達してきており、人

212 McCarthy & Hayes (1981); Dreyfus (2006).

間の脳は自然言語（シンボリックな表象）に対する演算によってパターン認識を行うのではなく、ニューロンのネットワークが脳内神経伝達物質を活性化（オン）させたり抑制化（オフ）させることによりパターン認識を行うということもわかってきた。このような神経科学の発展の中で新しい人工知能のモデルおよび人間の心のモデルとしてニューラルネットワークという新しいアルゴリズムが開発された[213]。ニューラルネットワークは、エキスパートシステムなどよりも人間の脳構造に近い、ネットワークの抑制化と活性化により人間の知能（認知機能）を再現しようとする数理モデルである（ニューラルネットワークは数理モデルであり、実際の人間の脳構造とは切り離して考える必要がある。例えば、基本的にニューラルネットワークは単なるネットワーク構造であり、人間の脳の中に存在する生得的機能分化、いわゆるモジュールといったものを想定していない）。

ニューラルネットワークの構造は下記の図（図39）のようになる。下記の図のそれぞれの雲形の中にはお互いに相容れない抑制的な属性が入っている。例えば、右上の雲形のなかには20代、30代、40代という年齢に関する属性が入っている。20代でありかつ30代であるということはあり得ない（強盗、ノミ屋、薬の密売人は兼任することができるが、この例では簡潔のためにできないことになっている）。矢印はお互いに活性化する属性同士であるということを意味する。そして中心の雲形のなかの黒丸はそれらの属性をつなぐ個人である。原理上このようなネットワークの形でデータを保持するだけで、私たち人間が行うパターン認識を（ある程度）模倣することができる[214]。

213 Rumelhart and McClelland; McClelland and Rumelhart (1986); Clark (1991).
214 Rumelhart and McClelland; McClelland and Rumelhart (1986); Clark (1991).

ニューラルネットワークではネットワーク上のどこかの属性が活性化されるとその属性にお互いに活性化の矢印で連なっている属性も活性化される。例えば、30代でシャークというギャングのメンバーであるという属性が活性化されるとそれに連なる高卒、リック、離婚歴ありなども自動的に活性化されることになる。活性化はどの属性からでも可能であり、かつある程度間違いを含んでいても可能である。つまりネットワークにより人間が行うようなパターン認識が可能になり、フレーム問題を回避する可能性が示されたと言える。ニューラルネットワークは数理モデルであり、パターン認識を統計的相関関係に基づいて行う。相関関係に基づいた「統計学はデータを減らす方法の研究である」が、統計的相関関係に基づいたニューラルネットワークは情報を「効率的に破棄」することを可能にしたのだ。

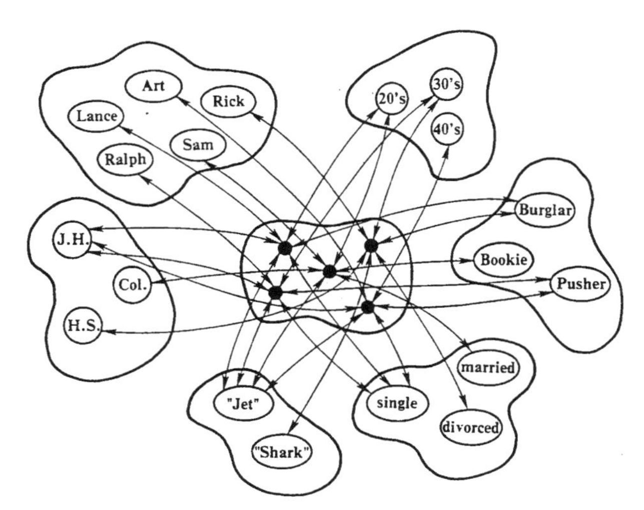

図39. ニューラルネットワークの概念図。Rumelhart and McClelland; McClelland and Rumelhart (1986).

下記図（図40）はニューラルネットワークによるオフィス、リビングルーム、ベッドルームのパターン認識を図示したものである[215]。自然言語であれば、オフィス、ベッドルームなどといったパターン（概念）はそれぞれ独立した重なり合わないパターン（スキーマ）として存在するが、ニューラルネットワークにより生成されたパターンは自然言語よりもミクロなレベルで生成されるため、そのパターンの典型的な事例と典型的でない事例がなだらかに繋がっている。リビングルーム、オフィス、ベッドルームというパターンには典型的な事例もあれば、そうでない事例もあり、そうでない例の場合、それがオフィスなのかベッドルームなのかわからない境界事例も存在することとなる（例えば、ホームオフィスなどはそのような例だろう）。これは境界事例においてはあるものが芸術であるかどうか、あるものが詩であるかどうか、またあるものが音楽であるのかどうかという見極めが難しいという私たちの日常感覚によく当てはまる。あるパターン（属性、機能）の典型例はわかりやすいが、往往にしてそのパターンの非典型例の側の境界線を引くことはできない。世界で一番高い山（典型的な山）はわかるが、世界で一番低い山を問うことは意味をなさないし、典型的な島はわかるが、世界で一番小さな島を問うことは意味をなさない。典型的な椅子ならばわかるだろうが、岡本太郎の『坐ることを拒否する椅子』などといった典型的でない椅子は椅子と認識できないだろう。ニューラルネットワークによるパターン認識はそのような私たちの感覚を的確に表している[216]。

---

215 Rumelhart and McClelland; McClelland and Rumelhart (1986).

216 この考え方はヴィトゲンシュタインやクーンの考え方とも共通する。ルートヴィッヒ・ヴィトゲンシュタインは私たちの概念は多くの繊維から作られた糸のようなものである、と考えた。糸が強いのは一つの繊維がその糸全体を通っているからではなく、多くの繊維が重なり合っているからである。トーマス・クーンはこれに影響を受けてパラダイムという概念を生み出した。パラダイムとは様々な成功事例によって形成される共同体における共通認識である（クーンの場合は特に科学を主題としている）。つまり「科学」「哲学」「人間」などといった概念に明確な定義を施すことは難しいものの、私たちは様々な成功事例によってそれらの概念を理解することができる、ということである。c.f. Wittgenstein (2009; Original in 1953); Kuhn (2012; Original in 1962).

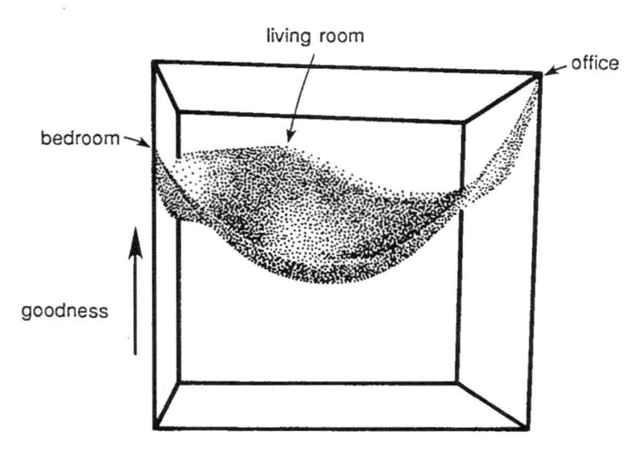

図 40. ニューラルネットワークによるパターン学習の例。縦軸が適合度（goodness of fit）であり、ベッドルームとリビングルームそしてオフィスの学習事例が示してある。適合度が高いほど、それらは典型的であるが、適合度が下がるに従い、それがベッドルームであるのか、リビングルームであるのか、オフィスであるのか境界が曖昧になってくる。これは典型的なベッドルームもあれば、そうでないベッドルームも存在するという我々の直感に対応する。そして非典型的な例の場合、それがベッドルームなのか、リビングルームなのか、オフィスなのかを判断することは難しい。Rumelhart and McClelland; McClelland and Rumelhart (1986).

このように人工知能は機能主義的な人間観を構築しようと試みてきた。ではこのような人間観は本当に人間の心を正確に模倣しているのだろうか。実はそうではない。このような統計的アルゴリズムのみで人間知能を再現しようとすることは、「なぜ」そのよう「であるべき」なのかという意味ではなく、世界は「どのよう」「である」かという相関関係のみに基づいて人間のパターン認識を再現しようとすることを意味する。認知革命を先導したブルーナーがのちに嘆いたように、本来認知革命は心理学に「意味」を取り戻そうとした運動であったはずなのに、認知科学は心をコンピュータのようなアルゴリズムと捉え、認知科学の中心はアルゴリズムの研究になり、その結果、再び意味が心理学から失われてしまったのだ[217]。

217 Bruner (1990).

私たち人間は世界は「どのよう」「である」のかという機械論的アルゴリズムのみによってパターン認識をするのではなく、世界は「なぜ」そのよう「であるべき」なのかという疑問に導かれて、意味のある良いパターンであるアフォーダンスや概念や物語を世界の中から削り出す。人間が世界の中から削り出すアフォーダンスや概念や物語は「X であれば Y である」という相関関係によるアルゴリズム的パターンではなく、「X は Y のために存在する」という因果関係による意味のある目的論的パターンなのだ。つまり相関関係による概念生成、つまりニューラルネットワークによる概念生成は私たち人間の知能を模倣できていない（これはニューラルネットワークを含め機械学習が基本的には統計学（によるパラメータの最適化）の実装であり、従来の統計学は因果関係を排した相関関係の研究であることの論理的な帰結である）。

当然ながら、相関関係の観点からは「なぜ」そのよう「であるべき」なのかという目的論的な考え方（因果関係）は存在しない。例えば、歯ブラシを買う人は歯磨き粉も買う確率が高いという相関関係が存在したとして、ニューラルネットワークによるディープラーニング（深層学習）はそういった相関関係的パターンを見つけることはできる[218]。しかし歯ブラシを買う人は歯磨き粉も買う確率が高いというのは単に事実としてそうなのであり、ニューラルネットワークの観点からはその相関が「どの程度」強い相関「である」のかということを問うことはできても、「なぜ」歯ブラシを買う人は歯磨き粉も買うのかを問うことはできない。つまりニューラルネットワークの観点からは「X であれば（往往にして）Y である」と「Y であれば（往往にして）X である」は相関関係として等値となり、「雨が降っているから道が濡れている」のと「道が濡れているから雨が降って

218 c.f. Hinton et al (2006).

いる」ということを分別することはできないということになる[219]。

これはニューラルネットワークもしくは現状での機械学習が人間知能（人間のパターン認識）を模倣しきれていないことを意味する[220]。私たち人間は「なぜ」という疑問（因果関係）に導かれてパターン認識を行う。「X は Y のために存在する」と考える。歯ブラシを買う人がなぜ歯磨き粉も買うのかというのは私たち人間にとってはわざわざ説明の必要のないほどに明らかなことである。ニューラルネットワークを用いたディープラーニングによるマーケティングの立場からは歯ブラシと歯磨き粉の間に強い相関関係があるので、一方を買った人にはもう片方もサジェストされるということになるが、私たち人間はもし仮に今、ビッグデータ（事実）を持ち合わせておらず、その二つの間の相関関係が「どのような」もの「である」かを知らなかったとしても、その二つを一緒に売ったら良いのではないか、などと考えることができる。

ニューラルネットワークは「どのよう」「である」かという統計的な相関によってのみパターンを生成するが、人間のパターン（概念）認識の中心は「なぜ」そう「であるべき」なのかという疑問なのだ。例えば、今まであなたが交通事故を起こしたことがなかったとする。相関関係によるパターン認識では「交通事故は起きない」というパターンが認識される。しかし私たちは「もしかしたらいつか事故を起こしてしまう可能性も存在する」と考える。もしも相関が全てであれば、それまで無事故で運転している人は今後の事故の心配をすることはない。しかし私たちはそのようには考えない。つまり人間の知能は統計的な入力があれば「X であれば Y である」

219　同様のことはベイジアン・ネットワークにも当てはまる（Pearl and Mackenzie, 2018）。

220　情報処理と人間特有の情報処理は異なる。チューリングテストにパスしたとしても人間特有の情報処理でなければ、人間の認知を模倣したことにはならない。

という法則を機械的に出力するというアルゴリズムではない。「X はYのために存在する」と考える意味、良さを求める存在なのだ。

機能的人間観：世界の中に拡張する間主観的な存在

また従来の認知科学および人工知能のアナロジーでは人間の認知は入力があればアルゴリズムを通して出力を生成するコンピュータのようなものと考えられてきたが（図4）、実は機能という観点からは、このアナロジー自体間違ったものということになる。木でできた椅子の足が一本折れていて、それを石で補ったら、その石も椅子という機能の一部を構成するように、人間の心も脳や身体だけでなく、外部環境をも取り込んでその機能を生成する。人間が機能という概念で特徴付けられる以上、人間の心、身体（機能）は生物学的な脳や身体に還元されるものでなく世界の中に拡張する存在なのである。つまり従来コンピュータのアナロジーでは知覚という入力と行為という出力の間に認知（心）が存在するということになるが、認知（心）は入力、出力の間にだけ存在するわけではなく、世界に拡張しているのだ。これは機能は物質に依存しないという原理（機能主義）の当然の帰結である。

認知科学者デイヴィッド・カーシュらはテトリスの上手なプレイヤーたちはどのようにテトリスをプレイするのかを調べた[221]。テトリスは早いスピードで落ちてくるブロックを組み合わせ、横に並べた行を消滅させて遊ぶゲームである。上から落ちてくる様々な形のブロックを回転させ、ブロックを水平に隙間なく並べるとその行は消滅する（図41）。ブロックの行を消すことができずに、上まで積み上がってしまうとゲームオーバーになる。従来のコンピュータをモデルにした認知科学のモデルでは、知覚という入力に計算を行い、行動を出力を出力すると考えられてきた（図4）。もしこの伝

221 Kirsh and Maglio (1994).

統的な認知モデルが正しいとするなら、テトリスプレイヤーはまずブロックを見て（知覚）、頭の中でブロックの形を計算して（認知）、そしてブロックを回転させて正しい場所に当てはめる（行動）、という順序になるということになる。

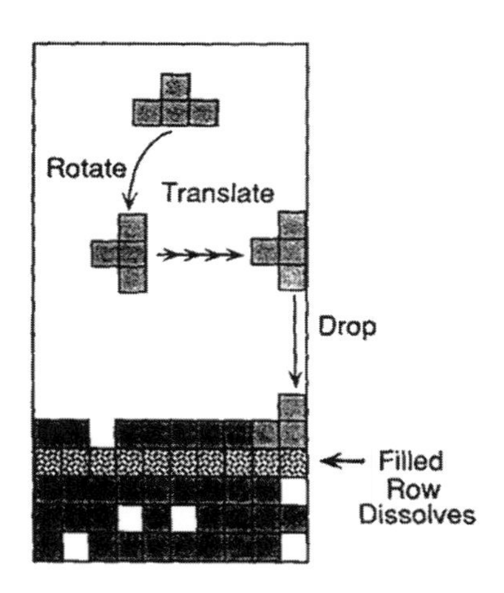

図 41. 従来の認知モデルが正しいとすると、テトリスプレイヤーはまずブロックの形を知覚し、どこにそれが当てはまるかを考えて、そして動かすという流れを取ることが予想される。しかし、実際には熟練したテトリスプレイヤーはまず、ブロックを回転させて、目視でそのブロックがどこに当てはまるかを確認する。Kirsh and Maglio (1994).

しかし実際にはテトリスの上手なプレイヤーはまずブロックを回転させ（行為）、その形が積み上げられたブロックに当てはまるかどうかを視覚的に確かめ（知覚、認知）、ブロックをその箇所に当てはめる（行為）、ということがわかった。つまり、知覚、認知、行動という従来型の線形な認知科学のアナロジーが当てはまらないのだ。この結果、カーシュらは行為には二つの種類があると考え、それぞれを「プラグマティックな行為」と「認識的行為」と名付けた。プラグマティックな行為は従来の認知科学の想定する入力（知覚）および認知の結果の出力としての行為であり、認識的行為は知覚を通して認知に再入力されネガティブ・フィードバック・ループを形成する行為である（ポジティブ・フィードバックがスピーカーで出力された音がマイクに再入力され、出力が指数関数的に増大するようなフィードバックであるのに対して、ネガティブ・フィードバックは出力がシステムに再入力されることによってシステムの状態を安定させるフィードバックのことである）。

テトリスのブロックのように複雑な形を頭の中で回転させることはメンタル・ローテーションと呼ばるが、メンタル・ローテーションは認知的負荷が高く、回転の角度に（ほぼ）正比例して時間がかかるということがわかっている（図 42）[222]。つまりブロックの形を知覚して、頭の中（ワーキングメモリ）で計算して、そしてブロックを動かすという従来の認知モデル的なやり方では時間がかかりすぎ、ゲームオーバーになってしまう可能性が高い。だから上手なテトリスのプレイヤーは認知負荷の高いメンタル・ローテーションを認識的行為によって外部世界にオフロードする（負荷を下げる）という戦略を取るのだと考えられる。

これを機能という観点から考えると、ブロックを回転させて、その形が積み上げられたブロックに当てはまるかどうかを視覚的に確かめ、ブロックをその箇所に当てはめるという一連の認識的行為全体が認知機能を構成しているということになる。言い換えるならば、テトリスのスクリーンという生物学的には外部に当たるものも認識的行為というネガティブ・フィードバック・ループのなかで自己の認知機能の一部を構成しているということになる。つまり従来考えられてきた知覚という入力と行動という出力の間に挟み込まれた認知という考え方は修正されなければならない[223]。

---

222 Shepard and Metzler (1971).
223 Hurley (2008).

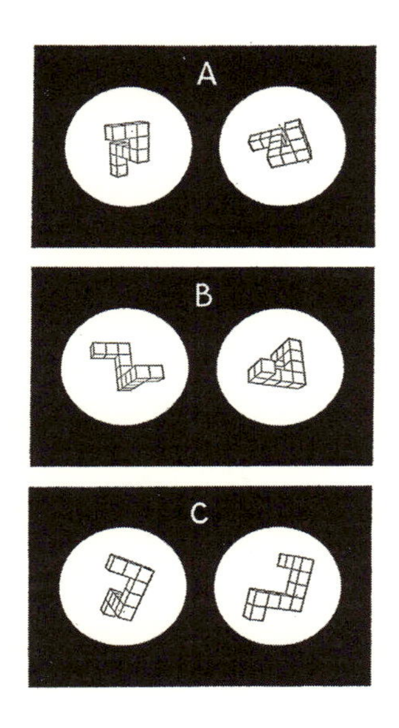

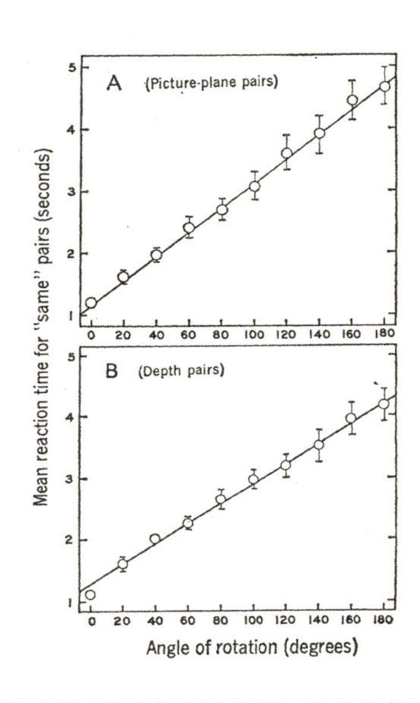

図 42. この実験は並んだ二つのブロックが同じ形を違う角度から見たものかどうかを言い当てるというものである。二つのブロックが同じ形かどうかを言い当てるためには被験者はブロックを頭の中で回転させなければならない。複雑な形のブロックを頭の中で回転（メンタル・ローテーション）させると回転させる角度に応じてかかる時間はほぼ正比例する。つまり回転角度が大きいほど、認知的負荷が高いということになる。Shepard and Metzler (1971).

システム２であるワーキング・メモリの容量は３～４である。私たちは３つから４つの情報しか並行処理することができない。コンピュータであればCPUのスペックをあげることもできるだろうが、私たちは自分の脳を取り替えることはできない。つまり認知的負荷の高いタスクはできる限り外部世界にオフロードしなければ、私たちの認知はフリーズしてしまう。それゆえ私たちは外部世界を自己の認知機能の一部として利用する。そしてこれが私たちが生物として日常生活の中で実践している戦略なのだ。世界の最良のモデルは世界そのものであるから、外部環境を自分自身の機能的なフローの中に取り入れることは合理的な戦略である（だからチェンジ・ブラインドネスのように世界が人工的に操作されると、私たちはそのようなトリックに騙されてしまう)。従来の認知科学は知覚という入力をもとに認知的計算を行い行動が出力されるという線的なモデルであるが、実際の私たちの認知は世界の最良のモデルである世界そのものを用い、ネガティブ・フィードバック・ループを形成するのだ（図 43)。

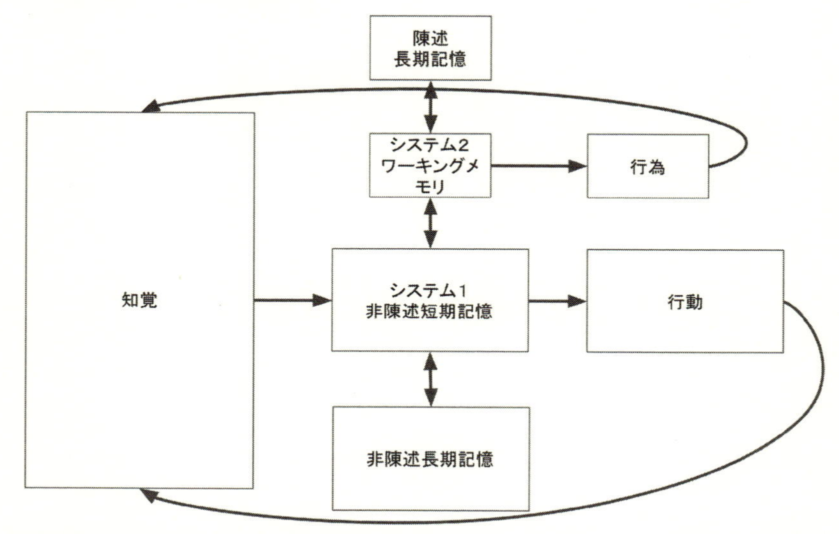

図 43. 私たちの認知および実践は非線的である。この機能的な全体が機能的な人間なのだ。ループを作る矢印が認知的行為である。

そして機能という観点から考えると、認知（ワーキングメモリの機能）のみならず、長期記憶、欲求、身体（非陳述記憶）といった機能も外部世界にオフロードすることができる。例えば、長期記憶の一部をスマートフォンやノートの中に持っているということも十分に可能であるし、自分の検索結果によってカスタマイズされた検索エンジンや自分の好みを知っているウエイターなどは自分の欲求の一部であるということができる[224]。紙と鉛筆を使って数学の計算をするとか碁盤を使って碁をする、チェックリストによってチェックをするなどといったことは、認知および記憶をオフロードしてい

224 条件などの詳細な議論は Clark and Chalmers (1998) を参照。

るということができるだろう。

また、義手義足といったものを使い慣れているものにとってはそれは身体の機能的な一部であるだろうし、ドラマーにとってのドラムスティック、日常杖を使っている人にとっての杖なども機能的には身体の一部となる。そういった道具は使い慣れてくることによって自分の認知にとって透明になり、自然なアフォーダンスを形成する。怪我をしていない時など通常時には自分の身体を認知（意識）しないのと同様に、そういった道具も認知（意識）されない身体の一部になるのだ。同様に、眼鏡やペースメーカーなども見るとか血を送るという身体機能を実現してくれる。機能的な概念である椅子が物質に拠らないように、機能的な概念である私たちの心や身体も物質に還元されない。逆にいうなら、不器用、障害などという言葉で表されるように、自分の生物学的身体でも機能的に使えない時にはそれは自分にとっては外部の存在となる。つまり自己は生物学に還元されない外部世界を取り込み、外部世界に拡張しており、その境界線は状況により異なる、ということになる（この境界線を上手にデザインすることがインターアクションデザインの目的の一つである）[225]。

---

225 インターアクションデザイン（c.f. Norman, 2013; Kirsh, 2005; Agrawala, 2002）はアフォーダンス（c.f. Norman, 2013）、メンタルモデル（c.f. Tversky and Lee, 1998; Agrawala, 2002; Norman, 2013）、認知科学（c.f. Tversky and Lee, 1998; Hutchins, 1995; Kirsh, 2005; Norman, 2013）、行動経済学（c.f. Kahneman and Tversky, 1979; Kahneman, 2011; Thaler and Sunstein, 2022）、エスノグラフィー（c.f. Geertz, 1973; Hutchins, 1995; Kirsh, 2005; Underhill, 2009）、マーケティング（c.f. Underhill, 2009; Thaler and Sunstein, 2022）、エンジニアリング（c.f. Winograd and Flores, 1986; Agrawala, 2002）などの考え方が交錯する点である。エスノグラフィーとは文化人類学における方法論で、基本的に状況を観察し、状況（文化）の中で人間行動を理解しようとする活動である（c.f. Geertz, 1973, chapter 1）。それは刺激という入力があれば行動が出力されるというようなものではなく、その間に意味、つまり文化が介入するという考え方である。ゆえに「文化」人類学であり、認知科学と強い親和性を持つ。

実際、身体感覚（の一部）は視覚と触覚の相関関係と自発的行為の感覚（自分でコントロールできるという感覚）があれば成立する[226]。例えば、サルに熊手のような道具を持たせてみると、ただ握っただけではそれは体の一部としては認知されないが、それを自分で使って動かせるとサルの脳はそれを自分の体の一部として認知する(図44)[227]。つまり自分が見ている自分の身体と自分の身体が感じている触覚に相関関係があり、それを自分がコントロールしている感覚がある時に、私たちはそれを自身の身体の一部として感じる。自分が自分の腕を見た時にそれは主体でもあり客体でもある。つまり私たちが主体の感覚を持つためには、私たちは客体でもなければならない。そしてコントロールの感覚が存在するということは世界と自分が一体になっている（自然なアフォーダンスが存在する）ということである。

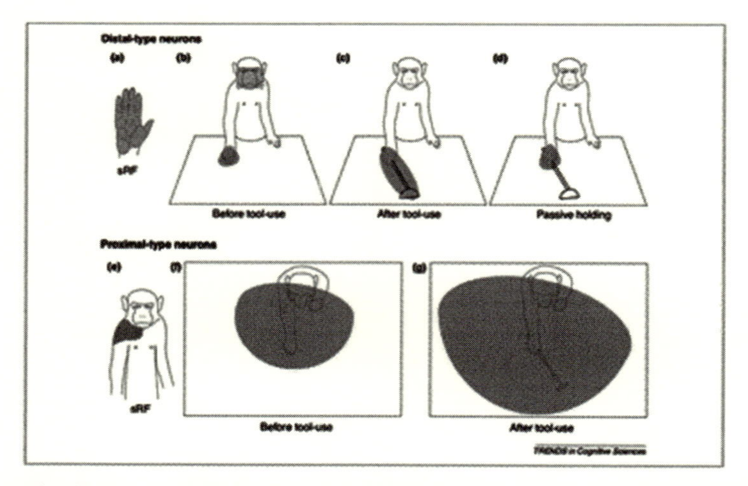

図44. 猿に熊手のような道具を持たせた結果、猿の脳はその道具を体の一部と認識した。ただ単に道具を握っただけでは道具は体の一部と認識されなかったが、道具を使用した後はその道具は体の一部と認識された。Maravita and Iriki (2004).

226 c.f. de Vignemont (2009).

227 Maravita and Iriki (2004).

このように自己は世界の中に拡張しない純粋な自由意思（魂）のような「誰でもない人」で身体となんらかの（不可思議な）方法でつながっているというようなものではなく、世界に拡張し、必要に応じて世界を取り込む機能的なまとまりであり、主体でもあり客体でもある存在である。私たちは必要に応じて外部世界を自分の認知、記憶、欲求、身体などの一部として取り込み機能的なまとまりを作る世界の中の存在なのだ。この機能的なまとまりである自己の境界は機能以外存在せず、自己の境界は常に変化する。ドラムスティックといったような道具も使い慣れている者にとっては身体の一部となる。そしてピアノや階段といった外部世界とドラムスティックといった道具の本質的な違いは存在しない（図 45)。階段も上り下りをしている時には身体の機能的な一部となる。それらは「X は Y のために存在する」というアフォーダンスであり、そのようなアフォーダンスは機能的な身体の一部なのだ。

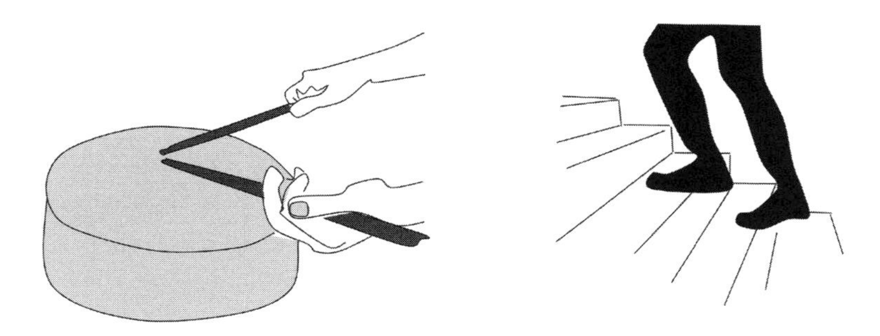

図 45. ドラムスティックなどの道具と階段などの外部世界の間にどれほどの本質的な違いがあるのだろう。

そうはいっても最終的に脳および生物学的身体がこの機能的なフローの中心なのではないかという批判もあるだろう。しかしこの批判は機能というソフトウェアとその物質的基盤であるハードウェアを混同してしまっているカテゴリー・ミステイクである。脳内においても機能的な流れは時間的、空間的に延長しており、前頭葉の一部分が自己であるということが意味をなさないように、また椅子の本質を椅子の特定の部分に見出せないように、物質と機能は次元の異なる話なのだ。生物学的脳や生物学的身体が心や身体と同定されないということは、人間は生物学には還元できないということになる。

もちろん外部の様々なものは失われてしまったりすることもある。スマートフォンだったら家に置き忘れてしまうこともある。その意味で信頼性に関しては脳よりも劣るのではないかという批判も考えられる。しかし実際には脳も事故などでダメージを受けることもあれば、加齢により機能低下することもある（事実ワーキングメモリの容量は加齢により減少する）。つまりそこにあるのは程度の差だけであり本質的な差は存在しない。もちろんその程度の差は大きいだろう。一般的に言って、生物学的脳と生物学的身体は外部世界と比べて、比較的安定的である。しかしペースメーカーなしでは生きられない人など、自身の生物学的身体よりも外部世界の方が安定的な場合も十分に考えられる。

私たち人間は機能的な存在である以上、世界の中に拡張する存在である。そして人間が世界の中に拡張する存在であるということは、私たちは主体だけでも客体だけでもなくその中間である間主観的な存在ということである。そして他者の心を理解する際も私たちは他者の表情などを自分の感覚の機能的な一部として用いる。ゆえにエンパシー（共感）を感じ、完全でないにしても他者の心を感じることができる。私たちが世界の中に拡張する間主観的な存在であるということは実際に私たちは重なり合う存在であるということなのだ。

もちろんこのような機能的な人間観に全く問題が存在しないわけ

ではない[228]。このような機能主義では意識がどのように説明されるのかはいまだはっきりしていない（というか意識自体全く分かっていないというのが正確である）。中国の人口数は脳内ニューロンの数とあまり変わらない。もしも中国の人口を全て通信機器でつないで脳と同じコンピュテーションを実行させたら、理論上は認知機能はそこで再現されるということになる。これは認知科学および人工知能論が前提とする機能という観点からは当然の帰結である。しかし通信機器で繋がった中国の国家に意識はあるのだろうか。直感的にはここに意識はなさそうである。しかしもしそこに意識がないと考え、私たちは意識を持っていると考えるならば、意識を含めた心は機能主義的な観点からでは語りつくすことはできないということになる。哲学者ネッド・ブロックは意識は脳の生化学的な構成要件に付随するものであると考える。もしそうであるとしたら、近代が不要なものだとして排斥したアリストテレスの四原因説から目的を持った形相（目的因、形相因）以外にも質料因をも復活させなければならないのかもしれない[229]。しかしどちらにしろ私たちが「世界の中の存在」であり、主体と客体に分けられない間主観的な存在であることに変わりはない。

意思

そしてデカルトが世界の中に拡張しないものであり、私たち人間の本質であると考えた意思も「この世界の中の存在」である機能的なフローの中から生み出される。やはり主体（意思）と客体（世界）は切り離すことができない。意思は世界の中で生成されているのだ。通常、私たちは自分たちの意思を持って行動を行なっていると考えている。例えば、私たちはワインを飲もうと思ってワ

228 Block (1978; 2007b); Chalmers (1996).
229 哲学者デイヴィッド・チャーマーズは意識は物理学では説明できないという立場を取る（Chalmers, 1996）。

インを飲むのだし、買い物に行こうと思って買い物に行くと考えている。私たちの感覚では、私たちの意思は自分の行動の原因であり、行動は意思の結果である。

しかしアメリカの生理学者ベンジャミン・リベットは、実際には非認知的な脳内活動が 300ms 〜 600ms 後に意思の感覚を引き起こし、またこの非認知的な脳内活動が 500 〜 800ms 後に行動を引き起こしているという事実を発見した。言い換えるならば、意思と行動の間には因果関係はなく、それらは両方とも非認知的脳内活動という第三の要因（交絡因子）によって引き起こされる擬似相関にすぎないということである（図 23 参照）。しかし意思の感覚が時間的には行動の少し前（(500 〜 800ms) − (300ms 〜 600ms) ≒ 200ms）に来るために、私たちには自分たちの意思が行動の原因であるように思えてしまうのだ（図 46）。これは私たちの行動は実際にはシステム１によって引き起こされているのだが、時間的に少し前にシステム２であるワーキングメモリ（認知）がそれに気づく（認知的にアクセスをする）ので、自分には認知（意思）が自分の行動を引き起こしていると思えてしまうということである。

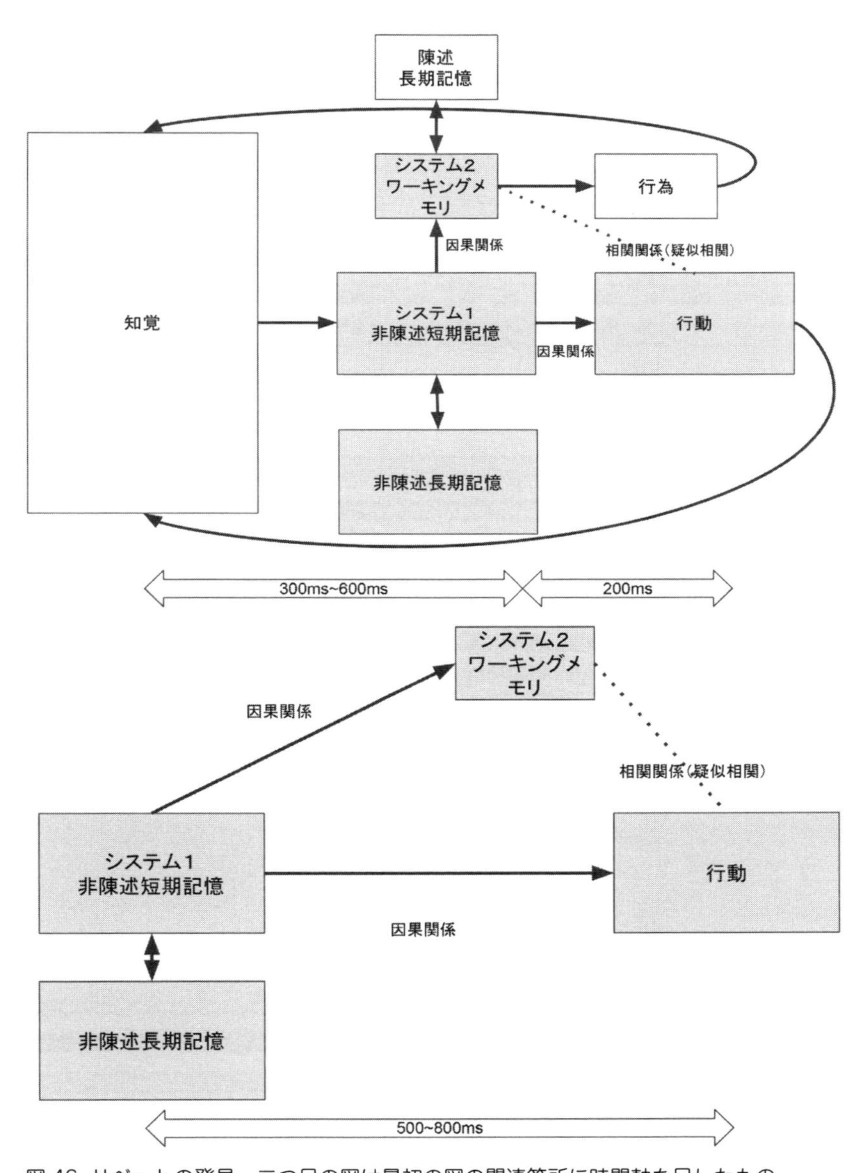

図 46. リベットの発見。二つ目の図は最初の図の関連箇所に時間軸を足したもの。

私たちは自分の意思に基づいて行動を行っていると考えているので、私たちにとって自分の意思の感覚と行動の関係性が因果関係でなく、単なる疑似相関であるという発見は衝撃的である。しかし実際に私たちの感じる意思の感覚と行為の関係性は私たちが考えているほどシステマティックではない。意思の感覚と行為の関係性は様々な形で乖離するということが示されている。自分が行為を行なっているのに、それに対して意思の感覚がまるで欠如したり、逆に自らの行為でないものに対して自らの意思を感じることもある。

かつてアメリカで自閉症の子どもたちが意思の疎通ができるようになる方法が発見されたということが喧伝されたことがある（元々はオーストラリアで開発された手法である）。その方法はファシリテーティッド・コミュニケーションと呼ばれ、ファシリテーターと呼ばれるアシスタントが自閉症の子どもの手の上に自分の手を置くと、自閉症の子どもが自分の考えをタイプし始め、意思の疎通ができるようになるというものだった。これは自閉症の子どもを持つ親たちにとっては大きなニュースであり、全米で大きな盛り上がりを見せ、学会や研究機関も作られた[230]。ところがファシリテーティッド・コミュニケーションを用い、ある子どもがアシスタントとともにキーボードを叩いたところ、その子どもは自分は親から虐待を受けていると告白し始めた。これはすぐに警察に通報され、その子どもは親から隔離されることとなった。さらに驚いたことに似たような事例がアメリカ中で散見された。

しかし一部の学者がこのファシリテーティッド・コミュニケーションの手法に疑義を抱き、その正当性を確かめるべく検証作業を行なった。もしもファシリテーティッド・コミュニケーションが正当でないとすると、多くの親たちがいわれもなく犯罪者に仕立て上

230 Prisoners of Silence (1993).

げられて、多くの親子が不当に隔離されているということになる。そしてファシリテーティッド・コミュニケーションの正当性を検証するための実験が行われた。一つの方法として、自閉症の子どもとアシスタントにお互いにわからないように別の絵を見せて、何を見たかをファシリテーティッド・コミュニケーションの手法によりタイプさせた。結果、二人はアシスタントの見たものをタイプした。実際には子どもはタイプしていなかったのだ。

このような実験以外でも様々な検証作業が行われ、ファシリテーティッド・コミュニケーションには様々な問題が発見された。例えば、自閉症の子どもはタイプする際にタイプライターを全く見ていなかったり、どう考えても子どもが知らないような難しい文章や単語を書くこともあった。つまりファシリテーティッド・コミュニケーションは実は自閉症の子どもでなくアシスタントがタイプしていたのだ。しかしアシスタントたちはこの検証結果に大変大きなショックを受けることになった。彼らは自閉症の子どもの手助けをしていると心の底から信じていた。つまり彼らは自分がタイプしているにも関わらず、自分がタイプしているという主体の感覚、意思の感覚を持っていなかったのだ。いわゆるコックリさんと呼ばれる現象はまさにこのメカニズムで起こる[231]。自分が動かしているにも関わらず、自分の行為に対して意思の感覚が欠如するのである。つまり意思の感覚と行為は切り離され得る[232]。

また逆に私たちは自らの行為でないものに対して自らの意思を感じることもある。心理学者ダニエル・ウェグナーらは実験者と被験者が透明な板の両側からメトロノームに合わせてアルファベット（A,

231 Wegner (2002).
232 c.f. Lau et al. (2007).

B, C…）を棒で追っていくという実験を行なった[233]。1回目の実験では被験者と実験者が同時にAから始めるというもので、2回目の実験は被験者はBから実験者はAからアルファベットを追っていく（つまり被験者の方が常に一歩先をゆく）、3回目の実験は逆に被験者はAから実験者はBからアルファベットを追っていく（つまり被験者の方が常に一歩後をゆく）という三つのバリエーションを作った。この結果、行為に対する因果関係はないにも関わらず、被験者は自らが一歩先を行った場合、その行為に対して自分が引き起こしたという感覚を最も多く持ち、一歩後を行った場合には、自分が引き起こしたという感覚を最も少なく持ち、同時の場合はその中間であった。これはゲームセンターで車を運転するゲームをコインを入れていないことに気がつかずにハンドルを握っており、ハンドルの方向性と車の方向性が同期しているときには、自分が本当に運転している気分になるのと同じ現象である[234]。私たちは自らの行為でないものに対しても自らの意思を感じることが十分にありうる。

ここで言いたいことは、意思と行為の乖離が様々な場面で散見されるということではなく、意思はデカルトが考えたように属性に先んじてどこか物理法則とは関係ない場所に魂のように存在して、何らかの方法で身体と結びつき、行動を引き起こすようなものではなく、空間的、時間的に拡張している脳、身体によってこの世界の中で生成されるものであるということである。意思と行動はこの世界の中でつながっている。私たちは世界の中に拡張する存在なのだ。

ではリベットの発見は私たちの意思は自由でないということを意味するのだろうか。つまり知覚という入力があれば行動が機械的に出力されるのだろうか。そうではない。私たちはしっかりと考えて

233 Wegner and Sparrow (2007).
234 Wegner (2002).

(認知して)行為を行うこともできる[235]。システム1が私たちの全てではなく、システム2も存在するのだ。リベットの発見は重要なものであるが、当然ながら、私たちはシステム2であるワーキングメモリで論理的に考えて行為を行うこともできる。システム2であるワーキングメモリによって生成される行為は私たちが自由な意思を持って行なう行為である。もちろんそうは言っても最終的にシステム1がシステム2の背後にあるのではないかという考えもありそうだが、例えば、他人に相談して決める、議論をして決めるなど言った場合、自分の思考は自身のシステム1だけに還元されることはない。

間主観性：主観と客観の二項対立を超える

間主観的な存在

私たちが機能的な存在であるということは私たちは主観でも客観でもなく、間主観的な存在であるということを意味する。何かが客観的であるならば原理上機械論的世界観（物理学）で説明できる。しかし機械論的世界観では機能的な存在である私たちは説明できない。機能は良さ、意味、目的によって特徴付けられる属性のパターン（アフォーダンス、概念、物語）であるが、物理学の世界観の中には良さ、意味、目的といったものは存在しない。当然、物理学には機能的な説明などといったものは存在しない。つまり良さ、意味、目的という概念を持たない物理学は機能というパターンを世界の中から削り出すことはできない。物理学は目、心臓、人間、椅子などといった機能によって特徴付けられる特定の原子の束をその他全ての原子から削り出す術を持ち合わせていないのである（図47)。

同様に、物理学は始まり、中間、終わりが存在する物語というパター

235 c.f. Block (2022).

ンも世界の中から削り出すことはできない。仮に物理学の世界において始まりと終わりがあるとしたら、ビッグバンとエントロピーが最大となる熱的死（もしくはビッグクランチなど）などでしかない。全ての原子と時間の中から物語の始まり、中間、終わりなどといったパターンを削り出すためには、物理学には存在しない機能、良さ、意味、目的、価値が必要となってくる。ニュートン力学の世界観の中にあるのは原子だけであり、ニュートン力学は原子しか語ることができない。そして原理上これはニュートン力学が相対性理論、そして量子力学に取って代わられた現在でも変わらない。物理学が機能という概念を持たない以上、機能は物理学と整合性を持ちつつも、物理学では説明できない。

しかし私たちは良さ、目的、意味を持って世界の中から（全ての原子の中から）物語や概念やアフォーダンスを削り出すことができる（図47）。例えば、私たちは椅子とかカップとかいうパターンを世界の中から削り出すことができる[236]。そして物理学で説明することのできない機能（目的）は自由度を持ち、一つに定まることはない。例えば、椅子の機能は座ることだけではない。その上にものを置くというような機能も存在する。その上に立って天井についている電

236　誰かが椅子を指さしているとして、正確にはその人は椅子の足の部分を指さしているのかもしれないし、座る部分の一部を指さしているのかもしれないが、通常私たちはその人が椅子全体を一つのものとして指さしていると考えることができる。このようなものは心理学者エリザベス・スペルクにちなんでスペルク・オブジェクトと呼ばれる（スペルクも生得的知識の存在の支持者である）。スペルク・オブジェクトとは「動いている間でも一つであり境界を保ち、他のものの一部でないもの」であり、椅子とかカップなどはこれにあたる。椅子とかカップなどは投げた時に、分裂することなく椅子とかカップとしての境界を保ち、何か他の大きなものの一部でもない。通常私たちはこういったものを一つのものと捉える（当然意味を介在させないタブラ・ラサの後継である行動主義心理学ではスペルク・オブジェクトは説明できない。私たちの知覚がロックが考えたような純粋な感覚であれば、全ての情報は等値であることになり、私たちは良さ、目的、意味を持って世界の中、つまり全ての原子の中から物語や概念やアフォーダンスを削り出すことはできない）。Spelke (1990); Spelke et al. (1992).

球を変えることもできれば、その上にカバンを置くこともできる。木であれば薪にすることもできる。このように機能には自由度が存在する。これは裏を返せば、良さは一義的に定まるものではないということを意味する。哲学者ヴィトゲンシュタインの言葉を借りるなら、機能の可能性は考えるものでなく、実際に見るものなのだ[237]。もちろん機能も物理的シークエンスの一部であり、当然、物理法則と整合性を持つ。しかし機能には因果的必然性は存在せず、存在するのは可能性なのだ。ゆえに前適応(外適応)という概念も存在する。私たちは物理学で説明できるような客観的な存在ではない。

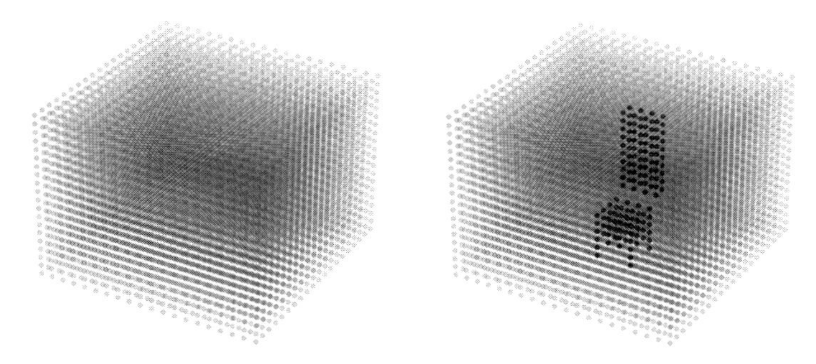

図 47. 物理学と機能の関係性の概念図。物理学は原子しか語ることができない（左）。つまり全ての原子の束から椅子という機能を削り出すことはできない（同様のことがタブラ・ラサにも言える）。一方、機能という観点を持てば原子の束の中から椅子という概念を削り出すことができる（右）。

それでは私たちは主観なのかといえばこれもまた違う。完全な主観というのは交わらないということを意味するが、私たちは相当程度重なり合う存在である。ゆえにお互いに分かりあうことができる。私たちは間主観的な存在なのだ。例えば、私たちの知覚、認知と物理情報の間には「システマティックな乖離」が存在する。「システマティックな乖離」はバイアスと呼ばれノイズとは区別される[238]。ノイズはサンプリング・エラーとか計測誤差といったようにランダ

237 Wittgenstein (2009; Original in 1953).
238 Freedman, Pisani, and Purves (2014).

ムに出現するものであるが、バイアスは体重計が常に1kgずれているとか、外国人に対する偏見とかいったようにある種の一貫性を持ったものである。つまり私たちの知覚、認知と物理情報の間に「システマティックな乖離」が存在するということは、私たちの視点は物理学では説明できないが、私たち人間の間で相当程度共有されているということである。それは完全なる主観でも完全なる客観でもなく、間主観なのだ。そして乖離がシステマティックであるからこそ、それをトレースし、リバース・エンジニアリングすることによって私たち人間（の知覚、認知）とはどのようなものであるのかということ、つまり人間観を突き止めることができる。もちろんこのリバース・エンジニアリングを行うのが、心理学であり社会科学（の基礎理論）である。「システマティックな乖離」が存在しなければ、心理学も社会科学も不可能なのだ。

空間の認知科学で知られる心理学者バーバラ・トベルスキらは実験を行い、被験者がある地点から別の地点まで移動するためのルートを他人にどのように説明するかを検証した[239]。その結果、私たちは「まず、駅からまっすぐ歩いて、最初の角を右に曲がり、次に郵便局の角を左に曲がるとそこが目的地だ」というような説明を行うということがわかった。これは私たちが空間をランドマークと右、左、上、下、前、後といったトポロジーを中心に知覚、認知して行動をしているのであって、距離とか角度といった物理情報は正確には知覚、認知できていないということを意味する（図48）[240]。これが私たち人間の空間認知のメンタルモデル（知覚、認知のフレームワーク）である。被験者による図を使った説明からも、私たちが距離や角度といった物理情報は正確に知覚、認知しておらず、ランド

239 Tversky and Lee (1998).
240 ちなみに鳥の集団行動も距離などを正確に知覚しているのではなく、トポロジーを中心に知覚して統御されていると考えられている。c.f. Ballerini et al. (2008); Bialek et al. (2012).

マークとトポロジーを中心に空間を理解していることが見て取れる（図48）。これが「システマティックな乖離」である。当然ながらランドマーク、トポロジーといった概念は物理学的概念ではあり得ない。物理学に目、心臓、椅子などという機能的な概念が存在しないように、物理学にはランドマークも右左も上下も存在しない。右左、上下などという概念は心理学で「エゴ・セントリックな視点」と呼ばれる「世界の中の存在」の視点がなければ存在しない概念である。

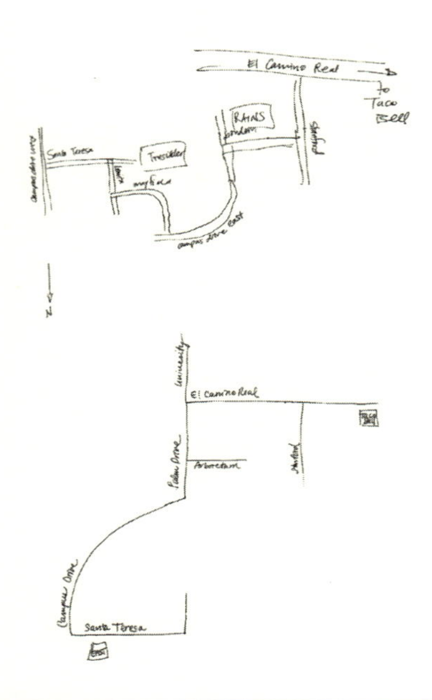

L onto Lagunita (the first stop sign)
L onto Mayfield
L onto Campus drive East
R onto Bowdoin
L onto Stanford Ave.
R onto El Camino
go down few miles. it's on the right.

BD 10

Go down street toward main campus (where most of the buildings are as opposed to where the fields are) make a right on the first real street (not an entrance to a dorm or anything else). Then make a left on the 2nd street you come to. There should be some buildings on your right (Flo Mo) and a parking lot on your left. The street will make a sharp right. Stay on it. that puts you on Mayfield road. The first intersection after the turn will be at Campus drive. Turn left and stay on campus drive until you come to Galvez Street. Turn Right. go down until you get to El Camino. Turn right (south) and Taco Bell is a few miles down on the right.

BD 3

Go out St. Theresa
turn Rt.
Follow Campus Dr. way around to Galvez
turn left on Galvez.
turn right on El camino.
Go till you see Taco Bell on your Right

図 48. バーバラ・トベルスキは実験である地点から別の地点まで行くルートをどのように他人に説明するかを言葉もしくは絵で表すように求めた。その結果、正確な距離や角度は絵には表されておらず、文字にも表されていない、つまりそれらを私たちは表象できないということがわかった。私たちは距離や角度ではなく、ランドマークとトポロジーを中心にナビゲーションの認知を行なっている。Tversky and Lee (1998).

よほど特殊なトレーニングを受けてない限り私たちは「234.5m歩いて、12.3度曲がって、その後345m歩く」などいうことはできない（そしてもし仮にそのようなトレーニングの結果できるようになったとしても、それは派生的なものである）。もちろん同様のことが時間にも当てはまる。私たちは客観的な時間も正確に知覚、認知することはできない。よほど特殊なトレーニングを受けてない限り、時計なしに一時間を正確に測れるような人はいない。ゆえにハイデガーは「（私たちの知覚、認識する）半時間は（客観的な時間である）30分ではない」と言った[241]。私たちの知覚、認知と物理情報の間には「システマティックな乖離」が存在するからこそ錯視といったものも存在する[242]。物理的には動いていないが、「あたかも」動いているように見えるというのは、私たち人間は物理学では説明できない存在であるということと同時に、私たち人間は共通する感覚を持つということを意味する（図49）。「私たちは物事をあるがまま見るのではなく、私たちとして物事を見る（We don't see things as they are, we see them as we are）」のだ[243]。

241 Heidegger (1962), pp. 138-148.
242 c.f. Pearl (2018), p. 189; p. 194; p. 196.
243 Nin (1961); c.f. Nagel (1974).

図49. 錯視では実際には（物理的には）動いていないものが動いているように見える。それは物理情報と私たちの認知の間には乖離があるということを意味する。©Akiyoshi kitaoka 2003 ©KANZEN

ではなぜ私たちは通常、この「システマティックな乖離」に気がつかないのだろう。私たちの知覚はおおよそ対数（下の曲線）に近似される形で物理情報から乖離していることは良く知られている[244]。距離が伸びるに従って物理情報と知覚の乖離は大きくなるが、手の届く範囲においては乖離はそれほどなく、私たちは日常生活においては物理情報と知覚の間の乖離は非常に小さいものであり、これが通常私たちはこの「システマティックな乖離」に気がつかない原因である（図50）。

244 ウェーバー・フェヒナーの法則と呼ばれる。

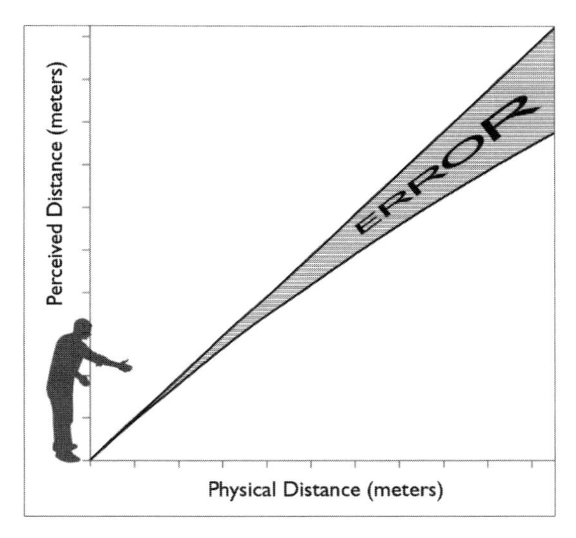

図 50. 物理情報と知覚の乖離 Smallman et al. (2005).

「システマティックな乖離」をトレースするという手法はもともと人間はどのように物理情報を知覚しているのかという研究を行うサイコフィジックス（心理物理学）と呼ばれる心理学の一分野で使用されていたものであるが、その方法論は空間の認知科学や行動経済学の初期の重要な方法論の一つとなった[245]。私たちは主観でも客観でもなく、間主観的な存在なのだ。

間主観性な知識

そして私たち人間が間主観的な存在であるということは、その私たちが形成する知識も間主観的なものであるということである。近代の知識観は大きく変わらなければならない。目的を持った形相という考え方を排斥した近代においては、知識は「正当化（検証）された真なる信念」であり認知的に意味をもち、良さ、価値は主観的

245 Kahneman (2011); Tversky and Lee (1998).

な感情であり「認知的に無意味」である、という考え方が成立した。つまり知識は「どのよう」「である」のかという客観的で正しい記述であり、「なぜ」そう「であるべき」なのかという良い説明は主観的で個別的な感情が入り込んでいるゆえ知識足り得ないということになった。さらには知識は陳述記憶と同一視されることになり、「正当化（検証）された真なる信念」であるということになった。ゆえに私たちは語り得ないもの（非陳述記憶）に関しては沈黙しなければならないと思い込んでしまった。

しかし知識を信念と同一視することは大きな矛盾を孕んでいることはすでに見た。実践の記憶、ノウハウである非陳述記憶（アフォーダンス、ハビット、ハビタス）は語り得ないが確かに記憶である。信念だけが知識なのではない。信念（belief）は知識（knowldge）の下部集合でしかないのだ。1963 年に哲学者エドムント・ゲティアが「正当化（検証）された真なる信念」は本当に知識なのかという問いを投げかけて以来、哲学者たちはその問題を長い間考えてきたが、それ以前に私たちは「正当化（検証）された真なる信念」だけが知識（ルール）ではないということを理解しなければならない[246]。

また近代の観点からは、良さ、価値観は世界に対する単なる主観的感情の「投影」であり、他者と共有できるものではないということになる。ゆえに「アリストテレスは偉大である」は知識でなく、「認知的に無意味」ということになる。しかし当然この考え方も間違っている。例えば、「医者の目的は生命を救うことである」とか「国家の戦士は国を守るために戦うべきである」というのは価値観であり、確かに完全に（普遍的に）共有されているということはないだろうが、往往にして医者とは国家の戦士とはそのようなもので

246 Gettier (1963); Bourdieu (1977).

あるという共通認識は存在する。むしろそのような目的なしには医者や国家の戦士を世界の中から削り出し認識することはできない。これは女性「である」から女性らしく振舞う「べきである」ということは完全に共有はされないが、ある程度（もしくは相当程度）は共有されていることと同じである。このような共通認識があるから、私たちは女性は男湯に入ってはいけないと考える（その逆もまた然り）。それは完全に客観的ではないが知識なのだ。同様に「アリストテレスは偉大である」とか「このワインは美味しい」に皆が完全に同意するとは限らないが、それでもそれらはやはり認知的に意味を持つ知識である。知識もまた完全に客観的でもないが完全に主観的でもない間主観的なものなのだ。検証には実証も反証もなく、実際には検証はその間で行われるもの（確証）であるように、知識も完全な主観と完全な客観の中間の状態にあり、その中でより客観的なもの、より主観的なものが存在する。

人間とは

人間は物理学および生物学では説明できない良さ、意味、価値を持った存在である。文化人類学者クリフォード・ギアーツが象徴的に言ったように、「人間（man）」なしには文化は存在しないが、同時に文化なしにも人間は存在し得ない[247]。文化とは共有された良さ、意味、価値の実践と物語の集合体に他ならない。人間（man）は遺伝子型の表現型としての生物学的「ヒト（human）」ではないし、ロック的権利の主体としての「人（パーソン、person）」でもない。当然、経済人(ホモ・エコノミクス)でもない。だからこそ私たちは人間を理解するために、物理学や生物学といった自然科学だけでなく、良さ、意味、価値を追求する哲学や文学を必要とする。それゆえに私たちがまず学ぶべきは科学ではなく文学（シェークスピア）なの

247 Geertz (1973), p. 49.

だ[248]。私たちはヒト（human）として「生物としての必要性」を満たすためだけに生きるのではなく、人（person）として他者の権利を尊重して生きるだけでなく、経済人 (ホモ・エコノミクス) として合理選択をするだけでなく、人間（man）として良く生きたいと願う存在である。

248 Murdoch (1970), p. 33.

10章．本当の声を取り戻す

決して負けない強い力を僕は一つだけ持つ

リンダ リンダ

私とは何なのか

良さを生きる

私たちはこの世界の中で人間として特有の視点を持ち、必要に応じて外部世界を心や身体の中に取り入れ変化する主観（主体）でも客観（客体）でもない世界の中に拡張した間主観的な存在である。しかしそれは具体的にはどのようなことなのだろう。これは私とは、私たちとはなんなのか、という私たちの本当の声に耳をすませることに等しいし、社会科学の基礎理論、つまり正しい人間観を再発見することでもある。では私とは、私たちとはなんなのか。結論から言うならば、私たちはただ生きるのではなく、良く生きたいと願う存在である。食事などただ単に最低限の食事などといった「生物としての必要性」を満たすためにだけに生きるのではなく、満ち足りた良い人生を歩みたいと願う[249]。私たちは良さを求める存在なのだ。

249 だから多くの人が自分の人生に何とか意味を見つけようとして、記念日に思い出づくりをしたり、有名な観光地に行ったり、大きなスポーツの試合やコンサート、大きな出来事に居合わせようとする。そこに居合わせたとか、有名な場所に行ったとか、記念日に何をしたとかいうことで人生に意味を見出そうとする。しかし本当に大切なのはそ私たちには自分が自らのアイデンティティに照らして、理想とする良い生き様、人生の目的が存在する（アイデンティティは良さの裏返しである）。例えば、男として生きたいものには男としての理想が存在するし、学者として生きたいものには学者としての理想が存在する。そして私たちはその自らの持つ理想、良さに照らして自らの行為を、そして自らを評価、判断する。そして同様に他者をもその価値観に照らして評価、判断する。また、そうせざるを得ない。私たちは良さを共有する間主観的な存在であり、自らの行為や他人の行為に対して中立つまり客観的であることなどできない。例えば、男として生きるものは男らしいかどうかという基準で自分や他者（他の男）を判断するし、学者として生きるものは論文を盗用、剽窃したり、データの捏造をするようなものを軽蔑するだろう。これは私たちが椅子という概念に良さの方向性を見て、それが良い椅子かどうか（例えば、座りやすい椅子かどうか）を判断してしまうことと同じことである。

自分が信じる良さ、自分が心の底から本当に良いと思えることこそが自らの生き様、死に様、理想、つまり「私たちはどのように生きるべきなのか」というソクラテスの問い（倫理）への答えである[250]。武士であれば「武士道と云ふは死ぬ事と見つけたり」というのがその生き様であろう。それが武士の生きるべき良さなのである。そしてもし自らがその理想とする生き方、良さを貫くことができれば、自分は武士として統合の取れた（インテグリティのある）人生を生きることができる。満ち足りた人生を生きることができるのだ。逆に自分の理想の生き様と現実の間に統合が取れないと統合失調に

のようなものではなく、自分が信じる良さを生きることなのだ。本当に大切な思い出があるのなら思い出づくりをする必要などはない。

250 Plato. Republic, 352d.

陥ってしまう。

良さに照らして生きるということ、つまり自らの生き様を全うするということは、目前の快楽を追求し、苦痛から逃れるといったような快楽主義ではない。良さを追求する上では、往往にして自ら苦しい生き方を選ばなければならない局面が出てくる。例えば、自分を戦士であると考えるならば（つまりそれが自分のアイデンティティであるならば）、当然良い戦士とは勇ましく戦う戦士ということになる。そうであれば、たとえ恐怖を感じようとも勇ましく戦うという自らの理想を生きることが重要になってくる。自らの生き方を全うするというのは時として苦しい。苦しいからこそ価値がある。逃げてしまいたいなどの直近の欲求を押さえ込み、苦しくとも自らの良さを追求することこそが本当の自律性である（この最たるものが殉教などの自らの信念のために命をかける行為である。そしてこの自律性の概念は自由主義の考える自律性の概念とは異なる）。だから仮に誰かの信じる良さに共感できなかったとしても、その人間が自らの生き様を貫くのであれば私たちは見事だと思うだろう。生き様は違うが、自分は決してその生き方が良いとは思わないが、筋が通っていると思うことだろう。

良さを求めることは快楽主義ではないから、自分が自分の良いと思う理想に到達できない時には良さは苦しみを生み出す。もしも自分が自分自身の理想とする生き様を生きられない時には自分が引き裂かれるような苦しみを味わう。なぜならそれは自分自身を裏切るという行為に等しいからである。自らの生き様を全うしないにも関わらず、気にもとめない人間に対しては私たちは薄っぺらいとか矜持（プライド）がないと感じるだろう。だから私たちは自分の信じる良さを生きようとし、良さに執着する。自分の信じる良さが強いものであればあるほど執着は強くなり、そこに到達できない時にその苦しみは強くなる。劣等感に苛まれる。片思いなどということも執着ゆえの苦しみである。強すぎる良さによって自分が自分を見失うということもある。例えば、欲望にとりつかれるとか、嫉妬にかられるとか、盲目的な愛といったものが挙げられる。自分の信じる良さが強すぎるがゆえに自己がその良さにとらわれてしまうのだ。そしてそういった状況下で行う行為は自律性の欠如した行為となる。丑の刻参りということで象徴的に語られる取り憑かれたような状態はまさにこれに当たる。

ゆえに仏は執着を心から放してやることで、心の苦しみから離れ、心の安らぎに至ろうとした[251]。様々な価値観、良さに対する執着を心から放すことで、特定の良さにとらわれることなく、あるがままを生きようとするのだ。あるがままというのは、特定の良さを追求するのではなく、みかんを食べるためにみかんを食べるということである[252]。みかんを食べるためにみかんを食べるというのは当たり前のようでいて難しい。同様に食器を洗うために食器を洗うのも難しい。衆生は早く洗って次のことをしようなどと思いつつ食器を洗う。私たちはついつい自分の考えるもっと良い、価値のあることをするために食器を洗おうとしてしまう。仏が求めたのはそうではなく、今ここであるがままをはっきりと生きるということなのだ。それは食器を洗うために食器を洗うことであり、みかんを食べるためにみかんを食べることである。ゆえに禅宗では食事をすることも修行なのだ。

そして私たちが良さを求めるということはその対極として必ず蔑むべき、恥ずべき良くないものという概念を持つことでもある。良さが存在する限り、良くないものの存在もまた必然である。戦場で

251 中村 (2011).
252 Han (2008).

勇ましく戦う侍が尊敬、憧れ、もしくは嫉妬の対象であるとしたら、逃亡するような侍は蔑みの対象なのだ。神道は人知を超えた偉大で神秘的で清らかな自然を怖れ敬う気持ちを核としている。そしてそういったものを日本人はカミと呼んだ（モリ（森、護、杜、社）とはカミの存するところである。そして神社を訪れる際にはお清めをする）。しかし同時に清さという良さの対応物として穢れの存在も必然であり、この考え方は穢れ多きもの（穢多）という概念を作り出した。私たちが良さを求め、良さによって特徴付けられるアイデンティティを持つということは翻って、私たちは常に自分たちの中に蔑みの種を持っているのだ。私たち衆生は**いやらしさも汚らしさ**（TT）も持った**聖者になんてなれない**（TT）存在なのだ。自らの死に様を貫くのが武士道、極道であり、みかんを食べるためにみかんを食べるが仏道であり、**いやらしさも汚らしさ**（TT）も併せ持ちながら生き様を追求するのが衆生なのだ。

アイデンティティ、自己、他者

あなたは何者なのか、と聞かれた時に、それに対する答えがアイデンティティであり自己である。すでに見たように、アイデンティティにはパーソナル・アイデンティティと文化的アイデンティティが存在するが、私たちの本質が属性に先んじて存在する主体でなく、間主観的な「世界の中の存在」であるならば、私たちの中核的なアイデンティティは属性（良さ）によって特徴付けられる文化的アイデンティティである[253]。文化的アイデンティティとは男、日本人、ビジネスマンなどといった属性（良さ）の実践と物語への参加である（ここでいう実践はハビタス、物語は意味記憶、つまり歴史にあたる）。言い換えるならば、男、日本人、ビジネスマンなどの属性の持つ世界観と価値観へ自己を同一化することである。例えば、日本人は、出会った時にお辞儀をするといったような日本人として

253 山下「樹のささやき」.

の実践（非陳述記憶）に参加し、日本人の物語（陳述記憶）、つまり日本の歴史を学ぶことで日本人とは何かということを理解し、日本人として何が良い行為で何が良くない行為なのかを学ぶ。これが日本人としてのアイデンティティを習得していく過程である。また同様に、私たちは自分の家族の実践や物語（歴史）を学ぶことで家族の一員というアイデンティティを獲得する。同じ実践と物語を共有する人間は同じアイデンティティへの参加者であり貢献者でもある。自らもその実践を行い物語を物語るのだ。アイデンティティを持つということは実践と物語に参加しその世界観および価値観を他の人間と共有するということであり、アイデンティティは良さ、生き様の裏返しなのだ。

同じアイデンティティを共有する人間は同じ世界観、価値観を共有する「私たち」である。「分かり合えない」もの同士ではなく、実践と物語を通して間主観性、つまり同じ良さを共有する仲間であり、同じ方向を向いて歩む同志なのである。そして間主観的な「私たち」は共同体への所属意識を持つ。文化的アイデンティティと所属意識は表裏一体なのだ。例えば、もし両親ともに日本人であっても海外で生まれ育ち、日本語も話せず、日本の文化も歴史も知らず、日本に愛着もない人間を日本人と呼べるだろうか。日本人というアイデンティティは民族、遺伝子、国籍といったものによって可能になるのではなく、実践と物語（共同体）へ参加することによって同じ世界観、価値観を共有し、共に同じ方向を向いて歩むことで初めて可能になる。これは多民族、多人種国家で二重国籍を許すアメリカという国を考えてみればわかりやすい。アメリカ人であるということは特定の民族、人種、国籍であるということでなく、アメリカの文化的実践とアメリカの物語（歴史）を共有しアメリカという国の持つ世界観、価値観を共有することなのだ。同様に、ジェンダーが生物学的な性と異なるのは、ジェンダーは生物学的な問題ではなく、ジェンダー（女性、男性など）という実践と物語（共同体）への参加、そしてそれに対する所属意識なのだ。

そしてこの「私たち」という一人称の間主観的なアイデンティティが存在するからこそ、私たちは日本人がノーベル賞を取った時には同じ日本人「として」誇りに思う。また自らは侍でも寿司職人でもないにも関わらず、侍の歴史や寿司といった文化を日本人「として」誇りに思う（侍など実際には見たことすらないにもかかわらずだ）。逆に、日本人が過去に行った間違った行為に対して、私たちは日本人「として」恥ずかしく思い、責任を感じる。だからアメリカ人としてのアイデンティティを持っている白人が黒人に「私自身は奴隷を所有したことはないし、あなた自身も綿を摘んだことはない」と言うのは間違いなのだ[254]。もしそれを言うなら、今を生きるアメリカ人は誰一人独立戦争を戦っていない。アメリカで生きる黒人にとって奴隷制度という歴史は自らのアイデンティティを作る物語であり、過去の話ではないのだ。

これは韓国人にとって日韓併合が過去の話でないのと同じである。それが歴史という自らの物語、つまりアイデンティティの問題である以上、それは決して過去の問題ではなく、現在の問題である（それは日本人にとって広島、長崎、靖国の存在といったものが過去でないのと同じである）。韓国人の物語（歴史観、アイデンティティ）が相当変わるといったようなことがない限り、それは決して過去になることはない[255]。ただそれと補償は別問題である。日韓の関係は、言うなれば、隣人が隣人を傷つけてしまったような状況である。傷つけてしまった方は一応慰謝料、治療費などを合意の上払っ

254 Anna (2010).
255 だからこそ歴史の認識問題は大きな政治的な問題となる。c.f. Hobsbawm and Ranger (2012).

た状態である。この意味（国際法的な意味）では確かにこの問題は過去の話である。それを合意を無視してさらに慰謝料を払えというのでは当然隣人関係はうまくいかない。しかし同時に、傷つけてしまった方が傷ついた方に、「補償は終わった。過去の問題だ」と言い放ったのでは、やはり隣人関係はうまくいかない。これはまさに対話のできないアイデンティティ・ポリティクスの典型であり、両者が国際法という制度と気持ち（本当の声）、つまり過去という「失われた時」の解釈を取り違えてしまっている状況である。

アイデンティティは良さ、生き様の裏返しであるが、社会の中で良さ、生き様はそれだけで存在することは難しい。例えば、学者であれば往往にして教授、企業内研究者などとして生きていかねばならず、侍は往往にしてどこかの家臣として俸禄をもらい生きていかねばならず、極道という生き方を貫こうとする人間は往往にしてどこかの組織の構成員になる必要がある。学者、侍、極道などというのは生き様で、教授、旗本、構成員などというのは制度なのだ。良さ、生き様は往往にして制度を必要とする。ただ、良さ、生き様と制度は必ずしも一致しない。学者という生き様に対応する制度が教授や企業内研究者であると考えたときに、全ての学者が教授や企業内研究者であるわけでもなければ、全ての教授や企業内研究者が学者であるわけでもない。教授や企業内研究者でなくても教授や企業内研究者以上に真摯に真実を求めている学者らしい人間もいるだろうし、教授や企業内研究者であっても真摯に研究を行っていない学者らしくない人間もいるかもしれない。主人を持たない浪人の方が上級武士よりも侍としての本懐を持っているということも十分にあるだろうし、組織に属さない男の方が真の任侠道を実践していることだって十分にありうる（組織に属しているということが漢（おとこ）であるということと等値ではない）。

制度は良さ、生き様を支えるものでもあるが、時としてその二つは葛藤する。例えば、学者を目指すものが教授になりたいとする。教授になるためには論文を書かなければならないが、論文の準備ができていないこともある。そのために盗用、剽窃、データの捏造、改ざんをする者もいる。また、警察は本来市民の安全を守るための存在である。それが良い警察官である。しかし時として出世や組織防衛のために、事件を捏造してしまうような警察官も存在する。もちろんそのような時にそれを告発することは学者としての良心、警察官としての良心である。データや罪の捏造などは学者、警察官の信義に悖る行為であるからだ。他にも会社の意向を無視しても真実を暴こうとする「記者魂」、自分の所属する病院に抗ってまで医療過誤の事実を暴こうとする「医者としての良心」などもそういった例だろう。もちろん組織(制度)の側から見るとそのような人間は「はねっかえり」ということになるのだろうが、それが制度を敵に回してでも自らの良さ、生き様に忠実であるということなのである。

アイデンティティは自分が参加する実践と物語であり、自分の持つ世界観、価値観、つまり良さの裏返しである。ゆえに自分の持つ常識、つまり世界観、価値観が大きく、例えば正反対に変わるような場合、私たちは「失われた時」を経験することになる[256]。例えば、『スラムダンク』の登場人物の一人である三井寿は不良をやめて湘北バスケットボールチームに戻り全国優勝を達成するためにその一助になりたいと思っている。しかし彼は不良をしておりその期間練習をしていなかったためスタミナ不足が目立つ。試合中貧血で倒れたあと彼はバスケットの練習をしていなかった不良時代を思い出し「俺はなぜあんなに無駄な時間を」と一人呟く[257]。生き様が全く変わってしまい過去の自分が良いと思っていたものがもはや今の自分に

256 Taylor (1989).
257 井上「三井悔恨」.

とって良いものでなくなった時に、その過去はもう戻れないという意味で失われてしまった時というだけでなく、自分が今良いと思うことに何も貢献せず、今の自分の人生にとって意味をなすような何かの始まりではなく、今の自分の生き様にとって全くの無駄で無意味な時間と感じられる。洗脳などから復帰する際、最後の最後で自分の過去を無駄であったと思いたくないというプライドが洗脳からの復帰を邪魔するというようなことがあるようだが、過去が、特にその時間が長ければ長いほど、自分にとって過去が無駄なものだった、価値のないものだったと認めるのは大きな喪失感を伴い苦しい。自分の存在の無意味さ、軽さに耐えられないのだ。

また自分の良いと思う生き様がわからなくなる場合、私たちはアイデンティティ・クライシスに陥る。自分にとって何が良いのか、何が価値を持つのかわからない状態、つまり自分が何者なのかわからない状態がアイデンティティ・クライシスという状態である[258]。私たちは価値観と世界観を空間として認識する。物理空間に関しても価値空間に関しても、私たちはまず自分がどこに立っているのかを確認したのちに、自分から見て上なのか、下なのか、近いのか遠いのか、浅いのか、深いのかなどを見極める。アイデンティティ・クライシスとは価値観に関して自分の立ち位置がわからなくなってしまった状態なのだ。

同じ実践と物語を共有する間主観的な「私たち」は共同体を作る。同じ意味を共有し同じ方向を向いて歩むがゆえに同じ共同体に生きる「私たち」はお互いをわかりあうことができる。「なぜ」そういった行為をするのか、ある行為の持つ意味はなんなのか、といったことなどを私たちはわかりあえる。私たちの行為は象徴的、文化的な間主観的行為なのだ（例えば、アメリカ社会で中指を立てるという

258 Taylor (1989).

ことは象徴的、文化的、間主観的な意味を持つ）[259]。そして「私たち」はお互い分かり合うことができて、お互いがお互いへの貢献者であるがゆえに、共同体の中では私は「私」をある程度犠牲にしても「私たち」への貢献を先行することがある。これは正しさは良さに先行し、最高の倫理概念は公平性という正しさであるとする自由主義の共同体概念、および自由主義の考える「私たち」の考え方と鋭く対立するものである。間主観的な私たちは家族、友人、国家の中で公平性を犠牲にしても、つまり自分を犠牲にしても仲間のために何かをしようとすることがある。国家存亡の危機に際して国家のために危険を冒して戦うというのは国家という「私たち」への貢献ゆえなのだ。公平性を優先する自由主義が想定する共同体はそれぞれが自らの良さを最大限に追求するために、「分かり合えない」「私たち」たちが共に生きるアリーナであった。しかし本当の共同体は、同じ世界観、価値観という常識を共有するためにお互いを分かりあい、同じ方向を向いて歩むことのできる間主観的な「私たち」なのである。

そして私たちは複数のアイデンティティを持っている。私は日本人ではない。日本人でもある。私は男ではない。男でもある。学生に対して「学生の本分は学業である」と言うことがあるが、彼（彼女）は学生なのではない。学生でもあるのだ。私のアイデンティティは多面的である。そしてその複数のアイデンティティは必ずしも同じ良さの方向性を持っているわけではなく、互いに葛藤する場合が多々ある。ビジネスマンとしての自分は仕事を優先することが大切かもしれないが、父親、夫としての自分は子どもや家族と時間を過ごすことが大切かもしれない。侍としては義を通して花と散ることが大切なのかもしれないが、一家の歴史を背負う人間として、家族を養う一家の長としては理不尽さに頭を下げても家を守ることが大

259 c.f. Geertz (1973), p. 10.

切なのかもしれない。それぞれのアイデンティティに応じた良さ、そしてその良さに準じた行為、振る舞いはお互いに葛藤する可能性がある。

このようなアイデンティティ同士の自己内葛藤をまとめるのが自己という概念である。アイデンティティは他者と共通の実践および物語、つまり世界観、価値観への参加である。言い換えるならば、共同体への参加である。一方、自己はそのような複数の実践と物語をまとめ上げ、自分だけの実践と物語を作ることである[260]。私は他者とわかりあうことができ、他者と重なり合うことができる。しかし私は他者と完全に重なり合うことはない。私は他者と異なる私なのだ。複数の異なるアイデンティティは複数の葛藤する世界観、価値観の裏返しである。侍としての自分は義を通して花と散ることが良いことは分かっている。一人であれば侍としての義を通そう。しかし一家一門の運命を背負う一家の主としては、侍としての義を曲げても、理不尽さに頭を下げても家を守るしかなかった。苦渋の決断ではあったが、一家を路頭に迷わせるわけにはいかなかった、といったような物語が複数のアイデンティティをまとめる自己なのである。

アイデンティティがまとまらない場合もまた私たちは統合失調に陥ってしまう。逆に、仮に過去が「失われた時」だったとしても、その「失われた時」を求め、一つの物語を物語ることができるとき、インテグリティ（統合）のとれた自己を取り戻し、「失われた時」を取り戻すことができる。無駄な時だと思っていたが、その時間のおかげで、今の自分があると思えるのだ。自己とは自らの実践と自らが自らを物語る物語である。実践は時を通して変わるし、自分で自分を物語るたびに自己概念も変わる。アイデンティティがそ

260 c.f. Nin (1961), esp. pp. 95-136.

うであるように、自己も日々変わり続ける終わらない実践であり終わらない物語なのだ。そこには不変の自己といったものは存在しない。自己とは自らが解釈する自己のイメージなのだ[261]。様々なアイデンティティを統一するイメージが自己であり、それは常に変わり続ける自己の解釈なのだ。自己イメージは往往にして他者から見た事実とは異なる。しかし自己は事実から離れては存在できない。事実に全く立脚しない自己の物語を作ってしまうというのは単なる誇大妄想だ。この意味でも自己は完全な主観でも完全な客観でもない間主観的な存在なのだ。

まとめるならば、アイデンティティは「私たち」の実践（ハビタス）と物語（意味記憶、歴史）への参加であり、自己はそれらのアイデンティティを統合する「私」の実践（ハビット記憶）と物語（自伝的記憶）である。そして「私たち」および「私」が存在するためには必然的に他者の存在が必要となる。例えば、日本人であるというアイデンティティを持つことはアメリカ人やロシア人でないことを意味するし、男というアイデンティティを持つことは女でないということを意味するし、私が私であることは私は他者ではないということを意味する。ゆえに海外で、知らない日本人と出会った時に、私たちは同じ日本同士ということで同じ「私たち」という同胞意識を感じるが、日本にいる時には取り立てそうでもなく、単なる他者と感じる[262]。私たちのアイデンティティおよび自己が存在するために他者を必要とするのだ。

これは私たちおよび私はある程度まで他者と同じ価値観、世界観という常識を共有しつつも、完全に他者と重なり合うことがないということを意味する。そしてアイデンティティ（私たち）がアイデ

261 Taylor (1985).
262 c.f. Ariely (2008).

ンティティ（私たち）であるためには、自己（私）が自己（私）であるためには他者が必要であるという事実は、私たちは他者と共に生きていかなければならないということを意味する。自分が存在するためには、私たちは一人では生きられないのだ。そしてそれゆえに私たちは共に生きる他者へ敬意を持たねばならない。他者を理解しようと努めなければならないのだ。自己が大切ならば、その自己が存在するためには他の存在も大切なのだ。私たちは、自由主義が考えるように、自己の良さを最大限追求するために他者と共に生きるのではない。自分が存在するために他者と共に生きるのだ。他者が存在しなければ、権利も、意地も、プライドも、恥も、特権も、義務も、正しさ、公平性も何も存在しない。他者が存在するからこそ自分の考える良さ、つまり自分が存在する。この世界は自分の良さを最大化するためのアリーナではない。自分を存在させてくれている他者への敬意を持ちつつ自己の良さを実践し、物語る場所なのである。

教育：子どもから大人へ

アイデンティティへの参加

私たち（アイデンティティ）とは共通の実践であり物語である。私たちはこの世の中に生まれ、この世界に参加し、その中で、様々な実践、物語、意味を学習していく。パターンの持つ意味、良さは一義的には決まらず、共同体の中で間主観的に存在しており、私たちは共同体の中でそういったパターンを学んでいく。共同体の中で実践と物語を通し何が何を意味するか、何が良いことなのかという意味を学ぶのだ。例えば、握手（というパターン）が何を意味するのか、食事中にテーブルに肘をつくこと（というパターン）が何を意味するのか、中指を立てること（というパターン）が何を意味するのか、など私たちは共同体における実践の中で学ぶ。それは私たちが共同体の中でアイデンティティを習得していく過程である。

私たちは何が良いことなのか、共同体の一員としてどのようである「べきである」のかを共同体の中で学ぶ。私たち一人一人は良さの実践と物語の中に生まれ、その中で死んでいく世界の中の存在なのだ。共同体は前の世代が次の世代に良さの実践や物語を引き継ぐことによって一人一人の死を超えて存続してゆく。唐の詩人陳子昂が言ったように、私たちは先人（故人）を見ることもなく、未来に生まれてくるもの（来者）を見ることもなく、この世界は悠々と続いてゆくのだ。家族は家族の実践および物語を、国家は国家の実践および物語を前の世代から次の世代に引き継ぐことによって存続する。そしてこの観点からは教育は自由主義の考えるような正しさ（公平性）を教えることではなく、特定の良さの実践や物語を教えることなのだ。例えば、日本の教育であったら、日本の習慣や歴史を教えるということがこれに当たる。つまり日本人「である」ならば、日本人としてどう「であるべき」なのかを教えるのだ。このようにして私たちは日本人としての良さを学んでゆく。

もちろん私たちは突然共同体の中心に入ってゆくことはできない。共同体の良さ（実践や物語）を未だ内在化していない子どもは周辺から共同体に参加してゆく[263]。『スラムダンク』でバスケットボール初心者である桜木花道が最初からは試合に加われず、地道なパス練習やドリブルの練習をしなければいけないように、私たちは共同体の基本的な常識を周辺から少しずつ習得していくのである[264]。そして素人には、素人だからという理由で経験者には許されない様々な間違いが許されるように、まだ共同体の周辺にいる子ど

263 Lave and Wenger (1991).
264 井上 .

もには様々な間違いが許される。共同体の常識であるルール、意味などを習得したものがやったなら当然軽蔑されるようなものが許されるのだ。例えば、子どもであれば食事中にテーブルに肘をついても大目に見られるのだし、食事をひっくり返しても、怒られるだけで許される。これが子どもということの一つの意味である。

子どもとはこの社会の素人のようなもので、まだこの社会の実践や物語、ルールや意味、常識を身につけておらず、社会の中で良いと思われている、つまり私たちが当然こう「であるべき」と考えられている行為をすることができない、適切な判断ができない存在のことである。共同体の良さの観点から見た自律性が欠如しているのだ。それは無知で野蛮なのだ。それゆえに子どもは教育の対象となる。大人が社会の常識を破った場合、それは侮蔑の対象となる。もしも大人が会食でテーブルに肘をついて、食事をひっくり返していたり、相手に中指を立ててしまったら大きな問題になる（もちろん、それらの意味を分かった上でそれらを行うのなら、喧嘩を売るとか嫌がらせをするという意味のある行為である)。しかしそのようなことをしても子どもであれば許される。この意味で子どもは守られた存在なのだ。

つまり子どもとは一つには私たちが生きている様々な共同体の常識を完全に習得していない対象に対する扱い方（概念）なのである。人間とかおじさん、おばさんがそうであるように、子どもという概念も機能的な概念なのである。ゆえに大人でも子ども「として」扱う、扱われるということがある。例えば、日本を訪れる外国人で日本の文化を知らない人や日本語を知らない人にはレストランで注文をしてあげることもあるだろう。また、日本人であればしないであろう間違いをした時にもそれが外国人が蔑んだりはしない。箸がうまく使えなくても、別に蔑んだりはしない。つまり私たちは彼らをその部分に関しては子ども「として」扱っているのだ。もちろん外国人旅行者は日本をすぐに出て行くが、子どもは今後この社会（共同体）の中で暮らしていくために教育が必要なのである。

本当の自己

子どもとは共同体で実践される良さ、および共同体で物語られる良さを習得していない存在、つまり常識を持たない存在であり、共同体の良さに照らして判断をすることができないという意味で自律性のない存在である。では私たちが実践（ハビタス）および物語（意味記憶、歴史）という共同体の良さを習得したと仮定しよう。それは裏返せば私たちはその共同体のアイデンティティを習得したということである。アイデンティティを習得した私たちは大人になったと言えるのだろうか。自律性を持ち、無知で野蛮ではなくなったと言えるのだろうか。ある程度はそうである。しかし私たちは同時に複数のアイデンティティを持っている。複数のアイデンティティを持つということは、複数の帰属先（共同体）を持つということである。私は日本人ではない。私は日本人でもあるのだ。私は男ではない。男でもあるのだ。そして複数の帰属先（良さ）を持つということは、そのうちの一つの帰属先（良さ）が自らの全てを定義することはできないということである。

ゆえに私たちは様々なアイデンティティを統合するものとして自己という実践（ハビット記憶）を行い、自己という物語（自伝的記憶）を物語る。自己が他者と異なる自己であるためには、複数のアイデンティティ、つまり複数の良さを一貫性を持って自ら統合させられるようにならなければならない。これができないと統合失調になってしまう。それは様々な良さ（アイデンティティ）を自ら批判的に検討し、取捨選択するということでもある。さらに言うなら、自らが生まれ育った共同体の実践とか物語などの良いと考えられているものを間違っているものであると考えるに至るならば、自らの判断においてその良さ、つまり自分のアイデンティティを否定するということもあるということなのだ。カルト宗教から抜けるなどがこれに当たる。これは「失われた時」を生み苦しい。しかしこの「自らの判断」というのが本当の自己なのである。そしてこの「自ら」様々な良さを批判的に検討し、取捨選択する能力がアイデンティティの自律性を超える自己としての自律性なのである。

もしも自分がある共同体の持つ良さをそのまま踏襲しているだけならば、自分はその共同体のコピーであり、その意味でそこに自己としての自律性はない。それはただ受け継いだ常識という既成概念を機械的に生きることであり、自ら良さを求めているのではない。そういった生き方、つまり外部世界を覗くことなく、異なる世界観、価値観に触れることなく、同じ世界観、価値観、つまり常識を共有する人間だけがいる共同体に生きることは、異なる良さによる自己内葛藤を引き起こさないという意味で楽であるし、人生は単純だ。自分の世界観、価値観、行為の基準についてそれが本当に良いのかどうか悩む必要もない。カルト宗教など閉鎖的なコミュニティーの中で外部の世界観、価値観と切り離されて生きることなどがこのような生き方に当たる[265]。

しかしそれでは自分は所詮共同体のコピーでしかないし、その世界観、価値観は狭いものなのだ。そこには自己としての自律性はない。共同体の世界観、価値観を自分の本当の声と勘違いしているだけで、実は自分の本当の声を持っていないのだ。自己としての本当の自律性を持つためには様々な良さを自ら取捨選択できるようにならなければならない。自己としての真の自律性は様々な良さを自ら批判検討できるようになるということなのだ。それが本当の声を持

265 Gutmann (1987).

つということであり、本当の大人になるということである。自分が本当の大人になることが共同体を進歩させる。アイデンティティを持つということは共通の実践物語に対する参加者であると同時にそれらに対する貢献者であるというのはそういうことなのだ。私たちが内部から共同体を批判検討し、改善することで、共同体はさらに良いものになる。私たちは共同体のコピーに成り下がり、**大人たちに褒められるようなバカ**（SU）にはなってはいけない。

本当の教育

教育は子どもを大人にすることである。子どもは自律的でない人間であり、大人とは自律的な人間である。自律的でない人間というのは自らの言葉や行為が自らのものではなくて、それらに対して自ら責任が取れないということである。常識というルールを知らないのであれば、それに対して責任を取ることはできない。ゆえに常識というルールを知らない存在が子どもの一つの定義なのである。自由主義の観点からは正しく生きることが良く生きることに先行するというのが常識であり、教育は正しく生きること、つまり他者の権利を尊重することを教えることであり、正しく生きることという常識を内在化した存在が大人と定義された。言い換えるならば、自由主義の観点からの教育はパーソン（パーソナル・アイデンティティ）を作ることなのだ。

しかし本当は良さが正しさに先行する。私たちの本当のアイデンティティは文化的アイデンティティなのだ。だから本当の教育は個別の良さを教えること、つまり文化的アイデンティティを教えることなのだ。教育は特定の良さの実践および物語から離れては存在し得ない（自由主義的教育は特定の良さを教えることに否定的であるが、自由主義的教育ですら実際には男の子は青色、女の子はピンク色といったような「隠れたカリキュラム（ヒドン・カリキュラム）」

と呼ばれる認知の俎上に登らない良さの実践からは逃れられない)。また、共同体の立場からすれば、私たち一人一人の死を超えてその共同体を永続させるためには、その共同体の持つ良さの実践および物語を子どもに伝えなければならない。日本人であれば、日本の歴史、日本人の持つ美徳（良いとされる行為）などを教えなければならないのだ。

しかし私は日本人ではない。日本人でもあるのだ。このように私たちが複数のアイデンティティを持つということは、一つの共同体が教育に対する全ての権限を持つことは間違いということになる[266]。また、この世界の中には自分とは異なる良さ、価値観を持った他者が存在し、そういった他者と共に私たちはこの世界を共有している。もしも一つの共同体が子どもの教育に対する全ての権限を持つことになり、その共同体の持つ良さが外の世界の価値観とは相容れないものだとしたら、子どもは価値観の異なる他者と共に生きられないということになってしまう。例えば、家族という共同体がその家の子どもの教育をするという場合、親は自らの持つ良さ、つまりその家の価値観を教えたいと思う。これは日本の教育が日本人としての美徳を教えようとすることと同じである。しかし、もしその家族が男尊女卑、人種差別などの価値観を持っていたとしたら、その家族の価値観のみを教育された子どもはそのような価値観を持ったコピーになってしまう。そして自分はコピーであるのにそれが自分の本当の声だと思い込んでしまうのだ。

それではいけない。真の教育は特定の良さの実践および物語（アイデンティティ）を教えつつも、自ら様々な異なる良さを判断し、取捨選択する能力、つまり自ら自己を作る能力を教えることなのだ。それが本当の大人を作ることである。特定の良さを教え込み、他の

266 Gutmann (1987).

世界観、価値観を排除することが教育なのではない。そんなものは教義の植え付け（インドクトリネーション）でしかない。教育は特定の良さの実践（ハビタス）および物語（意味記憶、歴史）つまり特定のアイデンティティを教えつつも、自分で熟考し良さを取捨選択できる他者のコピーではない自律的な自己を形成する能力を子どもに教えることである。

それは私たちが他者と同じ世界に生きる以上、異なる良さ、世界観、価値観に対してお互いに敬意を払うことを教えるということもである。そしてそのことが私たちが共に生きるこの世界を進歩させる。たとえそれが国家であれ、家族であれ、一つの共同体のみが子どもの教育に対する全ての権限を持つということは間違いなのだ。教育は現存する良さを教えつつもそれを疑うことをも教えなければならない。常識を教えつつ、常識を疑うことも教えなければならない。教育は自分たちの世界観、価値観、つまり常識の押し付けではない。自らの世界観、価値観に自信のないものほど子どもに外の世界を見せないで自らの教義を植え付けようとする。外の世界を見せたら、子どもが離れていってしまうと思うからだ。ただそのような脆弱な世界観、価値観ならば引き継いでいくほどの価値すらない。

決して負けない強い力

フランク・シナトラで有名な『マイ・ウェイ』は人生の終盤を迎えた男が自らの人生を振り返り友に語る歌である。自分は満ち足りた人生を生きたと、彼は言う。なぜならそれは何よりも自分の人生を自分の生き様（マイ・ウェイ）で生きたからなのだ。苦しい時もあったが、私は自分の生き様、良さを貫き通した。だから失ったものもあったが自分の人生は満ち足りたもので、それだけは臆することなく語ることができる、と友に語るのである。まさにこの歌の通り、自分の生き様を貫き通すことは苦しいが、それは満ち足りた人生をもたらす。自分が信じ、心の底から納得した良さが自分が最期に人生を振り返って苦しくともそれが満ち足りた良い人生であったかどうか判断する基準なのだ。それは他者の権利を尊重して、正しく生きたかどうかというものではない。死に際に他者の権利を侵害しない人生を送ってきたと言いたいだろうか。私たちはフランク・シナトラのマイウェイのように自分が心の底から良いと思える、満ち足りたと思える人生を生きたと言いたいのではないだろうか。

哲学者ダニエル・ベルはこれを自由主義の哲学者ジョン・ロールズの思考実験オリジナル・ポジションと対比してファイナル・ポジションと呼んだ[267]。それは言い換えるならば、マイ・ウェイのように人生を振り返って自分の生き様を自分の子どもや周りの人間に、そして自分自身に胸を張って語れるかという基準なのだ。大切なのはオリジナル・ポジションではなくファイナル・ポジションなのだ。オリジナル・ポジションは思考実験だが、ファイナル・ポジションは思考実験ではない。**人生は幻や夢じゃない。私たちははっきりと生きている**（Y）。だから大切なのはオリジナル・ポジションではなくファイナル・ポジションなのだ。そしてファイナル・ポジションに立った時に、本当に満ち足りた人生であったと思えるためには、自分の本当の声を生きなければならない。

実際私たちは自分が熟議に熟議を重ね本当に納得した世界観、価値観には命をかけることができる。むしろそれは命をかけてでも守らなければならない生き様、死に様になる。**生きるということに命をかける**（SM）ことができるようになる。**世界のまん中で生きる**（SM）ことができるようになるのだ。一方で、自分が納得できない世界観、

267 Bell (1993).

価値観などには命をかけることなどできはしない。世界観、価値観に心の底から本当に納得した時にそれは私たちの本当の声になるのだ。靖国に祀られている英霊たちは国のために命をかけた。英霊に関しては三つの類型を見ることができる。一つは死を恐れ、後に残した家族を思いつつも、自ら考え、そして自ら信じる良さ（国家、国民）のために命をかけるべきと判断し、特攻した人たちであり、そこには不条理は存在しない。それは太平洋戦争の是非とは別に、その状況の中で自らの信じる道を歩んだ日本の男としての美しい行為なのだ。

スパルタの市民たちはその勇気で知られるが、アテネの市民たちはスパルタの市民たちの勇気は本当の勇気ではないと考えていた[268]。アテネの市民は自由を持っており様々な代替案を考慮した結果自ら戦うということを選ぶ。アテネの教育は探究心を育て、自ら何が良いことなのかを考えさせる教育なのだ。一方スパルタにはそのような自由は存在しない。スパルタの教育は伝統的に正しいと考えられている従来の価値観を押し付けるような教育なのだ。そこに自由に思考するということは存在しない。アテネ市民は自由が存在しなければ真の勇気は存在しないと考えた。全く恐怖を感じない戦いなど真の勇気ではないのだ。真の勇気は恐怖と共にある。自分が熟議に熟議を重ね、ルールに本当に納得したした時に、恐怖があろうとも、そのルールは自らの生き様、死に様になるのだ。

英霊のもう一つの類型は死にたくないと思っているのに、死ななければならなかった人たちだ。上官の命令で死にたくもないのに、片道だけの燃料で飛ばされるのは不条理でしかない（しかし英霊が自ら熟議し特攻して行ったにしろ、不条理に死んでいったにしろ、私たち日本人は自分を日本人と考える限り、英霊を祀り続けな

268 Nussbaum (1997), pp. 54-55.

ければならない。英霊の死を無駄に、「失われた時」にしないために、太平洋戦争が正しいものであったかどうかという問題とは全く別に、英霊は祀らなければならない。これは戦争賛美ではない。私たちは英霊を無駄に失われてしまった時、無価値な死とするのではなく、今を生きる日本人一人ひとりのために花と散った尊い命であり、今の日本の礎を築いた尊いものだとしなければならない。さらに言うなら、組織のために身体をかけたものを無駄死にだったと切り捨てるような組織に今後身体をかけるものなどいない。英霊に対しても、また今後日本人の生命が危険にさらされた時に、日本人を守ろうとしている自衛隊に対しても、それではあまりにも失礼すぎる。日本人が英霊を祀らないということは将来自衛隊が命をかけて国民を守ったとしても、無駄死にだった、と言われる可能性があるということなのだ。誰も無駄で無価値な人生など生きたくないし、無駄死になどしたくない。組織に対する忠誠心がなくなるのは組織のために戦うことに対する恐怖心によるのではない。組織に対して冷めてしまった時、馬鹿らしくなってしまった時に忠誠心はなくなる）[269]。英霊は神聖なもの（冒涜したり嘲笑できないもの）でなけれ

---

269 特攻とは基本的に極道でいう鉄砲玉である。鉄砲玉は出て行ったら返ってくることがないので、鉄砲玉は鉄砲玉と呼ばれる。特攻も片道の燃料で飛ばされた。特攻が良いか悪いかというと、それはもちろん悪い。親分が子分を本当に子のように思うならば、死んでこい、というようなことはない。もちろん子分が親分を思い自分で行くのであればそれは別の話である。しかし鉄砲玉として走った人間が死んだり、長期服役した際に、たとえ組織が抗争相手と手打ちをしたとしても、組織はその死や行為を無駄死に、無駄な行為だったと言ってはならない。そのような組織に次に身体をかけるものはいない。そして鉄砲玉が死んだのならば、墓参り、長期服役したならば、手紙を書く、面会に行くなどしなければならない。これと同じ理由で私たちは靖国を参拝しなければならない。そして長期服役で恐ろしいことは、自分の組がなくなってしまうことである。自分が身体をかけた組織がなくなってしまうということは、帰る場所を無くすということであるし、自分がその組織のために身体をかけたにも関わらず、その組織が存続していないのであれば、自らの行為は意味がなかったということになってしまう。長期服役者を出したのならば、その人間が帰る場所を無くしてはいけない。つまり英霊に対する私たちの義務はこの国の灯火を消すことなく、繁栄させていかなければならないということである。そうすることで特攻隊の死は無駄死にではなかった、意味のある行為であったとい

ばならない。

そして最後に全体主義の中で自己の言葉を失ってしまった人たちがいる。それはアテネ市民の考えるスパルタ市民のように国家のために特攻をすることが良いことであるということを疑いもしないものである。自分の思考を捨て、自分の言葉を失ってしまったものである。このような人間は良心のかけらもなく、心の痛みを感じることもなく、ナチスドイツの思想を疑いもせずユダヤ人をガス室に送り込むことができる人間と同じなのだ。ここにも不条理は存在しない。しかしこれは間違っている。これこそ**大人たちに褒められるようなバカ**（SU）なのだ[270]。

特攻を考えたと言われる海軍中将大西瀧治郎は自ら考え自らの言葉を語り、自ら自分の信じる道を生きた典型であり、ゆえに最後は最も苦しい死に方を選び、介錯なしの切腹をした（大西瀧治郎中将は自分が自分に「値する」と思う死に方を選んだのだ）。自分が心の底から納得したルールは生き様および死に様になる。一方で、教

うことになる。

極東軍事裁判によるA級戦犯ではなく（抗争相手が決めた戦犯ではなく）日本人の視点から見ての戦犯が合祀されているという意見もあるだろうが、組織に忠誠を誓うことと自分の組織の中に自分が認められない人間がいるということは次元の違う話である。

270　何かがが正しいとされるルールであるからというだけで、「なぜ」そのようにするのかを理解せずにルールに則った行為を行ってもそこには何の意味もない。例えば、子どもは「手を合わせていただきますと言いなさい」と教えられると、叱られたくない、褒められたいなどの理由で「なぜ」なのかを理解しなくても行うだろう。しかしそれではあまり意味がない。むしろ意味を理解して、そのような行為には意味がないと自分自身で考えてやらない方がよほど意味がある。**言葉はクソッタレ**（SU）でも、自分で考え、このままじゃいけないと思い、**大人たちに褒められるようなバカ**（SU）にはなりたくない子どもの方がよほど真摯である。これは親鸞の悪人正機にもつながる。疑うことなく、つまり自らの本当の声に耳をすますことなく、つまり良さを求めることなく、社会の中で正しいとされる制度を盲信するものの典型がハンナ・アレントの記述するイエルサレムのエイヒマンである（Arendt, 2010; Original in 1963）。

義の植え付け（インドクトリネーション）の中で自己の言葉を失ってしまった人たちは、常識とされるものの前で自分の思考を捨て、自分の本当の声を失ってしまっている。そのような人たちは（ナチスの戦犯とされる人たちが戦後そうだったように）いつか**眩しいほど青い空の真下**（SU）に立った時に、**こんなはずじゃなかっただろ、と歴史に問い詰められ**（A）、「失われた時」を経験することになってしまう。世界観、価値観という常識を身につけたところで、ただ単に何も考えずにその常識に機械的に従っているだけならば、それは本当の大人ではない。それは単にその共同体のコピーであり、大人の言った言葉を繰り返すだけで、自分の本当の声を持たない**大人たちに褒められるようなバカ**（SU）なのだ。

映画『硫黄島からの手紙』で日本兵清水洋一が見たこともない米兵を評して「米兵は意思が弱く、日本兵に劣るところであります」と言うシーンがあるが、それは清水の口を通して全体主義が話しているのである[271]。清水自身の言葉ではない。そもそも米兵を見たこともない清水になぜそのようなことがわかるのか。そしてそんなに米国人が劣っており、それほど日本人が優れているならなぜ戦局はそこまで日本に不利になってしまったのか。少し考えてみればわかりそうなものなのに、ドグマとして教えられたことを壊れたテープレコーダーのようにただただ繰り返すだけなのだ。だから周りの兵士たちは清水に気持ち悪さを感じ、冷めた視線を送る。同様に、映画『ライフ・イズ・ビューティフル』で第二次世界大戦中のイタリアの教師たちがドイツの教育を衝撃を持って語るシーンがある[272]。ドイツでは小学三年生が障害者、てんかん患者などを殺せばどの程度国がお金を浮かすことができるかという計算ができる、というものなのだが、その衝撃は小学三年生がそれほどに複雑な（彼女いわ

271 Letters from Iwo Jima (2006).
272 La vita é bella (1997).

くイタリアでは高校レベルの)計算をできるという衝撃なのである。この人もまた全体主義の中で自らの言葉を失っている。やはり**大人たちに褒められるようなバカ**（SU）なのだ。

そのような生き方は楽かもしれない。しかしそこには自分の思考は存在しない。私たちは自分の頭でしっかり考え、熟議し、良さを求めなければならない。そして教育はそれを可能にするようなものでなければならない。良さを求めることは常識に敬意を払いつつも、つまり常識を理解しようと努めつつも、自らの本当の声に耳をすませることなのだ。そうでないと、いつか**眩しいほど青い空の真下**(A)、つまりファイナル・ポジションに立った時に、**こんなはずじゃなかっただろ、と歴史に問い詰められ**（A)、「失われた時」を経験することになってしまう。私たちは常識やルールに敬意を払いつつも、自分の本当の声に耳をすませなければならない。そして常識やルールを理解し、自分自身の本当の声に耳をすませ、熟議に熟議を重ね、それが常識というルールであれ、常識から外れたルールであれ、本当にルールに納得した時にそのようなルールは自分の人生をかけることのできる生き様と、死に様となる。その時に私たちは**決して負けない強い力**（LL）を持つことができる。

11 章 . 終わらない物語と実践

それぞれの痛みを抱いたまま
僕等必死でわかり合おうとしてた
歯軋りをしながら

TOO MUCH PAIN

近代（モダニティ）からポスト・モダニティへ

ポスト・モダニティ

自分たちの本当の声を生きることができれば、私たちは**決して負けない強い力**（LL）を持つことができる。しかし自分自身が納得した人生を生きることと、他者と共に生きることは違う。私たちは他者と共に生きなければならない。自分が本当に納得できる生き様であっても、それが他者を傷つけたり、他者の権利を侵害するような生き方では他者とともに生きる場である社会は成立しなくなってしまう。私たちはどのようにしたら他者と共に生きることができるのだろうか。これは社会における互いの権利や社会制度をどのように考えるのかという問題である。

すでに見たように、近代は私たち人間を主体であると捉える一方で、人間を客体である捉え、その矛盾を抱いたまま様々な社会制度を構築してきた。その結果、群盲象を評す状態の社会科学の基礎理論（人間観）の上部構造として構築された様々な社会科学の応用理論、そしてその上部構造である社会制度はお互いに相入れないパッチワークのようなものとなってしまった。人間、人間観(基礎理論)、応用理論、社会制度の間のどこかでシンメトリーが崩壊した時には、そのシンメトリーの崩壊による影響はその先へと持ち越され、私たち人間が社会制度と対峙した時には、私たちがそのような社会制度を正しく思えない状況が生まれてくる（図 36）。私たち人間は 100 メートルを 3 秒で走ることができるという人間観に基づいて、教育学が作られ、そのような教育学に基づいた教育制度が子どもたちに 100 メートルを 3 秒で走る教育を施そうとすると、当然子どもたちはそれを不条理だと思う。

近代が間違った人間観（主体と客体および群盲象を評す状態）を用いて社会科学の応用理論および社会制度を構築してしまったせいで、実際の人間と社会制度の間にも数多くの微細なシンメトリーの崩壊が生じることになり、そのせいで社会の様々な場面で私たちは不条理を感じることになった。つまり社会（制度）の中で自分の本当の声を生きられない状態が生じてしまったのだ。そしてそのような場合、近代社会においては私たちは自分の立場から声を上げるしかない状況に陥ってしまった。

しかし私たちは新しい人間観、知識観を手に入れた。手に入れた新しい人間観、知識観に基づいて、社会科学を刷新、統合し、新しい社会の仕組みを構築することができれば、社会の中で自分の本当の声を生きることができず、心の痛みを抱える私たちが探し求める心の痛みからの解放、つまり未だ見えない自由を掴むことができるはずである。正しい人間観を得たということは正しい社会科学の基礎理論にたどり着いたということである。本来、私たち人間は「である」と「であるべき」、事実と価値が切り離されずに存在する間主観的な終わらない実践であり、終わらない物語である。だからこそ、私たちの自己概念は人生を通して変わる。当然間主観的である人間が作る知識も間主観的なものである。

つまりこの間主観的な人間観、間主観的な知識観を基礎理論とし、その上に応用理論である法学、教育学、政治学、経済学などを構築し、そういった応用理論の上に社会制度を構築することによって、人間と社会制度の間のシンメトリーを保つことができ、私たちが心の痛みを感じなくても良い社会を構築することができる。これは社会科学と社会制度を間主観的な終わらない実践、終わらない物語として再構築するということである。その結果、人間である私たちの本当の声と社会科学の基礎理論（人間観）、社会科学の基礎理論と社会科学の応用理論、そして社会学の応用理論と社会制度のシンメトリーが全て保証されることになり、私たちが社会と対峙したときに、そこに心の痛みを感じることはなくなる（図 51）。

そうすれば、私たちは自分たちの本当の声を生きつつも、他者と共に生きることができるようになる。これは近代（モダニティ）の常識である事実と価値、客観と主観、「である」と「であるべき」という二項対立を超えて、真のポスト・モダニティへ移行することでもある[273]。ポスト・モダニティへ移行することで、近代社会の混乱の中で心の痛みを感じる私たちが探し求める見えない自由を手に入れることができる。アイデンティティ・ポリティクスという近代の常識に潜む野蛮さと残酷さを超えることができるのだ。

---

273 Putnam (2002).

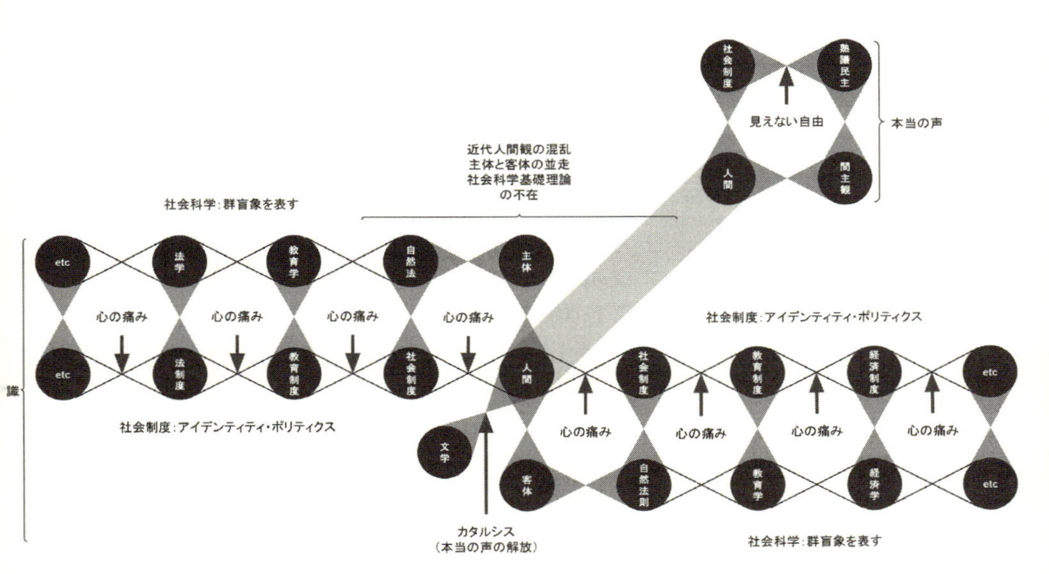

図 51. 見えない自由の構造。近代常識が主観と客観、主体と客体を乖離させたことで、人間もそのどちらかでなければならないということになったが、近代において人間観は混乱したまま今日まで来た。その結果、人間を主体と考える考え方と人間を客体と考える考え方が並走することとなった。つまり社会科学（社会哲学）の基礎理論である人間観が二つ並走する状況が生まれた。その結果、法学、教育哲学、政治哲学などの社会科学の応用理論は人間を主体と考える考え方に基づいて構築され、経済学、実証主義的教育学、実証主義的政治学などは人間を客体と考える考え方に基づいて構築されることとなった。これが社会科学、社会哲学が群盲像を表する状態であるということである。そしてそのような社会科学の応用理論に基づいて法律、教育制度、経済制度などの社会制度は構築されている。しかし本来の人間とはどのようなものであるかという事実を主体という人間観、客体という人間観は描き出せていない。シンメトリーが崩壊しているのだ。そのような不完全な人間観（基礎理論）に基づいて作られた応用理論に基づいて作られた社会制度を私たち人間が利用した際には私たちは時として心の痛みを感じることになる。だからそのような社会制度の中で鬱屈し、不条理を感じ、心の痛みを感じる私たちは自分のたちの本当の声を描き出した文学により、自分たちの本当の声を解放し、カタルシスを感じようとする。人間とはどのようなものであるかということを正確に反映した基礎理論は人間とは間主観的な存在であるというものである。それに基づいて作られる社会科学の応用理論は、熟議民主的なものである。そしてその熟議民主に基づいて作られる社会制度はその中で私たちが心の痛みを感じなくても良い社会制度となる。それが私たちが現在の社会の中で求め続ける見えない自由の実現なのだ。

終わらない実践と終わらない物語

権利に関して近代は「人であれば平等な権利を持つ（全ての人は平等な権利を持つ）」というアルゴリズミックな自然法を客観的で普遍的な正しさであると考え、そのような正しさが常に個別的な良さに優先するべきであると考えた。その前提にあったのは私たち人間を主体と考えたことであった。私たちが主体であるならば、その論理的帰結として、私たちおよび私たちの持つ良さの感覚は主観であり交わることがないことになる。その結果として、お互いに自分の信じる良さを求める私たちは恒常的戦争状態に陥ってしまい共に生きる社会は成立しない、ということになる。ゆえに個別の良さに優先する正しさとして自然法が必要であると考えられることになった。そしてこの正しさとは公平性のことだった。

しかし本当は人間同士が共に生きることができるのは、お互いに平等な権利を持っているからではなく、私たちがお互いの気持ちをわかりあうことができ、対話をすることができる間主観的な存在であるからだ。言い換えるならば、私たちはお互いに敬意を持ち、互いを尊重することができるからこそ、私たちは共に生きることができる。近代が客観的で普遍的な正しさという権利を求めたその動機自体、つまり共に生きようとすること、は素晴らしいものだが、その前提が間違っていた。私たちは「分かり合えない」主体同士ではないし、自己の考える良さを最大化させるために共に生きているわけでもない。社会（共同体）もまた「分かり合えない」もの同士がそれぞれの考える良さ、価値観を最大化するためのアリーナではない。だから時として他者の痛みに気がついたときに、私たちは自分を犠牲にしても他者を助けることがある。私たちは純粋な主体（主観）でも純粋な客体（客観）でもなく、間主観的な存在であり、完全ではなくとも解り合えるもの同士なのだ。

そしてそのような間主観的な人間観から浮かび上がってくる権利は公平性という自然法ではなく、実践と物語に基づく間主観的な権利である。例えば、女性の権利は男性と等しい権利を持つというようなことではなく、女性の実践と物語に敬意を表すことができるものというのが本来の権利のあり方なのだ。女性「である」ということはそこに自分が良いと思う女性としての実践、自分が良いと考える女性像の物語が存在するということである。そしてその実践と物語のなかに女性「である」ならばこう「であるべき」姿が存在する。それが自分が女性「である」ということである。すでに見たように、アイデンティティは良さの裏返しなのだ（そして女性というジェンダーは生物学的な性では説明できない）。もちろんそのような女性像は普遍的に受け入れられるわけではないだろうし、変化するものではあるが、多くの女性はそのような良さに共感するだろう。良さは完全なる主観ではなく、間主観なのだ。権利はそういった実践と物語から導出されなければならない。権利（正しさ）は本来良さを保証するための装置なのだ。

自然法（自然権）という考え方は、それに納得しようがしまいが機械的に従わなければならない法則（義務）であるという考え方（ゆえに義務論的自由主義と呼ばれる）であるが、意識的に謙虚に振舞おうとすることが謙虚さなのではなく、わざわざ意識しない心からの実践が本当の謙虚さであるように、やはり正しさということは、心もなく機械的に法則に従うということではなく、それが良いことであるという自分たちの本当の声であるからなのだ。逆に、心もなく機械的に（アルゴリズミックに）法に従うなど偽善、欺瞞でしかないし、自分が良いと思えないにもかかわらず、社会の中で正しいとされている常識を実践してもそんなものは**仮面をつけて生きるようで息苦しくてしょうがない**（CG）。例えば、心の中では女性を蔑んでいるにもかかわらず、「人であれば平等な権利を持つ（全ての人は平等な権利を持つ）」という自然法に義務的に従い、女性を同等に扱うなど欺瞞でしかない。

つまり私たちの権利（倫理）も、自分たち自身がそれに意味、良さ、価値を見出すことのできる間主観的なものでなければならない。やはり権利は「X であれば Y である」というように心のなく機械的に従わなければならない法則、義務ではなく「X であれば Y であるべきである」というように自分たちが良いと思えるものでなければならない。そしてそうすることで倫理と法（律）の間を埋めることができる。合法であっても良くないこと、違法であっても悪くないことは存在する。そういった時には法律というルールに機械的に従うのではなく、法律を変えることが必要になる。権利というルールと私たちの本当の声が一つになった時に、私たちは本当に納得し、自信を持ってルールに従うことができるのだし、それに命をかけることもできる。**決して負けない強い力**(LL)を持つことができるのだ。

もちろん、このような良さに基づく権利はリンダ問題やクアランティン・エラー同様に「誤る可能性がある」ものである。しかしだからこそ権利概念は時代を通して変わってきた。権利が自然法だったならば、権利概念は時代を通して変わることはない。しかし権利は普遍的な自然法ではなく、時代や状況によって実践と物語が変わるのに合わせて、変わっていくものなのだ。例えば、昔は女性には選挙権がなかったが、女性という実践と物語が変わることによってその状況は変わった（女性の選挙権の獲得を女性の権利の向上と捉えることは、女性の権利を男性と等しいものであると考える自由主義的な考え方によるものであり、ここでは女性の選挙権の獲得を女性の実践と物語の変化と捉える）。

同様に、社会制度を下支えする（社会）科学も「どこでもない場所」からの視点から客観的に客体である人間を眺め作られた客観的で普遍的な自然法則などではなく、この「世界の中の存在」である間主観的な私たちが自分たちの視点を持って自分たちを眺め、良さと共に世界の中から削り出す間主観的な知識である。そしてそのような間主観的な人間観、知識観から浮かび上がってくる社会科学は人間という客体に関する自然法則などではなく、自らが自らの実践と物語を物語る間主観的な知識である。ゆえに社会科学においても「である」と「であるべき」、事実と価値は切り離せるものではないし、社会科学もリンダ問題やクアランティン・エラー同様に「誤る可能性がある」ものである。ゆえに社会科学もまた絶えず更新される。（社会）科学が自然法則であるならば、それは決して変わることはない。しかし権利概念同様、（社会）科学は時代を通して変わってきた。例えば、LGBTQ などかつては存在しなかった概念（実践と物語）の出現と共に、社会科学も社会制度も変わってきた。LGBTQ の良さの実践と物語が制度として実現されたものが LGBTQ にとって正しい社会制度なのだ（LGBTQ はそうでない人たちと等しい権利を持つべきなのではなく、LGBTQ の実践と物語に即した権利を持つべきなのだ）。

新しい社会科学と新しい権利へのプロレゴメナ（序章）

モデルとは

権利も（社会）科学も社会制度も間主観的な終わらない実践であり終わらない物語なのだ。終わらない実践と終わらない物語は「（ある指定された環境および範囲の中で）X は Y のために存在する」、「X であれば Y であるべきである」という因果の方向性を持つ目的論的不変パターンであり、モデルである。ここでいうモデルとは「X

であればYである」という法（則）とは明確に異なり、目的、良さとともに世界から削り出されたパターン（形相）のことである。それは「なぜ」そのよう「であるべき」なのかという疑問に基づいて削り出される意味のあるパターンであり、そこでは事実と規範が共存する。例えば、「アクセルはスピードを上げるために存在する」というモデルであれば、アクセル「である」ならば、踏めばスピードは上がる「べきである」という帰結が導かれるし、当然「良いアクセル」というのは踏めばスピードが上がるアクセルのことであるということになる[274]。

近代は科学や権利を法（則）であると考えたが、そもそも法則とは何なのだろうか。実は、科学を自然法則だと考え演繹法則的モデル（DNモデル）という考え方を考え出したカール・ヘンペル自身、何を持って法則とするのかという法則の定義を示すことができなかった[275]。通常の感覚では「法（則）」という言葉は例外がない、破られることがないという語感を伴う。そうだとすると、ニュートン力学は自然法則と呼んでも差し障りがないように感じられるが、では自然選択や経済学などの確率的法則はどうなのか。確率的法則という言葉自体が古いニュースやワンマン・バンド同様矛盾表現であるように感じられる。例えば、「需要と供給があれば往往にして均衡に落ち着く」というのは確率的であり当然ながら例外が存在する。とすると、経済学は法則なのか。

さらに言うなら、回帰分析は法則なのだろうか。例えば「親の年収が高いと子供の教育レベルは高くなる傾向にある」とか「歯ブラ

274 ニュートン力学などの物理学理論を詳細に知らなくても、ものを投げれば意図したところに行くということはわかるように、機械の仕組みを詳細に知らなくても、アクセルを踏めばスピードが出るということはわかる。つまり因果関係を知る上で詳細な仕組みを知る必要はない。因果関係はメンタルモデルである。

275 Hempel (1966); Lipton (2004).

シを買う人は往往にして歯磨き粉も買う」とか「日本では一人当たりの寿司の消費量がそれ以外の国と比べて高い」などは法則なのだろうか。それらは法則と呼ぶには弱すぎるような気がするし、法則と呼ぶには当てはまる範囲も狭すぎるような気がする。とすると法則は相関関係の強さの問題なのだろうか。それとも当てはまる範囲の広さなのだろうか。しかし疑似相関でも強い相関関係、当てはまる範囲が広い相関関係は考えうるし、「正しい」相関でも弱い相関関係、当てはまる範囲が狭い相関関係もありうる。

しかし何を持って弱くても、当てはまる範囲が狭くても正しい相関と言えるのだろうか。このように考えたときに、やはり正しい相関、およびその反対概念である疑似相関という概念が意味を成すには意味、良い説明が必要になってくるということができる。意味がある相関が正しい相関で、意味のない相関が擬似相関である。とするとやはり科学もまた意味、良さといったものと切り離せない。科学も権利もやはり法則でなく良さに導かれるモデルなのだ。

法則が破られないという語感を持つのに対して、モデルは仮説であるという語感を持つ。つまりモデルは「誤る可能性がある」ということになる。確かにモデルは自分が良いと思うパターンに導かれて構築されるものであり、リンダ問題やクアランティン・エラー同様に「誤る可能性がある」。リンダ問題やクアランティン・エラーは自分がそう「であるべき」と思うパターン、良さに基づいてそう「である」ことを推測するために、時として自分の主観を過剰に「投影」してしまうことにより生じてくる間違いである。モデルもまた常に「誤る可能性がある」ものなのだ。そして科学も権利も誤ったり、変化したりする可能性をもつものである。

事実、もし仮に科学が客観的で普遍的な自然法則であったならば、そしてニュートン力学が客観的で普遍的な自然法則であるならば、なぜニュートン力学は相対性理論、そして量子力学に置き換わってしまったのだろうか。科学が客観的で普遍的な自然法則であるということは、それを破ることはできないということになる。しかし科学は変わる。今は一応、量子力学が正しい物理学理論ということになっているが、それが将来において変わらないなどという保証などどこにもない。私たちの知識は「誤る可能性がある」のだ。同様に、生物学において、現在では一応進化の総合説（ネオ・ダーウィニズム）が正しいとされているが、進化の総合説が将来的に変わらないという証拠もどこにもありはしない。天動説が地動説に置き換わったように、私たちは幾度もトマス・クーンのいうパラダイム・シフト、つまり科学理論の革命的変化を経験してきた。

同様に、私たちが正しいと思う権利の感覚も時代を通して大きく変わってきた。リンカーン前後においてアメリカにおける黒人の権利は大きく変わったし、20 世紀において、女性参政権や女性の大学進学などの感覚も大きく変わった。例えば、現在のアメリカでは大学寮も男女共用の部屋（ジェンダー・インクルーシブ・ハウジング）、男女共用のお手洗いなどが出てきているが、かつて状況は全く異なった。米国コロンビア・ユニバーシティには女子大学であるバーナード・カレッジと男子大学のコロンビア・カレッジが存在し、コロンビア・カレッジが女子学生を受け入れ始めたのはようやく 1982 年になってからのことだった[276]。同様にハーバード・ユニバーシティにも元々は男子大学部だったハーバード・カレッジと女子大学部ラドクリフ・カレッジが存在し、それらが統合されたのはようやく 1999 年のことだった。つまりかつては男性と女性が大学で共に学ぶのは基本的にはあまり良いことでないとされていたというこ

276 コロンビア・カレッジを共学にするとバーナード・カレッジの存在意義はどうなるのかという実践的な問題もあった。

となる。今後、私たちが正しいと思う権利の感覚が変わらないなどという保証もどこにもない。

またモデルには法則と異なり操作できるという語感もある。モデルは法則と異なり、往々にして調節可能なパラメータ（のようなもの）を持っている。そしてモデルという考え方は「X であれば Y であるべきである」という因果の方向性ゆえに、「もし X でなかったら、Y でないだろう」といったような想像と反事実分析を可能にする。この結果、目的論的因果関係は観察だけでなく、世界への介入、操作（実験）を可能にする。実証主義が考えたように観察可能なもののみに基づいて自然法則を発見しようとすると、想像や反事実や因果関係は当然観察可能ではないゆえにそれらは考慮に入れてはいけないということになる。しかしそのような観察不可能な想像、反事実分析、因果関係という概念が存在しないと実験や思考実験（リーズニング）は不可能である。因果関係などといった認知的価値もまた価値であり、価値がなければ科学は不可能なのだ[277]。実証主義は観察という入力から法則を出力するという静的で線的な考え方だが、科学は観察のみに基づいた静的で線的な活動ではない。科学は客観的なものであるという常識を内在化させつつも、科学者は観察するだけでは科学は成立しないということを知っている。それが私たちの本当の声なのだ。

事実、静的で線的な統計学を作り出した統計学者フィーシャー自身、科学におけるランダム化比較試験という世界への介入、つまり実験による因果関係の発見手法を考え出していた（図 52）。ランダム化比較試験は典型的には母集団から抽出したサンプルをランダムに二つに分け、片方をのみに介入実験を行うというものである。例えば、ある風邪薬が風邪に効果的かどうかを確かめるために、風邪

277 Putnam (2002).

にかかった人をランダムに二つのグループに分け一方のみにその風邪薬を与える。このグループは実験グループと呼ばれ、風邪薬を使わないグループはコントロール・グループと呼ばれる。被験者の二つのグループへの割り振りはランダムであるので、サンプルサイズが十分に大きいと、確率上サンプリングエラーや計測誤差といったノイズを避けることができ、風邪が治るかどうかは交絡因子ではなくて、風邪薬の効果に依ると考えることができる。つまりランダム化比較試験では世界に対する介入実験を行うことにより、（確率的に）因果関係を特定できるということになる。ランダム化比較試験が行なっているのは「XはYのために存在する」「XであればYであるべきである」というモデルに基づく世界への介入（実験）なのだ。

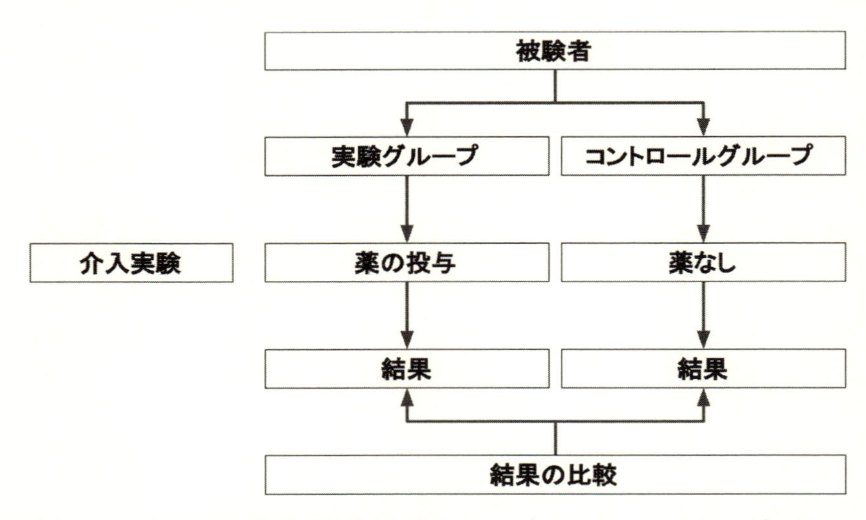

図52. ランダム化比較実験では被験者を実験グループとコントロールグループに分け、実験グループにのみ介入実験を行う。その結果を比較することで介入実験の影響の因果関係を突き止めることができる。

そしてモデルが不変であるからこそ、内挿、外挿というパターンが当てはまる範囲はどこまでかという問題が出てくる。内挿とは回帰分析などにおいて、用いられたデータ範囲内の予測を行うことであり、外挿は用いられたデータ範囲を超えて予測を行うことである（図53）。一般的に言って、内挿は基本的に問題ないと考えられているが、外挿には危険があると考えられている。例えば、大学卒業という事に関して親と子どもの間に正の相関関係があったとすると、親が大学卒業の場合、子どもも往往にして大学卒業ということは言えるが、それでそのようなデータから親が大学院卒業の場合、子どもも大学院卒業と言えるかというと、それに関しては用いられたデータの範囲を超えているので定かではない。内挿、外挿という概念が出てくるということ自体が回帰分析は客観的で普遍的な法則なのではなく、ある指定された環境および範囲の中で成立する不変のモデルであるということを表している(もちろん物理学のように、不変の範囲が広い場合もある)。

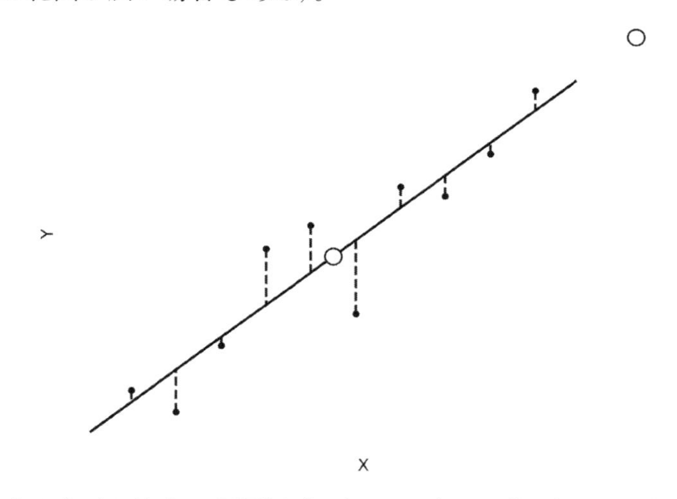

図53. あるデータに基づいて回帰線を作ると、そのデータの範囲内において新たな予測、内挿を行う場合、回帰線が最も正確な予測であると考えられる（当然それが回帰分析の意義である)。しかしデータの範囲を超えた予測、外挿には通常危険がつきまとう。例えば、大学卒業という事に関して親と子どもの間に相関関係があったとして、親が大学卒業の場合、子どもも往往にして大学卒業ということは言えるが、それでは親が大学院卒業の場合、子どもも大学院卒業なのかというと、それに関しては定かではない。

本来、権利も社会科学も法（則）ではなく、「誤る可能性がある」モデルであるはずなのに近代の常識のせいでそれらは法（則）と考えられるようになってしまった。（社会）科学と権利を法則としてではなく、モデルという観点から再構築してみよう。これは群盲象を評する状態の社会科学を統合することでもある。もちろん、のちに述べるように、（社会）科学と権利の再構築は一人でできるものではなく、熟議民主という方法論によらなければならない。ゆえに以下で試みることは一つのプロレゴメナ（序説）である。

モデルとしての科学

科学もまた私たち人間の知識である以上、私たち人間の視点を持って世界から削り出すモデルである。そこには必ずエピステモロジー（私たちの知識の形成方法）が介入することになる。私たちはこの世界を世界の外部から客観的に眺めることのできる神や悪魔のような存在ではない。私たちはこの世界の中から人間特有の視点を持って世界を眺めるのだ。この科学はモデルであるという考え方はプラグマティズムの哲学者チャールズ・サンダース・パースによってアブダクションと名付けられ、次のように定式化された（彼自身はモデルという言葉は使っていない）[278]。

驚くべき事実 Y が発見された
しかしもし X が真実ならば Y は当然のことだろう

ゆえに X が真実であると考える理由がある

アブダクションは哲学者ギルバート・ハーマンによって「最良説明への推論」という呼称が付けられ、英語圏ではこのネーミングの方がアブダクションよりも一般的に用いられるようになっている[279]。アブダクションはそのネーミングから、帰納法（インダクショ

278 Peirce (1955) in Peirce (2011), p. 151.
279 Harman (1965); Thagard (1978); c.f. Block (2007a).

ン)、演繹法(ディダクション)と同じカテゴリーの概念であるという誤った印象、つまり帰納法、演繹法と並ぶ推論形式の一種であるという誤った印象を与えるが、「最良説明への推論」という表現はアブダクションの本質をうまく言い表している[280]。アブダクションは私たちが良い説明と考えることに基づいて推論を行う作業であり仮説の生成なのだ。つまりアブダクションという思考方法は「なぜ」そのよう「であるべき」なのかという良い説明が「どのよう」「である」かという相関関係と帰納法による正しい記述を導くモデルである、ということができる。ゆえに「最「良」説明への推論」である。

これがプラグマティズムと呼ばれるアメリカ哲学の基本的な思考方法である。同じくプラグマティズムの哲学者であるジョン・デューイも論理の本質は実証主義が考えるような客観的で普遍的な真実ではなく、限りなく続く「探求」であると考えた[281]。デューイのいう探求とはこの世界を意味をなす一つのまとまりに纏め上げようとする努力のことである。私たちの言葉で言うならば、良い物語を物語ろうとする努力ということである。ゆえに「最良説明へ推論」は往々にして全てのデータを最も意味をなす形で説明するフレームワークを探すものである、というような形で説明される[282]。この「最良説明への推論」とか探求とかいう考え方は正しさが良さに先行すると考える実証主義とは真逆の考え方、つまり良さが正しさに先行するという考え方である。ゆえに実証主義的思考を持っていた哲学者バートランド・ラッセルはデューイの哲学を理解するのに苦しんだ[283]。ラッセル自身は目的論的因果関係的な考え方は科学から排除

280 アブダクションは枚挙的帰納法ではない帰納法なのだ。J.S. ミルの一致法や差異法なども枚挙的帰納法でない帰納法である。

281 Dewey (1938); c.f. “Fixation of Belief” in Peirce (2011).

282 Block (2007a).

283 Russell (2004; Original in 1945).

されるべきであると考えていた最先鋒だった[284]。

「最良説明への推論」とか探求という考え方、つまり目的論的因果関係を持ったモデルという考え方は科学を純粋な相関関係を枚挙的帰納法で生成すると考える実証主義が陥いらざるを得ない決定不全の問題を解決することができる。例えば、「今まで見た全てのエメラルドが緑色だった」という観察からは帰納法のみでは「全てのエメラルドは緑色である(エメラルドであれば緑色である)」という法則化も可能だが、「全てのエメラルドは緑色だが未来のある時点で青色に変わる」という法則化も可能になってしまう[285]。しかしモデルとして考えるならば、「誤る可能性がある」が「エメラルドは緑色である」というモデルを生成することができる(そして「誤る可能性がある」ことを否定しきれないゆえに探求は続く)。また、肺がんとタバコの関係性を類推する際にも、やはり「誤る可能性がある」ことは否定しきれないが、様々なことを総合的に考え合わせると、おそらくアメリカの天候、カラスの色、ダイヤモンドの価格などは良い交絡因子ではないというのが良いモデルであるということができる(これは機械学習でいう特徴量エンジニアリングである)。つまり「最良説明への推論」は論理的には無限である仮説の検索空間を効率的に制限することができる[286]。

同様に回帰分析においてフランシス・ゴルトンが疑うことなく想定した $y = ax + b$ という形の背後にも「最良説明への推論」、つまりモデルという考え方が隠れていた。純粋に相関関係だけを考えるならば、過剰適合(オーバー・フィッティング)する複雑な数式の方が直線の回帰線よりも当然正しいということになってしまうし、

284 Russell (1912); Russell (2005; Original in 1921).

285 c.f. Goodman (1983).

286 c.f. Nowak (2006), chapter 16.

ノイズの問題を考え併せるなら、論理的には無限の数の回帰線がデータと整合性を持つことになってしまう。つまり決定不全が生じてしまう。しかし当然ながら通常私たちはそのようには考えない。私たちは相関関係だけでなく良い説明を基に物事を考え、世界の状況を意味をなす一つのまとまりに纏め上げるためにモデルをデータに当てはめる。私たちが良いモデルと思うのは「両親の身長が高ければ、子どもの身長も往往にして高い」という意味のあるパターンであって、「両親の身長が175cmから176cmになった時には子どもの身長が2cm下がるが、両親の身長が176cmから177cmになると子どもの身長は3cm伸び、両親の身長が177cmから178cmになるとその際には…」などという圧縮されていない実際のシークエンスではないのだ。

回帰分析や時系列分析におけるモデル選択は20世紀後半以降大きく進展した[287]。データ（記述）に対してどのようなモデル（説明）を当てはめるのかというモデル選択という概念を広めた統計学者赤池弘次はパースのアブダクションに影響を受け、フィッシャーの統計学に対比させる形で、赤池情報量基準（Akaike Information Criterion, AIC）というモデル選択の基準を提案した[288]。赤池情報量基準はモデルのデータに対する過剰適合と適合不足のバランスをとるための基準である。当然ながら、他の条件が全て同じであるならば、データに適合するモデルの方がデータに適合しないモデルよりも良いモデルである。モデルはデータを説明するためのものである以上、これは当然である。

しかしモデルを複雑なものにすればするほど、既存のデータに対する適合度は上がるが、そのようなモデルは「両親の身長が175cm

287 時系列分析は回帰分析のx軸を時間にしたものである。
288 Akaike (1974); Findley and Parzen (1998).

から176cmになった時には子どもの身長が2cm下がるが、両親の身長が176cmから177cmになると子どもの身長は3cm伸び、両親の身長が177cmから178cmになるとその際には…」などというように意味をなさないモデルになってしまうし、そのようなモデルは新規のデータに対して予測能力が著しく劣ることになる。これが過剰適合という状態である。言い換えるならば、過剰適合したモデルはサンプリング・エラー、計測誤差などといったいわゆるノイズを含めた過去のデータに過剰に適合しており、そのようなモデルでは意味のある解釈も難しいし、(新しいデータの)予測もできないということになる。逆にモデルが単純すぎる(簡潔なモデルへのバイアスが存在する)場合には既存のデータにも新規のデータにも適合不足となることが予想される。このように考えたときに、モデルの簡潔さと複雑さの間にはトレードオフが存在することになる(これは機械学習や統計学ではバイアス・バリアンス・トレードオフと呼ばれる。バイアスが簡潔さ、バリアンスが複雑さに対応する)[289]。AICはこのバランスを取るための一つの基準である[290]。

289(1919年のアーサー・エディントンの実験のように)すでに仮説が想定されている場合、過剰適合の問題はシグナルとノイズの問題と考えることができる(c.f. Forster and Sober, 1994)が、仮説の生成の場合、バイアス・バリアンス・トレードオフ(モデルの簡潔さと複雑さのトレードオフ)によって定義されるべきである(c.f. Kelly, 2010)。当然ながら仮説が存在しないならば、何がシグナルで何がノイズかわからない。
290 赤池情報量基準(AIC)は

$$AIC = -2\log L + 2k$$

と定義され、これを最小化するモデルが良いモデルということになる(ここで log は自然対数、L は最大尤度つまりデータへの適合度、そして k はパラメータの数である)。図24で説明したように、多項式の次数を上げていくと最大尤度(適合度)は必然的に上がってゆくが、同時にモデルは複雑になりパラメータ(係数)の数も増えてゆく。

端的に言ってAICは

$$AIC = -\text{最大尤度(適合度)} + \text{パラメータ数}$$

そしてここで重要なことは、AIC（もしくは交差検証やBICなどそれに類するもの）は、赤池弘次の言葉を借りるならば、「非常に複雑な対象を適当な形にまとめて、なんとか処理をして行くときに必要な考え方」であるという点である[291]。そして「モデルの構成には、客観的知識、経験的知識、観測データなどを有機的に利用し、仮説の提案と検証を限りなく続ける努力が要求さ」れる[292]。つまり統計も入力があれば機械的に（最終的な）出力を生成する線形の活動ではなく、限りなく続く探求であり、「最良説明への推論」であり、モデルである[293]。科学的思考が「最良説明への推論」であるからこそ統計学者や科学者は異常値（外れ値）と考えられるものを消去することも行う[294]。これは私たちが空中浮遊ができると主張する人間がいたときにそれに対して違和感を抱くことと同じ論理である、相関関係が全てであれば、異常値（外れ値）も空中浮遊ができると主張する人も全て等しくデータということになってしまう。しかし私たちは何らかの信ぴょう性のある理由がない限り通常そのようには考えない。科学には良い説明つまりモデルが必要なのだ。

つまり

AIC = ーバリアンス（複雑さ）+ バイアス（簡潔さ）

であり最大尤度（適合度）を上げつつ（マイナスサインがついているのでAIC自体は下がることになる）、同時にモデルを複雑にすることで増えるパラメータの数を罰則項として足すことでバイアス・バリアンス・トレードオフを行うものであるということができる。

291 赤池弘次インタビュー (2006).

292 赤池 et al. (2007).

293 Findley and Parzen (1998).

294 アメリカ、ワシントン州ではある日を境に独身男性の平均資産が急激に増加した。理由は（ワシントン州在住のビリオネアである）ビル・ゲイツが離婚したからなのだが、このようなものは外れ値であるし、そのような際には平均は適切な代表値ではない（ゆえに外れ値を消すこととなる）。代表値一つとっても何が最良な説明であるかという観点から逃れられない。

一見するとモデルという考え方はまず仮説を想定するという点において仮説演繹法や事前に仮説を想定するフィッシャーの尤度の考え方（$P(O|H)$）と大差ないように感じられるかもしれない。しかしそれらの考え方は、「仮説の発見過程」と「仮説の検証過程」という二つの異なるフェーズが存在するという考え方に基づいている。ゆえに仮説演繹法では仮説を立て、データを集め、実証なり反証なり有意検定なりといった検証作業を行うという静的な考え方である（図 28)。そして仮説演繹法及び従来の統計学では仮説がどこから来るのかという根本的な問題には答えられておらず、「幸福な当てずっぽう」程度の答えしか出てこない。一方で、モデルという考え方は「仮説の発見過程」と「仮説の検証過程」は二つの異なるフェーズではなく一つの探求であると捉える[295]。つまりモデルという考え方は「なぜ」このよう「であるべき」なのかという説明（仮説）が帰納法推論（相関関係）をガイドし、それに基づく観察、実験、推論の結果、元々の説明を調整するというダイナミックな関係性があると考える[296]。

295 c.f. Findley and Parzen (1998).

296 赤池自身が言うように（赤池 et al., 2007, p. 15)、AIC は簡潔性の原理、つまりオッカムの剃刀の具現化と解釈する（c.f. Forster and Sober, 1994）のではなく、「最良説明への推論」を具現化したものと解釈するべきである。確かに棄却水準である α を排除した点においては AIC は恣意性を排除したと言えるが（Akaike, 1974)、本来 AIC はパースのアブダクション、つまり「最良説明への推論」（仮説の生成）という概念に影響を受けて提唱された基準である（Findley and Parzen, 1998; 赤池 et al., 2007)。尤度原理（$P(O|H)$）を中核とするフィッシャーの統計学では（フィッシャー自身がそう言った表現を知っていたかどうかは別にして）ハンス・ライヘンバッハのいう「仮説の発見過程」と「仮説の検証過程」という二つのフェーズが想定されており、仮説を想定した上で最尤法によってパラメータを最適化（点推定)、もしくは p 値と α により仮説の検証（有意検定）を行う（Findley and Parzen, 1998)。仮説を想定しているという点に関しては、ベイズ統計学も同様である（MacKay, 2003, chapter 28)。ベイズ統計学における信念の更新は尤度によるからこれは当然と言えば当然である。

しかしアブダクションはそのような二つのフェーズを想定しない。仮説の発見と仮説の検証は相互依存的に行われる。事実、回帰分析や時系列分析などは本来カーブ・フィッティングの問題なので仮説の生成であると同時に仮説の検証である（またここでは推定と仮言い換えるならば、モデルという観点からは、「仮説の発見過程」と「仮説の検証過程」の間にネガティブ・フィードバックが存在し、仮説はそこで生成されているということになる。ニュートンやダーウィン、アインシュタインはこのようにして仮説を生成し検証したのだ（もちろん自然神学もバンパイアの仮説もこのようにして生成されたものであるし、犯罪捜査や裁判などもまさにこれである）[297]。アインシュタインが相対性理論を考えつくのに様々な思考実験をしたことは有名な話である。それはヘンペルが考えたような「幸福な当てずっぽう」などではない（犯罪捜査で考えれば分かりやすいが、犯人の特定が当てずっぽうなわけがない）[298]。モデルという考え方は

説の検証という区分も存在しない）。ここで AIC を簡潔性の原理の客観的な基準と考えてしまうと、バイアス・バリアンス・トレードオフのバイアスが大きくなってしまい、データ（バリアンス）の軽視につながってしまう。実際のデータを蔑ろにする科学など科学ではない（c.f. Quine, 1951）。簡潔性の原理は原則として複数の仮説が同じ予測を行う際に使用される基準であるが（複数仮説が異なる予測を行うときにはバイアス・バリアンス・トレードオフが生じる）、回帰分析、時系列分析などにおいてはモデルと予測の関係は複雑であり、実証主義者やフィッシャーが考えたほど単純ではない（Akaike, 1974; Findley and Parzen, 1998）。それゆえに仮説の提案と検証を限りなく続ける、という赤池の発言につながる（赤池 et al., 2007; c.f. Peirce (1955) in Peirce (2011), p. 151; Dewey, 1938）。本来アブダクションは「最良説明への推論」であり、良さという価値から切り離して考えることはできない（Harman, 1965; Lipton, 2004）。哲学者ヒラリー・パトナムが言うように（簡潔性や因果関係などといった）認知的な価値もまた価値であり（Putnam, 2002, p. 30）、「最良説明への推論」（プラグマティズム）およびその具現化である AIC と科学を客観的なものであると考える実証主義は相容れない。

ちなみに簡潔性の原理のベイズ統計的な裏付けはデイヴィッド・マッカイ（MacKay, 2003, chapter 28）によってなされているが、マッカイの論じる「モデル比較」は仮説がすでに想定されているという点において情報量基準による「モデル選択」とは性質が異なる。

297　c.f. Thagard (1978); Lipton (2000).

298　この「幸福な当てずっぽう」という考え方は極端なものでヘンペルというずいぶん昔の学者の言葉尻を捉えて、実証主義のことを嘲っているという反論もあるだろう。しかしこの考え方は形を変えて現代にも生き残っている。例えば、すでに述べたように哲学者エリオット・ソーバーはライヘンバッハの「仮説の発見過程」と「仮説の検証過程」という区分に則って科学を考える。ゆえに仮説は社会学的、心理学的な影響によって生

「仮説の発見過程」と「仮説の検証過程」という区別を否定し、仮説の提案と検証を限りなく続ける探求なのだ。赤池弘次（モデル選択）の考え方も仮説の存在をなんらかの理由で想定してデータを推定するというフィッシャーの思考方法（尤度）をひっくり返し、データと仮説の相互作用の中でどのように仮説を選択するのかという考え方である（すでに見たように、尤度を求めるためには、仮説はすでに想定されていなければならない。フィッシャーは尤度に基づき検定と推定を行なったが、AIC が多用される回帰分析および時系列分析においては検定と推定というフィッシャーの作った区分はあまり有用ではない）。もちろん 1919 年のアーサー・エディントンの実験のように、既に仮説が存在する場合も科学の中には多々ある。つまり物理学のようにしっかりとした理論（仮説、モデル）が存在する場合もある。しかしそれもまた、まさにニュートンが言った通り、先人という巨人の肩の上に立った何百年ものモデリングの成果なのだ[299]。

み出される、といったようなことを述べている (Sober, 2008, p. 185; Brigandt, 2011)。これは表現は異なれど、ヘンペルの言ったことを言い換えただけである。

299　物理学も「最良説明への推論」によるモデリングの成果ではあるが、物理学は長い年月を通して厳しい検証を生き残っている（c.f. Popper in Miller, 1985; Mayo, 2018)。これはベイズ統計学は事前確率（主観）を必要とするが、仮説が何度も確証されると、主観の比率がどんどん減っていくようなものだと考えればよい。例えば、$P(H|O) \propto P(O|H) \times P(H)$（事後確率∝尤度×事前確率）で、「H：ある病気にかかっている」、$P(O|H)$ を 99%（$\alpha = 0.01$）の確度でその病気の陰性を示す検査キット、$P(H) = 0.9$ とし、何度も検査を行い、その都度陰性であるとすると、

1. $P(H|O) \propto 0.99 \times 0.9 = 0.89100$
2. $P(H|O) \propto 0.99 \times 0.89100 = 0.88209$
3. $P(H|O) \propto 0.99 \times 0.88209 = 0.87327$

……

というようにどんどん初期の主観（0.9）が減っていく。$P(H|O) \propto P(O|H) \times P(H)$ は基本的に尤度によって事前確率を更新し事後確率を求めるので、事後確率は次回の計算の際は事前確率になる（実際に計算してみたところ、448 回目の更新で P(H|O) は 0.01 を切った)。ゆえに最初は主観的な仮説であっても、厳しい検証を生き残っていく間に、主観的な側面は薄れていく。

実証主義の観点からは、客観的な検証可能性が科学の基準であり、科学は（「幸福な当てずっぽう」などの理由ですでに存在する）仮説の検証過程の話であり、すでに集められたデータを分析するという線的な活動であると考えられた。つまりデータという入力があれば、相関関係により結果が出力されるのである[300]。しかし実際には科学を含む私たちの知識形成は目的論的パターン形成であり、そこでは「であるべき」という良さ（価値観）が「である」という正しさ（世界観）に先行し、良い説明が正しい相関関係を導く[301]。仮説の発見と仮説の検証は切り離すことができない相互に絡み合った一つのモデリングという過程なのだ。だから科学者は通常データが不十分であれば、統計学だけで解決しようとするのではなく、さらにデータを収集しようとする（もちろん時にはそれ以上のデータを得ることができない場合もあるだろう[302]。そのような場合には統計分析のみに頼るしかないかもしれない。しかしそれは原則ではなく派生的な場合である）[303]。科学はモデルの提案と検証という非線的で動的な実践であり物語なのだ（図 54）。

だから科学には実証主義者が追い求めたような客観的で普遍的な検証の基準など存在しない。そこに存在するのは相対的にどのモデルが良い（最良の）モデルであるかという基準なのだ（統計学者ジョージ・ボックスは象徴的に「全てのモデルは間違っている」と言った）[304]。アナロジーでいうなら「最良説明への推論」はカーレー

---

300 Neyman and Pearson (1933); Pearl (2009); Sober (2008).

301 データサイエンスや機械学習はデータ主導（データ・ドリブン）型のパラメータの最適化であるから良い説明はいらないのではないかという反論もあるだろうが、それらにしても特徴量エンジニアリング（独立変数の選定）、ハイパーパラメータの選択など様々な場面で良い説明は必要になってくる。特徴量エンジニアリングは機械学習の最も重要な部分である。

302 Pearl (2018), p. 150.

303 c.f. Pearl (2000); (2016); (2018), p. 131.

304 Box (1976).

スのようなものだ[305]。どの車(モデル)が最も速いのか(最良なのか)はレースで決められるが、そのレースではそのレースに出ている車しか比較することはできない。もしかしたらレースには出ていないが、もっと速い車もあるかもしれない。そして一位と二位の差が大きければ、往往にしてどの車が速いのかはわかるが、一位になったとしても、二位との間が僅差ならば、もう一度レースをすれば順位は変わるかもしれない。カーレースのようにモデル検証も一度しか行われないということはない（そしてこの考え方の背後にある考え方は推定と検証を切り離して考えるのではなく、検証は推定の延長線上に存在するというものだ）[306]。

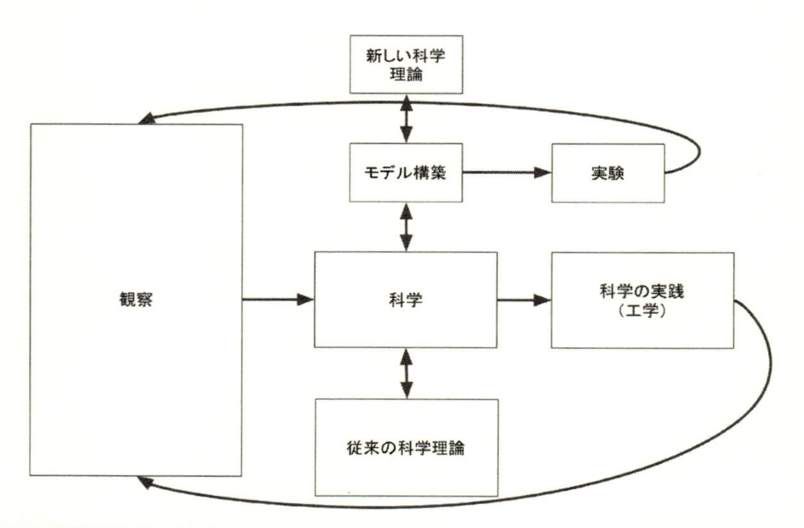

図 54. 科学は静的な活動ではない。ネガティブ・フィードバックを持つ動的なモデリング作業なのだ。科学も人間の知識である以上、良いと考えられている従来の科学理論が存在し、それに基づき科学は実践されている。しかしそれが観察などにより、実際の世界と整合性を持たないということがわかった場合に、私たちは新しいモデルを構築し、実験、観察を行い、新しい科学理論を構築する。

305 このアナロジーは Burham and Anderson (2002) による。

306 Findley and Parzen (1998).

このようにモデル（目的論的パターン、「最良説明への推論」）という考え方を導入することで従来の実証主義という常識では解けなかった様々な問題を解決することができる。以下、確証のパラドックス、シンプソンのパラドックス、そして「とってつけたような（アドホックな）」仮説という実証主義の観点からはパラドックスと思われるような問題がモデル（目的論的パターン、「最良説明への推論」）を導入することで解決できるということを見ていこう。ここは少々テクニカルになるが、言いたいことは、データ（事実、相関関係）は全く同じでも、どのような物語（説明）が背景にあるかで、それらは「全く違う話」になってしまうということである。

「確証のパラドックス」という問題は以下のような問題である。「カラスであれば黒い（全てのカラスは黒い）」という仮説が正しいという（確証する）ためには「黒いカラス」を証拠として集めれば良い。しかし命題とその対偶命題は論理的に等値であるという事実を考えると、「黒いカラス（黒 & カラス）」はその待遇命題である「黒でなくてカラスでないもの（NOT 黒 &NOT カラス）」と論理的に等値であり、その論理的帰結として「黒でなくてカラスでないもの」も「黒いカラス」同様に、「カラスであれば黒い（全てのカラスは黒い）」という仮説に対する証拠（確証）になるということになる。つまり「青い靴」とか「白いチョーク」とか「赤いペン」も「黒いカラス」と同様に「カラスであれば黒い（全てのカラスは黒い）」という仮説に対する証拠（確証）になるのだ。命題と待遇命題が論理的に等値である以上これは論理的な真実である。しかし私たちは何かがおかしいと感じる。ゆえにこれはパラドックスなのだ。

しかしモデル（良い説明、因果関係）という考え方を導入することによってこのパラドックスは解決できる[307]。19世紀中頃多くの妊

307 この例は哲学者ピーター・リプトンによる（Lipton, 2004, pp. 71-102）。

婦が産褥熱と呼ばれる熱病によって死亡していた。当時ウィーン総合病院に勤務していたセンメルヴェイス・イグナーツはウィーン総合病院の第一産科における産褥熱の発生率が隣接する第二産科よりもあからさまに高いことに気がついた。第一産科では医学部生が実習として妊婦の検査を行っていたのに対して、第二産科では助産師が実習として妊婦の検査を行っていた。そして第二産科で妊婦の検査を行う助産師は検体解剖は行わないのに対して、医学部生は第一産科での妊婦の検査直前に検体解剖を行っていた。1847 年にセンメルヴェイスの同僚のヤコブ・コレチカが産褥熱で死亡した患者の検体解剖の際に誤ってメスで自分の指を傷つけてしまい、産褥熱に似た症状で死亡するという出来事が起きた。この出来事をきっかけにセンメルヴェイスは死体の細菌が産褥熱を引き起こしているのだという仮説（モデル）を立て、医学部生が妊婦の検査をする前に手を消毒するという介入実験を行った。この結果、第一産科における産褥熱による死亡率は第二産科における産褥熱による死亡率と同程度の低いレベルまで下がった。

ここで重要なのはセンメルヴェイスの「死体の細菌が産褥熱を引き起こす」という仮説が第一産科の「細菌であり産褥熱である（細菌 & 産褥熱）」という事例と第二産科の「細菌でなく産褥熱でもない（NOT 細菌 &NOT 産褥熱）」という事例によって確証されている点である。これはヘンペルの例で言うなら「黒いカラス」と「黒でなくてカラスでもないもの」に相当する。つまり確証には「全ての X は Y である」ではなく「X は Y のために存在する」という因果関係を持ったモデル（物語）が必要なのだ。ヘンペルの例もセンメルヴェイスの例も論理構造は同じであるが、ヘンペルの例がパラドクスのようにに感じられ、センメルヴェイスの例がパラドクスのように感じられないのは、背後にある因果モデルの有無なのである。そしてモデルの存在により、相関関係の観察だけでなく「医学部生が妊婦の検査をする前に手を消毒させる」という介入実験を行うことができたのだ。「確証のパラドックス」がパラドックスとして立ち現れるのは、それが「X であれば Y である（全ての X は Y である）」という相関関係（法則）の形を取っているからであり、「X は Y のために存在する（X であれば Y であるべきである）」という目的論的因果関係（モデル）を導入することでこの問題は解決することができる[308]。

相関関係（法則）という考え方ではパラドックスとして立ち現れてくるが、モデルという考え方を導入すればパラドックスが立ち消えるもう一つの良い例がシンプソンのパラドックスである。シンプソンのパラドックスとは、例えば、ある薬は患者全体に関しては心臓発作のリスクを低下させるのに、その薬は男性患者の心臓発作のリスクを上昇させ、同時に女性患者の心臓発作のリスクも上昇させるといったような、集団全体のパターンと下部集団のパターンが逆行してしまうようなパラドックスである。ただ当然これには違和感がつきまとう。ある薬が男性患者の心臓発作のリスクを上昇させ、同時に女性患者の心臓発作のリスクも上昇させるならば、当然その薬は男性と女性を足し合わせたものである人口全体の心臓発作のリスクも上昇させなければ意味が通らない。このパラドックスもモデルという考え方を導入することで解決することができる。

計算機科学者ジュディア・パールの解決策を追ってみよう[309]。まずは薬に関する（架空の）データを以下のように想定する（表 3）。この実験は 60 人の男性と 60 人の女性が自ら薬を投与するかどうかを決めた結果を観察したものである。この表に照らしてみると

308 c.f. Lipton (2004), p. 79.
309 Pearl (2018).

薬を投与しない女性の場合 5%（1/20）が心臓発作を起こし、薬を投与した女性の場合 7.5%（3/40）が心臓発作を起こしているので、女性に関しては薬は心臓発作のリスクを上昇させるということになる。男性に関しても薬を投与しない場合 30%（12/40）が心臓発作を起こしており、薬を投与した場合 40%（8/12）が心臓発作を起こしているので、男性に関してもやはりこの薬は心臓発作のリスクを上昇させるということになる。しかし全体を見てみると薬を投与人口全体ではこの薬は心臓発作のリスクを低下させるということになる。これはどういうことなのだろう。これを解決するためにはデータ（相関関係）を超えてモデル（良い説明、因果関係）を精査する必要が出てくる。ここでは以下のようなモデルを想定する（図 55)。ここで丸（ノードと呼ばれる）は変数、矢印は因果関係を表す[310]。

---

310 伝統的に論理学においては相関関係的な法則を表すのにも矢印が使われてきた。例えば、「X であれば Y である。Y でない。ゆえに X でない」というモーダス・トレンズは

X であれば Y である
Y でない

ゆえに X でない

という表記とともに

X → Y
~Y

~X

とも表記される。(~ は NOT の意味）しかしこれは論理であり、因果関係を意味しない。本書では因果と論理を区別するために、矢印は因果関係のみに用いる（但し図はこの限りでない)。

	コントロールグループ（薬なし）		実験グループ（薬あり）	
	心臓発作	心臓発作なし	心臓発作	心臓発作なし
女性	1	19	3	37
男性	12	28	8	12
全体	13	47	11	49

表 3.

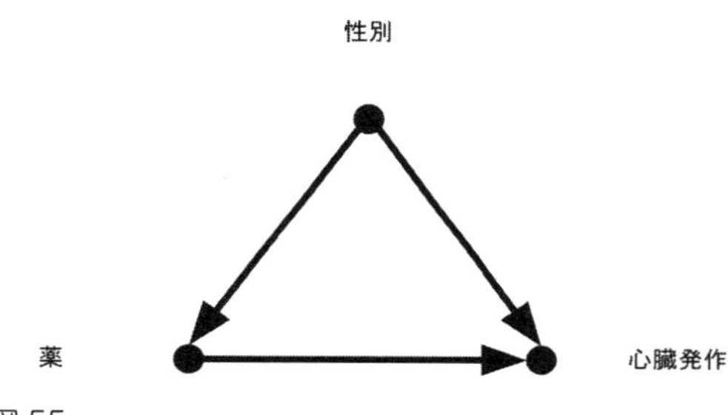

図 55.

このモデル（物語）によると性別は因果関係的に心臓発作に影響を与え、薬を投与するかどうかも性別によって影響される。データを見ると女性の方が薬の投与に前向きであるということがわかる。この結果、性別が交絡因子として現れてくる。因果モデルを作るためには交絡因子を排除しなければならないので、（男性と女性の比率は一般的に言って同じなので）男性と女性の平均を取ると、投薬した場合の心臓発作の確率は 17.5%（5%と 30%の平均）であり投薬しない場合の心臓発作の確率は 23.75%（7.5%と 40%の平均）であるのでこの薬は心臓発作のリスクを上昇させる薬であるということができる。物語（モデル）を導入することでパラドックスは解決したのだ。

つまりどのような説明（因果関係、モデル）がデータの背後に隠れているかによってデータが何を意味するのかが変わってくるということができる（データは同じでも背後関係が異なれば、日常の言葉で言われるように、それらは「全く違う話」なのだ）。それを見るために別のモデル（物語）を考えてみよう。このモデルは血圧が心臓発作を引き起こす要因であり、薬は血圧を下げる効果があるというものである（図 56)。

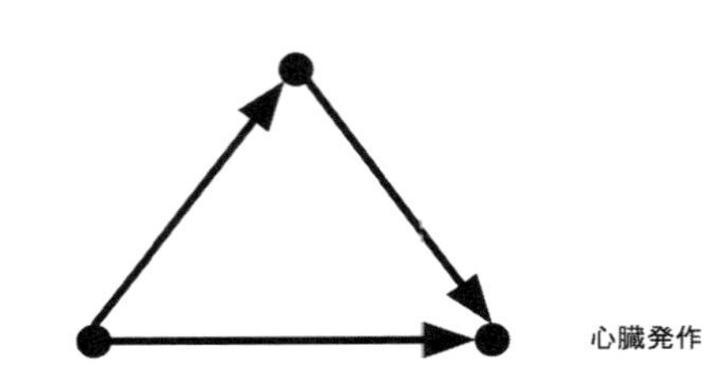

図 56.

このモデルを想定した場合のデータを以下のものとしよう（表 4)。このデータは(性別が血圧に変わっただけで)先ほどの表のデータと全く同じデータである。データは全く同じであるのに、結果は真逆になり、この薬を投与された人は二倍の確率で低血圧になっている（実験グループでは 40/60 でありコントロールグループでは 20/60 である)。つまりデータの解析には相関関係だけでなく、因果関係を持つモデルが必要なのだ。モデル（物語）という考え方を導入することで実証主義（相関関係のみ）の観点からは解決が難しいシンプソンのパラドックスは解決することができる。

	コントロールグループ（薬なし）		実験グループ（薬あり）	
	心臓発作	心臓発作なし	心臓発作	心臓発作なし
低血圧	1	19	3	37
高血圧	12	28	8	12
全体	13	47	11	49

表 4.

そしてモデルという概念を使用することで、実証主義的検証可能性の中で問題となってきた「とってつけたような（アドホックな)」仮説という問題も解決することができる。「とってつけたような(アドホックな)」仮説とは仮説が否定された時に、その仮説を救う為だけの仮説のことである。例えば、ある人が空中浮遊できると主張したとして、実際に実験を行ってみた結果、その人は空中浮遊することができなかったという検証結果が得られたとしよう。この場合、この人が「今日は調子が悪かった」と言えば、自分が空中浮遊できるという仮説は救われることになる。このような言い訳じみた仮説が「とってつけたような(アドホックな)」仮説というものなのだが、仮説検証の際には常に補助仮説を必要とするという事実を思い出してみると、もし仮に「調子が悪い日もある」ということを検証前にその人が言っていたとすると、それは補助仮説ということになってしまう（補助仮説は正当な仮説である）。とするならば、補助仮説と「とってつけたような（アドホックな)」仮説の違いは時間差なのだろうか。それではあまりにもおかしい。しかしモデル（最良説明への推論）という考え方を用いれば、私たちはこの問題を簡単に解決することができる。私たちは重力が良い説明（実践、物語）であるということを知っている。とすれば、調子が悪いなどというのは補助仮説ではなく、所詮「言い訳」程度の良くない説明（「とってつけたような(アドホックな)」仮説)なのだ。ここでもやはり「調子が悪い日もある」という全く同じデータでも、どのようなモデル（実践、物語）を想定するかによって「全く違う話」になるのだ。

モデルとしての権利

科学同様、権利も普遍的で客観的な自然法ではなく、良さの実践と物語、つまりモデル（目的を持った形相）と考えるべきである。科学が幾度ものパラダイム・シフトを経験したように、歴史の中で権利概念も大きく変化してきた。例えば、アブラハム・リンカーンの前後でアメリカにおける権利（人権）概念は大きく異なる。権利概念は日々変化していくものであり、権利もまた普遍的で客観的な法則ではない。自然法は「人であれば平等な権利を持つ（全ての人は平等な権利を持つ)」という因果の方向性の存在しないパターン、つまり相関関係であるが、良さの実践と物語に基づく権利は「(ある指定された環境および範囲の中で)XはYのために存在する」という因果の方向性を持つ目的論的不変パターン、つまりモデルなのだ。それは「なぜ」という疑問に基づいて削り出された意味のあるパターンであり、そこでは事実と規範が共存する。「XはYのために存在する」は「XであればYであるべきである」という規範性を持つ。権利は普遍的で客観的な自然法であるというのが自由主義に染まった私たちの常識だが、本当の権利はモデル、つまり良さの実践と物語であり、私たちの感じる良さが正しさである権利に先行するのだ。

では良さの実践と物語が権利に先行するというのは具体的にどのようなことなのだろうか。例えば、ジャズという音楽を実践しているのが黒人であり、ジャズは黒人音楽であるという物語が受け入れられているとすると、黒人は当然ジャズにプライドや権利意識(所有意識)を持つだろう。そして(良い)ジャズを規定する権利を持つのは黒人ということになる。この観点からは、黒人が良いジャズとはこのようなもの「であるべき」ということを決められる状態「である」ことが正しいことなのだ。一方で、ジャズはすでに人種、民族を問わず実践されており、もはやジャズは世界的な音楽であるという物語が広く受け入れられているとすると、当然その権利意識は変わる。この場合、良いジャズとはこのようなもの「であるべき」ということを決める権利を持つのはもはや黒人だけではない。黒人だけによって決められるのは正しくないのだ。

また同様に、良い寿司のあり方は誰が決めるのかという問題に関しても、もし寿司文化を実践しているのが日本人だけであり、寿司は日本の食べ物であるという物語が広く信じられ、共有されているとすると、良い寿司のあり方を規定するのは当然日本人の権利であるということになる。それが正しいのだ。しかしもし寿司文化が世界的に実践されており、そのような物語が信じられているとすると良い寿司のあり方を規定するのはもはや日本人だけの権利ではないということになる。カリフォルニア・ロールは正しい寿司の一つのあり方ということになるし、日本人が正しい寿司のあり方を決めようとすると海外の寿司屋は寿司ポリスが来たということで鬱陶しいと感じるだろう（もちろん、黒人によるジャズとそれ以外のジャズ、日本人による寿司とそれ以外の寿司は別物であるという考え方もありうる）。ピザの本場はイタリアかアメリカかという論争もこの類である。それは実践と物語の問題なのだ。仮に実証主義的に客観的な検証基準を設けて、どちらの国がピザの消費が高いのか、食事に対する対するピザの割合はどうか、国民あたりのピザ屋の数はいくつか、など考えてみてもそんなものはなんの解決策も与えない。これが良さの実践と物語が権利に先行するということなのだ。

このように良さの実践と物語に基づいて私たちが感じるこのようである「べきである」という感覚が実際にそう「である」時に私たちはそれを正しいと感じる。一方で、それが実現されない時には私たちはそれを正しくないと感じ、不条理を感じる。心の痛みを感じるのだ。例えば、スーパーマーケットのキャッシャーで列に並んでいるとしよう。自分の前に３人並んでいるとする。自分は４番目だ。その後もしも誰かが自分の前に割り込んできたとしたら私たちはそれを正しくないと感じるし、自分の権利が侵害されたと感じる。しかしもし自分がキャッシャーに並んだ時にすでに自分の前に４人が並んでいたら、そのあとに並ぶことにはなんの抵抗も感じないはずだ。どちらの場合も自分は５番目なのだが、割り込みがあった場合は正しくないと感じる一方、最初から自分が５番目の場合にはそれは正しいことだと思う。どちらの場合も、４人分の支払いの間の時間を待つという事実は変わらない。それなのに一方は正しく一方は正しくないと感じる。では割り込まれた場合と割り込まれてない場合で何が変わるのか。当然モデル（物語、説明、意味）が異なる。それらは「全く違う話」なのだ。４人分の支払いの間の時間を待つという事実は同じでもモデルが異なれば、正しいかどうかは異なってくる。

これはシンプソンのパラドックスがモデル（物語、説明）なしに相関関係だけでは解決できないのと同じ原理である。また決定不全を話す際に例として用いたように、「どのような」角度で「どのような」ナイフで「どのように」刺したのかという記述は全く同じでも、「なぜ」そのような事をしたのかという説明が異なれば、それに対する私たちの判断は全く異なってくることとも対応する。それが愉快犯だったのかボナセラのような立場での復讐だったのかで「話」は全く異なる。大切なのは実践、物語、モデルなのだ。正しさの感覚は良さの感覚に起因するのだ。同様に、なんらかの言葉が侮辱にあたるかどうかは、つまり正しいか正しくないかは、それが自分の実践および物語に照らして自分に「値する」かしないかによる。ある言葉が客観的に侮辱であるということはない。なんのいわれもないのに（そのようなことを言われるべきでないと感じているのに）突然「あなたは悪い人だ」と言われれば侮辱（不条理）と感じるだろうが、もしも自分が悪いことをしてしまったと感じているならば（つまりそれが自分の物語ならば）、それは侮辱とは感じられないだろう。その場合それは正しいこととなる。このように同じ事実であっても、背後のモデルにより意味は全く異なる「全く違う話」となる。

自由主義の観点からは、正しさとは公平性と規定され、正しさは常に良さに先行すると規定された。権利という公平な正しさが自分が良いと思う属性に先行するのだ。この観点からは、私たちは属性や価値観以前に権利を持った個人であるので、属性や価値観が私たちの権利を規定したり侵害したりすることが不当な話であり、それゆえ職業、出身地、人種、民族、性別などの属性やそれらに付随する価値観によって私たちの権利を侵害することは差別であるということになる。言い換えるならば、公平な権利が守られることこそが正しいことで、公平な権利が属性によって侵害されることが正しくないことということになる。

しかし私たちの本質が属性（の実践および物語）であるならば、当然、私は自分の属性によって判断されなければならない。それが自分が本来「値する」ものなのだ。私の属性を誰も省みないというのはそれこそ私に対する侮辱である。それは私を私と認めないということに等しいのだ。例えば、誰かを性別、民族、人種、年齢、職業などの属性で判断してはいけないというのは近代の観点からは一見正しそうに見えるが（にも関わらず、多くの場合、他者の属性を褒めることは問題ないと考えられている。ここにも自由主義におけるシンメトリーの崩壊が存在する。これは社会学を全く知らない社会学者など全く「意味がわからない」と感じる一方で、女性であれば女性らしく振舞うべきであるということを封建的で、前近代的と感じることと同じ矛盾である)、それはその人のアイデンティティを無視することに等しい。

女性を女性として扱うことは不公平だが正しいのだ。正しさは公平性ではない。女性を女性として扱うことは、女性を男性より下に見るということではなく、女性の良さの実践と物語を尊重するということなのだ。すでに見たように、ジェンダーは生物学な性では説明できない。もしもフェミニズムというものが存在するのなら、それは女性は男性と等しい権利を持つなどという自由主義的な概念ではなくて、女性の実践と物語に敬意を示す、つまり理解しようと努めるとすることでなければならない（この観点からは女性は男性と等しい権利を持つという自由主義的考え方は、女性に対する二重の差別である)。私たちが実践および物語に照らしてこのようである「べきである」と考えることが実際にそう「である」時に私たちはそれを正しいと感じる。良さの実践および物語によって自分の権利の範囲、つまり自分が何に「値する」かが決まるのだ。だから女性が自分たちはこのよう「であるべき」と考えるように社会が女性を扱うことが正しいこととなる。

例えば、公衆トイレに関して、自由主義の観点からは公平性が正しさということになるので、男女共用もしくは、男性用と女性用が同じサイズであるということが正しいということになる。しかし良さの実践と物語という立場からは別の考え方が出てくるかもしれない。例えば、女性用トイレは基本的に個室だけなので、扉の開閉時間などを含めると使用に時間がかかる。それゆえに混雑した場所では女性トイレには列ができやすい。そうであれば、女性用のトイレに男性用トイレよりもスペースを取る（100%のうち50%以上；実際の割合はデータに基づいて決める）というのも良さの実践という観点からは正しい、ということになるかもしれない。

そして権利が「人間であれば等しい権利を持つ」という法則でなく、実践と物語から導かれるものであるとしたら、動物など人間以外の持つ権利も自然に説明することができる。自由主義的な思考方法では入力が人間でない限り等しい権利は出力されない。つまり動物には権利は存在しないことになる。ゆえにそのような自由主義的思考に則り作られた法律ではペットを殺すことは器物破損でしかないのだ。しかしペットを我が子のように可愛がっている者にとってペットはただの器物ではあり得ない。そのような人にとってペットが器物であるというのは実際の実践、物語に対応しないのだ。やはり権利は実践と物語からしか導くことはできない。

私たちが正しいと思う権利の範囲はパーソナル・スペースのようなものである（すでに述べたように私たちは価値観を空間として捉えるので、これは単なるアナロジーではない）。パーソナル・スペースとは他人が近付くと不快に感じる自分の周囲の空間の感覚である。パーソナル・スペースに他者が入ってきた場合、私たちは不快に感じる。例えば、知らない誰かが道で話しかけてきて、顔と顔の近さが10センチほどであったとしたら、自分のパーソナル・スペースを侵害されたと感じるだろう。しかしパーソナル・スペースの境界は客観的で普遍的に決まっているわけではない。状況や相手が誰であるかによってその距離感は変わってくる。状況によって、相手によっては10センチはちょうど良いかもしれないし、遠すぎるかもしれない。どのくらいの距離を取るべきかは状況（実践と物語）によって変わる。恋人にとっては10センチの距離は遠すぎるかもしれないし、嫌いな人間との10センチは近すぎるだろう。権利もパーソナル・スペースも客観的、普遍的に境界が決まっているものではなく、状況（実践と物語）に応じて変わるものである。だから実践と物語が変わるに従い、権利意識は時代を通して変化してきた。

正しさが公平性ではなく実践と物語から導かれるということは不条理の感覚も公平性でなく実践と物語から導かれるということである。自分（たち）の実践と物語が理解されていない、受け入れられていないと感じる時には自分の感じる「であるべき」と実際の「である」が乖離してしまい、私たちは正しくない、差別されているなどと感じる。自らが適切に受け取られないと感じる場合には二種類ある。一つは自らのアイデンティティの実践と物語が相手に適切に受け入れられていないと感じる場合、もう一つは一つのアイデンティティのみによって自己が判断される場合である。前者の場合は自らのアイデンティティという実践と物語、後者の場合には自分自身（自己）が適切に理解されていないと感じ、私たちはそのような状況を正しくない、不条理であると感じる。つまり自分が自分であると見做されていないと感じる場合に不条理の感覚は起こる。自分が自分であると見做されていないというのは自分が、自分の実践、物語に照らして正当であると感じる権利を認められないということである。

例えば、黒人は白人と同じバスに乗ってはいけない、というのは現在では完全なる差別である。なぜならば現在の黒人の実践と物語はそのようなものではないからだ。黒人がもし仮に白人と同じバスに乗ってはいけないと心の底から納得しているのならば、つまりそのような実践と物語が受け入れられているのであれば、黒人は白人と同じバスに乗ってはいけないというのは差別とは受け取られない。何故ならば、この場合「であるべき」という規範性と「である」という事実が乖離していないからである。それが正しい実践であり正しい物語であると社会の中で広く共有されているならば、そこに違和感、不条理、心の痛みは存在しない。だから空気感染するウイルスに感染しているので同じバスに乗ってはいけないというのは属性によって権利が侵害されており、不公平ではあるが、私たちはそれを差別とは感じない。他の例で言うならば、夫婦の喧嘩を仲裁しようとして「これは夫婦の問題から入ってくるな」と言われた場合、それは属性によってそのような権利はないと言われているのだが、それはそういうものだという社会的に受け入れられている実践と物語があるから取り立てて差別だとは感じられない。この場合「であるべき」と「である」が一致しているのだ。

自分がこうであるべきと思っているアイデンティティの実践と物語が受け入れられない時に、私たちは不条理を感じ、差別と感じる。だから「女性だから」など属性によって判断されても、それがその人の女性としての実践および物語に一致している場合は差別ではないが、その人の持つ女性の実践と物語に沿ったものでなければ差別もしくは侮辱と取られる。同じ女性という属性であっても「女性だから」大学に行ってはいけない、というのは女性による女性の実践や物語に沿っていないために差別であるが、「女性だから」男性用お手洗いには入れないといった際には実践と物語に照らして差別でもなんでもない。それは確かに不公平ではあるが正しいのだ。黒人だからバスに乗ってはいけないということと、女性であるから男性用お手洗いに入ってはいけないということは、どちらも属性により権利が規定されている点において同じ構造をとる。しかし二つの間には異なる実践と物語（モデル）が存在するから片方が差別で、もう片方は差別ではないのだ。それらは「全く違う話」なのだ。

私たちが不条理を感じるもう一つの場合は、私たちは様々なアイデンティティを持っているにも関わらず、そのうちの一つのアイデンティティのみによって自己そのものを判断されたと感じる場合である。私は日本人ではない。日本人でもあるのだ。私は男ではない。男でもあるのだ。にも関わらず、日本人であるということだけで、つまり一つのアイデンティティだけで私という自己全てを判断されたと感じる時に屈辱感、不条理を味わうこととなる。たとえそれが自分が誇りに思っているアイデンティティであったとしても、その属性のみで自らが語られるときに、私たちは自分が正当に理解されていない、受け入れられていないという窮屈さや違和感を感じる。**生まれたところや、皮膚や目の色で、いったいこの僕の何がわかるというのだろう**(A)、と思うのだ。

私たちは常に多面的であるのだ。学生が「学生の本分は学ぶことである」と言われて違和感や反発を感じるのは、自分は単に学生ではないからである。学生でもあるのだ。学生でもある自分が学生という一側面で判断されるから息苦しく感じる。障害者が健常者との対比の中で障害者「として」扱われることは障害者に嫌悪感をもたらすだろう。その人は障害者ではないのだ。障害者でもあるのだ。様々な場面で私たちは一つのアイデンティティのみで扱われるのではなく、（多面的な）自己として扱われたい（扱われるべきである）と感じる。なぜならそれが私たちの実践であり物語であるからなのだ。それが叶わぬ時に、私たちは違和感、不条理を感じる。

このように権利は良さの実践と物語に付随して存在する。言うなれば権利という制度はマナーやエチケットのようなものなのだ。どのフォークをどの順番で使うかといったようなマナーやエチケットは制度化されているものであるが、根源的にはマナーやエチケットは他人を不愉快にさせないという良さが制度化されたものである。その意味でどこかの王様がフィンガーボールの水を飲んだ逸話が本当の意味でのマナーである[311]。ある王様が他の国の偉い人を食事に招いたのだが、その人はフィンガーボールの存在を知らずにその水を飲んでしまった。王様はその人に恥をかかせないために自分もフィンガーボールの水を飲んだという逸話である。心もなく制度化されたマナーに機械的に従うことがマナーの本質ではない。そしてマナーやエチケットという制度が他人を不愉快にさせないためという良さの実践から導かれているように、権利は社会的に受け入れられた良さの実践と物語から導かれるのだ。何が良いかということ以前に何が正しいかということがあるのではない。何が良いかということが何が正しいのかを導くのだ。どのフォークをどの順番で使うのが正しいのかということが先にあるのではなく、何が良いのか、何が人を不快にさせないのかがあってそのあとにフォークの順番（制度）がくるのだ。

---

311 この逸話は様々な形で存在する。

映画『プリティ・ウーマン』の有名な食事シーンで、高級レストランに通い慣れているエドワード・ルイスに会食に連れて行かれたビビアン・ワードが、フォーマルなレストランでどのフォークを使って良いかわからず困っていた時に、会食相手であった造船会社のオーナー、ジェームズ・モースはビビアンに恥をかかせないために「あなたのことは知らないが、私はどのフォークをどれに使うのかわかったためしがないんだ」と言って、料理を手で掴んで口に運ぶ。これによってビビアンは楽しく食事をすることができた。ジェームズ・モースは大きな造船会社のオーナーを40年も続けてきたので、テーブルマナーを知らないはずはない。事実、その少し前のシーンで、ビビアンが立ち上がったときに、モースを含めテーブルにいた男性全員が立ち上がるシーンが描かれている。これはモースがマナーを熟知しているということを示すためのシーンである（フォーマルなマナーでは女性がテーブルから立ち上がると男性は立ち上がらなければならない）。

映画の中でエドワードはジェームズ・モースの会社を切り売りしようと考えており、いわばモースはエドワードとは敵であるにも関わらず、エドワードの友人であるビビアンに恥をかかせないように接するこのモースの姿勢により、エドワードは自分が自身の父親に見ることのなかった父親像をモースに見て、モースに好意を抱く（エドワードはトラブル下にある会社に乗り込んで、会社の切り売りをするプライベート・エクイティー・ファンドと思われる仕事をしているのだが、自分の母親を捨て他の女に走った自分の父親を憎んでおり、彼が三番目に売った会社は自分の父親の会社だった）。モースに父親像を見たエドワードはモースと良い関係を築いていく（そしてエドワードがモースの会社を切り売りせず、助けると決め、それをモースに伝えたときに、モースは「上からものを言うような形になるが」とことわった上で「君のことを誇りに思う」とまさに父親のように言うのである)。

私たちは自らの生き様、つまり良さの実践、物語であり、権利、義務、責任などはそこから派生的に立ち現れる。これが本来のあり方だ。にも関わらず、私たちは近代以降自分が権利を持つ個人であるという常識に囚われてしまっている。例えば、私が蹂躙された時に蹂躙されたのは私の実践、物語であって、私の持つ平等な権利ではない。しかし近代の常識は自分が蹂躙された時に、自分が蹂躙されたということは自分の権利が侵害されたということだと考える。そうではない。実際に蹂躙されているのは私たちの実践、物語、つまり私たち自身なのだ。例えば、ヘイトスピーチをされた場合、自分の生きる実践、物語が蹂躙されているということなのだ。法的な権利は所詮制度としての人工物である。言論が封殺され自らの人間としての生き方が蹂躙されるかもしれないという事態に対して備え対抗するために言論の自由という制度は作られたはずであるのに、ヘイトスピーチはそれを逆手にとって他人の実践と物語を攻撃する道具として使う。それは間違っている。あくまで大切なのはアイデンティティや自己という実践、物語であって、人工的な制度としての権利ではない。所詮権利は本来守られるべきである実践と物語を守るために制度化されたものでしかないのだ。

私たちが人を殺さないのも普遍的権利というルールがあるから殺さないのではない。自分の生き様、つまり実践と物語に照らして良くないと思うから殺したくないのだ。つまり自分の実践、物語に照らして正当な理由なく他者を殺すことには良心の呵責があるから殺さないのだ。そのようなことをしたら自分の生き様に照らして、自分が苦しむことになる。だから殺さないのだ。しかし状況によっては、つまり自分の実践、物語に照らして殺して(苦しめて)もいいと思う状況もある。不変のモデルの不変というのは「ある指定された環境および範囲の中で変化しない」ということであるが、その指定された範囲を超えてしまったら、殺すことが正しいことであるという場合もありうる。ボナセラのゴッドファーザーを介した復讐がそれに当たる（正確には相手を殺してはいないが）。

もしも自分の娘が痛めつけられたら、そして裁判所が何もしてくれなかったら、と考えるとそれに対する復讐は多くの人にとっては当然なのではないだろうか。データは全く同じでもどのようなモデルを想定するかによりシンプソンのパラドックスが真逆の解釈に行き着くように、同じ殺人でも背後にどのようなモデル（実践、物語）があるかでそれが持つ意味は全く異なる。「全く違う話」となるのだ。事実、私たちの本当の声は裁判所よりもゴッドファーザーが正しさを実践していると感じる。他者の痛みをシステム１で感じることのできる私たちの本当の声はそれが正しいことだとわかっているのだ。それゆえに私たちはゴッドファーザーを単なる卑劣な犯罪者とは考えないし、様々な文学作品に出てくる復讐劇にカタルシスを感じる。自然法というルールにただ単に機械的に従っているだけならば、そこに自己の考え方や思いはない。心では別のことを思っていて義務論に従うなど倫理的であるというよりもただの偽善でしかない。

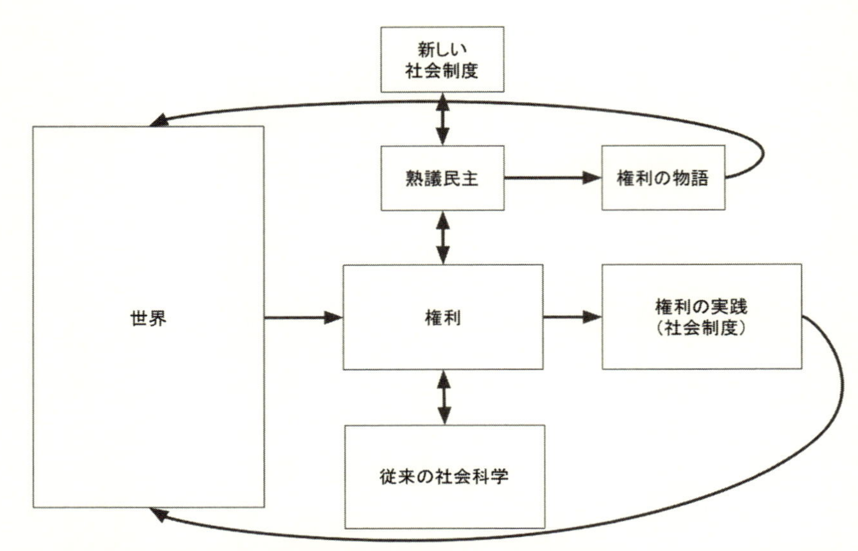

図 57. 権利も従来良いとされている社会制度をもとに実践されている。しかしその実践が現実世界の中でうまくいかない時に私たちは違和感を感じ「なぜ」なのだろうと思う。そして熟議し、話し合い、新しい権利、新しい制度を作る。権利概念も時代、状況とともに変化するものなのだ。

熟議民主：モデルの選択原理

権利や（社会）科学や社会制度をモデルとして作り上げる際には、自分一人が良いと思うものを作っても受け入れられない。私たちはともに実践を行い、ともに物語を物語らなければならない。このともに実践を行い、物語を物語るというプロセスは熟議民主と呼ばれる。熟議民主とは社会の中でお互いに異なる価値観、異なる立場を持ちつつも、異なる価値観、異なる立場を持つ人たちと対話をし、理解しようと努め、ともに生きることのできる着地点を見つけようとするプロセスのことである。これが本来の民主主義の姿であり、モデルの選択原理である。（社会）科学もまた客観的な法則を客観的な検証可能性の基準で検証するものではなく、民主的な対話なのだ。恣意的なルールではなく、議論こそが科学の本質である[312]。統計学なり何なりといったものはその議論を補助するために使われるものである。科学が民主主義であるというのはもしかしたら、不思議な感じがするかもしれないが、それは民主主義を多数決だと考えるからであり、本当の民主主義は単なる多数決ではない。民主主義の本来の姿はお互いが本当に納得できる地点を探し求めるプロセスなのだ。

社会の中で生きる私たちはお互いに異なる価値観、異なる立場を持つが、ともに生きるからといってそういった自らのアイデンティティを捨てる必要はない。一人の人間の中で異なるアイデンティティが一つの自己として紡がれるように、異なるアイデンティティを一つの社会として紡ぐプロセスが熟議民主である。異なる複数のアイデンティティを一つの自己（実践､物語）として紡げない時に、私たちが統合失調に陥るように、社会の中に存する異なる複数の良さを一つの社会（実践、物語）として紡げない時に社会は統合失調になり、社会はアイデンティティ・ポリティクスに陥る。もちろん熟議民主によって作られた権利や社会科学理論は「誤る可能性がある」が、熟議民主こそが私たちの本当の声を実現し、見えない自由へと向かうプロセスなのだ[313]。そしてそれは自分たちの本当の声に

312 c.f. McCloskey and Ziliak (2008), p. 47.

313 「誤る可能性がある」ということは何かを真理として受け入れることには常に「認識的なリスク」がついてまわるということである（van Fraassen, 1980）。現代物理学などに関しては認識的なリスクは低いかもしれないが、科学的犯罪捜査（裁判）、社会科学など「科学的」と考えられるものには認識的なリスクが高いものもある。それゆえに犯罪捜査（裁判）の場合、推定無罪の原則が必要となってくる。かつて科学知識とは何かということを論じる際に、科学哲学者カール・ポパーはニュートンやアインシュタインといった科学のヒーローのみに着目したし、科学史家トーマス・クーンも成功した代表的科学事例（いわゆる exemplars）に着目した（Kuhn, 2013; Original in 1962）。それはそれで良いと思うのだが、その結果として科学の代表事例は（当然ながら）物理学と考えられるようになった。高度に精緻化された現代物理学を前に認識的なリスクなどと言っても哲学者の戯言のようにしか聞こえないかもしれないが、私たちの知識が「誤る可能

耳をすませ、ともに良さを求めることなのだ。

良さを求めること

本当の声に耳をすませること、良さを求めることとは意味を問うことである。近代の観点からは自然法則や自然法は客観的で普遍的な法則（アルゴリズム）であり、それらに対して「なぜ」なのかと問うことは意味をなさなかった。「なぜ」重力は存在するのか、重力は良いことなのか、などと問うことは意味をなさないことなのだ。重力の存在は客観的で普遍的な事実としてただ単にそうなのである。同様に人であれば等しい権利を持つというのも客観的で普遍的な事実であり、自分がそれに納得しようとしまいとそれに従わねばならないものと考えられてきた。そしてこれと同じ原理が社会科学にも当てはまる事になる。世界の中に不平等が存在した時に、それがどのような意味を持つのか、それは良いことなのか、と問うことは客観的な科学という観点からは意味をなさないのだ。ただ単に事実としそうであるとしか言いようがない。「である」から「であるべき」は導くことができないというのがヒューム以降、近代の常識なのだ。その結果、政治はアイデンティティ・ポリティクスに陥り、社会は統合失調に陥った。

しかし本当はそうではない。重力は何を意味するのかと問うことは意味を持つし、権利とは何を意味するのかと問うことは意味を成す重要なことなのだ。リンゴが落ちるのを見てニュートンは重力を発見したと言われるほど、ニュートン力学と重力の関係性は強いものであるにも関わらず、実はニュートン力学は重力をうまく説明できなかった。目的論的世界観を排斥し、機械論的世界観を立ち上げ

性がある」ということを考えるならば、様々な場面で認識的なリスクは重要な概念である。すでに述べた通り、哲学者バートランド・ラッセルは真実を追求する際には神の意思に服従するのにも似た謙虚さが必要になると説いた（Russell, 1944）が、真実を追求する際には科学を含め私たちの知識は「誤る可能性がある」と考える謙虚さが必要なのだ。

たニュートン力学は重力（や磁力）という引っ張られるような目的論的な力を法則として記述することはできたが、うまく説明できなかったのだ。これゆえにニュートン力学は

- 第一法則：慣性の法則
- 第二法則：運動法則
  （力は質量と加速度を掛け合わせたものである、$F = ma$）
- 第三法則：作用反作用の法則

という三法則に加えて、

- 万有引力の法則（引力は２つの物体の間には、物体の質量に比例し、２つの物体の間の距離の２乗に反比例する、$F = G\frac{Mm}{r^2}$）

といういびつな形をとることとなった。そしてニュートンは社会的には客観的で普遍的なニュートン力学の大成者として生きる一方で、並行してオカルトの研究にのめり込んでいった[314]。ニュートンもまた宇宙の中に意味を求めたのだろう（ジョン・メイナード・ケインズは彼を理性の時代の最初の人間ではなく、魔術の時代の最後の人間と評した）[315]。

重力が物理学理論にもう少しうまく統合されるにはアインシュタインによる相対性理論を待たなければいけなかった。相対性理論によると重力とは質量による時空間の歪みである（よくアナロジーで語られるように、時空間を大きなゴムでできた布のようなものと考えて、その上に鉄球を置くと、ゴムの布はカーブして歪む。鉄球の質量が大きければ大きいほど歪みは深くなる。そこに砂などを撒く

---

314 Kaynes (2010; Original in 1947).
315 Kaynes (2010; Original in 1947).

と、砂などは鉄球の周りに集まることになる。これが（アナロジーによる）重力である）。相対性理論がニュートン力学にとって変わったのはアインシュタインが重力は何を意味するのだろうと考えたからできたことである。それは決して「幸福な当てずっぽう」などではない。重力は本当は何を意味するのかなどといったように、意味を問うことこそがさらなる科学の発展につながる。

科学は絶対的な真理ではなく、科学は「誤る可能性がある」モデル（探求）なのだ。同様に権利も客観的で普遍的な法則ではない。それはモデル（実践と物語）なのだ。時代が変われば、法律も変わる。常識も変わる。だからガリレオやアインシュタインやリンカーンは世界を変えることができた。何が本当に良いことなのか、何が本当に意味があることなのかを探求する人たちがいたことで世界は変わってきた。そして今を生きる私たちが常識を超えて、自分たちの感じる心の痛みに耳をすませたときに、私たちは私たちが欲する見えない自由に一歩近づくことができる。

科学を客観的で普遍的な法則と考えたならば、その意味、良さ、価値を問うことは意味をなさない。例えば、経済学を需要と供給という入力から均衡を出力する法則と捉えるならば、そしてもしアメリカにおける人種のセグリゲーションがその帰結（出力）であれば、私たちはそれが良いことなのか、意味のあることなのかを問うことはできない（そして自由主義の立場からは、セグリゲーションが他者の権利を侵害しない限り、これに対して何も言うことはない）。しかし社会科学がモデルならば（そして社会科学が統合されたならば）自分たちが求める社会の姿からみてそれは良いことなのかどうかを探求することはできる。需要と供給という入力から均衡という出力が生成されるとしても、それに対してどうす「べきである」のかということに関して沈黙する必要はない。

熟議民主と良さの基準

科学も権利も共に行う終わらない実践、共に物語る終わらない物語、つまり間主観的なモデル、「最良説明への推論」、探求なのだ。そして良いモデル（社会科学の応用理論）こそが私たちが探し求める見えない自由を実現し、心の痛みを感じない社会を実現することができる。しかしすでに見たように、間主観的なモデルには客観的で普遍的な検証可能性の基準は存在しない。それでは最終的にどのモデルが良いかということはどのようにして判断されるのか[316]。結論としてはモデルは間主観的なものであるので、何が良いモデルかということも間主観的、総合的に判断するということになる。では間主観的に良さを判断するというのは具体的にはどのようなことなのだろう。それは究極的にはどのモデルが説得力を持つかを熟議し民主的に判断するということである。

科学が客観的でなく民主的であるというのは、科学は客観的であるという近代の常識を持つ私たちには一見ショッキングなことのように感じられる。しかし民主的ということは科学は多数決によって決められるということではない。多数主義に堕した民主主義はアイデンティティ・ポリティクスという民主主義の一つの失敗した形であり、本当の民主主義は熟議民主である（熟議とはしっかりと考えるということである）。熟議民主は各々の立場（アイデンティティ）を持ちつつも、多数決に堕するのではなく、各々の立場を超えて、総合的に考えて何が皆で納得できる物語（モデル）なのかを探求する作業なのだ。

例えば、アメリカでは多数（大多数）の人たちが人間は神によって作られたという創造論もしくはインテリジェント・デザインを信

316 c.f. Harman (1965); Thagard (1978).

じている（これまで見たデータの中で最も多かったものは国民の 7 割というものだった）。それゆえに科学の理論としてそれらを教えようとする運動が存在する。そしてもし多数決が民主主義ならば、学校教育で創造論もしくはインテリジェント・デザインが教えられるということになる。しかし実際に科学の教育現場ではそのようなことは教えられていない。すでに述べたように、進化を否定するのならば、恐竜などの化石の存在をも否定しなければならなくなる。化石の年代測定には放射年代測定を用いている。化石の存在を否定することは放射年代測定を否定することにもなる。放射年代測定を否定すると、それは放射年代測定の理論的バックグラウンドである化学や物理学をも否定することになる。また、放射年代測定および炭素年代測定を使っている他の学問、例えば考古学、人類学なども否定することになり、ひいては歴史学なども否定することになる。つまり進化を否定することは進化だけでなく、科学全体を否定することになる[317]。しかし当然アメリカでは物理学や化学、歴史学、考古学、歴史学、人類学などは受け入れられている。

とすると創造論もしくはインテリジェント・デザインを支持することは一貫性を欠く矛盾であり、非合理なのだ。熟議民主は多数決ではなく、（例えば、キリスト教徒であるというような）自分のアイデンティティを持ちつつも、自分の立場を超えて相手の話に耳を傾け、しっかり自分の頭で考えることなのだ。化石の存在を否定しつつ物理学や化学、歴史学、考古学、歴史学、人類学などを受け入れることは相当「とってつけたような（アドホックな）」仮説でも取ってつけない限り難しい。そして世界中には数多くの神話や陰謀論が存在するが、「とってつけたような（アドホックな）」仮説を付け足していけば、それらは全てデータと整合性を持つことになる。しかし通常私たちはそのように考えない。総合的に考えると進化理論の

317 Kitcher (1982).

方が世界に正確に対応する正しいモデルである。いみじくもガリレオが言ったように、科学においては一個人の理性の方が一千人の権威よりも価値を持つのだ。

熟議民主は自分のアイデンティティを持ちつつも共に実践し、共に行う終わらない統合された実践であり、共に物語る統合された終わらない物語なのだ。熟議民主は異なる良さ（アイデンティティ）を持つ他者と社会の中で一つの実践と物語を作ることなのだ。異なる良さは異なる方向性を持っており通常交わることはない。例えば、聖書の世界観と進化論の世界観は大きく異なる。しかし統合失調でない自己が異なる複数のアイデンティティを一つの物語としてうまくまとめることができるように、社会においても異なるアイデンティティを持ったものたちを一つの物語でまとめることができるはずなのだ。例えば、自分が男性であるというアイデンティティを持っているとすると、女性とはアイデンティティが異なる。また自分が異性愛者である場合、同性愛者とはアイデンティティが異なる。当然良さの方向性も異なってくる。それでは男性と女性は、異性愛者と同性愛者は「分かり合えない」のだろうか。当然そのようなことはない。アイデンティティは異なっても私たちは理解し合える。つまりお互いに敬意を持つことができる。

本当の民主主義の本質はアイデンティティ・ポリティクスと異なり、たとえ少数派であろうとも、その物語に正当性があればそれを認めることができるという点にある。つまりそれは理性に照らして説得力を持つ物語なのだ。本当の民主主義が成立するためには相手の話に耳を傾け、自らの立場も含めてそれらを批判的に検討し取捨選択する能力が必要となる（そのような能力を教育は育成しなければならない）。自分と異なる意見に耳をふさぐことは簡単だし、自分の主観を「投影」して恣意的に解釈してしまいそうになる[318]。その誘惑は実際に大変強い。なぜならもしも自分が今まで信じてきた価値観を間違ったものと考えることになると自分は「失われた時」を経験することになるからだ。しかしそれは本当の民主主義ではない。自分の本当の声に耳をすませ、そして他者の心の声にも耳をすませる。そしてお互いに敬意を持ってお互いに納得のできる物語を紡いでゆく。これが民主主義の本質なのだ。

常識がこのようになっているからとか、伝統がこうだからというのも大変に重要なことではある。それも当然一つの立場なのだ。だからそれに納得しないにしろ、常識や伝統にも敬意を払う必要がある（そしてそれは常識や伝統を理解しようと努めることである）。常識や伝統は先人たちが築き上げてきた良さが結晶化（制度化）したものであり、往往にして偉大である。しかしそれが常識であるというだけで、伝統であるというだけで、制度であるというだけで、もしくは大多数がそれを支持するからといって必ずしもそれが正しい訳ではない。本当の声に耳をすませ、熟議する（しっかりと考える）のだ。たとえその時点で少数派であろうとも、その実践、その物語に正当性があれば、そして熟議民主が機能すれば、それは将来的に認められることになるだろう。

お互いの立場を認め、お互いの話を理解した上で、互いを批判することは構わないが、先ずはお互いの話を聞くことだ。それはお互いに理解しようとし、話を聞き、対話をするということだ。私たちは（特に人前で）話すこと、読むこと、書くことは難しいことだと思っているが、聞くことは容易いと思いがちだ。しかし本当は聞くことはとても難しい。特に異なる意見の場合、つい耳を塞ぎたくなってしまう。しかし先ずは相手の話を聞くこと、そして何よりも自分

318 c.f. Goldman (2006), pp. 164-170.

の本当の声を聞くことが対話への第一歩なのだ。そうして対話さえできるようになれば、私たちは何らかの着地点を見つけることができるはずなのだ。その着地点は「私はあなたとは考え方、立場は違い全面的には賛成しないが、確かにあなたのいうことには一本筋が通っている」というもの、つまり、共感はしないが理解はできる、というようなものになるはずである。相手を理解する、相手に敬意を払うというのは、自分の立場を譲ることでもなければ、相手を批判しないということでもない。**それぞれの痛みを抱いたまま、歯ぎしりをしながら、必死でわかり合おうとする**（TMP）ことが本当の民主主義なのだ。

社会科学から民主的な人間の科学へ

現状の社会科学は小難しい。私たちは様々な社会問題に対峙するためや社会問題を解決するために社会科学を学ばねばならないと思い社会学、経済学、教育学、政治学などの社会科学を学ぶ。しかし日常生活の中で私たちはほとんどそういった理論について話すことはない。それらは考えなければならない問題かもしれないが、難しい問題だからだ。一方、文学は私たちの心の琴線に触れる。私たちは文学を深いものだと感じる。そして日常生活の中でそれらについて話す。しかし文学の主題となる問題も往々にしてとても難しい問題である。例えば、シェークスピアや『ジョーカー』や『ゴッドファーザー』は復讐だとか、殺人だとか、違法行為だとかいった問題を扱っている。しかしそれら文学作品は私たちの心に触れるから単に難しいのではなく深い（図 51）。難しい問題が心に触れる時、それは深い問題に変わる。そして考えなければならない問題は考え続ける問題に変わる。社会科学も文学を見習って、難しいものから深いものにならなければならない[319]。

319　どんな教育学の教科書より『天才柳沢教授の生活』や『スラムダンク』はどんなに素晴らしいだろう。やはり文学は（社会）科学が習うべき模範なのだ。

本来社会科学は何やら小難しい理論ではなく、私たちが生きるこの社会をどうするかという私たち自身の問題なのだ。自分たちが世界のなかで不条理を感じる時に、自由主義の理論を用いてどれほど詳しくその不条理を説明されようとも、また、世界の不平等に矛盾を感じる時に、高等な経済学理論を用いてどれほど詳しくその不平等の原因を説明されようとも、私たちは納得はできない。だから私たちは社会科学を小難しいだけの使えない理論だと思ってしまう。そしてその結果、私たちはアイデンティティ・ポリティクスに陥ってしまう。所詮私たちにできることは自分の立場から自分の声を届けようとすることでしかない、と感じてしまうのだ。しかしアイデンティティ・ポリティクスは決して終着点の見えない終わらない論争である。なぜならそこには他者に対する敬意が存在しないからだ。お互いを理解しようとせず、自分の主張だけを声高に言い続けるだけでは対話など存在しえない。アイデンティティ・ポリティクスを超え、私たちは共に終わらない実践を行い共に終わらない物語を物語らなければならない。お互いの立場を持ちつつも、相手に敬意を持って対話を試みる。このような熟議民主こそが正しい社会科学を作り、正しい権利をつくり、正しい社会を作る[320]。その先に**弱いものたちが夕暮れさらに弱いものを叩く**（TT）社会の中でもがき苦しみ、**見えない銃を撃ちまくる**（TT）私たちが探し求める見えない自由がある。

社会科学はハードサイエンスと呼ばれる自然科学に比してソフトサイエンスと呼ばれる。そして社会科学の自然科学に対する劣等感ゆえに社会科学者たちは人間や社会を数学化し社会科学をなんとか

320　もちろんこれは易しいことではない。真摯に人間の学問としての経済学を追求する柳沢良則をもってして「私はまだまだ人間がわかりません」と言わしめるようなものなのだ。山下「性（さが）」.

ハードに（難しく、法則化）しようとしてきた。しかしそうではない。社会科学はハードで（難しく、法則化）あってはいけないのだ。社会科学は、法則のような硬い（ハードな）ものではなく、日々変わり続ける実践であり物語でなければならない。社会科学はソフトで深いものでなければならない。定量化され法則化されたものが正しいのではない[321]。私たちが心の底から本当に良いと思えるものこそが正しいのだ。

栄光に向かって走る列車

今、暴走した列車が線路を走っており、前方には５人の作業員がいるとしよう。このままでは５人は列車に轢かれて死んでしまう。あなたは線路の分岐器の前におり、この状況を見ている。分岐器のレバーを引けば列車は別の線路に誘導され５人は助かる。しかし別の線路上でも１人の作業員が作業をしており、あなたが分岐器のレバーを引けばその１人が死んでしまうことになる（別の例でいうなら異なる臓器の不全で死にかけている人が５人おり、健康な人が１人いたとしたら、健康な人を１人殺して５人に臓器移植すれば５人は助かる）。さてどうするのか。この問題は哲学者フィリッパ・フットによって作られた思考実験で、功利主義と自由主義の思想的対立を扱った問題である[322]。功利主義は「最大多数の最大幸福」を目指す原理であるので、この観点からは当然レバーを引くことが良いことになる。一方で、義務論的自由主義の立場からは私たちは全て等しい権利を持っているという前提が優先する。つまり他者（主体）をなんらかの目的に使うこと（結果主義）は許されず、結果としてレバーを引くことは許されない。この場合私たちはどうするだろう。

実は（哲学的にはチートかもしれないが）社会科学の立場からは

---

321 c.f. McCloskey and Ziliak (2008).
322 Foot (1978).

トロッコ問題には解決が存在する（哲学的にもモデルという観点からトロッコ問題に対する部分的解決は存在するように思える。臓器移植の例で言うなら、もし誰かが悪意を持って五人に毒を盛って、それゆえにその五人が別々の臓器不全に陥り死にかかっているとしたら、毒を盛った人間を殺してその臓器を移植するというのは問題がなさそうに思える。一方、五人が自分たちの不摂生で臓器不全に陥ったとしたら、全く関係ない人を殺して臓器を移植するというのは問題のように思える。少なくともそれらは「全く違う話」である。つまりモデルという考え方を導入することでシンプソンのパラドックスが解決できるように、自由主義、功利主義の枠を超えて、モデルという考え方を導入すればトロッコ問題もある程度解決できるように思える）。暴走しない列車を作るのだ。暴走するような列車など栄光に向かって走る列車ではない。暴走しない列車さえ作れば、究極の選択などする必要はない。ここで暴走しない列車というのはみんなが納得できる社会のことだ（図 34）。

社会科学および民主主義（政治）の本当の役割は、みんなが納得できるようなルール（社会のグランド・デザイン、物語）を自分の立場を持ちながらもお互いに対話をして共に作ることなのだ。ルールという制度は私たちの感情から離れて客観的で普遍的に存在するのではない。それは常に変わり続けるモデル（実践、物語）なのだ。だから社会制度（ルール）に納得できない人たちがたくさんいるのに、ルールがルールであるというだけで、そのようなルールを押し付けていたら最終的には対話のできないアイデンティティ・ポリティクスに陥らざるを得ない。その結果、社会から弾かれたものの中からマフィアやジョーカーが生まれてしまう。マナーが相手を不快にさせないための実践という良さが制度化したものであるように、ルールという制度は実践、物語について回る影のようなものなのだ。本当に大切なのは私たちが良いと思える実践と物語なのだ。

栄光に向かって走る列車を作るのだ。列車が暴走するから列車問題は起きる。栄光に向かって走っていない列車を目の前にして究極の選択の答えを探すより、栄光に向かって走る列車を作ろうとする方がよほど意味がある。少なくともそれが社会科学、政治が行うべきことだ。その先には私たちの本当の声が求める見えない自由がある。

詩人ウィリアム・ワーズワースは子どもは人間の父であると言ったが、子どもは（無知であるが故に）野蛮だ。私たちは子どもではいられない。私たちは大人にならないといけない。ただ、その大人というのは制度に寄りかかったまま、**誠実さのかけらもなく笑っているやつ**（A）ではない。私たちは大人になっても虹を見て心が躍るという感動を忘れてはいけない。**ドブネズミみたいに美しくなりたい**（LL）という心を忘れてはいけない。本当の声、少年の声を忘れてはいけないのだ。既存の制度（ルール）に寄りかかったまま、それが制度（ルール）であるというだけで疑いもしないのようなマレー・フランクリンのような大人になってはいけない。法律がどうであろうと、ボナセラの許せないという心の痛みを聞き届けられる人間が本当の人間の父なのだ。だからゴッドファーザーは単なる犯罪者ではなくゴッドファーザーなのだ（そしてそれがエドワード・ルイスがジェームズ・モースに見て、ジョン・ゴッティがオニール・デラクローチに見た父親像なのだ。そしてアーサー・フレックがジョーカーになる前、父と慕ったマレー・フランクリンに求めた姿なのだ（父親という概念も、おじさんおばさん（ジェンダー、人間）同様、生物学では説明できない））。自由主義や実証主義が近代の常識だから、法律が常識だから、資本主義が常識だからといって、そしてそれをどれほど高尚な理論を使って説明されようとも、世の中の不条理や私たちが社会の中で感じる心の痛みが正当化されることはない。それでは社会の中に、**見えない自由が欲しくて見えない銃を撃ちまくる**（TT）ジョーカーを増やすだけだ。私たちは自らの本当の声および他者の本当の声に耳を傾けることのできる大人にならなければならない。そして**それぞれの痛みを抱いたまま必死になって分かりあおうとする**（TMP）。それが本当の人間の科学としての社会科学であり**栄光に向かって走る列車**（TT）なのだ。

12 章 . 見えない自由へ

もしも僕がいつか君と出会い話し合うなら
そんな時はどうか愛の意味を知ってください
リンダ リンダ

私たちが生きてゆくために常識というルールは必要だ。だがルールが正しいと言われているから、それが常識だから、盲目的、機械的にルールに従うというのは愚かだ。「なぜ」それに従うのか、それが本当に良いことなのかを私たちは問わなければならない。既存の常識が間違っているということだってある。大多数が間違っているということだってある。天動説が正しいだとか、黒人は奴隷で、ユダヤ人はガス室に送るというのが当然であるという考え方が常識だった時代と地域もある。そして現代では地動説が正しいというのが常識だが、それを自分の目や計算で確認した人はほとんどいない。それが常識ということなのだ。常識がどうであれ自分の思考を放棄してはいけない。なぜそれが良いのかを私たちは問わなければならない。近代において大きな物語が失われ、世界とその中に生きる私たちは存在する意味を失ってしまった。後に残ったのは物理学に支配された無目的的な空虚な宇宙と空虚な自己だ。なぜ人を殺してはいけないのか。なぜ他者に敬意を払わなければならないのか。そういったことに対してその理由を与えてくれる大きな物語がなくなってしまった以上、私たちは自由主義というルールに機械的に頼らなければならなくなってしまった。しかし本当は正しいとされているルール、常識は良さが制度化されてできたものである。ルールがルールとして存在するからといってそれが必ずしも今この時点で良いものであるという保証などどこにも存在しない。形骸化してしまった儀式のような常識に意味はない。日本の学校の多くに愚かな校則が溢れている。それが校則であるというだけで、それを徹底しようとすることがどれだけ愚かなことか。そしてそういったものを校則であるというだけで疑いもなく信じ込むようなものが**大人たちに褒められるようなバカ**（SU）なのだ。ルールがルールであるというそれだけで、心の交流もなくルールを徹底させようとするようないわゆる管理教育を受けた世代が親になれば、当然、「教師はルール通りこちらが望んだことをやってくれ。ルールを破るようなことがあったら文句を言うよ」といういわゆるモンスター・ペアレンツが出現するのは当然なのだ。心の交流などないのだから、そこにあるのはお互いに敬意のないアイデンティティ・ポリティクスだけだ。モンスター・ペアレンツを誕生させたのはくだらない管理教育を行なってきたモンスター・ティーチャー達なのだ。

あるお寺で抹茶を飲める場所があった。座敷にもう一人女性の客がいて、抹茶を飲み終えた後、「結構なお手前でした」と言った。言うだろうな、言うだろうな、と思っていたらやはり言った。本当に美味しかったのなら、「美味しかったです」と言えば良いし、本当に結構なお手前だったのならそれもまた良いだろう。しかしそう言うものだというだけでそう言ったのであれば、そんなものは制度を通り越し形骸化された儀式と成り下がっている。常識というルールはもちろん大切だ。ルールは良さが制度化されて出来上がってきたもので、私たちはもちろん全てのことに思考を巡らせることはできない（私たちのワーキングメモリの容量は小さいのだ)。全てを白紙から始めて、社会のルールやシステムを一から作るなどということは到底できない。私たちは航海をしながら自分たちの乗っている船を作り直さなければならない船員のようなものだ。社会のルール、制度といったものは良さが制度という形で結実したものであるから、概してルールというものは良いものである。私たちはルールに敬意を払わないといけないし、大切にしないといけない。しかし社会は変わる。考え方も変わる。常識というルールも、科学というルールも、法律というルールもこの100年ほどの間に大きく変わった。そして今も日々変わり続けている。常識というルールも、科学というルールも、法律というルールも客観的で普遍的な法則なのではない。それは終わらない実践であり、終わらない物語なのだ。ルール、社会制度を大切にしつつも私たちはルールを疑い、良さを求めなければならない。

「結構なお手前でした」というのはどうか知らないが、ご飯を食べる前に手を合わせていただきます、そして食べた後にご馳走さまでした、というのは命をいただいているのだから手を合わせ、食事を用意してくれた人が走り回ってくれたのだからご馳走様でしたということなのだ。制度化されたルールの背後に存在する良さを考えるときに初めてそのルールは生きたもの、つまり本当に意味のあるものとなる。これが良さを求めるということだ。それが一粒の砂の中に世界を見て、野に咲く花に天国を見るということであるし、手のひらの中に無限を抱き、一時間の中に永遠を抱くことである。それが空に虹を見た時に心が踊ることであるし、ドブネズミに美しさを見ることなのだ。**世界中に定めされたどんな記念日なんかより**(TT)、あなたが生きている今日が素晴らしい。理解できるならば良いが、本当に良いと思うなら良いが、理解もできないのに、本当に良いとも思わないのに、それが名画と言われるだけでピカソを見て何が嬉しいのか。それが記念碑というだけで、それが記念日というだけで、そこに行った、その日にパーティーを開いたという思い出づくりだけのための写真を死ぬ前に眺めて、自分の人生は充実した満ち足りた人生だったと言えるのだろうか。そうだとしたらあまりにも上っ面だけの薄っぺらな人生だ。本当に大切なのは**真実（ほんとう）の瞬間**（OU）を生きることなのだ。**真実の瞬間はいつも死ぬほど怖いものだが**（OU）、真実の瞬間には感動がある。鑑定士に見てもらわないと、自分で価値（良さ）がわからないようなものになぜ大金を払うのだろう。本当に大切なのは**夜の金網をくぐり抜け、今しか見ることができないもの**（1000）を見ることなのだ。そこには本当の感動がある。せいぜい百年しか生きられない人間にはダイアモンドなどという永遠の輝きよりも大切なものがたくさんあるはずなのだ。

科学や哲学にしても、ニュートンが言った通り私たちは「巨人の肩の上に立っている」（ニュートン自身、解析学（微分積分学）の大成者であるが、微分と積分が逆操作であるという微分積分学の基本定理を考えたのはニュートンの師であるアイザック・バローであると言われているし、ニュートン力学の第一法則はガリレオやデカルトが考えたものであると言われている）。私たちの思考は偉大な先人たちの思考の上に成り立っている。だから正しいとされている理論には敬意を払わなければならない。それらを理解しようと努めなければならない。理解もせずに批判するなど愚の骨頂だ。だが誰それがこう言ったと有名哲学者、科学者の論じた内容をそのまま論じている人間がいかに多いことか。ある学者の講義に出席していた時に、誰かが「でも（マックス）ウェーバーはこう言った」という意見を言った。その学者は「その通りだ。ウェーバーはそう言った。でも彼は間違っている」と言った。

そういうことなのだ。ウェーバーという高名な学者が言ったからというだけでそれが正しいわけではない。かつてポパー主義者に学んだことがあった。彼がポパーの言ったことを繰り返すので私は

「それはポパーが言ったことではないか」と尋ねた。彼は「そうだ、これはポパーが言ったことだ」と言った。そして議論は平行線をたどった。私が言いたかったのはポパーが言ったというだけでそれが正しいというわけではないということだったのだが、彼にとってはポパーが言ったということはそれが正しいということだった。しかしある時彼は「コインを投げた時に（ポパーのいう）反証ができるのかどうか、わからない」とつぶやくように言った。それが彼の本当の声だったのだ。

自分の思考を放棄して既存の制度を疑いもしないものが、良心の呵責もなくデータを捏造する学者であったり、冤罪を冤罪とわかって作り上げる警察であったりする。それは**誠実さのかけらもなく笑っているやつ**（A）だ。疑いもなく制度と権威に寄りかかって、自分の言葉を失い、良心を失ってしまっているのだ。先人たちの叡智の結晶である制度の力は大きい。それに比して私たち一人一人の力は小さい。高度に専門化、制度化された社会の中で、私たちは時として無力だと感じる。投票に行っても自分一人の力では何も変わらない、私一人が意見を述べたところで世界は変わらない、といったように。だけどまだ間に合う。**まだ今なら遅くない**（TMP）。まだ今なら「失われた時」を取り戻すことができる。**台無しにした昨日は帳消しだ**（1000）。私たちは既存の制度に敬意を払いながらも、自分の思考を放棄してはいけない。自ら良さを追い求めることがより良い世界、より良い未来を作ることにつながる。

定められた制度が正しいのではない。制度は私たち一人一人が良いと思うその思いを実現するための装置でしかない。そして私たちが良いと思うことは私たち一人一人の日々の実践であり日々物語る物語である。科学は客観的な自然法則ではないし、権利も客観的な自然法ではない。そこには客観的な基準など存在せず、日々の実践と物語が存在するのだ。それは結婚が日々の実践とそのことを自分たちが物語る物語であり、結婚式というシンボリックな儀式でないのと同じことだ。どちらが先行するのかを取り違えてはいけない。定められた制度ではなく日々自分の信じる良さを求めるのだ。

そして何よりも良さを求めることで私たちは**決して負けない強い力**（LL）を持ち今を生きることができる。良さを求め、ルールが生きたものになった時に、つまり自分が本当にルールに納得した時に、自分の本当の声とルールが重なった時に、そのルールは曲げることのできないルール、命を賭しても守らなければならないルール、道になる。それが自分の生きる世界観、価値観であり、生き様であり、死に様なのだ。そしてそれは誰かのルールではない。**誰かのルールはいらない**（MBT）。そしてその上で**それぞれの痛みを抱いたまま、歯ぎしりをしながら**（TMP）、共に生きるためのルールを実践し、共に物語るのだ。それが**見えない自由が欲しくて、見えない銃を撃ちまくる**（TT）私たちが、**裸足のままで飛び出して乗っていくべき、いやらしさも汚らしさもむき出しにして栄光に向かって走る列車**（TT）であり、**終わらない歌**（OU）なのだ。**僕たちは泣くために生まれてきたわけじゃない**（MBT）。だから**終わらない歌を歌おう。僕や君や彼らのため。終わらない歌を歌おう。明日には笑えるように**（OU）。

After The Blue Hearts

民主主義は古代ギリシアのアテネで成立した。アテネの人たちはライバルであったスパルタの人たちの勇気を本当の勇気ではないと考えていた。自由に思考することなく、スパルタの社会で正しいとされる常識を鵜呑みにして、その価値観を疑うことすらなく、恐怖もなく戦うなど本当の勇気ではない。本当の勇気は恐怖と共にあるのだ。アテネの人たちは同様の理由で民主主義ではなく独裁国家であるペルシアを軽蔑していた。しかし独裁国家の意思決定は迅速である一方、民主主義は意思決定が遅く、往々にして衆愚政治（多数主義）に陥る。アテネは衆愚政治に陥った。そこではソフィストと呼ばれる相手を論破するレトリック（上っ面の議論の技術）を教える者たちが溢れた。そして最終的にアテネはペロポネソス戦争でペルシアの支援を受けたスパルタに敗北した。

近代に入り、価値と事実、主観と客観、主体と客体、哲学と科学が分離し、価値はすべからく主観的なものである以上、そして私たちはそのような主観を持つ存在である以上、私たちは本質的にお互いに分かりあえない者同士であるという思想が生まれた。お互いを分かり合えない以上、互いに敬意を持つことはできず、対話することもできない。そのために自由主義（基本的人権）という考え方が必要になった。分かり合えず、敬意を持てない者同士が共に暮らすにはお互いに最低限の権利が保証されなければならない。しかし自由主義は言論の自由、思想信条の自由などといった最低限の権利を機械的に保証するだけで何が良い生き方なのかを教えてくれることはない。何が良い生き様なのかは単に主観の問題であり、個人が自分で決めることなのだ。

そしてお互い分かり合えない以上、社会は自分の立場（アイデンティティ）から自分の主観、主張を大声で繰り返すアイデンティティ・ポリティクスという衆愚政治（多数主義）に落ち着くしかない。衰退してゆくアテネがそうだったであろうように、ヘイトスピーチや批判のための批判、論破のための論破が繰り返される。そのような社会は同じ方向に向かって共に歩む私たちではなく、お互の方を向き合い自分の立場を声高に主張する社会なのだ。そこに対話は存在せず、存在するのは相手をいかに論破するかというレトリックのみだ。そしてお互いの方を向き合えば向き合うほどそこには差異しか見えてこない。こうして社会は統合失調に陥る。本当は誰が仲間で、何が本当の敵なのかすらわかっていないのだ。

統合失調の社会に生きる私たちは、お互いの方を向き合っているから、私たちには自分たちの社会がどこに向かっているのかが見えていない。そして私たちは未来を見通せない鬱屈感を感じる。この鬱屈感はアイデンティティ・ポリティクスに拍車をかける。そして**弱い者たちが夕暮れさらに弱いものを叩く**（TT）社会の中が生じ、そのような社会の中で私たちは心の痛みを感じることとなる。為政者や有識者は経済原理、資本主義、自由主義などといった高等なレトリックで社会の不条理を説明してくれる。しかしそのような高等なレトリックは社会の中で不条理を前にして心の痛みを感じる私たちの心には届かない。自分がずぶ濡れで苦しむ時に、室内から「やまない雨はない」などと言われても、そんなものは**痛みは初めのうちだけ慣れてしまえば大丈夫**（R）と言われているようなものだ。それゆえに私たちの**ブルースは加速**（TT）し、私たちは**見えない自由が欲しくて見えない銃を撃ちまくる**（TT）。そして時として見えない銃は本当の銃に変わる。

しかし真理を追求するのはレトリックではなく対話だ。対話の延長線上に真理を追求する哲学および科学、そして本当の民主主義が存在する。対話とは相手を論破することではなく、お互いに理解しあおうとし、そしてお互いの意見が異なる場合にはお互いの立場を認めつつ、お互いが納得できる地点を探ろうとする探求である。そこには相手に対する敬意がある（敬意とは理解しようと努めることである）。対話、つまり民主主義の先には同じ方向を向いて共に歩むことのできる社会が存在する。それぞれの立場（アイデンティティ）を持ちつつ、それを諦めることなく、**それぞれの痛みを抱いたまま、必死でわかり合おうとする**（TMP）ことでしか社会を救うことはできない。

もちろん本当の民主主義を成立させることは難しい。対話をすることには理論的な難しさはないかもしれないが、それはとても苦しいことなのだ。恩師は「私は（文化人類学者として）聞くためのトレーニングを受けた」と仰っていたが、相手の話を聞くことは難しい。意見が異なる時などは特にそうだ。そして自分の気持ちを伝えることも難しい。しかし私たち一人ひとりが自分と他者の本当の声に耳をすませ、対話することができなければアテネがそうだったように、民主主義は独裁主義に敗北してしまう。

常識を超えて、自分たちの本当の声に耳をすませ、対話をするということは、自分たちが本当に感じる良さ、真実を共に求めるということでもあるし、私たちはどこへ向かうべきなのかをしっかりと考えることでもある。常識という大きなものに縛られて、自分の感じる良さ、自分の思考を放棄してはいけない（もちろん自分のアイデンティティ（立場）に縛られて他者の本当の声に耳をすませないのも良くない）。そのためにも私たちにはしっかりとした論理と知識が必要だ。感情のない知識や論理は上っ面のレトリックでしかないが、知識や論理のない感情は子どものわがままでしかない。

しかし現代の知識（学問）は高度に専門化され、細分化されている。このような高度に細分化された知識のために、私たちは混乱する社会を見渡す地平に立てていない。社会の不平等に心の痛みを感じつつも、経済学の専門家でない私たちは、高度な経済学理論による説明を前にして返す言葉もない。しかし私たちは何かがおかしいと感じている。だから往々にして社会の中では陰謀論が流行する。そして社会と未来を見渡せない鬱屈感の中で私たちはヘイトスピーチ、批判のための批判、論破のための論破にカタルシス（感情の解放、感情の高揚）を感じる。そこには一面の真理があるからだ。しかしやはり知識や論理のない感情では社会は変わらない。感情だけでも論理だけでもだめなのだ。文学だけでも社会科学だけでもだめなのだ。だから私たちは文学に倣い社会科学を再構築しなければならない。良さを求めよう。共に考えよう。精一杯力を込めて。その先に私たちが探し求める見えない自由がある。

おかのきんや氏、宮崎克子氏には本書の出版に尽力していただいた。またユタカイワイ氏には表紙をデザインしていただいた。ここに謝意を述べる。

参照文献

英語文献

1. Agrawala, M. (2002). Visualizing route maps (Doctoral dissertation). Stanford University.
2. Akaike, H. (1974). A new look at the statistical model identification. *IEEE Transactions on Automatic Control, 19*(6), 716-723.
3. Akaike, H. (1998). Prediction and entropy. In S. Kotz & N. L. Johnson (Eds.), *Breakthroughs in statistics* (pp. 387-410). Springer New York. (Original work published 1982)
4. Anderson, B. (1983). *Imagined communities.* Verso.
5. Anderson, J. R. (2005). *Cognitive psychology and its implications.* Macmillan.
6. Anna. (2010, September 29). *I never owned any slaves and you never picked any cotton.* Decentric. http://dcentric.wamu.org/2010/09/i-never-owned-any-slaves-and-you-never-picked-any-cotton/index.html
7. Arendt, H. (2010). *Eichmann in Jerusalem.* Penguin Classics. (Original work published 1963)
8. Arendt, H. (2013). *The human condition.* University of Chicago Press. (Original work published 1958)
9. Ariely, D. (2008). *Predictably irrational: Hidden forces that shape our decisions.* HarperCollins Publishers.
10. Baddeley, A. (2003). Working memory: Looking back and

looking forward. *Nature Reviews Neuroscience, 4*(10), 829-839.

11. Ball, P. (2002). The physical modelling of society: A historical perspective. *Physica A: Statistical Mechanics and its Applications, 314*(1), 1–14.
12. Ballerini, M., Cabibbo, N., Candelier, R., Cavagna, A., Cisbani, E., Giardina, I., ... & Zdravkovic, V. (2008). Interaction ruling animal collective behavior depends on topological rather than metric distance: Evidence from a field study. *Proceedings of the National Academy of Sciences, 105*(4), 1232-1237.
13. Banko, M., & Brill, E. (2001, July). Scaling to very very large corpora for natural language disambiguation. In *Proceedings of the 39th Annual Meeting of the Association for Computational Linguistics* (pp. 26-33).
14. Bateson, G. (1972). *Steps to an ecology of mind.* Chicago University Press.
15. Becker, G. S. (1976). *The economic approach to human behavior.* University of Chicago Press.
16. Behrmann, M., & Tipper, S. P. (1999). Attention accesses multiple reference frames: Evidence from visual neglect. *Journal of Experimental Psychology: Human Perception and Performance, 25*(1), 83-101.
17. Bell, D. (1993). *Communitarianism and its critics.* Oxford University Press.
18. Berman, M. (1981). *The reenchantment of the world.* Cornell University Press.
19. Bialek, W., Cavagna, A., Giardina, I., Mora, T., Silvestri, E., Viale, M., & Walczak, A. M. (2012). Statistical mechanics for natural flocks of birds. *Proceedings of the National Academy of Sciences, 109*(13), 4786-4791.

20. Birch, S. A. J., & Bloom, P. (2003). Children are cursed: An asymmetric bias in mental-state attribution. *Psychological Science, 14*(3), 283-286.
21. Blake, W. (2002). *Collected poems.* Routledge.
22. Block, N. (1978). Troubles with functionalism. *Minnesota Studies in the Philosophy of Science, 9*, 261-325.
23. Block, N. (2007a). Consciousness, accessibility, and the mesh between psychology and neuroscience. *Behavioral and Brain Sciences, 30*(5-6), 481-499.
24. Block, N. (2007b). *Consciousness, function, and representation: Collected papers* (Vol. 1). MIT Press.
25. Block, N. (2022). Do conscious decisions cause physical actions? In U. Maoz & W. Sinnott-Armstrong (Eds.), *Free will: Philosophers and neuroscientists in conversation* (pp. 95-108). MIT Press.
26. Block, N. (2023). *The border between seeing and thinking.* Oxford University Press.
27. Bloom, A. (1991). *The republic of Plato* (2nd ed.). Basic Books.
28. Bourdieu, P. (1977). *Outline of a theory of practice.* Cambridge University Press.
29. Bourdieu, P. (1993). *The field of cultural production: Essays on art and literature.* Columbia University Press.
30. Bourdieu, P. (2000). *Pascalian meditations.* Stanford University Press.
31. Box, G. E. P. (1976). Science and statistics. *Journal of the American Statistical Association, 71*(356), 791-799.
32. Brigandt, I. (2011). Critical notice. *Canadian Journal of Philosophy, 41*(1), 159-186.
33. Bruce, P., Bruce, A., & Gedeck, P. (2020). *Practical statistics*

for data scientists: 50+ essential concepts using R and Python. O'Reilly Media.

34. Bruner, J. (1990). *Acts of meaning.* Harvard University Press.
35. Bruner, J. (1997). *The culture of education.* Harvard University Press.
36. Burnham, K. P., & Anderson, D. R. (2002). *Model selection and multimodel inference: A practical information-theoretic approach* (2nd ed.). Springer.
37. Calhoun, C. (1995). *Critical social theory.* Blackwell.
38. Callebaut, W. (1993). *Taking the naturalistic turn, or how real philosophy of science is done.* University of Chicago Press.
39. Camerer, C., Loewenstein, G., & Weber, M. (1989). The curse of knowledge in economic settings: An experimental analysis. *Journal of Political Economy, 97*(5), 1232-1254.
40. Carman, T. (2008). *Merleau-Ponty.* Routledge.
41. Carroll, S. (2020). *Something deeply hidden: Quantum worlds and the emergence of spacetime.* Penguin.
42. Chalmers, D. J. (1996). *The conscious mind: In search of a fundamental theory.* Oxford University Press.
43. Chalmers, D. J. (2008). Foreword. In A. Clark, *Supersizing the mind: Embodiment, action, and cognitive extension* (pp. xiii-xv). Oxford University Press.
44. Clark, A. (1991). *Microcognition.* MIT Press.
45. Clark, A. (1993). *Associative engines: Connectionism, concepts, and representational change.* MIT Press.
46. Clark, A. (1998). *Being there: Putting brain, body, and world together again.* MIT Press.
47. Clark, A. (2003). *Natural-born cyborgs: Minds, technologies, and the future of human intelligence.* Oxford University Press.

48. Clark, A. (2008). *Supersizing the mind: Embodiment, action, and cognitive extension.* Oxford University Press.
49. Clark, A., & Chalmers, D. (1998). The extended mind. *Analysis, 58*(1), 7-19.
50. Cummins, R. (1975). Functional analysis. *Journal of Philosophy, 72*(20), 741-764.
51. Darwin, C. (1985). *The origin of species.* Penguin Classics. (Original work published 1859)
52. Dawkins, R. (1986). *The blind watchmaker: Why the evidence of evolution reveals a universe without design.* W.W. Norton & Company.
53. De Coulanges, N. D. F. (2006). T*he ancient city: A study of the religion, laws, and institutions of Greece and Rome.* Dover.
54. De Vignemont, F. (2010). Body schema and body image—pros and cons. *Neuropsychologia, 48*(3), 669-680.
55. Dehaene, S. (2014). *Consciousness and the brain: Deciphering how the brain codes our thoughts.* Penguin.
56. Dembski, W. A., & Ruse, M. (Eds.). (2004). *Debating design: From Darwin to DNA.* Cambridge University Press.
57. Dennett, D. C. (1987). *The intentional stance.* MIT Press.
58. Dennett, D. C. (1991). *Consciousness explained.* Little, Brown, and Co.
59. Dennett, D. C. (1995). *Darwin's dangerous idea.* Simon & Schuster.
60. Dewey, J. (2013). *The school and society and the child and the curriculum.* University of Chicago Press. (Original work published 1915)
61. Dewey, J. (2015). *Democracy and education.* Sheba Blake Publishing. (Original work published 1916)

62. Dewey, J. (2018). *Logic: The theory of inquiry.* Read Books Ltd. (Original work published 1938)
63. Dobzhansky, T. (2013). Nothing in biology makes sense except in the light of evolution. *The American Biology Teacher, 75*(2), 87-91. (Original work published 1973)
64. Doyle, A. C. (2002). *The adventures and memoirs of Sherlock Holmes.* The Modern Library Classics.
65. Dreyfus, H. L. (1992). *What computers still can't do: A critique of artificial reason.* MIT Press.
66. Dreyfus, H. L. (2006). Overcoming the myth of the mental. *Topoi, 25*, 43-49.
67. Dreyfus, H. L., & Dreyfus, S. E. (1988). *Mind over machine.* Free Press.
68. Dreyfus, H. L., & Rabinow, P. (2014). *Michel Foucault: Beyond structuralism and hermeneutics.* Routledge.
69. Earman, J. (1986). *A primer on determinism.* Springer Science & Business Media.
70. Feyerabend, P. (2020). *Against method: Outline of an anarchistic theory of knowledge.* Verso Books. (Original work published 1975)
71. Findley, D. F., & Parzen, E. (1998). A conversation with Hirotugu Akaike. In E. Parzen, K. Tanabe, & G. Kitagawa (Eds.), *Selected papers of Hirotugu Akaike* (pp. 3-16). Springer New York.
72. Fisher, R. A. (1922). On the mathematical foundations of theoretical statistics. *Philosophical Transactions of the Royal Society of London. Series A, Containing Papers of a Mathematical or Physical Character, 222*(594-604), 309-368.
73. Fisher, R. A. (1956). *Statistical methods and scientific inference.*

Oliver & Boyd.
74. Fodor, J. A. (1983). *The modularity of mind.* MIT Press.
75. Foot, P. (1967). The problem of abortion and the doctrine of double effect. *Oxford Review, 5,* 5-15.
76. Foot, P. (2003). *Natural goodness.* Clarendon Press.
77. Forster, M., & Sober, E. (1994). How to tell when simpler, more unified, or less ad hoc theories will provide more accurate predictions. *The British Journal for the Philosophy of Science, 45*(1), 1-35.
78. Freedman, D. (1983). A note on screening regression equations. *The American Statistician, 37*(2), 152-155.
79. Freedman, D. (1997). Some issues in the foundation of statistics. In *Topics in the Foundation of Statistics* (pp. 19-39).
80. Freedman, D., Pisani, R., & Purves, R. (2007). *Statistics* (4th ed.). W.W. Norton & Co.
81. Freeman, J., & Pelli, D. (2007). An escape from crowding. *Journal of Vision,* 7(2), 1-14.
82. Futuyma, D. J. (1998). *Evolutionary biology* (3rd ed.). Sinauer Associates, Inc.
83. Gallese, V., & Goldman, A. (1998). Mirror neurons and the simulation theory of mind-reading. *Trends in Cognitive Sciences, 2*(12), 493-501.
84. Galton, F. (1907). Vox populi. *Nature, 75*(1949), 450-451.
85. Garber, D. (1992). *Descartes' metaphysical physics.* University of Chicago Press.
86. Geertz, C. (1973). *The interpretation of cultures.* Basic Books.
87. Gettier, E. L. (1963). Is justified true belief knowledge? *Analysis, 23*(6), 121-123.
88. Gill, C. (2013). *Marcus Aurelius: Meditations, Books 1-6.* Oxford

University Press.

89. Glaser, B., & Strauss, A. (1967). *The discovery of grounded theory: Strategies for qualitative research.* Sociology Press.
90. Glymour, M., Pearl, J., & Jewell, N. P. (2016). *Causal inference in statistics: A primer.* John Wiley & Sons.
91. Godfrey-Smith, P. (2016). *Other minds: The octopus, the sea, and the deep origins of consciousness.* Farrar, Straus and Giroux.
92. Goldman, A. I. (1989). Interpretation psychologized. *Mind and Language, 4*(3), 161-185.
93. Goldman, A. I. (2006). *Simulating minds: The philosophy, psychology, and neuroscience of mindreading.* Oxford University Press.
94. Gollwitzer, H., Kuhn, K., & Schneider, R. (2005). *Dying we live: The final messages and records of the resistance.* Wipf & Stock Publishers.
95. Good, I. J. (2009). *Good thinking: The foundations of probability and its applications.* Dover. (Original work published 1950)
96. Goodman, N. (1983). *Fact, fiction, and forecast.* Harvard University Press.
97. Gordon, R. M. (1986). Folk psychology as simulation. *Mind and Language, 1*(2), 158-171.
98. Gould, S. J., & Vrba, E. S. (1982). Exaptation—a missing term in the science of form. *Paleobiology, 8*(1), 4-15.
99. Gutmann, A. (1999). *Democratic education.* Princeton University Press.
100. Habermas, J. (1990). *Moral consciousness and communicative action.* MIT Press.
101. Hanh, T. N. (2008). *The miracle of mindfulness: The classic*

guide to meditation by the world's most revered master. Random House.

102. Hare, R. M. (1965). *Freedom and reason.* Oxford University Press.
103. Harman, G. H. (1965). The inference to the best explanation. *The Philosophical Review, 74*(1), 88-95.
104. Harsanyi, J. C. (1975). Can the maximin principle serve as a basis for morality? A critique of John Rawls's theory. American Political Science Review, 69(2), 594-606.
105. Heal, J. (1986). Replication and functionalism. In J. Butterfield (Ed.), *Language, mind and logic* (pp. 135-150). Cambridge University Press.
106. Heidegger, M. (1962). *Being and time.* Harper Perennial.
107. Heider, F., & Simmel, M. (1944). An experimental study of apparent behavior. *The American Journal of Psychology, 57*(2), 243-259.
108. Hempel, C. G. (1966). *Philosophy of natural science.* Prentice-Hall.
109. Hinton, G. E., Osindero, S., & Teh, Y. W. (2006). A fast learning algorithm for deep belief nets. *Neural Computation, 18*(7), 1527-1554.
110. Hobbes, T. (1996). *Leviathan.* Cambridge University Press. (Original work published 1651)
111. Hobsbawm, E., & Ranger, T. (Eds.). (2012). *The invention of tradition.* Cambridge University Press.
112. Howson, C., & Urbach, P. (2006). *Scientific reasoning: The Bayesian approach* (3rd ed.). Open Court Publishing.
113. Hurley, S. (2008). The shared circuits model (SCM): How control, mirroring, and simulation can enable imitation,

deliberation, and mindreading. *Behavioral and Brain Sciences, 31*(1), 1-22.
114. Hutchins, E. (1995). *Cognition in the wild.* MIT Press.
115. Imai, K. (2013). Statistical hypothesis tests. Course Materials, Department of Politics, Princeton University.
116. Imai, K. (2018). *Quantitative social science: An introduction.* Princeton University Press.
117. Ioannidis, J. P. A. (2005). Why most published research findings are false. *PLoS Medicine, 2*(8), e124. https://doi.org/10.1371/journal.pmed.0020124
118. James, W. (1979). *Pragmatism.* Harvard University Press.
119. Jeffreys, H. (1931). *Scientific inference.* Macmillan.
120. Kahneman, D. (2011). *Thinking, fast and slow.* Farrar, Straus, and Giroux.
121. Kahneman, D., Knetsch, J. L., & Thaler, R. H. (1986). Fairness and the assumptions of economics. *Journal of Business, 59*(4), S285-S300.
https://doi.org/10.1086/296367
122. Kahneman, D., Knetsch, J. L., & Thaler, R. H. (1990). Experimental tests of the endowment effect and the Coase theorem. *Journal of Political Economy, 98*(6), 1325-1348.
https://doi.org/10.1086/261737
123. Kahneman, D., & Tversky, A. (1979). Prospect theory: An analysis of decision under risk. *Econometrica, 47*(2), 263-291.
https://doi.org/10.2307/1914185
124. Kaku, M. (2005). *Einstein's cosmos: How Albert Einstein's vision transformed our understanding of space and time* (Great Discoveries). W. W. Norton & Company.
125. Kant, I. (2017). *Kant: The metaphysics of morals.* Cambridge

University Press. (Original work published 1797)

126. Kauffman, S. A. (1993). *The origins of order: Self-organization and selection in evolution.* Oxford University Press.
127. Kauffman, S. A. (1995). *At home in the universe: The search for laws of self-organization and complexity.* Oxford University Press.
128. Kauffman, S. A. (2016). *Humanity in a creative universe.* Oxford University Press.
129. Kauffman, S. A. (2019). *A world beyond physics: The emergence and evolution of life.* Oxford University Press.
130. Kauffman, S. A., & Roli, A. (2021). The world is not a theorem. *Entropy, 23*(11), 1467. https://doi.org/10.3390/e23111467
131. Kelly, K. (2010). Simplicity, truth, and probability. In P. Bandyopadhyay & M. Forster (Eds.), *Handbook on the philosophy of statistics* (pp. 983-1024). Elsevier.
132. Kelly, S. D. (2000). Being there: Putting brain, body, and world together again. *Mind, New Series, 109*(433), 138-143. https://doi.org/10.1093/mind/109.433.138
133. Keynes, J. M. (2010). Newton, the man. In *Essays in biography* (pp. 363-374). (Original work published 1933)
134. Kirsh, D. (2005). Multi-tasking and cost structure: Implications for design. In *Proceedings of the Annual Meeting of the Cognitive Science Society* (Vol. 27, No. 27).
135. Kirsh, D., & Maglio, P. (1994). On distinguishing epistemic from pragmatic action. *Cognitive Science, 18*(4), 513-549. https://doi.org/10.1207/s15516709cog1804_1
136. Kitcher, P. (1983). *Abusing science: The case against creationism.* MIT Press.

137. Kuhn, T. S. (2012). *The structure of scientific revolutions.* University of Chicago Press. (Original work published 1962)
138. Laland, K. N., et al. (2014). Does evolutionary theory need a rethink? *Nature, 514*(7521), 161-164. https://doi.org/10.1038/514161a
139. Landman, R., Spekreijse, H., & Lamme, V. A. F. (2003). Large capacity storage of integrated objects before change blindness. *Vision Research, 43*(2), 149-164. https://doi.org/10.1016/S0042-6989(02)00535-8
140. Laplace, P. S. (1902). *A philosophical essay on probabilities.* Wiley. (Original work published 1814)
141. Lau, H. C., Rogers, R. D., & Passingham, R. E. (2007). Manipulating the experienced onset of intention after action execution. *Journal of Cognitive Neuroscience, 19*(1), 81-90. https://doi.org/10.1162/jocn.2007.19.1.81
142. Lave, J., & Wenger, E. (1991). *Situated learning: Legitimate peripheral participation.* Cambridge University Press.
143. Le Goff, J. (1988). *Medieval civilization.* Blackwell Publishing.
144. Lehmann, E. L. (2012). Model specification: The views of Fisher and Neyman, and later developments. In *Selected works of E. L. Lehmann* (pp. 955-963).
145. Leichter, H. J. (Ed.). (1975). *The family as educator.* Teachers College Press.
146. Lenggenhager, B., et al. (2007). Video ergo sum: Manipulating bodily self-consciousness. *Science, 317*(5841), 1096-1099. https://doi.org/10.1126/science.1143439
147. Lewis, M. (2016). *The undoing project: A friendship that changed the world.* Penguin UK.
148. Libet, B., Gleason, C. A., Wright, E. W., & Pearl, D. K. (1983).

Time of conscious intention to act in relation to onset of cerebral activity (readiness-potential). The unconscious initiation of a freely voluntary act. *Brain, 106,* 623-642. https://doi.org/10.1093/brain/106.3.623

149. Lindley, D. V. (1957). A statistical paradox. *Biometrika, 44*(1/2), 187-192. https://doi.org/10.1093/biomet/44.1-2.187
150. Lipton, P. (2000). Inference to the best explanation. In W. H. Newton-Smith (Ed.), *A companion to the philosophy of science* (pp. 184-193). Blackwell.
151. Lipton, P. (2004). *Inference to the best explanation* (2nd ed.). Routledge.
152. Locke, J. (1980). *Second treatise of government.* Hackett. (Original work published 1689)
153. Locke, J. (1996). *An essay concerning human understanding.* Hackett. (Original work published 1689)
154. Lorenz, E. (2014). *The essence of chaos.* CRC Press. (Original work published 1993)
155. MacIntyre, A. (2013). *After virtue.* A&C Black. (Original work published 1981)
156. MacKay, D. J. C. (2003). *Information theory, inference, and learning algorithms.* Cambridge University Press.
157. Mackie, J. L. (1977). *Ethics: Inventing right and wrong.* Penguin UK.
158. Maravita, A., & Iriki, A. (2004). Tools for the body (schema). *Trends in Cognitive Sciences, 8*(2), 79-86. https://doi.org/10.1016/j.tics.2003.12.008
159. Maynard Smith, J. (1982). *Evolution and the theory of games.* Cambridge University Press.

160. Mayo, D. G. (2018). *Statistical inference as severe testing: How to get beyond the statistics wars.* Cambridge University Press.
161. McCarthy, J., & Hayes, P. J. (1981). Some philosophical problems from the standpoint of artificial intelligence. *In Readings in artificial intelligence* (pp. 431-450). Morgan Kaufmann.
162. McClelland, J. L., Rumelhart, D. E., & PDP Research Group. (1986). *Parallel distributed processing* (Vol. 2). MIT Press.
163. McCloskey, D. N., & Ziliak, S. T. (2010). *The cult of statistical significance: How the standard error costs us jobs, justice, and lives.* University of Michigan Press.
164. McKeon, R. (Ed.). (2009). *The basic works of Aristotle.* Modern Library.
165. Merleau-Ponty, M. (1993). Cezanne's doubt. In G. C. C. K. D. S. (Ed.), *The Merleau-Ponty aesthetics reader: Philosophy and painting* (pp. 144-150). Northwestern University Press.
166. Merleau-Ponty, M. (2012). *Phenomenology of perception.* Routledge. (Original work published 1945)
167. Meyer, J. W., & Rowan, B. (1977). Institutionalized organizations: Formal structure as myth and ceremony. *American Journal of Sociology, 83*(2), 340-363. https://doi.org/10.1086/226550
168. Miller, D. (Ed.). (1985). *Popper selections.* Princeton University Press.
169. Miller, G. A. (1956). The magical number seven, plus or minus two: Some limits on our capacity for processing information. *Psychological Review, 63*(2), 81-97. https://doi.org/10.1037/h0043158
170. Montague, P. R., & Berns, G. S. (2002). Neural economics and

the biological substrates of valuation. *Neuron, 36*(2), 265-284. https://doi.org/10.1016/S0896-6273(02)00974-6

171. Moore, G. E. (1993). *Principia ethica.* Cambridge University Press. (Original work published 1903)
172. Moran, D. (2002). *Introduction to phenomenology.* Routledge.
173. Morgan, S. L., & Winship, C. (2015). *Counterfactuals and causal inference: Methods and principles for social research.* Cambridge University Press.
174. Murakami, H. (2003). *Norwegian wood.* Vintage.
175. Murdoch, I. (1970). *The sovereignty of good.* Routledge.
176. Nagel, T. (1974). What is it like to be a bat? *The Philosophical Review, 83*(4), 435-450. https://doi.org/10.2307/2183914
177. Nagel, T. (1986). *The view from nowhere.* Oxford University Press.
178. Nagel, T. (2012). *Mind and cosmos: Why the materialist neo-Darwinian conception of nature is almost certainly false.* Oxford University Press.
179. Navajas, J., et al. (2018). Aggregated knowledge from a small number of debates outperforms the wisdom of large crowds. *Nature Human Behaviour, 2*(2), 126-132. https://doi.org/10.1038/s41562-017-0270-0
180. Neyman, J., & Pearson. E. S. (1933). On the problem of the most efficient tests of statistical hypotheses. *Philosophical Transactions of the Royal Society of London. Series A, Containing Papers of a Mathematical or Physical Character, 231*(694-706), 289-337. https://doi.org/10.1098/rsta.1933.0009
181. Nietzsche, F. (1994). *On the genealogy of morality.* Cambridge

University Press. (Original work published 1887)
182. Nin, A. (1961). *Seduction of the minotaur.* Swallow Press.
183. Norman, D. A. (2013). *The design of everyday things: Revised and expanded edition.* Basic Books.
184. Nowak, M. A. (2006). *Evolutionary dynamics.* Harvard University Press.
185. Nozick, R. (2013). *Anarchy, state, and utopia.* Basic Books. (Original work published 1974)
186. Nussbaum, M. C. (1998). *Cultivating humanity.* Harvard University Press.
187. Nuzzo, R. (2014). Statistical errors. *Nature, 506*(7487), 150. https://doi.org/10.1038/506150a
188. Okakura, K. (1993). *The book of tea.* Shambhala. (Original work published 1906)
189. Padoa-Schioppa, C. (2011). Neurobiology of economic choice: A good-based model. *Annual Review of Neuroscience, 34,* 333-359. https://doi.org/10.1146/annurev-neuro-061010-113724
190. Parzen, E., Tanabe, K., & Kitagawa, G. (Eds.). (1998). *Selected papers of Hirotugu Akaike.* Springer.
191. Pearl, J. (2009). *Causality: Models, reasoning, and inference.* Cambridge University Press.
192. Pearl, J., & Mackenzie, D. (2018). *The book of why: The new science of cause and effect.* Basic Books.
193. Pearson, K. (1911). *The grammar of science* (3rd ed.). Adam and Charles Black. (Original work published 1892)
194. Peirce, C. S. (2011). *Philosophical writings of Peirce.* Dover.
195. Platt, M. L., & Glimcher, P. W. (1999). Neural correlates of decision variables in parietal cortex. *Nature, 400*(6741), 233-

238.
https://doi.org/10.1038/22328

196. Poole, R. (1996). On being a person. *Australian Journal of Philosophy, 74*(1), 38-56.
https://doi.org/10.1080/00048409612345111
197. Putnam, H. (1981). *Reason, truth and history.* Cambridge University Press.
198. Putnam, H. (2002). *The collapse of the fact/value dichotomy and other essays.* Harvard University Press.
199. Putnam, H. (2013). *The meaning of the concept of probability in application to finite sequences* (Routledge Revivals). Routledge.
200. Puzo, M. (2005). *The godfather.* Penguin. (Original work published 1969)
201. Quine, W. V. O. (1951). Two dogmas of empiricism. *The Philosophical Review, 60*(1), 20-43.
https://doi.org/10.2307/2181906
202. Rawls, J. (2004). *A theory of justice.* Routledge. (Original work published 1971)
203. Reichenbach, H. (1991). *The direction of time.* University of California Press. (Original work published 1956)
204. Reichenbach, H. (2006). *Experience and prediction: An analysis of the foundations and the structure of knowledge.* University of Notre Dame Press. (Original work published 1938)
205. Rensink, R. A. (2005). Change blindness. In *Neurobiology of attention* (pp. 76-81). Academic Press.
206. Robertson, R. (2020). *The enlightenment: The pursuit of happiness 1680-1790.* Penguin UK.
207. Rogers, G. A. J. (1978). The empiricism of Locke and Newton. *Royal Institute of Philosophy Supplements, 12,* 1-30.

https://doi.org/10.1017/S1358246100002289

208. Rosenblueth, A., Wiener, N., & Bigelow, J. (1943). Behavior, purpose and teleology. *Philosophy of Science, 10*(1), 18-24. https://doi.org/10.1086/286508

209. Ross, D., Spurrett, D., Kincaid, H., & Stephens, G. L. (Eds.). (2007). *Distributed cognition and the will.* MIT Press.

210. Rousseau, J.-J. (1968). *The social contract.* Penguin. (Original work published 1762)

211. Rumelhart, D. E., McClelland, J. L., & PDP Research Group. (1986). *Parallel distributed processing* (Vol. 1). MIT Press.

212. Russell, B. (1912). On the notion of cause. *Proceedings of the Aristotelian Society, 13*, 1-25. https://doi.org/10.2307/4545465

213. Russell, B. (1944). *The value of free thought: How to become a truth-seeker and break the chains of mental slavery.* Haldeman-Julius Publications.

214. Russell, B. (2004). *History of western philosophy.* Routledge. (Original work published 1945)

215. Russell, B. (2005). *Analysis of mind.* Routledge. (Original work published 1921)

216. Ryle, G. (1949). *The concept of mind.* Chicago.

217. Salmon, W. C. (1979). Why ask, 'Why' ? An inquiry concerning scientific explanation. In H. Reichenbach (Ed.), *Hans Reichenbach: Logical empiricist* (pp. 403-425). Dordrecht: Springer Netherlands.

218. Salmon, W. (1980). Probabilistic causality. *Pacific Philosophical Quarterly, 61*, 50-74. https://doi.org/10.1111/j.1468-0114.1980.tb00420.x

219. Salsburg, D. (2001). *The lady tasting tea: How statistics*

revolutionized science in the twentieth century. Macmillan.

220. Sandel, M. (1982). *Liberalism and the limits of justice.* Cambridge University Press.
221. Sanfey, A. G., Rilling, J. K., Aronson, J. A., Nystrom, L. E., & Cohen, J. D. (2003). The neural basis of economic decision-making in the ultimatum game. *Science, 300*(5626), 1755-1758. https://doi.org/10.1126/science.1082976
222. Schank, R. C. (1995). *Tell me a story: Narrative and intelligence.* Northwestern University Press.
223. Schank, R. C., & Abelson, R. P. (2013). *Scripts, plans, goals, and understanding: An inquiry into human knowledge structures.* Psychology Press. (Original work published 1977)
224. Schelling, T. C. (2006). *Micromotives and macrobehavior.* WW Norton & Company. (Original work published 1978)
225. Searle, J. R. (1995). *The construction of social reality.* The Free Press.
226. Searle, J. R. (2010). *Making the social world.* Oxford University Press.
227. Sen, A. (1987). *On ethics and economics.* Oxford University Press.
228. Shanton, K., & Goldman, A. I. (2010). Simulation theory. *Wiley Interdisciplinary Reviews: Cognitive Science, 1*(4), 527-538. https://doi.org/10.1002/wcs.59
229. Shapiro, N., & Adelson-Goldstein, J. (1998). *Oxford Picture Dictionary Monolingual (American English) dictionary for teenage and adult students.* Oxford University Press.
230. Shepard, R. N., & Metzler, J. (1971). Mental rotation of three-dimensional objects. *Science, 171*(3972), 701-703. https://doi.org/10.1126/science.171.3972.701

231. Siegfried, T. (2006). *A beautiful math: John Nash, game theory, and the modern quest for a code of nature.* National Academies Press.
232. Skyrms, B. (2014). *Evolution of the social contract* (2nd ed.). Cambridge University Press.
233. Smallman, H. S., & St John, M. (2005). Naive realism: Misplaced faith in realistic displays. *Ergonomics in Design, 13*(3), 6-13.
https://doi.org/10.1177/106480460501300302
234. Smith, A. (2010). *The theory of moral sentiments.* Penguin. (Original work published 1759)
235. Smith, A. (2010). *The wealth of nations: An inquiry into the nature and causes of the wealth of nations.* Harriman House Limited. (Original work published 1776)
236. Sober, E. (2000). *Philosophy of biology* (2nd ed.). Routledge.
237. Sober, E. (2008). *Evidence and evolution: The logic behind the science.* Cambridge University Press.
238. Spelke, E. S. (1990). Principles of object perception. *Cognitive Science, 14*(1), 29-56.
https://doi.org/10.1207/s15516709cog1401_3
239. Spelke, E. S., Breinlinger, K., Macomber, J., & Jacobson, K. (1992). Origins of knowledge. *Psychological Review, 99*(4), 605-632.
https://doi.org/10.1037/0033-295X.99.4.605
240. Spence, M. (1978). Job market signaling. In *Uncertainty in economics* (pp. 281-306). Academic Press.
241. Sperling, G. (1960). The information available in brief visual presentations. *Psychological Monographs: General and Applied, 74*(11), 1-29.

https://doi.org/10.1037/h0093774

242. Spirtes, P., Glymour, C., & Scheines, R. (2001). *Causation, prediction, and search.* MIT Press.
243. Stevenson, C. L. (1944). *Ethics and language.* Yale University Press.
244. Strauss, L. (1953). *Natural right and history.* University of Chicago Press.
245. Taylor, C. (1985). *Philosophical papers: Volume 1, Human agency and language* (Vol. 1). Cambridge University Press.
246. Taylor, C. (1985). *Philosophical papers: Volume 2, Philosophy and the human sciences* (Vol. 2). Cambridge University Press.
247. Taylor, C. (1989). *Sources of the self: The making of the modern identity.* Harvard University Press.
248. Thagard, P. R. (1978). The best explanation: Criteria for theory choice. *The Journal of Philosophy, 75*(2), 76-92. https://doi.org/10.2307/2025600
249. Thaler, R. H. (1988). Anomalies: The ultimatum game. *Journal of Economic Perspectives, 2*(4), 195-206. https://doi.org/10.1257/jep.2.4.195
250. Thaler, R. H., & Sunstein, C. R. (2022). *Nudge: Improving decisions about health, wealth, and happiness.* Penguin.
251. Turing, A. M. (1950). Can a machine think? *Mind, 59*(236), 433-460. https://doi.org/10.1093/mind/LIX.236.433
252. Tversky, A., & Kahneman, D. (1983). Extensional versus intuitive reasoning: The conjunction fallacy in probability judgment. *Psychological Review, 90*(4), 293-315. https://doi.org/10.1037/0033-295X.90.4.293
253. Tversky, B., & Lee, P. U. (1998). How space structures

language. In *Spatial cognition: An interdisciplinary approach to representing and processing spatial knowledge* (pp. 157-175). Springer Berlin Heidelberg. https://doi.org/10.1007/978-3-642-58430-6_7

254. Underhill, P. (2009). *Why we buy: The science of shopping—Updated and revised for the Internet, the global consumer, and beyond.* Simon and Schuster.
255. Urbach, P. (2020). Colin Howson (1945-2020). *Auxiliary Hypothesis Blog, British Society for the Philosophy of Science.* Retrieved from https://www.thebsps.org/people/colin-howson/
256. Van Boven, L., Dunning, D., & Loewenstein, G. (2000). Egocentric empathy gaps between owners and buyers: Misperceptions of the endowment effect. *Journal of Personality and Social Psychology, 79*(1), 66-76. https://doi.org/10.1037/0022-3514.79.1.66
257. Van Fraassen, B. C. (1980). *The scientific image.* Oxford University Press.
258. Velleman, D. J. (2005). *Self to self: Selected essays.* Cambridge University Press.
259. Von Baeyer, H. C. (2004). *Information: The new language of science.* Harvard University Press.
260. Vranas, P. (2004). Hempel's raven paradox: A lacuna in the standard Bayesian solution. *British Journal for the Philosophy of Science, 55*(3), 399-425. https://doi.org/10.1093/bjps/55.3.399
261. Waldrop, M. M. (1993). *Complexity: The emerging science at the edge of order and chaos.* Simon and Schuster.
262. Walzer, M. (1983). *Spheres of justice: A defense of pluralism*

and equality. Basic Books.

263. Wasserstein, R. L., & Lazar, N. A. (2016). The ASA statement on p-values: Context, process, and purpose. *The American Statistician, 70*(2), 129-133. https://doi.org/10.1080/00031305.2016.1154108
264. Weber, M. (2013). *From Max Weber: Essays in sociology.* Routledge. (Original work published 1946)
265. Wegner, D. (2002). *The illusion of conscious will.* Bradford Books.
266. Wegner, D. M., Erber, R., & Raymond, P. (1991). Transactive memory in close relationships. *Journal of Personality and Social Psychology, 61*(6), 923-929. https://doi.org/10.1037/0022-3514.61.6.923
267. Wegner, D. M., & Sparrow, B. (2007). The puzzle of coaction. In *Distributed cognition and the will: Individual volition in social context* (pp. 17-37). MIT Press. https://doi.org/10.7551/mitpress/9780262042070.003.0002
268. Weiskrantz, L., Warrington, E. K., Sanders, M. D., & Marshall, J. (1974). Visual capacity in the hemianopic field following a restricted occipital ablation. *Brain, 97*(1), 709-728. https://doi.org/10.1093/brain/97.1.709
269. Wikipedia contributors. (2024, May 25). Change blindness. *Wikipedia, The Free Encyclopedia.* Retrieved June 5, 2024, from https://en.wikipedia.org/wiki/Change_blindness
270. Wikipedia contributors. (2022, December 14). New England vampire panic. *Wikipedia, The Free Encyclopedia.* Retrieved February 13, 2023, from https://en.wikipedia.org/wiki/New_England_vampire_panic

271. Williams, B. (1985). *Ethics and the limits of philosophy.* Routledge.
272. Winograd, T., & Flores, F. (1986). *Understanding computers and cognition: A new foundation for design.* Ablex Publishing Corporation.
273. Wittgenstein, L. (1961). *Tractatus logico-philosophicus.* Routledge & Kegan Paul. (Original work published 1921)
274. Wittgenstein, L. (2009). *Philosophical investigations.* Wiley-Blackwell. (Original work published 1953)
275. Wolfe, A. B. (1924). Functional economics. *The Trend of Economics,* 443-482. New York: Alfred Knopf.
276. Wolpert, D. H. (1996). The lack of a priori distinctions between learning algorithms. *Neural Computation, 8*(7), 1341-1390.
https://doi.org/10.1162/neco.1996.8.7.1341
277. Woodward, J. (2005). *Making things happen: A theory of causal explanation.* Oxford University Press.
278. World Health Organization. (1980). *International classification of impairments, disabilities, and handicaps: A manual of classification relating to the consequences of disease, published in accordance with resolution WHA29.35 of the Twenty-ninth World Health Assembly, May 1976.* World Health Organization.
279. Wright, L. (1976). Functions. *Philosophical Review, 85*(1), 70-86. https://doi.org/10.2307/2184972

日本語文献

1. 赤池弘次 , 甘利俊一 , 北川源四郎 , 樺島祥介 , 下平英寿 . (2007). *赤池情報量規準 AIC: モデリング・予測・知識発見* . 共立出版 .
2. 井上雄彦 . *スラムダンク* . 集英社 .
3. 磯田道史 . (2015). *無私の日本人* . 文藝春秋 .
4. 竹内啓 . (2018). *歴史と統計学 : 人・時代・思想* . 日本経済新聞出版社 .
5. 中村元 . (2011). *原始仏教* . 筑摩書房 .
6. 村上春樹 . (1987). *ノルウェイの森* . 講談社 .
7. 靖国神社 . *英霊の言乃葉* . 靖国神社 .
8. 山下和美 . *天才柳沢教授の生活* . 講談社 .

映画、映像

1. Godfather. (1972). *[Film].* Paramount Pictures.
2. Gotti. (1996). *[Film].* HBO Films.
3. Joker. (2019). *[Film].* Warner Bros. Pictures.
4. La vita è bella. (1997). *[Film].* Miramax Films.
5. Letters from Iwo Jima. (2006). *[Film]*. Warner Bros. Pictures.
6. Pretty Woman. (1990). *[Film]*. Touchstone Pictures
7. Prisoners of Silence. (1993). *[Documentary]*. California Newsreel.
8. Titanic. (1997). *[Film]*. Paramount Pictures.
9. 赤池弘次京都賞受賞インタビュー . (2006). *[Video interview].* 京都賞 .
10. おもひでぽろぽろ . (1991). *[Film]*. Studio Ghibli.
11. 殿、利息でござる！ . (2016). *[Film].* 東映 .

本書で引用したブルーハーツの歌

リンダリンダ

作詞・作曲：甲本ヒロト　1987 年

ドブネズミみたいに美しくなりたい
写真には写らない美しさがあるから

リンダリンダ リンダリンダリンダ
リンダリンダ リンダリンダリンダ

もしも僕がいつか君と出会い話し合うなら
そんな時はどうか愛の意味を知って下さい

リンダリンダ リンダリンダリンダ
リンダリンダ リンダリンダリンダ Oh

ドブネズミみたいに誰よりもやさしい
ドブネズミみたいに何よりもあたたかく

リンダリンダ リンダリンダリンダ
リンダリンダ リンダリンダリンダ

もしも僕がいつか君と出会い話し合うなら
そんな時はどうか愛の意味を知って下さい

愛じゃなくても恋じゃなくても君を離しはしない
決して負けない強い力を僕は一つだけ持つ

リンダリンダ リンダリンダリンダ
リンダリンダ リンダリンダリンダ Oh

リンダリンダ リンダリンダリンダ
リンダリンダ リンダリンダリンダ Oh
リンダリンダ リンダリンダリンダ
リンダリンダ リンダリンダリンダ Oh

チェインギャング

作詞・作曲：真島昌利　1987 年

僕の話を聞いてくれ　笑いとばしてもいいから
ブルースにとりつかれたら　チェインギャングは歌いだす
仮面をつけて生きるのは　息苦しくてしょうがない
どこでもいつも誰とでも　笑顔でなんかいられない

人をだましたりするのは　とってもいけないことです
モノを盗んだりするのは　とってもいけないことです
それでも僕はだましたり　モノを盗んだりしてきた
世界が歪んでいるのは　僕のしわざかもしれない

過ぎていく時間の中で　ピーターパンにもなれずに
一人ぼっちがこわいから　ハンパに成長してきた
なんだかとても苦しいよ　一人ぼっちでかまわない
キリストを殺したものは　そんな僕の罪のせいだ

生きているっていうことは　カッコ悪いかもしれない
死んでしまうという事は　とってもみじめなものだろう
だから親愛なる人よ　そのあいだにほんの少し
人を愛するってことを　しっかりとつかまえるんだ

一人ぼっちがこわいから　ハンパに成長してきた

TRAIN TRAIN

作詞・作曲：真島昌利　1988 年

栄光に向って走る　あの列車に乗って行こう
はだしのままで飛び出して　あの列車に乗って行こう
弱い者達が夕暮れ　さらに弱い者をたたく
その音が響きわたれば　ブルースは加速していく

見えない自由がほしくて
見えない銃を撃ちまくる
本当の声を聞かせておくれよ

ここは天国じゃないんだ　かと言って地獄でもない
いい奴ばかりじゃないけど　悪い奴ばかりでもない
ロマンチックな星空に　あなたを抱きしめていたい
南風に吹かれながら　シュールな夢を見ていたい

見えない自由がほしくて
見えない銃を撃ちまくる
本当の声を聞かせておくれよ

TRAIN TRAIN 走って行け
TRAIN TRAIN どこまでも
TRAIN TRAIN 走って行け

TRAIN TRAIN どこまでも

世界中にさだめられた　どんな記念日なんかより
あなたが生きている今日は　どんなにすばらしいだろう
世界中に建てられてる　どんな記念碑なんかより
あなたが生きている今日は　どんなに意味があるだろう

見えない自由がほしくて
見えない銃を撃ちまくる
本当の声を聞かせておくれよ

TRAIN TRAIN 走って行け
TRAIN TRAIN どこまでも
TRAIN TRAIN 走って行け
TRAIN TRAIN どこまでも
TRAIN TRAIN 走って行け
TRAIN TRAIN どこまでも
TRAIN TRAIN 走って行け
TRAIN TRAIN どこまでも

栄光に向って走る　あの列車に乗って行こう
はだしのままで飛び出して　あの列車に乗って行こう
土砂降りの痛みのなかを　傘もささず走って行く
いやらしさも汚ならしさも　むきだしにして走って行く

聖者なんてなれないよ　だけど生きてる方がいい
だから僕は歌うんだよ　精一杯でかい声で

見えない自由がほしくて

見えない銃を撃ちまくる
本当の声を聞かせておくれよ

TRAIN TRAIN 走って行け
TRAIN TRAIN どこまでも
TRAIN TRAIN 走って行け
TRAIN TRAIN どこまでも
TRAIN TRAIN 走って行け
TRAIN TRAIN どこまでも
TRAIN TRAIN 走って行け
TRAIN TRAIN どこまでも

青空

作詞・作曲：真島昌利　1989年

ブラウン管の向う側
カッコつけた騎兵隊が
インディアンを撃ち倒した
ピカピカに光った銃で
出来れば僕のゆううつを
撃ち倒してくれればよかったのに

神様にワイロを贈り
天国へのパスポートをねだるなんて
本気なのか？
誠実さのかけらもなく
笑っている奴がいるよ
隠しているその手を見せてみろよ

生まれた所や皮膚や目の色で
いったいこの僕の
何がわかるというのだろう

運転手さんそのバスに
僕も乗っけてくれないか
行き先ならどこでもいい

こんなはずじゃなかっただろ？
歴史が僕を問いつめる
まぶしいほど青い空の真下で

少年の詩

作詞・作曲：甲本ヒロト　1989 年

パパ、ママ　お早ようございます　今日は何から始めよう
テーブルの上のミルクこぼしたら　ママの声が聞こえてくるかな
1.2.3.4　5 つ数えて　バスケットシューズがはけたよ
ドアをあけても　何も見つからない
そこから遠くを　ながめてるだけじゃ

別にグレてる訳じゃないんだ　ただこのままじゃいけないってことに
気付いただけさ
そしてナイフを持って立ってた

僕やっぱりゆうきが足りない「I LOVE YOU」が言えない
言葉はいつでもクソッタレだけど　僕だってちゃんと考えてるんだ
どうにもならない事なんて　どうにでもなっていい事
先生たちは僕を　不安にするけど
それほど大切な言葉はなかった

誰の事も恨んじゃいないよ　ただ大人たちにほめられるような
バカにはなりたくない
そしてナイフを持って立ってた

少年の声は風に消されても　ラララ……

間違っちゃいない

そしてナイフを持って立ってた

そして！
いろんな事が思い通りになったらいいのになあ

未来は僕達の手の中

作詞・作曲：真島昌利　1989 年

月が空にはりついてら　銀紙の星が揺れてら
誰もがポケットの中に　孤独を隠しもっている
あまりにも突然に　昨日は砕けていく
それならば今ここで　僕等何かを始めよう

生きてる事が大好きで　意味もなくコーフンしてる
一度に全てをのぞんで　マッハ 50 で駆け抜ける
くだらない世の中だ　ションベンかけてやろう
打ちのめされる前に　僕等打ちのめしてやろう

未来は僕等の手の中‼

誰かのルールはいらない　誰かのモラルはいらない
学校もジュクもいらない　真実を握りしめたい
僕等は泣くために　生まれたわけじゃないよ
僕等は負けるために　生まれてきたわけじゃないよ

終わらない歌

作詞・作曲：真島昌利　1989 年

終わらない歌を歌おう　クソッタレの世界のため
終わらない歌を歌おう　全てのクズ共のために
終わらない歌を歌おう　僕や君や彼等のため
終わらない歌を歌おう　明日には笑えるように

世の中に冷たくされて　一人ボッチで泣いた夜
もうだめだと思うことは　今まで何度でもあった

真実（ホント）の瞬間はいつも　死ぬ程こわいものだから
逃げだしたくなったことは　今まで何度もあった

終わらない歌を歌おう　クソッタレの世界のため
終わらない歌を歌おう　全てのクズ共のために
終わらない歌を歌おう　僕や君や彼等のため
終わらない歌を歌おう　明日には笑えるように

なれあいは好きじゃないから　誤解されてもしょうがない
それでも僕は君のことを　いつだって思い出すだろう

終わらない歌を歌おう　クソッタレの世界のため
終わらない歌を歌おう　全てのクズ共のために
終わらない歌を歌おう　僕や君や彼等のため

終わらない歌を歌おう　明日には笑えるように

終わらない歌を歌おう　クソッタレの世界のため
終わらない歌を歌おう　全てのクズ共のために
終わらない歌を歌おう　一人ボッチで泣いた夜
終わらない歌を歌おう　……あつかいされた日々

終わらない歌を歌おう　クソッタレの世界のため
終わらない歌を歌おう　全てのクズ共のために
終わらない歌を歌おう　僕や君や彼等のため
終わらない歌を歌おう　明日には笑えるように

世界のまん中

作詞・作曲：甲本ヒロト　1989年

朝の光が　待てなくて
眠れない夜もあった
朝の光が　待てなくて
間違った事もやった
僕が生まれた所が世界の片隅なのか
誰の上にだって　お日様は昇るんだ

川の流れの激しさに
足元がふるえている
燃える炎の厳しさに
足元がふるえている
僕が今見ているのが世界の片隅なのか
いくら捜したって　そんな所はない

うまくいかない時
死にたい時もある
世界のまん中で生きてゆくためには
生きるという事に　命をかけてみたい
歴史が始まる前
人はケダモノだった

ロクデナシ

作詞・作曲：真島昌利　1990 年

役立たずと罵られ　最低と人に言われて
要領良く演技出来ず　愛想笑いも作れない

死んじまえと罵られて　このバカと人に言われて
うまい具合に世の中と　やって行くことも出来ない

全てのボクのようなロクデナシのために
この星はグルグルと回る
劣等生でじゅうぶんだ　はみだし者でかまわない

お前なんかどっちにしろ　いてもいなくても同じ
そんな事言う世界なら　ボクはケリを入れてやるよ

痛みは初めのうちだけ　慣れてしまえば大丈夫
そんな事言えるアナタは　ヒットラーにもなれるだろう

全てのボクのようなロクデナシのために
この星はグルグルと回る
劣等生でじゅうぶんだ　はみだし者でかまわない

誰かのサイズに合わせて　自分を変えることはない

自分を殺すことはない　ありのままでいいじゃないか

全てのボクのような　ロクデナシのために
この星はグルグルと回る
劣等生でじゅうぶんだ　はみだし者でかまわない

情熱の薔薇

作詞・作曲：甲本ヒロト　1990年

永遠なのか本当か　時の流れは続くのか
いつまで経っても変わらない　そんな物あるだろうか

見てきた物や聞いた事　いままで覚えた全部
でたらめだったら面白い　そんな気持ち分かるでしょう
答えはきっと奥の方　心のずっと奥の方
涙はそこからやって来る　心のずっと奥の方

なるべく小さな幸せと　なるべく小さな不幸せ
なるべくいっぱい集めよう　そんな気持ち分かるでしょう
答えはきっと奥の方　心のずっと奥の方
涙はそこからやって来る　心のずっと奥の方

情熱の真っ赤な薔薇を　胸に咲かせよう
花瓶に水をあげましょう　心のずっと奥の方

TOO MUCH PAIN

作詞・作曲：真島昌利　1992 年

はみだし者達の遠い夏の伝説が
廃車置場で錆びついてらあ
灰色の夜明けをただ黙って駆け抜けて
あなたに会いに行けたらなあ

思い出す月明かりに濡れた
人気のない操車場で
それぞれの痛みを抱いたまま
僕等必死でわかりあおうとしてた
歯軋りをしながら

あなたの言葉がまるで旋律のように
頭の中で鳴っている　TOO MUCH PAIN

つめこまれてきたね　意味のないガラクタだけ
情熱を感傷に置きかえ
思い出によりかかるあなたを見たくはないよ
打ちのめされた横顔を

忘れないあなたの白い肩
触れたらもう崩れそうな

今だけさ　明日はわからない
そして風が言葉もなく吹き抜けた
僕等の手の中を

あなたの唇動く　スローモーションで
僕は耳をふさいでる　TOO MUCH PAIN

もう一度　まだまにあうはずさ
まだ今なら遅くない
もう二度と戻る事はないよ
僕はまた一歩踏み出そうとしてる
少しこわいけれど

あなたの言葉は遠く　もう聞きとれない
何かがはじけ飛び散った　TOO MUCH PAIN

夕暮れ

作詞・作曲：甲本ヒロト　1993年

はっきりさせなくてもいい　あやふやなまんまでいい
僕達はなんとなく幸せになるんだ

何年たってもいい　遠く離れてもいい
独りぼっちじゃないぜ　ウィンクするぜ

夕暮れが僕のドアをノックする頃に
あなたを「ギュッ」と抱きたくなってる

幻なんかじゃない　人生は夢じゃない
僕達ははっきりと生きてるんだ

夕焼け空は赤い　炎のように赤い
この星の半分を真っ赤に染めた

それよりももっと赤い血が
体中を流れてるんだぜ

夕暮れが僕のドアをノックする頃に
あなたを「ギュッ」と抱きたくなってる

幻なんかじゃない　人生は夢じゃない

僕達ははっきりと生きてるんだ

夕焼け空は赤い　炎のように赤い
この星の半分を真っ赤に染めた

それよりももっと赤い血が
体中を流れてるんだぜ
体中を流れてるんだぜ
体中を流れてるんだぜ

1000 のバイオリン

作詞・作曲：真島昌利　1993 年

ヒマラヤほどの消しゴムひとつ
楽しい事をたくさんしたい
ミサイルほどのペンを片手に
おもしろい事をたくさんしたい

夜の扉を開けて行こう
支配者達はイビキをかいてる
何度でも夏の匂いを嗅ごう
危ない橋を渡って来たんだ

夜の金網をくぐり抜け
今しか見る事が出来ないものや
ハックルベリーに会いに行く
台無しにした昨日は帳消しだ

揺篭から墓場まで
馬鹿野郎がついて回る
1000 のバイオリンが響く
道なき道をブッ飛ばす

誰かに金を貸してた気がする

そんなことはもうどうでもいいのだ
思い出は熱いトタン屋根の上
アイスクリームみたいに溶けてった

ヒマラヤほどの消しゴムひとつ
楽しい事をたくさんしたい
ミサイルほどのペンを片手に
おもしろい事をたくさんしたい

— 著者プロフィール —

コロンビア大学博士。会社経営。
慶應義塾大学卒。スタンフォード大学、コロンビア大学で修士号、
コロンビア大学で博士号取得。

本当の声を求めて

野蛮な常識を疑え

著者　前田　なお

発行日　2024年10月29日

発行者　高橋　範夫

発行所　青山ライフ出版株式会社

〒103-0014　東京都日本橋蛎殻町1-35-2　グレインズビル5F－52号
TEL　03-6845-7133　FAX　03-6845-8087
http://aoyamalife.co.jp　　info@aoyamalife.co.jp

発売元　株式会社星雲社（共同出版社・流通責任出版社）

〒112-0005 東京都文京区水道1-3-30
TEL：03-3868-3275
FAX：03-3868-6588

装幀　ユタカイワイ (BAD DESIGN COMPANY)

印刷・製本　モリモト印刷株式会社

ISBN978-4-434-34443-5
日本音楽著作権協会（出）許諾第2405286-401